KB073996

유가철학의 덕과 덕성치유

유가철학의 덕과 덕성치유
The virtue and healing of confucianism

지은이 최연자 · 최영찬
펴낸이 오정혜
펴낸곳 예문서원

편집 유미희
인쇄 및 제본 주) 상지사 P&B

초판 1쇄 2015년 2월 23일

출판등록 1993년 1월 7일(제307-2010-51호)
주소 서울시 성북구 안암로9길 13, 4층(안암동 4가)
전화 925-5914 | 팩스 929-2285
홈페이지 http://www.yemoon.com
전자우편 yemoonsw@empas.com

ISBN 978-89-7646-334-0 03180

YEMOONSEOWON #4 Gun-yang B.D 41-10 Anamdong 4-Ga Seongbuk-Gu Seoul KOREA 136-074
Tel) 02-925-5914 Fax) 02-929-2285

값 30,000원

유가철학의 덕과 덕성치유

최연자 · 최영찬 지음

예문서원

책장을 열면서

“거친 도시락밥을 먹고 표주박 물을 마시며 누추한 집에서 팔 굽혀 베개 삼아 잠자는 청빈한 삶 속에서도 도道를 따라 사는 즐거움이 있다.” 이 말은 공자의 말이다. “해가 뜨면 일하고 해가 지면 쉬며 우물 파서 물 마시고 밭 갈아 먹고살면 그만인 것을 황제의 힘인들 내게 무슨 소용이 있겠는가?” 이 말은 요임금 때의 태평세월을 구가한 노래 「격양가擊壤歌」이다. 이러한 말속에서 우리는 자연과 하나가 되어 의연하게 살아가는 건강한 동양인을 만날 수 있다. 그렇다고 가난이 좋아서 자랑한 말은 아니다. 공자는 떳떳하지 못하게 소유한 부귀를 부질없는 것이라 하고, 「격양가」는 구차하게 누리는 권력 따위를 일삼지 않겠다는 포부를 강조하여 말한 것이다. 이러한 두 말이 담고 있는 철학적 지향은 각각 다를지 모른다. 그러나 우주자연의 본질적인 생명가치와 인간의 본래적인 정신가치를 지향하는 인생 태도는 같다고 할 것이다. 이러한 인생 태도는 우주자연에 대한 긍정과 인간에 대한 신뢰로부터 비롯된다.

동양인의 세계는 하나의 세계이다. 그러기에 동양인들은 일찍부터 우주자연과 인간세상 밖에서 존재와 가치의 원인을 찾지 않았다. 동양인들은 변화하고 있는 자연현상과 약동하고 있는 자연정감 속에서 존재의 원리를 찾아내고 거기에서 삶의 의미와 가치를 밝히려고 하였다. 그러므로 동양인들에게 있어서 자연과 인간은 그 자체가 궁극의 존재이며 절대의 가치일 수밖에 없다. 세계는 지금 우리 앞에 펼쳐져 있는 이 세상 그 이상도 이하도 아니다. 우주자연은 그 자체가 질서와 조화의 원형이며 진선미眞善美 등 모든 가치의 보고이다. 그러므로 자연은 존재와 가치의 궁극적인 법칙이며 절대적인 원리가 된다. 인간에게도 그 자체 내에 자연과 일치할 수 있는 충분한 근거와 가치가 내재되어 있다. 자연법칙은 태극太極이고 인간의 법칙은 인극人極이다. 그러므로 인간의 최대 이상은 자연과 합일을 이룬 삶에 있다고 할 수 있을 것이다.

우주자연의 궁극원리인 태극은 원을 그리며 운동하고 변화한다. 자연의 변화가 반복 순환한다는 의미를 담고 있다. 반자도지동反者道之動, 원래의 상태로 되돌아가는 것이 태극의 운동이다. 해가 뜨면 저물게 되고 달도 차면 이지러진다. 천지는 가득 채웠다가 텅 비우고 때에 따라 자라고 시들기를 반복하거늘, 하물며 사람인들 그리 아니하겠는가? 가는 것은 끝없는 미래를 향해서 내달리다가 끝내는 이 세상을 탈출하여 또 다른 저 세상으로 떠나가 버린 것이 아니다. 갈 때까지 다 가면 다시 돌아오는 것이 우주자연의 순리이다. 가야 할 또 다른 세상이 있지 않기 때문이다. 봄이 간다고 아주 가는 것이 아닌 것처럼 나를 버리고 가시는 님도 십 리를 못 가서 발병이 난다. 그래서인지 님이 가시는 길목에 진달래꽃을 뿌려 주는 여유가 있지 않은가?

이렇게 세계를 부정하지 않고 현재를 거부하지 않는 우리의 삶 속에서는 온갖 것이 공동소유이고 모든 사람이 한 핏줄이다. 우주는 우리들의 집이며 너와 나는 인정으로 맺어진 동거인이다. 우리 동양인들은 결코 승부를 겨루는 대결자일 수도 없고 나만이 소유하려는 놀부 같은 존재일 수도 없다. 나를 버리고 가시는 님은 십 리도 못 가서 발병이 나는 인정의 유기체이다. 가는 사람은 발병이 나서 더 이상 가지 못하는 인정의 아쉬움이 되고,

보내는 사람은 영원히 떠나보내고 싶지 않아 발병이라도 났으면 하고 바라는 인정의 간절한 기다림이 아니겠는가? 가는 사람을 증오하지도 않는다. 그렇다고 시원스럽고 홀가분한 마음도 아니다. 영원히 잊어야 하고 몰인정하게 잊힐 사람이 아니기 때문이다. 우리 동양인들은 하나밖에 없는 이 세상에서 서로 사랑하면서 동거하고 있는 정든 님들이다. 우리 모두는 그 전날 가신 님도 다시 돌아올 것을 믿고 기다리며 미워하거나 잊어버리지 않는다. 우리는 서로가 사랑으로 기다리는 아름답고 건강한 님이 되어 포근하고 안락하게 누리지어 오순도순 살아왔다. 지금도 그리고 먼 훗날까지 그렇게 살았으면 하여 덕 이야기를 해 본다.

“사랑을 맺지 마라. 미움도 짓지 마라. 사랑하는 사람은 못 만나서 괴롭고 미운 사람은 만나서 괴롭다.” 『법구경法句經』에 나오는 말이다. 사람은 짐승들처럼 단순히 아파하기만 하는 존재가 아니다. 사람은 아파하기도 하고 괴로워하기도 한다. 짐승들한테는 오직 몸이 아파서 지르는 비명소리는 들을 수 있어도 마음의 상처를 받아 괴로워하는 한숨 소리는 들을 수 없다. 괴로워하는 모습은 사람에게서만 볼 수 있다. 괴로움과 아픔은 한자로 고통苦痛이다. 괴로움(苦)은 씀바귀에서 느낄 수 있는 쓴맛과 같이 상쾌하지 않거나 편안하지 않은 마음의 상태이다. 아픔(痛)은 상처가 나거나 병이 걸렸을 때 느낄 수 있는 아리거나 쓰리는 몸의 상태이다. 몸의 아픔은 어느 정도 눈으로 발견하여 외부적인 방법으로 치료할 수가 있다. 그러나 마음의 괴로움은 삶이 무의미하고 공허하거나 양심의 가책을 느끼는 경우와 같이 내부적인 의식의 작용에 의하여 발생된 병적인 현상이다. 그러므로 마음의 병은 외부적인 방법으로 치료가 불가능하다. 밖에서 약을 구할 수가 없기 때문이다. 마음의 병을 실성失性이라고 한다. 실성을 하면 수양을 통하여 치유하도록 했던 방법은 일찍이 동양에서 시행되어 왔다.

마음의 괴로움은 도덕생활과 밀접한 관계가 있다. 그러므로 인간의 건강과 화평을 위하여 도덕적인 생활을 강조한 까닭이 여기에 있다. 도덕적인 생활은 양심의 떳떳함과 심리적인 만족 그리고 그에 따른 신체적인 건강을 가져다준다. 우리의 문화는 외부적인 형식보다 내부적인 양심을 더 숭상하였다. 공자는 살신성인殺身成仁을 말했고, 맹자는 사생취의捨生取義를 말하여 양심의 도덕문화를 강조하였다. 몸을 버리면 아픔이 오고 도덕을 버리면 괴로움이 온다. 아픔보다 괴로움을 더 감내할 수 없다. 우리가 인간이기 때문이다. 그러므로 덕의 문제를 다시 꺼내어 강조해 본 것이다.

참인간이 되기 전에 잘나가는 전문가가 되고 싶은가? 아니면 잘나가는 전문가가 되기 전에 참인간이 되고 싶은가? 오늘날의 사람들은 대부분 전자를 선택할 것이다. 참으로 심각한 일이다. 만약 잘나가는 전문가만 되고 참인간이 되지 않는다면 어떻게 될까를 생각해 보라. 참으로 두려울 일이다. 일찍이 공자는 위기지학爲己之學을 강조하였다. 위기지학은 참인간이 되는 공부이다. 반대로 위인지학爲人之學은 인기 있는 사람이 되기 위한 학문이다. 위인지학은 이기적인 개인이나 경쟁의 싸움터가 되는 사회를 만들기 때문에, 공자는 강력하게 부정하고 거부하였다. 위기지학은 덕을 갖추고 살아가는 아름답고 건강한 인간을 기르는 학문이다. 덕은 건강한 삶을 살아가는 기본적이고 필수적인 요건이다. 덕과 몸은 인간을 구성하는 기본 요소이기는 하지만 인간존재를 규정하는 본질적인 특성은 몸보다 덕에 있기 때문이다. 그러므로 우리가 건강하게 살기 위해서는 몸과 함께 덕의 문제를 소중하게 생각해야 한다.

최근 들어 철학실천에 관심이 고조되고 있다. 이제는 철학이 연구실에서 사유하고 논증만 할 것이 아니라 공자가 그러하고 소크라테스가 그러했던 것처럼 거리로 나와서 직접 건강한 삶을 일깨워 안내해야 한다. 우리 학계에도 철학상담치료학회가 이미 결성되어 활발하게 활동하고 있다. 이 기회에 김성진 회장님께 감사의 말씀을 드리고 싶다. 필자인 우리도 초창기부터 참여하여 열심히 배우며 활동하고 있다.

철학을 실천으로 연결하기란 그리 쉬운 일은 아니다. 그러나 실천으로 이어지지 않는 철학은 자칫 괴변이 되거나 사치품으로 전락하여 무용론에 휘말릴 수 있다. 필자들은 이러한 염려와 아울러 철학의 실용화에 대한 사명감을 갖고 유가철학 속의 덕의 문제를 건강 그리고 치유와 연결하여 단행본으로 엮어 보았다. 덕은 사색의 대상도 아니고 완상의 대상도 아닌 그냥 몸과 마음으로 살아가는 가치이며 건강하게 살아가는 인간의 참모습이다. 그러므로 더욱 실천으로 이어져야 한다.

유가철학에서 덕의 문제는 역사적으로나 사상적으로 매우 광범위하고 복잡하다. 이 책에서는 덕의 기본 범주에 따라 개괄하는 것으로 한정하고 그에 따른 덕철학 치유의 방법과 임상실험 및 그 효과를 제시하고 있다. 처음으로 시도해 본 일이므로 여러 방면에서 부족한 점이 많다. 철학실천에 대한 필자들의 충정이라 생각하고 많은 질정을 해 준다면 고맙겠다. 여러 가지로 부족한 이 책의 출간을 허락해 주신 예문서원 오정혜 대표님과 소루하고 산만한 원고를 꼼꼼하게 살펴주신 편집진 여러분께 심심한 감사를 드린다.

2015년 정월

차례

1부 덕

1장 몸과 마음

인간은 육체적·정신적·사회적·영적 건강을 위하여 반드시 인간 그 자체를 알아야 한다. 인간은 어떠한 존재인가? 인간답게 살기 위하여 지향해야하는 삶의 궁극 목적은 무엇인가? 만족한 삶을 위해서는 어떻게 살아야 하는가? 인간은 이와 같은 인간의 존재와 가치 그리고 삶(실천)의 방법 등을 알아야만 건강하고 만족한 인생을 기대할 수 있다. 만족한 인생을 향한 의지와 작위 모두가 인간의 건강한 삶에 관한 문제에 기초되고 귀속되기 때문이다. 인간의 지적인 탐구활동도 모두 인생의 만족을 향한 길목에 놓여 있는 당면의 문제들로부터 시작되고 진행된다. 건강한 인간으로 살아가기 위해서는 반드시 인간의 존재가치와 그 본질을 알아야 한다. 그러나 인간을 알기 위해서는 하늘(天) 즉 우주자연의 이치를 알아야 한다.[1)] 그러므로 인문학은 물론이고 자연과학을 비롯한 응용과학 그리고 예술학 등 모두를 인간학이라고 할 수 있다.

"물속 깊이는 알 수 있어도 사람의 마음은 알기가 어렵다"(水深可知, 人心難知)라는 말이 있다. 인간이 그렇게도 알기가 어려운 대상이란 말인가? 인간의 존재구조와 행위, 그리고 인간과 자연, 인간과 인간의 관계 속에서 이루

1) 『中庸』, 20章, "君子不可以不修身, 思修身, 不可以不事親, 思事親, 不可以不知人, 思知人, 不可以不知天."

어진 세계관과 인생관 그리고 가치관 등 인간에게 얽혀 있는 문제들은 그렇게 단순한 것은 아니다. 그러므로 인생의 문제 역시 결코 만만한 것이라고 할 수 없다.

세계 속에서 인간의 지위는 관점에 따라 다양하게 설명된다. 인간은 왜소한 존재로 다른 사물들과 하등의 차이가 없다고 주장하는 학자들이 있다.(노자, 장자) 그러나 많은 학자들은 인간을 비록 왜소하지만 특별한 구조와 탁월한 능력을 갖추고 있는 만물의 영장으로 평가하고 있다. 공자는 인간을 선천적으로 덕성이 갖추어진 존재라고 규정하였고,[2] 맹자도 인간이 금수와 다른 특수한 도덕능력을 소유하고 있다고 하였다.[3] 이와 같이 공자와 맹자는 인간의 특수성을 선천적인 도덕성에서 찾고 인간의 탁월성이 바로 도덕적 주체성인 덕성德性이라고 하였다. 순자는 더욱 구체적으로 인간의 탁월성을 설명하고 있다. 즉 "물과 불은 기질(에너지)은 있으나 생명이 없고, 풀과 나무는 기질과 생명(生氣)은 있으나 지각(知能)이 없으며, 날짐승과 들짐승은 기질과 생명과 지각은 있으나 옳고 그름의 분별력(義, 도덕판단능력)이 없다. 그러나 사람은 기질도 있고 생명도 있고 지각도 있으며 옳고 그름의 분별력을 갖추고 있기 때문에 천하(세상)에서 가장 존귀한 존재"라고 하였다.[4] 순자는 인간이 기타 사물들과 달리 도덕가치인 의로움을 지니고 있어서 옳은 것과 그른 것을 분별할 줄 알며 삶 속에서 스스로의 도덕규범을 실천할 수 있다고 하였다. 순자는 곧 도덕적 판단능력을 갖추고 있다는 점에서 인간의 영장성을 역설한 것이다.

---

2) 『論語』, 「述而」, "天生德於予."
3) 『孟子』, 「離婁下」, "人之所以異於禽獸者, 幾希……由仁義行, 非行仁義."
4) 『荀子』, 「王制」, "水火有氣而無生, 草木有生而無知, 禽獸有知而無義. 人有氣有生有知亦且有義, 故最爲天下貴."

『예기禮記』에서는 사람이 하늘과 땅의 큰 덕德이며 오행五行의 빼어난 기氣가 배합된 존재라고 하였다.[5] 인간은 하늘과 땅이 큰 덕으로 만물을 낳고 기르듯이 넉넉한 덕을 갖추고 있다는 의미에서 천지의 덕이라고 한 것이고, 만물 구성의 기운 중에서 특수한 기로 이루어졌다고 하여 만물의 빼어난 기라고 하였다. 『예기』에서는 마침내 사람은 하늘과 땅의 마음이고 오행의 단서(端)라고 하였다.[6] 인간이 만물을 사랑하는 어진 마음을 갖추고 있기 때문에 만물을 생성하는 하늘과 땅의 마음과 같은 것이며, 빼어난 기운으로 구성된 존재이므로 오행의 단서라고 한 것이다. 이와 같이 『예기』에서는 덕성과 빼어난 기운으로 이루어졌다는 점을 들어 인간의 영장성을 설명하고 있다.

송대 성리학의 창시자인 주돈이周敦頤는 오직 사람만이 빼어난 것(太極의 理와 陰陽五行의 秀氣)을 갖고 태어났기 때문에 만물의 영장이라고 하였다.[7] 그리고 성리학의 완성자인 주희朱熹는 인간이 만물의 영장으로서 어짊과 의로움·예의로움·지혜로움·미더움 등 오상五常(仁義禮智信)의 덕성을 갖추고 있는 존재라고 하였다.[8] 주돈이는 태극과 빼어난 기를 갖추었다고 하고, 주희는 오상의 덕성을 갖추었기 때문에 인간을 만물의 영장이라고 설명하고 있다.

인간은 만물의 영장이다. 그러나 인간에게도 서로 상충되는 두 가지 요소가 있다. 바로 몸과 마음이다. 몸이 있기 때문에 동물이고, 마음이 있기 때문에 영장이다. 인간이 동물이면서 영장이기 때문에 슬픔이 있고 기쁨이 있으며 괴로움이 있고 즐거움이 있다. 동물성과 영장성의 충돌에서 비롯된

---

5) 『禮記』, 「禮運」, "人者, 其天地之德,……五行之秀氣也."
6) 『禮記』, 「禮運」, "人者, 天地之心也, 五行之端也."
7) 『太極圖說』, "惟人也, 得其秀而最靈."
8) 『朱子語類』, 「答余方叔」, "人爲最靈, 而備有五常之性."

행복과 불행은 인생의 현장에서 일어난 부득이한 현상이다. 인간이 갖는 이 모두의 양면성을 선과 악이라는 두 가지의 가치로 대표할 수 있다.

많은 철학자들은 몸과 마음의 가치론적 우열 양상을 밝히면서 인간존재의 특성을 설명하고 있다. 공자는 인간의 행위에 있어 타고난 바탕(質)이 외적인 형식(文)보다 두드러질 경우 촌스러워 보이고, 외적인 형식이 타고난 바탕보다 두드러질 경우에는 겉만 번지르르해 보이기 때문에, 양자가 서로 조화를 이룬 후에야 비로소 인격적으로 건강한 군자가 될 수 있다고 하였다.[9] 문文은 형식과 외형이며, 질質은 내용과 마음을 은유한 것이다. 그러므로 형식과 외형은 밖으로 드러난 현상이기 때문에 문이 몸의 범주에 해당된다면, 내용은 내면을 이루는 본질이기 때문에 질이 마음의 범주에 해당된다. 공자가 한 이 말에서만 보면 형식과 바탕 그리고 현상과 본질의 조화가 이상적인 경지, 즉 최상의 가치라고 할 수 있다. 따라서 몸과 마음의 조화가 이상인격인 군자의 조건이 되므로 몸과 마음에 우열의 차별을 두지 않는 동등한 가치를 부여한 듯 보인다.

그러나 공자는 인간의 생활 현상을 설명할 때 본능적인 욕구가 덕성을 압도한다고 하면서,[10] 꾸며서 좋은 말을 하거나 보기만 좋은 얼굴빛을 하는 사람 중에는 어진 사람인 경우가 흔하지 않다고 말하였다.[11] 본능과 꾸민 말이나 얼굴 표정은 몸에 해당되고 덕성과 어짊(仁)은 마음에 해당되기 때문에, 문보다 질에 그리고 몸보다 마음에 더 높은 가치를 부여하고 있는 것이 된다. 그리고 공자는 그림을 그릴 때는 흰 바탕을 먼저 해야 한다고 하였

9) 『論語』, 「雍也」, "子曰, 質勝文則野, 文勝質則史, 文質彬彬, 然後君子."
10) 『論語』, 「子罕」, "子曰, 吾未見好德如好色者也."
11) 『論語』, 「學而」, "巧言令色, 鮮矣仁."

다.[12] 이 말은 바로 예악의 형식도 중요하지만 그 바탕을 이루고 있는 덕성이 더 중요하고 근본적인 것임을 비유한 것이다. 또 공자는 예의로움을 행할 때는 사치하느니보다 검박해야 하고, 상례 때에는 이것저것 겉치레하느니보다는 진심으로 애통해해야 한다고 하였다.[13] 이러한 말들을 종합해 보면 공자는 마음의 덕성을 더욱 중시하였으며 몸보다 마음에 가치의 우월성을 부여한 것이 분명해 보인다.

맹자는 몸과 마음을 구분하고 가치에 대한 우열의 평가를 분명하게 하고 있다. 맹자가 말하기를 "인간에게는 귀한 부분과 천한 부분이 있고 작은 것과 큰 것이 있다. 그러므로 작은 것으로 큰 것을 해치는 일이 없어야 하고 천한 부분이 귀한 부분을 해치는 일이 없어야 한다. 작은 것을 위주로 하는 사람은 소인이고, 큰 것을 위주로 하는 사람은 대인이다"라고 하였다.[14] 작은 것은 본능기관이고 큰 것은 반성기관이다. 맹자의 표현에 따르면, 작고 천한 것은 귀나 눈과 같은 감각기관(耳目之官)인 몸이고, 크고 귀한 것은 반성기관인 마음(心之官)이다.

맹자는 몸과 마음의 우열에 대하여 구체적으로 설명하고 있다. 귀나 눈과 같은 본능기관은 사유할 수 없으므로 밖의 사물에 가리어진다. 그러므로 감각기관인 본능이 밖의 사물에 접촉되면 거기에 이끌리고 만다. 그러나 마음이라는 반성기관은 사유기능이 있다. 그러므로 생각하면 사리를 알 수 있고 생각하지 않으면 사리를 알지 못하게 된다.[15] 사리에 대한 사유와 판

12) 『論語』, 「八佾」, "繪事後素."
13) 『論語』, 「八佾」, "禮, 與其奢也寧儉, 喪, 與其易也寧戚."
14) 『孟子』, 「告子上」, "體有貴賤, 有小大. 無以小害大, 無以賤害貴. 養其小者, 爲小人, 養其大者爲大人."
15) 『孟子』, 「告子上」, "耳目之官, 不思而蔽於物. 物交物則引之而已矣. 心之官則思. 思則得之, 不

단능력으로 몸과 마음의 우열을 설명한 것이다. 몸은 생각 없이 맹목적이고 마음은 사리에 대하여 판단하고 실천할 수 있기 때문에, 몸은 작고 천한 것이며 마음은 크고 귀한 것이라고 하였다. 마침내 맹자는 먼저 마음이 확립되어 본능에 휩쓸리지 않게 되면 귀와 눈 등의 감관작용도 정상상태를 유지할 수 있다고 하여[16] 인간의 건강한 삶을 위한 마음의 건강을 특별히 강조하였다.

맹자는 마음의 본질을 덕성으로 설명하고 있다. 어짊(仁)이 인간의 마음이다.[17] 측은하게 여기는 마음이 바로 어짊이라고 하였으니[18] 인간의 마음은 곧 덕성인 것이다. 맹자는 더욱 확실하게 어짊과 의로움과 예의로움과 지혜로움(仁義禮智) 등의 네 가지의 덕은 마음에 뿌리박고 있다고 하였다.[19] 마음의 본질이 다름 아닌 덕성인 것이다. 따라서 인간의 마음은 몸보다 더 크고 귀중한 속성이다. 그러므로 건강한 삶을 위하여 맹자는 육체의 생존의 욕과 마음의 도덕의식이 서로 충돌할 때 반드시 본능적인 생을 버리고 도덕적인 의로움을 선택하라고 적극 권장했던 것이다.[20]

순자도 마음이 몸의 인군이라고 하였고,[21] 주희도 마음이 몸의 주인이라고 하였다.[22] 이와 같이 유가철학에서는 몸보다 마음에 더 높은 가치를 부여하는 것을 전통으로 하면서 마음으로 몸을 잘 조절하여 살아야 한다는

思則不得也."

16) 『孟子』, 「告子上」, "先立乎其大者, 則其小者弗能奪也. 此爲大人而已矣."
17) 『孟子』, 「告子上」, "仁, 人心也."
18) 『孟子』, 「告子上」, "惻隱之心, 仁也."
19) 『孟子』, 「盡心上」, "仁義禮智, 根於心."
20) 『孟子』, 「告子上」, "生亦我所欲也. 義亦我所欲也. 兩者不可得兼, 捨生而取義也."
21) 『荀子』, 「解蔽」, "心者, 形之君也."
22) 『朱子大全』, 권67, 「觀心說」, "夫心者, 人之所以主乎身者也."

것을 가르치고 있다. 인간의 몸과 마음은 불가분의 관계에 처해 있다. 그러므로 인간에게 있어 행복과 불행 그리고 건강과 병 등으로 드러난 삶의 현상은 몸과 마음의 상호 역할과 조절에 담보되어 있다고 해도 과언은 아니다. 따라서 인간의 건강한 삶은 덕과 필연적인 관계를 가질 수밖에 없다. 덕은 곧 인간 마음의 본질이기 때문이다.

유가철학은 배우고 가르치는 일을 주 업무로 하고 있다. 공자는 자기 자신에 대하여 배우기를 싫증 내지 않고 남을 깨우치기에 게으르지 않는 사람이라고 하였다.[23] 배우고 깨우친 일은 바로 덕행에 관한 것이다. 덕행에 관한 일이 곧 공자가 평생을 몸 바친 학문 내용이기 때문이다. 그러므로 공자는 덕을 닦지 못함과 학문을 익히지 못함, 의로움을 듣고도 옮기지 못함과 옳지 않음을 고치지 못함이 자기의 근심거리라고 하였다.[24] 덕을 닦지 않고 학문을 익히지 않으며 의로움을 실천하지 않고 옳지 못함을 고치지 않는 것은 모두가 부덕한 것으로 개인적으로나 사회적으로 병이 아닐 수 없기 때문에 공자 자신이 근심거리라고 하였던 것이다. 공자의 제자인 증자도 스승을 따라 부덕에 대한 자기반성을 자신의 일과로 삼았다.[25]

한 개인이나 사회가 안락을 누리는 것은 유가철학이 꿈꾸는 최후의 목표라고 할 수 있다. 공자의 제자 자로가 공자에게 군자의 인품에 대하여 물었을 때 공자는 "자기를 수양하여 남을 안락하게 해 주고 또 백성들을 안락하게 해 주어야 한다. 이 일은 요임금이나 순임금도 실현하기가 어려워 고심했던 일이었다"라고 하였다.[26] 인간에게는 인간으로 살아가야 할 올바

23) 『論語』, 「述而」, "學而不厭, 誨人不倦."
24) 『論語』, 「述而」, "德之不修, 學之不講, 聞義不能徙, 不善不能改, 是吾憂也."
25) 『論語』, 「學而」, "曾子曰, 吾日三省吾身, 爲人謀而不忠乎, 與朋友交而不信乎, 傳不習乎."
26) 『論語』, 「憲問」, "子路問君子, 子曰, 修己以安人, 修己以安百姓. 堯舜其猶病諸."

른 길(正道)이 있다. 그 길을 따라가면서 살아가는 삶이 가장 안락한 삶이다. 그 길은 다름 아닌 인간이 선천적으로 타고난 도덕적 본성 그대로를 성실하게 실천하면서 살아가는 것이라고 할 수 있다. 인생의 바른 길은 『중용中庸』에서 이미 밝혀 놓았다. 자연적으로 주어진 것이 인간의 본성이고 본성을 따라 사는 것이 정도이고 정도를 닦는 것이 가르침인 것이다.[27)]

안락한 삶이 건강한 삶이고 건강한 삶에 의하여 이루어진 개인이나 사회가 건강한 개인이며 사회인 것이다. 개인적으로 건강한 삶을 사는 것은 타고난 본성을 충분하게 구가하면서 열락悅樂을 누리며 사는 것이다. 내적으로는 자기의 본질인 본성을 잘 간직하며 긍지를 지키는 사람이라고 할 수 있고 외적으로는 사회에 덕을 실천하여 도덕적으로 한 점 부끄러움이 없는 떳떳한 사람이라고 할 수 있다. 이러한 인격체들이 어울려 이루어진 사회야말로 안락하고 건강한 사회라고 할 수 있을 것이다.

『논어論語』 서두에 제시하고 있는 공자의 말을 다시 한 번 음미해 볼 필요가 있다. 배우고 때때로 익히니 이 어찌 기쁘지 아니한가? 벗이 있어 멀리에서 찾아오니 이 또한 즐겁지 아니한가? 남이 자기를 알아주지 않아도 원망함이 없으니 참으로 군자(건강한 인간상)가 아니겠는가?[28)] 배우고 익히는 학습의 일은 자기의 본성을 깨달아 인생의 정도正道를 사회에 실천할 수 있는 인격을 연마하는 수기修己의 일이다. 『대학大學』에서 말한 명명덕明明德 즉 밝은 덕을 밝히는 일에 해당된다. 이러한 학습을 통하여 자기의 존재가치(덕)를 재확인하고 긍지를 새롭게 할 수 있으니 이것이야말로 본질적인

---

27) 『中庸』, "天命之謂性, 率性之謂道, 修道之謂教."

28) 『論語』, 「學而」, "子曰, 學而時習之, 不亦說乎. 有朋自遠方來, 不亦樂乎. 人不知而不慍, 不亦君子乎."

기쁨이 아닐 수 없다. 그리고 벗이 있어 멀리에서 찾아온다는 것은 뜻을 같이하는 덕 있는 사람들과의 사회적인 만남을 말한 것이다. 이것이야말로 진정한 사회적 소통이라고 할 수 있으니 참으로 즐거움이 아닐 수 없다. 이러한 경지는 『대학』에서 말한 친민親民 즉 백성들을 친애하는 일에 해당된다. 즐거움 즉 낙樂의 경지는 내면적으로 기쁨 즉 열悅의 상태를 넘어 외부 대상이 내면에까지 즐거움으로 일치한 경지이다. 이토록 열락의 경지를 누리는 건강한 인간상 즉 최고의 인격자인 군자야말로 더 이상 무엇을 바라겠는가? 그러므로 남이 알아주지 않아도 전혀 원망할 것이 없는 것이다. 이러한 경지는 『대학』에서 말한 지선至善 즉 최상의 도덕적 경지이다. 인생에 있어서 열락의 경지는 안락의 경지와 통하고 안락의 경지는 최상의 인격자인 군자의 도덕적 경지인 것이다.

이러한 안락한 인간과 사회를 이룰 수 있는 필수적인 요소는 다름 아닌 덕이라고 할 수 있다. 그리고 덕은 그 발원처가 인간의 양심이고 보면 개인적으로나 사회적으로 건강을 보장할 수 있는 최후의 근거는 인간이 선천적으로 보유하고 있는 덕이라고 할 것이다. 덕이 개인을 건강하게 하고 사회를 건강하게 하는 필수적인 요소임을 재확인하기 위하여 새로운 시각으로 덕에 대한 철학적 검토와 실천방법들이 연구되고 고안되어야 할 필요가 있다.

인문학의 위기가 오랫동안 지속됐음에도 불구하고, 최근 철학상담과 인문치료라는 새로운 움직임이 일어나고 있다. 철학실천이란 1981년 독일의 아헨바흐가 철학상담소를 열고 내담자와 철학상담활동을 시작하면서 생겨난 말이다. 강단철학에 대비되는 의미로, 철학을 실천하는 모든 활동을 가리킨다. 이러한 철학실천에 있어 철학으로 마음의 병을 치유하는 철학상담이 대세를 이루고 있는 것은 미국, 캐나다, 독일, 네덜란드를 중심으로 한

서구사회의 최근 경향이다. 동양 전통에서도 보면 치료의 개념은 마음의 병(心病)을 치유하는 것으로 사용되어 왔다. 유가철학에서는 마음의 병을 실성失性이라고 하였고 실성을 하면 수양을 통하여 치유하도록 하였다. 그러므로 수양은 정신적인 자기치유인 것이다. 따라서 이것은 오늘날의 철학상담 혹은 철학실천의 중요한 영역에 해당된다고 할 수 있다. 이와 같이 사용된 용어는 비록 달랐지만 동양철학에서도 철학치유는 유구한 역사 속에서 심오한 이론과 실천을 병행하여 발전해 오고 있었다는 것을 알 수 있다.

유가철학에서는 마음의 현상을 순수도덕정감과 사욕정감으로 구분한다. 순수도덕정감은 선천적으로 타고난 어짊 · 의로움 · 예의로움 · 지혜로움(仁義禮智)을 내용으로 하는 덕성이 현상으로 드러난 측은 · 수오 · 사양 · 시비(四端) 등의 마음상태이다. 사욕정감은 타고난 덕성이 사사로운 욕망에 가리어 현상으로 드러난 치우침 · 방탕함 · 간사함 · 회피함(詖淫邪遁) 등의 부덕한 행위를 초래하는 마음상태이다. 순수도덕정감으로 사는 사람은 건강한 사람이고, 사욕정감으로 사는 사람은 병든 사람이다. 순수도덕정감으로 사는 사람은 타고난 자연 본질을 순연하게 유감없이 발휘하면서 살기 때문에 한 점 마음의 가책을 느끼지 않으며 평안과 즐거움을 누리게 되고, 사욕정감으로 사는 사람은 욕망에 가리어 순수한 자연이 아닌 비본질적인 거짓과 꾸밈으로 점철된 마음으로 살기 때문에 항상 불안과 괴로움 속에서 해방될 수가 없다.

사욕정감으로 사는 사람은 마음의 불안과 갈등으로 인한 신경증적인 증상과 두려움 · 우울 · 공포 · 자살 등 몸과 마음의 병적 현상을 일으키기 마련이다. 이러한 병을 치유하기 위해서는 먼저 드러난 마음현상을 통하여 병을 진단해야 한다. 마음은 말(言)과 같은 행위로 드러난다. 그러므로 말과 행위를 성찰하여 마음의 병을 진단할 수 있다. 맹자는 이러한 방법을 지언知言이라고 하였다. 지언은 말의 함의를 명확하게 파악하고 마음의 병을 가려내는 마음 진단의 통로이다. 병든 마음을 진단한 후 비정상적인 자기를 진지하게 자각하고 덕행위를 모색해 감으로써 철학적으로 치유된 육체적 · 정신적 · 사회적 · 영적인 건강을 회복할 수 있다. 거경居敬과 궁리窮理는 덕을 자각하고 실천하는 방법론의 요체이다. 유가철학에서 특별하게 논구되는 중요한 분야로서 주관과 객관, 내적인 면과 외적인 면의 실천방법에 관한 주장이 거경과 궁리론이다. 이에 대한 세부적인 방법으로는 정좌와 독서를 권장하고 있다.

2장 덕의 의미

덕德은 도道를 행하여 몸으로 얻어 갖추고 있는(體得) 품성을 뜻한 것으로 덕성德性이라고 하기도 하고, 정직하고 착한 행위를 의미하여 덕행德行으로도 통용되고 있다. 『주례周禮』에서 “덕은 내외를 지칭한 것이니 마음에 있는 것을 덕성이라고 하고 덕성이 베풀어지는 것을 덕행이라고 한다”라고 설명하고 있다.[1] 일반적으로 덕의 의미는 도덕 · 정직 · 정의 · 도의 · 선행 등의 개념들과 연계하여 쓰이고 있다.

덕의 자의字意를 보면 덕의 본래 글자는 悳이다. 즉 덕은 ‘곧다’는 의미의 ‘直’ 자와 ‘마음’이라는 의미의 ‘心’ 자가 합하여 이루어진 회의會意문자이다. 그러므로 덕의 본래 의미는 ‘올곧은 마음’(直心)을 뜻한 것으로, 현재 사용되고 있는 德 자와 통하고 있다. 그리고 ‘彳’(척) 자는 후에 붙여진 것인데 그 의미는 ‘조금 걷다’, ‘자축거리다’는 뜻이다. 자세하게 말하면 왼발 걸음을 의미한다. 이와 같은 회의글자에 따르면 현행의 덕德 자는 올곧은 마음(直心)으로 행(彳)하는 착한 행위(善行)를 의미한다.

덕은 올곧은 마음을 기초로 하고 있다. 유가철학에서 보면 도덕률의 성립은 인간의 자연본성에 근거하고 있다. 그리고 자연본성의 원초적이고 순

---

1) 『周禮』, 「地官」, 師氏 注, “德行, 內外之稱, 在心爲德, 施之爲行.”

수한 양태가 다름 아닌 올곧은 마음으로부터 이루어진 '어짊'(仁)의 덕이다. 어짊의 덕이 올곧은 마음에서 촉발된 양태라고 한다면, 올곧은 마음은 인간의 자연스러운 순수도덕정감이 일어나는 근본적인 바탕이라고 할 수 있다. 그러므로 올곧은 마음에서 드러난 순수도덕정감은 덕의 기본이 되는 일차적인 의미라고 할 수 있다. 어짊의 실천이 사람사랑이고,[2] 사람사랑의 원초적인 실천이 부모와 형제에 대한 사랑 행위인 효도와 우애(孝悌)로부터 시작되기 때문이다. 공자는 효도(孝)와 우애(悌)가 어짊을 실천하는 근본이라고 하였다.[3] 효도하고 우애하는 것은 부자·형제간의 육친애肉親愛로서 순수하고 원초적인 자연정감이며 사람사랑의 기본적인 단초이다.

공자는 사람이 살아가는 이치가 정직인 것인데, 사람이 정직하지 않고서 생존하는 것은 죽음을 요행히 벗어나게 된 것이라고 말하였다.[4] 정자程子나 주희(朱子)도 사람이 살아가는 이치(生理)가 본래 그대로의 정직인 것이라고 해석하였다.[5] 올곧음은 사람이 살아가는 이치이다. 순수도덕정감인 어짊의 덕은 올곧은 마음에서 비롯된 것이다. 그리고 이 올곧은 마음은 경험 이전의 선천적인 것을 의미하는 것이므로 아직 발동하지 않은(未發) 중中, 곧 본성이라고 할 수 있다.[6] 그러나 공자가 올곧음이라는 개념을 사용하고 있는 사례를 보면 실천적인 의미가 더욱 뚜렷하게 부각된다. 원리적인 측면에서 보면 올곧음은 올곧은 이치(直理)요 어짊(仁)이며 본성과 일치되지만, 실천적인 측면에서 보면 이치에 순응함(順理) 즉 이치에 따라 행동한다는 의미

---

2) 『論語』, 「顏淵」, "樊遲問仁, 子曰, 愛人."
3) 『論語』, 「學而」, "孝弟也者, 其爲仁之本與."
4) 『論語』, 「雍也」, "子曰, 人之生也直, 罔之生也, 幸而免."
5) 『論語集註』, 「雍也」, "生理本直."
6) 宋恒龍, 『東洋哲學의 問題들』(여강출판사, 1987) 참조.

에 더 무게가 실려 있다고 할 것이다.

공자의 제자인 섭공이 우리 마을에 정직한 사람이 있는데 아버지가 양을 훔치자 그의 아들이 그 범행을 증언하였다고 하면서 정직한 행위의 사례를 들어 공자에게 말하였다. 이 말을 듣고 공자는 우리 마을의 정직한 사람은 그와는 다르다고 하면서 아버지가 자식의 범행을 숨겨 주고 자식이 아버지의 범행을 숨겨 주니 정직함은 바로 그 가운데 있는 것이라고 대답하였다.[7] 섭공이 말한 정직은 현실적인 법제도에만 근거를 두면서 부자간의 순수한 도덕정감은 고려하지 않는 것이고, 공자가 말한 정직은 현실적인 법제도 이전의 천륜인 순수한 도덕정감을 근거로 한 것이다. 만약 어떤 행위가 진정실감眞情實感 즉 진실한 자연정감으로 이루어진 것이라면, 비록 당시의 법제도에 따른 진실이 아니더라도 그것은 가치 있는 도덕적 진실이 된다. 순수한 도덕적인 자연정감을 더욱 소중하게 여기고 높게 평가한 것이다. 즉 공자의 견해로는 어떠한 정직도 휴머니즘을 벗어나서는 있을 수 없다는 것이다. 여기에서 말하고 있는 올곧음은 원리적인 의미보다 행위적인 의미 즉 올바른 정감행위를 의미한다고 볼 수 있다. 그러므로 효도는 아들이 아버지에게 행한 올바른 정감행위를 뜻한 것이라고 할 수 있다.

주희도 부자상은父子相隱을 천리인정天理人情의 지극히 당연한 것이라고 설명하였고,[8] 사양좌謝良佐도 자연의 이치를 따르는 것이 정직한 것이므로 아버지가 자식을 위하여 숨겨 주지 않고 자식이 아버지를 위하여 숨겨 주지 않는다면 이치에 따르는 것이 되겠느냐고 설명하고 있다.[9] 주희는 올곧음을

---

7) 『論語』, 「子路」, "葉公語孔子曰, 吾黨有直躬者, 其父攘羊, 而子證之. 孔子曰, 吾黨之直者, 異於是, 父爲子隱, 子爲父隱, 直在其中矣."

8) 『論語集註』, 「子路」, "父子相隱, 天理人情之至也."

9) 『論語集註』, 「子路」, "謝氏曰, 順理爲直, 父不爲子隱, 子不爲父隱, 於理順耶."

천리인정의 지극히 당연한 행위라고 하였고 사양좌는 자연의 이치에 따르는 행위라고 하였으니, 올곧음의 의미는 자연정감에서 비롯된 지극히 당연한 도덕적 행위라고 할 수 있다. 공자는 예의로움(禮)에 대하여 설명할 때도 자연정감에 근거하고 있다. 공자의 제자인 재아宰我가 공자에게 부모의 삼년상三年喪은 너무나 오랜 기간이라고 하면서 오히려 일년상도 길다고 하였다. 공자는 이 말을 듣고 말하기를 "네가 마음이 편하다면 그렇게 하라. 군자가 거상居喪할 때는 맛있는 음식을 먹어도 맛을 알지 못하고 음악을 들어도 즐겁지 않으며 편한 곳에 거처하여도 편하지 않기 때문에 하지 않는 것이다. 네 마음이 편하다면 그렇게 하라"라고 하였다.[10] 공자가 말하고자 하는 것은 부모에 대한 정감과 그 정감에 따른 상례의 제도와 의미인 것이다. 예의로움은 다른 것이 아니라 자연정감으로 이루어진 외부적인 표상이며 형식인 것이다. 부모의 상을 당한 자식의 마음이 편하지 않고 슬픈 마음으로 가득 차 있는 것이 자연정감이라면 그 자연정감이 외부로 드러난 형식이나 행태가 바로 상례인 것이다. 공자는 예의로움을 사치하기보다는 차라리 검소해야 하고, 상례는 형식적으로 꾸미기보다는 차라리 슬퍼해야 한다고 더욱 구체적으로 설명하고 있다.[11] 예의로움은 형식보다는 본질이 앞서고 중요하다는 것을 강조한 말이다. 본질은 다름 아닌 도덕적인 자연정감이다.

이상을 종합해 보면, 예의로움은 정감에 기초한 것이고 올곧음은 이치에 따른 진정실감眞情實感 즉 진실한 정감이다. 이러한 정감의 일반적인 행위가 애인愛人 즉 사람사랑이고, 그 구체적인 행위가 바로 효도인 것이다. 그

10) 『論語』, 「陽貨」, "宰我問三年之喪, 期已久矣. 子曰, 女安則爲之. 夫君子之居喪, 食旨不甘, 聞樂不樂, 居處不安故不爲也. 今女安則爲之."

11) 『論語』, 「八佾」, "禮, 與其奢也, 寧儉, 喪, 與其易也, 寧戚."

리고 효도는 결국 천명天命의 덕 혹은 인간본성의 내용인 어짊의 실천이고 보면, 어짊이 드러난 현상은 정감이라고 할 수 있다. 그렇기 때문에 유가철학을 도덕정감철학이라고도 명명한 것이다.[12)]

덕의 근거는 물론 도道에 있다. 그러므로 덕을 도덕으로 칭하기도 한다. 도와 덕은 그 내포된 의미로 보면 서로 구별할 수 없는 것으로 명칭은 다르지만 뜻은 같다(異名同義)고 할 수 있다. 그러나 공자는 도道에 뜻을 두며 덕德을 굳게 지키고 어짊(仁)에 의지하여 예藝에 노닐어야 한다고 말한 바 있다.[13)] 그러므로 엄밀한 의미에서 도와 덕은 서로 다르게 해석된다. 주희는 도를 인륜과 일상생활에서 마땅히 행해야 할 것이라고 하였고, 덕은 도를 행하여 마음에서 얻는 것이라고 하였으며, 어짊을 사욕이 모두 없어져 심덕心德이 온전한 것이라고 설명하고 있다.[14)] 이러한 설명에서 보면 도는 인간의 일상생활에서 반드시 실천해야 하는 길이며 도리이기 때문에 인간행위의 절대법칙이라고 할 수 있고, 덕은 도를 마음으로 자각하여 이루어진 도덕주체성이기 때문에 인간행위의 온전한 마음 즉 도가 구체적인 행동 가운데 드러난 것이라고 할 수 있다. 그리고 어짊은 온전한 도덕성으로 덕의 내용이라고 할 수 있기 때문에 인간행위의 온전한 가치 즉 도덕의 근본이라고 할 수 있다. 그러므로 도는 사람이 경유해야 하는 길로서 인간의 주관 밖에 있는 것이고, 덕은 사람이 닦아 갖춘 성품으로서 인간의 주관 안에 있는 것이다.

공자는 『논어論語』에서 덕을 어짊이 체현되는 행위의 준칙으로서 효제

---

12) 최영찬, 『유가철학 속의 자연』(경인문화사), 45~47쪽 참조.
13) 『論語』, 「述而」, "志於道, 據於德, 依於仁, 游於藝."
14) 『論語集註』, 「述而」, "道則人倫日用之間, 所當行者是也.……德則行道而有得於心者也, 仁則私欲盡去而心德之全也."

와 충서忠恕 등의 구체적인 덕목으로 설명하였고, 맹자는 성선설의 기초로서 어짊 · 의로움 · 예의로움 · 지혜로움(仁義禮智) 등 네 가지의 덕을 제시하여 천부적인 덕성으로 설명하고 있다. 그리고 한유韓愈는 자기에게서 만족하고 밖에서 기대하지 않는 것을 덕이라고 하여 어짊과 의로움의 덕성을 마음으로 자각하는 것이 덕이라고 규정하였다. 주희에 이르러서는 형이상학으로 발전하여, 천리天理를 덕의 근거라고 하면서 덕의 실천에 대하여 인욕人欲을 제거하고 천리를 보존하는 것이라고 설명하였다.[15] 그리고 삼강오상三綱五常을 덕의 주요 내용으로 삼았다. 또 주희의 제자인 진순陳淳은 스승의 철학에 따라 덕을 천리가 마음속에 갖추어진 것이라고 하여 광명한 이치가 내 마음속에 갖추어진 것이 바로 밝은 덕이라고 하였다.[16]

도의 최종 근원은 하늘 즉 자연에 있는 것이므로 인간의 덕은 자연에서 얻어진 것이다. 그러므로 덕은 얻음을 뜻하는 득得의 의미와 통하고 있다. 『예기禮記』에서는 덕이란 이치(理)를 얻는 것을 칭한 것이라고 하였다.[17] 이러한 덕의 의미는 인간이 하늘 즉 자연에서 얻은 이치를 뜻하고 있다. 인간의 본성과 관련해서는, 후한 때 주목朱穆은 천성天性을 얻는 것이 덕이라고 하였고[18] 곽상郭象은 덕이란 본성을 얻는 것이라고 하였다.[19] 그리고 『예기』에서 덕은 본성(性)의 실마리라고 하였으니,[20] 덕은 심성의 발단이라고 할 수 있다. 그러므로 마음의 씨가 본성이라면 마음의 싹은 밖으로 드러난 덕

15) 『朱子大全』, 권37, "修德之實, 在乎去人欲存天理."
16) 『北溪字義』, "光明之理, 具在吾心者, 故謂之明德."
17) 『禮記』, 「曲禮疏」, "德者, 得理之稱也."
18) "得其天性謂之德."
19) 皇侃, 『論語義疏』, "德者, 得其性者也."
20) 『禮記』, 「樂記」, "德者, 性之端也."

이다. 이와 같은 덕에 대한 풀이말들을 종합해 보면 덕은 하늘 즉 자연으로부터 얻어 갖추고 있는 인간의 본성이며 혹은 본성이 드러난 양태를 의미한 것이라고 할 수 있다.

인간의 존재 특성을 말한다면 덕은 인간을 규정하는 본질적인 요소이다. 따라서 덕은 인간존재의 필연적인 조건으로서 자기충족적인 요소라고 할 수 있다. 이러한 의미에서 한유는 자기에게서 만족하고 밖에서 구하지 않는 것을 덕이라고 한다고 설명하고 있다.[21] 덕은 인간의 내부에서 선천적으로 갖추어 충족된 것이므로 다시 외부로부터 구할 필요가 없다는 것이다. 맹자는 사람들이 모두 친근하고 싶어하는 것을 선善이라고 하고, 자신이 선한 덕성을 지니고 있는 것을 신실(信)이라고 하고, 그 선한 덕성이 충만하게 채워져 있는 것을 아름답다(美)고 하고, 충만하게 채워져 있어 겉으로 빛나는 것을 위대하다(大)고 하고, 위대하면서 천하 사람들을 감화시키는 것을 성스럽다(聖)고 하고, 성스러우면서 그 작용을 헤아려 알 수 없는 것을 신령하다(神)고 하였다.[22] 덕의 속성과 그 드러난 모습에 대하여 잘 말해 주고 있다. 즉 덕을 좋아하는 것이 선이고 선한 덕성을 지니고 있는 인격이 신실이고 선한 덕성이 몸에 충만한 것은 아름다움이며 덕이 밖으로 드러나 빛나는 것은 위대함이고 위대한 인격으로 사람들을 감화시키는 것은 성스러움이며 성스러움의 작용을 헤아릴 수 없는 것은 신령스러움이다. 이 모든 것이 인간의 건강한 모습들이다. 선하고 신실하고 아름답고 위대하고 성스러우며 신령스러운 모습들은 모두 인간이 자연으로부터 타고난 본래 그대로

21) "原道, 足乎己, 無待於外之謂德."

22) 『孟子』, 「盡心上」, "可欲之謂善, 有諸己之謂信, 充實之謂美, 充實而有光輝之謂大, 大而化之之謂聖, 聖而不可知之之謂神."

의 본성을 몸과 마음으로 드러낸 모습들이며, 그 자체를 건강한 모습이라고 할 수 있기 때문이다.

식색食色과 같은 본능적인 것도 인간이 바라는 것이긴 하지만 인생의 전부일 수는 없다. 식색보다 더 큰 인생의 의미와 가치는 덕에 있다고 할 것이다. 그러므로 식색을 선이라고 하지 않고 덕을 선이라고 한다. 인간이 하고자 하는 것 중에는 얻어야 할 것이 있고 얻지 않아야 할 것이 있다. 배고플 때 음식을 찾는 것은 당연한 욕망이지만 오로지 음식에만 집착하여 본성을 잃어버린다면 천한 사람이 되고 만다.[23] 인간이 마땅히 구하여 얻어야 할 것은 본성 속에 있는 선이다. 그러므로 인간이 궁극적으로 하고 싶어하는 것은 덕성을 실천하면서 사는 것이라고 할 것이다. 공자가 몸을 희생하고서라도 가치 있는 삶 즉 어진 덕을 실천해야 한다(殺身成仁)는 것을 말하고, 맹자가 생물학적인 삶을 버리고라도 도덕적인 삶을 살아야 한다는 뜻으로 생명을 버리고라도 의로움을 지켜야 한다(捨生取義)는 것을 말한 것은, 인간의 필연적인 존재조건과 생존가치가 본능보다 본성에 있음을 강조한 것이다. 그러므로 유가철학에서는 전통적으로 덕이 근본이고 재화는 지엽적인 것(德本財末)이라는 사상을 일관되게 지켜 오고 있다. 『대학大學』에서는 이러한 사상을 구체적으로 덕이 있으면 인민이 있게 되고 인민이 있으면 토지가 있게 되고 토지가 있으면 재물이 있게 된다고 설명하고 있다.[24]

인간으로서 반드시 갖추어야 할 것이 덕성이라면 충분하게 갖추어 몸에 꽉 채워야 한다. 인간의 본래성인 덕성을 온전하게 발휘함으로써 비로소 건강한 인간이 될 수 있기 때문이다. 선한 본성을 자신에게 갖추고 있는

23) 『孟子』, 「告子上」, "飮食之人, 則人賤之矣."
24) 『大學』, 10章, "有德此有人, 有人此有土, 有土此有財, 有財此有用."

것이 신실인 것이고 충실하게 꽉 채워져 있는 것이 아름다움이다. 덕성이 우리 몸에 꽉 차 있으면 저절로 아름다운 빛이 발휘된다. 이러한 덕성의 빛인 아름다움을 충분하게 발휘한 인간상이 바로 대인이며, 발휘된 빛이 내외를 막론하고 변화를 일으켜 새로운 세상을 만들어 가는 것이 인생의 최고 이상인 성스러움 즉 성인의 경지인 것이다. 맹자가 밝히고 있는 인생의 이상은 곧 인간으로 태어나서 본래부터 갖추고 있는 것과 인생의 과정 속에서 반드시 갖추어야 할 것을 분명하게 깨달아 알고, 인간의 필수적인 것은 반드시 갖추어야 하고 갖추되 충실하게 갖추어 크고 성스럽게 발휘하여 아름다운 이상세계를 이룩하자는 것이다. 그것이 바로 덕성의 깨달음과 덕성의 실천인 것이다. 이와 같은 덕은 인간과 사회를 건강하게 만들 수 있는 자원이며 원동력이라고 할 수 있다. 선·믿음·아름다움·위대함·성스러움 등은 마음 즉 정신적 건강을 지켜 주는 필수적인 영양소이며 그러한 영양소들은 덕행으로 이루어진 것들이기 때문이다. 그리고 덕을 소중하게 여기는 사람은 평안하게 된다. 덕은 자기충족적인 것이어서 구하려고만 한다면 얻지 못할 것이 없기 때문이다.

덕은 사람으로서 갖추어야 할 아름다운 품성이다. 그러므로 덕을 품덕品德이라고도 칭한다. 품品은 분류分類와 분등分等을 뜻한다. 인간이 태어날 때 누구나 다 같이 선한 본성을 갖고 태어났지만 각각 개성의 차이가 있기 때문에, 덕행에는 허다한 종류의 선행이 있을 수도 있고 덕행의 성취에 따른 인격에는 허다한 등급이 있을 수 있다. 성인은 최고급의 선을 완성한 사람으로서 최상의 품덕을 지닌 인격자라고 할 수 있다.

유가철학에서는 덕성지德性知를 별도로 제시하여 인간에게 고유하게 내재해 있는 덕성에 기초한 인식 혹은 선천적으로 인간에게 부여된 도덕적인 능력(良知와 良能)을 부각시키고 있다. 덕성지는 경험을 통하여 이루어진 견문지見聞知보다 고차적인 인식으로, 부모에 대한 효도와 자식에 대한 자애의 당위성을 인식하는 것 그리고 측은지심이나 사양지심을 발휘할 때를 알아 그것을 행하는 것 등의 도덕적인 능력이 이에 속한다. 덕성지는 초월적인 도덕본심이 발현되는 것이기 때문에 경험에 제약되지 않으며 모든 사물의 이치를 그 안에 내포하고 있는 마음의 고유한 특성을 발현하는 인식이기도 하다. 이러한 인식을 획득하기 위하여서는 본심을 그대로 보존해야 한다. 장재張載(橫渠)는 『정몽正蒙』「성명편誠明篇」에서 참됨과 명철을 통해서 얻은 지식은 천덕天德의 양지良知이지 견문의 작은 지식이 아니라고 하여 덕성지를 부연 설명하고 있다.25) 그러므로 양지는 성명誠明의 인식으로 덕성의 의미와도 서로 통하고 있다.

유가철학에서 덕에 대한 이해는 시대나 학자에 따라 조금씩은 차이가 있지만, 일반적으로 공자의 어짊과 의로움(仁義)을 기본 내용으로 하는 덕성이나 덕행의 의미로 이해하고 있다. 진순陳淳의 『성리자의性理字義』에서는 덕의 의미를 도의 개념과 연결시켜 간결하게 설명하고 있다. 즉 "덕이란 도를 실행하여 자신의 마음에 얻음이 있는 것이다. 그러므로 이를 덕이라고 한다. 이를테면 진실로 어버이를 섬겨야만 마음에 진실로 효도를 얻을 수 있으며 진실로 형을 섬겨야만 마음에 진실로 공경을 얻을 수 있다. 덕이라는 글자는 사람이 공부하여 이미 경지에 이른 것을 말한 것이다"라고 하였다.26) 덕은 도를 실천하여 마음으로 얻는 것이다. 도와 덕의 관계 측면에서

---

25) 『正蒙』, 「誠明篇」, "誠明所知, 乃天德良知, 非聞見小知而已."
26) "論德是行是道, 而實有得於吾心者. 故謂之德.……如實能事親, 便是此心實得這孝, 實能事兄, 便是此心實得這悌. 大槩德之一字是就人做工夫已到處."

말한다면, 도는 덕의 근본성을 의미하는 것이고 덕은 도의 내재성의 의미를 갖는다. 그러므로 인간에게 내재된 덕성을 충분히 발휘하는 것이 다름 아닌 천도의 실현이다. 진순은 여러 가지 덕의 파생어를 들어 덕의 개념에 대한 이해를 돕고 있다. 즉 본원의 유래를 말한다면 이른바 명덕明德이란 "사람이 태어나면서 하늘로부터 얻은 본래의 광명한 이치가 나의 마음에 갖추어져 있는 것이다. 그러므로 이를 명덕이라고 말한다. 어린아이가 어버이를 사랑하고 형을 공경할 줄 모르는 자가 없다. 이것은 하늘에서 얻은 바가 본래 밝기 때문이다. 이른바 달덕達德이란 모든 사람의 마음에 똑같이 얻은 것이므로 달達이라고 한다. 이른바 의덕懿德이란 순수하고 아름다운 천리를 얻었기 때문에 이를 아름답다(懿)라고 말한 것이다. 이른바 덕성이란 내가 하늘에서 얻은 올바른 이치를 갖추고 있으므로 이를 덕성이라고 한다. 이른바 천덕天德이라고 하는 것은 공공물公共物로서 하늘로부터 받은 이치이다"라고 하였다.[27] 그리고 또 진순은 도와 덕을 두 가지로 나눌 수 없다고 하면서 도란 공공公共한 것이고 덕이란 나의 몸에 얻어 나의 소유가 되는 것이라고 하였다.[28] 이러한 『성리자의』에서 설명한 덕의 의미는 지금까지 설명된 덕의 의미를 종합하여 압축한 것이라고 할 수 있다.

27) "人生所得於天, 本來光明之理, 具在吾心者. 故謂之明德. 如孩提之童, 無不知愛親敬兄. 此便是得於天本明處. 有所謂達德者, 是古今天下, 人心之所同得, 故以達言之. 有所謂懿德者, 是得天理之粹美, 故以懿言之. 又有所謂德性者, 亦只是在我所得於天之正理, 故謂德性. 又有所謂天德者, 自天而言則此理公共在天, 德之爲天德."

28) "道是公共底, 德是實得於身, 爲我所有低."

3장 덕의 내용

덕은 도덕적인 선에 대한 의지의 지향성 내지는 선을 실현하는 인간의 본유적인 능력이라고도 말할 수 있다. 유덕자有德者라고 하면 착한 사람(善人)을 의미하며 성인聖人이나 군자를 지칭한다. 『예기禮記』에서 인간의 덕은 본성의 단서라고 하였고,[1] 또 예의로움(禮)과 악樂을 함께 익힌 사람이 덕을 갖춘 사람이고, 덕은 얻음(識得, 體得)을 뜻한다고 하였다.[2] 한편 덕이란 인간의 인격을 구성하는 가치이며 본성이 드러난 모습의 의미를 갖는다. 그러므로 덕에는 밝은 덕(明德), 혼탁한 덕(昏德), 길한 덕(吉德), 흉한 덕(凶德), 선한 덕(善德), 악한 덕(惡德)이란 말이 있게 된 것이다. 한유도 "도와 덕은 허위虛位(격식)의 의미를 갖는다. 그러므로 도에는 군자의 도와 소인의 도가 있고 덕에는 흉한 덕과 길한 덕이 있는 것"이라고 하였다.[3] 허위는 가식적이라는 의미가 아니고 구체적이고 실질적인 덕의 내용이 아닌 덕의 격식이나 성격에 해당된 명칭을 의미한 것이다. 그러나 덕을 갖추고 있는 덕인(有德之人)은 고상한 인격을 지칭한다.

덕의 세부적인 목록으로는 역사적으로 여러 가지가 제시되어 왔다. 순舜

1) 『禮記』, 「樂記」, "德者, 性之端也."
2) "禮樂, 皆得, 謂之有德, 德者, 得也."
3) 「原道篇」, "道與德爲虛位. 故道有君子小人, 而德有凶有吉."

은 올곧되 온화하며 너그럽되 위엄이 있으며 강하되 포학하지 않으며 단순하되 오만하지 않다는 네 가지의 덕을 제시하였다.[4] 순의 신하인 고요皐陶는 인간본성의 행위에는 아홉 가지의 덕이 있다고 하여 순의 네 가지 덕에다 부드럽되 꿋꿋하고 성실하되 공손하고 다스리되 공경하고 온순하되 굳세고 날래되 의로워야한다는 다섯 가지의 덕을 더하였다.[5] 『예기』에서는 부자父子·형제兄弟·부부夫婦·군신君臣·장유長幼·붕우朋友·빈객賓客 등 일곱 가지의 가르침을 밝혀서 백성들의 덕을 진흥시킨다고 하였다.[6] 『논어論語』에는 어짊(仁)·지혜로움(智)·효성스러움(孝)·공손함(弟)·정성스러움(忠)·미더움(信)·온화함(溫)·온순함(良)·공경함(恭)·검소함(儉)·사양함(讓)·굳셈(剛)·용감함(勇)·맑음(淸)·곧음(直) 등의 여러 가지 덕목들이 곳곳에서 보인다. 이 외에 많은 경전經傳들 속에서도 여러 가지의 덕목들을 찾아볼 수 있다.

공자는 모든 덕목들 중에서도 특히 어짊(仁)을 가장 중요시하였다. 그러나 어느 경우에는 지혜로움과 어짊과 용기(智仁勇)를 들어 군자가 실천해야 할 세 가지 덕목으로 강조하고 있다. 그리고 공자는 지혜로운 자는 미혹되지 않고 어진 자는 걱정하지 않고 용감한 자는 두려워하지 않는다고 설명하면서, 자기는 그중에서 하나도 제대로 실천한 것이 없다고 반성하고 있다.[7] 『중용中庸』에서도 지혜로움과 어짊과 용기가 세상에서 널리 통용되는 덕이라고 하였다.[8] 주희는 이에 대하여 지혜는 오륜五倫을 알게 하고 어짊은 오륜을 몸소 행하게 하고 용기는 오륜을 행하도록 힘쓰는 것이기 때문에 이

---

4) 『書經』, 「舜典」, "直而溫, 寬而栗, 剛而無虐, 簡而無傲."
5) 『書經』, 「皐陶謨」, "柔而立, 愿而恭, 亂而敬, 擾而毅, 彊而義."
6) 『禮記』, 「王制」, "明七教, 以興民德."
7) 『論語』, 「憲問」, "君子道者三. 我無能焉, 仁者不憂, 知者不惑, 勇者不懼."
8) "智仁勇三者, 天下之達德也."

세 가지는 오륜을 행하는 데 있어 널리 통용되는 덕이라고 풀이하고 있다.[9] 맹자는 어짊 · 의로움 · 예의로움 · 지혜로움(仁義禮智)의 네 가지 덕을 제시하고 특별히 어짊과 의로움을 중요시하였다.[10] 즉 어짊의 핵심은 어버이를 섬기는 것이고, 의로움의 핵심은 형을 따르는 것이며, 지혜로움의 핵심은 이 두 가지를 알고 거기에서 벗어나지 않는 것이고, 예의로움의 핵심은 이 두 가지를 알맞게 격식화한 것이라고 설명하고 있다.[11] 맹자는 어짊과 의로움을 덕의 기본으로 삼으면서 예의로움과 지혜로움은 어짊과 의로움을 철저하게 알아 지키면서 알맞게 격식화하는 부차적인 덕으로 설명하고 있다. 한漢대의 동중서董仲舒는 맹자의 네 가지 덕에 미더움(信)의 덕을 덧붙여 오상(다섯 가지 불변의 덕목)이라고 하였다. 이러한 오상은 동중서 자신이 특별하게 중요시했던 철학의 기본 범주인 오행설五行說에 맞추어 다섯 가지의 덕을 배합한 것으로 알려지고 있다. 『춘추번로春秋繁露』에서 보면 동방의 목木에 어짊(仁)을 배당하고, 남방의 화火에 지혜로움(智)을 배당하고, 중앙의 토土에 미더움(信)을 배당하고, 서방의 금金에 의로움(義)을 배당하고, 북방의 수水에 예의로움(禮)을 배당하였다. 그러나 이러한 배당설은 후에 남방의 화에 예의로움을 배당하고 북방의 수에 지혜로움을 배당하여 동중서의 남북배당과 정반대가 되었다. 송대의 학자들은 대체로 이러한 오행과 오덕의 배당설을 받아들였다.

전통적으로 덕을 논할 때 흔히 삼강과 오상이 언급되곤 하는데, 그것이

---

9) "達道者, 天下古今所共由之路, 卽書所謂五典, 孟子所謂, 父子有親, 君臣有義, 夫婦有別, 長幼有序, 朋友有信, 是也. 知所以知此也, 仁所以體此也, 勇所以强此也."

10) 『孟子』, 「告子上」, "仁義禮智, 非由外鑠我也, 我固有之也."

11) 『孟子』, 「離婁上」, "仁之實事親是也, 義之實從兄是也, 智之實知斯二者弗去是也, 禮之實節文斯二者是也."

바로 강상론綱常論이다. 임금은 신하의 벼리가 되고(君爲臣綱), 아버지는 아들의 벼리가 되며(父爲子綱), 남편은 아내의 벼리가 된다(夫爲婦綱)는 것이 삼강이다. 강綱은 벼리라는 뜻이다. 벼리는 그물의 근본이 되는 굵은 줄을 말한다. 그물의 모든 눈이 이 벼리에 매달려 있으며 그물을 칠 때 이 벼리를 당기면 그물이 딸려 오게 된다. 군신 · 부자 · 부부의 도덕적인 관계가 마치 그물의 벼리에 매달려 있는 그물눈의 관계와 같기 때문에 가장 근본이 된다는 도덕적인 인간관계를 벼리라는 말로 비유한 것이다. 그러므로 인군과 아버지와 남편은 신하와 아들과 아내의 근본이고 법이 된다. 공자와 맹자는 삼강을 말하지 않았다. 한비자韓非子가 신하는 인군을 섬겨야 하고 아들은 아버지를 섬겨야 하며 아내는 남편을 섬겨야 한다는 세 가지 법도가 세상의 어지러움을 다스리는 관건이므로 천하의 상도常道인 것이라고 하였다.[12] 이것이 삼강의 맹아이다. 삼강이라는 말은 동중서의 『춘추번로』에서 처음으로 보인다. 즉 왕도로서의 삼강은 하늘에서 얻은 것이라고 하면서 정식으로 삼강의 내용을 군위신강 · 부위자강 · 부위부강으로 확정하였다. 이러한 삼강의 윤리는 불평등의 요소를 분명하게 드러내고 있기 때문에 현대사회에 걸맞지 않은 점이 많다. 그러나 오상은 다르다. 오상은 보편성과 영구성을 갖는 도덕규범으로 인정받고 있기 때문에 인류사회의 불변적인 덕목으로 계속 유지되어 오고 있다.

오상은 맹자가 말한 어짊 · 의로움 · 예의로움 · 지혜로움(仁義禮智)의 네 가지 덕을 확장시킨 것이다. 진한시대秦漢時代에 오행사상이 유행됨에 따라 거기에 맞추어 네 가지 덕에다가 미더움(信)의 덕을 첨가하여 다섯 가지의

12) 『韓非子』, 「忠孝篇」.

덕으로 하고 그 다섯 가지의 덕이 인간본성의 불변적인 도덕(常德)이라 하여 오상이라고 지칭한 것이다. 오상의 개념은 동중서의 「거현량대책擧賢良對策」에서 처음 보인다.[13] 『백호통의白虎通義』에서도 오상은 어짊 · 의로움 · 예의로움 · 지혜로움 · 미더움을 이른 것이라고 하였다.[14] 오상은 동한東漢 이후에 학자들이 습관적으로 삼강과 오상을 합하여 부르게 되었고, 송대에 들어와서는 주희 등의 학자들이 삼강오상에 대한 체계적인 연구를 통하여 새로운 해석을 내놓음에 따라 심오한 덕론으로 발전하였다. 삼강오상을 간략하게 강상綱常이라고 칭하기도 한다.

송대 리학가理學家들은 삼강오상을 천리인심天理人心의 심오한 이론으로 발전시켰다. 이정二程(程顥, 程頤)은 부모와 아들 그리고 통치자와 국민의 관계는 세상에서 이미 정해진 이치이기 때문에 천지간에서 절대로 벗어날 수가 없는 것이라고 하면서[15] 어짊 · 의로움 · 예의로움 · 지혜로움 · 미더움 즉 인의예지신 다섯 가지의 덕은 본성으로 이미 갖추고 있는 덕이라고 하였다.[16] 그리고 이 다섯 가지의 덕을 설명하면서 어짊의 덕은 전체적인 덕이고 의로움 · 예의로움 · 지혜로움 · 미더움의 네 가지의 덕은 지분支分적인 덕이라고 하였다.[17] 이렇게 정씨 형제는 오상을 인간의 본성 속에 이미 갖추어진 것이기 때문에 천리로부터 비롯된 것으로 인식하였다. 주희는 삼강과 오상이야말로 영원히 바뀔 수 없는 덕이라고 하면서,[18] 천리를 바로 어짊과 의로

13) "夫仁義禮智信, 五常之道."
14) 『白虎通義』, 「性情」, "五常者何也, 謂仁義禮智信也."
15) 『程氏遺書』, 권5, "父子君臣, 天下之定理, 无所逃于天地之間."
16) 『程氏遺書』, 권15, "仁義禮智信, 於性上要言此五事."
17) 『程氏遺書』, 권2, "仁者, 全體, 四者, 分支."
18) 『朱子語類』, 권24, "三綱五常, 亘古亘今不加易."

움 · 예의로움 · 지혜로움 등의 덕을 통칭하는 총명總名이라고 하고,[19] 오상을 인간이 태어날 때부터 부여받은 천리로써 하늘이 명한 본성(天命之性)이라고 하였다. 그리고 주희도 삼강오상은 절대 불변적인 덕이라고 하면서[20] 오상 중에서 특히 어짊은 오상의 으뜸가는 덕으로 기타의 덕을 포용한 것이니 어짊의 덕은 전체이고 의로움 · 예의로움 · 지혜로움 · 미더움의 덕은 지분적인 덕이라고 하였다. 또 주희는 오상을 오행에 맞추어 설명하였다. 즉 목木에 해당된 어짊의 덕은 사랑의 이치이며 측은한 마음으로 드러나고, 화火에 해당된 예의로움의 덕은 존경의 이치이며 공경의 마음으로 드러나고, 금金에 해당된 의로움의 덕은 마땅함의 이치이며 부끄러워하는 마음으로 드러나고, 수水에 해당된 지혜로움의 덕은 분별의 이치이며 옳고 그름을 판단하는 마음으로 드러나고, 토土에 해당된 미더움의 덕은 실유實有의 이치이며 충신忠信의 마음으로 드러난다고 하였다.[21] 주희의 제자 진순은 오상에 대하여 한 발 더 나아가 인간의 본성 가운데 오직 어짊 · 의로움 · 예의로움 · 지혜로움만 있고 미더움의 자리가 없는 것은 곧 어짊 · 의로움 · 예의로움 · 지혜로움의 실제 내용이 되는 이치가 미더움이기 때문이라고 하면서 어짊과 의로움 · 예의로움 · 지혜로움 모두가 어짊이라고 하였다.[22]

오상은 천리가 인간에게 부여된 보편적인 본성의 덕으로, 인간이면 반드시 따라 실천해야 할 도덕규범이다. 덕은 사람이 지키고 따라야 할 길이

---

19) 『朱子大全』, 권40, 「答何敬京」, "天理, 只是仁義禮智之總名."

20) 『朱子語類』, 권24, "三綱五常, 終變不得."

21) 『論語或問』, "盖木神曰仁, 則愛之理也, 而其發爲惻隱. 火神曰禮, 則敬之理也, 而其發爲恭敬. 金神曰義, 則宜之理也, 而其發爲羞惡. 水神曰智, 則別之理也, 而其發爲是非. 土神曰信, 則實有之理也, 而其發爲忠信."

22) 『北溪字義』, "仁義禮智信, 人性中只有仁義禮智, 四位却無信位.……只仁義禮智之實理, 便是信……仁義禮智, 都是仁."

라는 뜻에서 도道와 결부시켜 도덕이라고 하며 그 중심은 오상과 오륜이다. 오륜은 지도자와 국민 관계에서의 의로움(君臣有義), 아버지와 아들 관계에서의 친함(父子有親), 남편과 아내 관계에서의 분별(夫婦有別), 어른과 나이 어린 사람 관계에서의 질서(長幼有序), 벗들과의 관계에서의 미더움(朋友有信)의 덕이다. 오륜의 덕은 오상을 기초로 하여 파생되어 나온 특수한 상황에 한정된 덕목들이라고 할 수 있다. 그러므로 모든 덕을 포괄할 만큼 덕의 중심으로 자리 잡아 오고 있는 것이 오상이기 때문에 오상의 덕을 개별적으로 좀 더 자세하게 살펴보기로 한다.

1. 어짊

어짊(仁)은 유가윤리사상의 핵심 덕목으로 타인을 접대하고 자기를 단속하는(待人律己) 도덕준칙이며 덕의 최고 원리이다. 어짊은 모든 덕목들을 포괄하고 여러 덕행들의 근거가 되는 도덕의 대개념이면서, 또 특수성을 내포하고 있는 개별적인 덕목으로도 설명되어 다양한 의미를 갖는다. 허신許愼은 『설문해자說文解字』에서 어짊을 뜻하는 仁(인) 자는 친근함(親)을 의미하며 '人' 자와 '二' 자가 결합하여 이루어진 글자라고 설명하고 있다.[23] 단옥재段玉裁는 이에 대하여 둘 이상의 사람이 모여서 친하게 지낸다는 뜻에서 '人' 자와 '二' 자를 합친 것이라고 풀이하고 있다. 그러므로 사람과 사람의 관계를 의미하는 어짊은 인간미 · 인정 · 친절 · 사랑 등의 의미로 쓰이고 있다.

23) 『說文解字』, "仁, 親也, 從人從二."

맹자가 어짊은 인간의 마음이라고 하였고[24] 측은하게 여길 수 있는 마음이 어짊의 발단이라고 하였다.[25] 『중용』에서도 어짊이란 인간다움을 뜻한 것이라고 하면서 가까운 자들과 친하게 지내는 것이 중요하다고 하였다.[26] 사람과 사람의 만남 속에서 가장 기본적이고 필수적인 요소가 사람에 대한 사랑이라고 할 수 있다. 그러므로 공자의 제자가 어짊에 대하여 물었을 때 사람사랑 혹은 타인에 대한 사랑이라는 의미로 공자가 대답했던 애인愛人[27] 이라는 말은 어짊에 대한 설명으로 비교적 함축적이라고 할 수 있다. 춘추시대에는 어짊의 뜻이 더욱 확대되어 인품이 좋다, 인격이 높다는 뜻의 전인적인 의미로 쓰였으며, 특히 공자가 중요하게 생각하여 인간교육의 최고 덕목으로 삼았다.

『논어』에서 공자가 가장 강조한 덕목은 어짊이다. 그러나 공자는 어짊의 의미가 무엇인지 분명하게 밝히고 있지는 않다. 대화의 대상이나 상황에 따라 여러 가지의 의미로 어짊을 표현하고 있다. 대체로 공자가 말하고 있는 어짊은 공손함 · 관대함 · 신실함 · 민첩함 · 자애로움 · 지혜로움과 용기 · 충서 · 효성 · 공경 등의 내용을 포함하고 있다. 어짊은 사람을 사랑하는 것이다.(愛人) "어진 사람은 자기가 서고자 할 때 남부터 세워 주고 자기가 이루고자 할 때 남부터 이루게 한다"[28] 등의 말에서와 같이, 남을 배려하는 덕의 기본적인 의미로 어짊을 설명한 경우도 있다. 그러나 대부분의 경우는 "이기적인 자기를 극복하고 예의로움으로 돌아가는 것이 어짊이다"[29], "어

24) 『孟子』, 「告子上」, "仁者, 人心也."
25) 『孟子』, 「梁惠王上」, "惻隱之心, 仁之端也."
26) 『中庸』, "仁者人也, 親親爲大."
27) 『論語』, 「顔淵」, "樊遲問仁, 子曰, 愛人."
28) 『論語』, 「雍也」, "夫仁者, 己欲立而立人, 己欲達而達人."

진 사람은 실천할 것을 생각하면서 말을 함부로 하지 않는다"[30], "자기가 바라지 않는 것은 남에게도 시키지 않는다"[31], "일상생활에 공손하고 일을 처리함에는 공경스럽고 사람들과 어울릴 때에는 충실하다"[32], "강직하고 과감하고 질박하고 말이 무거운 사람은 어짊에 가깝다"[33], "어진 사람은 어려움에는 남보다 앞서고 이득에는 남보다 뒤지려 한다"[34] 등의 말에서와 같이 덕의 실천자로서의 전인적인 의미로 어짊을 설명하고 있다.

공자가 어짊에 대하여 설명하고 있는 것을 종합해 보면 대부분이 인품이나 인격수양에 관한 것들이다. 이것을 다시 자기 자신에 대한 것과 타인에 대한 것으로 분류해 볼 수 있다. 자기 자신에 대한 인품이나 인격수양에 관한 것을 보면 어짊을 단정하고 장중함 혹은 단정하고 무게가 있는 인품이나 덕성으로 설명하고 있다. 공자가 어짊을 강직하고 과감하고 질박하고 말이 무거운 인품 혹은 실천해야 할 덕으로 설명한 것(剛毅木訥)이나 실천을 고려하여 말을 함부로 하지 않는다는 것(訒言), 일상생활에서 공손한 것(居處恭), 예의로움을 지키는 것(守禮)[35] 등과 같이 인품이나 덕을 설명한 것들이 여기에 해당된다고 할 수 있다. 공자는 특히 단정하고 장중한 인품을 매우 중요시하였다. "군자는 무게가 없으면 위엄이 없다"[36]라고 한 말이나 또 공자 자신의 생활 자세에 대하여 "온순하되 엄숙하고 위엄이 있되 무섭지

29) 『論語』, 「顔淵」, "克己復禮爲仁."
30) 『論語』, 「顔淵」, "仁者, 其言也訒."
31) 『論語』, 「顔淵」, "己所不欲, 勿施於人."
32) 『論語』, 「子路」, "居處恭, 執事敬, 與人忠."
33) 『論語』, 「子路」, "剛毅木訥, 近仁."
34) 『論語』, 「雍也」, "仁者, 先難而後獲."
35) 『論語』, 「顔淵」, "克己復禮爲仁……非禮勿視, 非禮勿聽, 非禮勿言, 非禮勿動."
36) 『論語』, 「學而」, "君子不重則不威."

않고 공손하되 편안하게 해야 한다"[37]라고 했던 말이 곧 그 사례라고 할 수 있다. 타인에 대한 인품이나 인격수양에 관한 것을 보면 어짊은 사람을 사랑하는 것이다. "오직 어진 자라야 사람을 올바르게 사랑할 수 있다"[38], "자기가 하기 싫은 것을 남에게 베풀지 않는다. 관대하면 여러 사람이 따르고, 신의가 있으면 남들이 일을 맡기게 되고, 민활하면 일을 성취시킬 수 있고, 은혜로우면 남들을 쓸 수가 있다"[39] 등의 말 속에는 이미 타인에 대한 사랑의 의미가 내포되어 있다. 그리고 어짊을 설명하는 중요한 덕행의 개념인 충서는 타인에 대한 사랑이 아니면 성립될 수가 없다.

어짊의 중요한 내용은 사람사랑(愛人)이고, 그 구체적인 내용은 자기가 서고자 하면 남도 서게 하며 자기가 이르고자 하면 남도 이르게 한다[40]는 충도忠道와 자기가 원하지 않는 것을 남에게 시키지 않는다[41]는 서도恕道이다. 일반적으로 이러한 충서의 도는 어짊을 실천하는 적극적인 방법과 소극적인 방법으로 이해하고 있다. 어짊을 실천하는 방법은 자기 최선을 다하면서 남을 자기의 입장에서 비겨 헤아리는 것이며[42] 부모와 형의 섬김(孝悌)을 근본으로 하고 그것을 널리 세상에 확충해 나가는 것이다. 공자의 어짊사상을 이해할 때 충서의 개념은 중요하다.

충서의 개념은 공자가 "나의 도리는 한 가지로 일관되어 만 가지의 일을 꿰뚫고 있다"[43]라고 한 말에 대하여 공자의 제자인 증자曾子가 "선생님

---

37) 『論語』, 「述而」, "溫而厲, 威而不猛, 恭而安."
38) 『論語』, 「里仁」, "惟仁者, 能好人."
39) 『論語』, 「陽貨」, "寬則得衆, 信則人任焉, 敏則有功, 惠則足以使人."
40) 『論語』, 「雍也」, "夫仁者, 己欲立而立人, 己欲達而達人."
41) 『論語』, 「顔淵」, "己所不欲, 勿施於人."
42) 『論語』, 「雍也」, "能近取譬, 可謂仁之方也已."
43) 『論語』, 「里仁」, "吾道, 一以貫之."

의 도리는 충서일 뿐"[44]이라고 설명한 데서 비롯된 것이다. 충서는 자기의 정성을 다하여 다른 사람을 이해하고 배려하는 어짊의 실천이다. 충忠은 본래의 타고난 마음속으로부터 우러나와 자기를 극진히 한다(中心 盡己)는 뜻이며, 서恕는 자기의 마음 그대로(如心)를 가지고 다른 사람을 사랑한다는 뜻이다. 즉 자기에게 충실하여 수양을 다하고 자기를 속이지 않는 경지에 이르렀을 때가 충이며, 그와 같은 인격과 인간상이 다른 사람에게까지 미쳐 자기와 같이 다른 사람을 용서하고 배려하는(自他渾然一體) 경지에 이르렀을 때를 서라고 하는 것이다. 『중용』에서도 충서는 도와 거의 같은 것이라고 하면서 자기에게 베풀어짐을 바라지 않는 것으로 남에게 베풀지 않아야 한다고 말하였다.[45] 충서는 공자의 일관된 대도에서 크게 벗어난 것이 아니다. 송대의 주희는 자기의 타고난 본성을 간직하는 데 최선을 다하는 것이 충이고, 자기를 남에게 미루어 나가는 것이 서라고 설명하고 있다.[46] 자기의 주체를 세우고 자기의 인격을 완성시켜 가는 것은 자기충실이고(忠) 남의 주체를 존중해 주고 남을 영달시켜 주는 것은 너그러움(恕)이다.

충서 두 가지는 비록 다르지만 어짊을 행하는 데 포함된 의미는 같다. 자기충실을 하는 자만이 너그러워질 수 있고 너그러운 자만이 비로소 자기에게 충실할 수 있다. 충실은 너그러움으로 인하여 나타나고 너그러움은 충실로 말미암아 나온다. 충실은 주체(體)이고 너그러움은 작용(用)이기 때문이다. 『대학大學』에서 말한 법도에 따라 행동하는 방법(絜矩之道)이 다름 아닌 충서의 도이다. 그것을 구체적으로 위에서 싫어하는 것으로 아래에다 시키

44) 『論語』, 「里仁」, "夫子之道, 忠恕而已矣."
45) 『中庸』, "忠恕, 違道不遠, 施諸己而不願, 亦勿施於人."
46) 『論語集註』, 「里仁」, "盡己之謂忠, 推己之謂恕."

지 말며, 아래에서 싫어하는 것으로 위를 섬기지 말며, 앞에서 싫어하는 것으로 뒤에다 먼저 하지 말며, 뒤에서 싫어하는 것으로 앞을 따르지 말며, 오른쪽에서 싫어하는 것으로 왼쪽을 사귀지 말며, 왼쪽이 싫어하는 것으로 오른쪽을 사귀지 말라고 하였다.[47] 충은 내적인 것이고 서는 외적인 것이므로 같은 한가지로 보는 것이 타당하다. 충은 나를 미루어 타인에게 이르게 하는(推己及人) 적극적인 측면이고, 서는 소극적인 측면이다. 자기 스스로가 사리사욕에 지배되지 않고 생각함이 구차하지 않는 것이 충이고, 다른 사람을 대할 때 자신과 같이하고 자기의 이로움으로 다른 사람을 침해하지 않는 것이 서이다. 정호程顥는 어록에서 "충은 천리天理이고 서는 인도仁道이다. 충은 망령됨이 없는 것이고 서는 충을 행하는 소이이다. 충은 주체이고 서는 작용"이라고 하였다.[48] 이렇게 성리학에서는 충서를 천도와 인도 주체와 작용의 형이상학적인 경지로까지 추상하여 심도 있게 사유하였다. 이와 같은 충서의 내용은 실제로 사람에 대한 사랑이 아니면 실천으로 이어질 수가 없을 것이다. 그러므로 충서를 어짊의 실천방법이라고 이해하고 있지만 어짊의 실천적인 측면에서 보면 어진 행위(仁行)의 포괄적인 내용이라고 할 수 있다.

이제 어짊의 의미를 종합적으로 정리해 보자. 무엇보다 먼저 어짊은 사랑의 의미를 갖는다. 공자철학에서 어짊은 생활현장 속에서 드러나는 생동적인 순수도덕정감이다. 맹자가 말한 바와 같이 어떤 불쌍한 정황 속에서 저절로 측은하게 여겨지는 마음의 충동과 같은 자연정감이며(惻隱之心), 그러

47) 『大學』, 8章, "所惡於上, 毋以使下, 所惡於下, 毋以事上, 所惡於前, 毋以先後, 所惡於後, 毋以從前, 所惡於右, 毋以交於左, 所惡於左, 毋以交於右, 此之謂絜矩之道."

48) 『論語集註』, 「里仁」, "忠者, 天道, 恕者, 人道. 忠者, 無忘, 恕者, 所以行乎忠也. 忠者, 體, 恕者, 用."

한 마음의 충동을 참을 수 없는 순수한 자연정감의 상태이며(不忍人之心), 함께 공유하고 있는 상황 속에서 대상과 합일을 이루는 순수도덕정감의 표상이다.(愛人) 공자는 군자가 부모를 독실하게 섬기면 백성들 사이에서 어진 덕(仁德)의 기풍이 일어나고, 옛 친구를 버리지 않으면 백성들 사이에서 도덕심이 두터워진다고 하였다.[49] 또한 공자는 어짊을 사람사랑이라고 설명하였다.[50] 어진 덕의 기풍이 일어난다는 것은 타인에 대한 관심 즉 서로 사랑하는 기풍이 진작된다는 뜻이기 때문에 어짊을 사랑의 의미로 해석할 수 있다.

어짊은 사람과 사람의 만남에서 서로 화목을 이루어 낼 수 있는 원초적인 근거이다. 예의로움(禮)은 사람과 사람의 만남에서 상호 조화를 이루는 객관적인 격식이다. 거기에는 반드시 정당하고 합리적인 의로움(義)이 기초되어야 한다. 그러나 예의로움의 정당성과 합리성을 결정하는 최후의 근거는 어짊이다. 다시 말하면 인간의 만남과 소통에서 화목을 이루어 내는 외적인 격식이 예의로움이며 예의로움은 정당하고 적의適宜한 의로움(義)을 기초로 삼아야 한다. 그리고 의로움은 어짊을 내용으로 하지 않으면 무의미하기 때문에 인간관계 속에서 화목을 이루는 최후의 근거는 어짊이라고 할 수 있다. 사람사랑의 정감이 없는 예의로움은 가식에 불과하기 때문이다. 그렇기 때문에 공자는 사람이 어질지 않으면 예의로움을 행한다 해도 아무 소용이 없다고 하였다.[51] 공자는 또 인생의 목표를 도의 실현에 두고 덕에 근거해야 하며 어짊에 의지해야 하고 육예六藝를 체득해야 한다고 하였

---

49) 『論語』, 「泰伯」, "君子篤於親, 則民興於仁, 故舊不遺, 則民不偸."
50) 『論語』, 「顔淵」, "樊遲問仁, 子曰, 愛人."
51) 『論語』, 「八佾」, "人而不仁, 如禮何."

다.[52] 도는 길이다. 사람이 세상에 태어나서 살아가야 할 길이고, 마땅히 가야 할 길을 가면서 살아야만 육체적·정신적·사회적·영적으로 건강할 뿐만 아니라 인생의 여정에서 인간존재의 가치를 실현할 수 있다. 모든 사람이 가야 할 길이기에 위대한 길(大道)이고, 사람이라면 반드시 가야 할 길이기에 올바른 길(正道)이다. 그러므로 도는 인생의 궁극적인 가치이면서 목표인 것이다. 지志는 마음이 지향하는 방향이다. 즉 가치를 지향하는 마음이다. 덕은 덕행이다. 대도와 정도가 인생의 최후의 이상이고 궁극적인 가치라면, 덕행은 이를 실천하는 수양공부이다. 어짊은 선의지이다. 인간은 살아가면서 덕을 실천할 수도 있고 이상의 세계를 펼칠 수도 있다. 이것이 가능할 수 있는 근거는 바로 인간에게 선천적으로 내재된 어진 마음(仁心)이 있기 때문이다. 어진 마음은 생활 속에서 드러나는 것이기 때문에 덕행은 당위의 가치일 뿐만 아니라 실제의 일이다. 어진 마음이 드러나면 마음의 평안을 추구하는 도덕의식이 발휘되어 마땅히 해야 하고 해서는 안 되는 일을 자각하게 된다. 그리고 어진 마음에 의거하기 때문에 인생의 목표를 도에다 둘 수 있으며 예藝를 함양할 수 있게 된다. 어진 마음이 드러나면 가치를 자각할 수 있으며 이상세계를 열어 갈 수 있고 덕행을 실현할 수 있다.

어짊은 자신과 타인 그리고 자신과 공동체 혹은 공동체와 공동체 사이의 대립을 지양하고 조화를 도모할 수 있는 원리이다. 공자는 "군자는 근본에 힘써야 한다. 근본이 확립되면 도가 실현된다. 어버이와 형을 섬기는 것이 어짊을 행하는 근본이다"라고 하였다.[53] 효도와 우애의 덕은 부자·형제

52) 『論語』, 「述而」, "子曰, 志於道, 據於德, 依於仁, 遊於藝."
53) 『論語』, 「學而」, "君子務本, 本立而道生. 孝弟也者, 其爲仁之本與."

간의 사랑이다. 그리고 모든 덕의 근본이다. 그러므로 어짊의 덕은 부자·형제간의 조화를 도모할 수 있는 원리일 뿐만 아니라 모든 덕의 원리라고 할 수 있다. 『논어』에서 예의로움을 시행하는 데는 조화가 귀중하다고 하였다.[54] 공자는 사람이 어질지 않으면 예의로움을 행하여도 아무 소용이 없다고 했으므로 예의 조화와 부조화의 최후 근거는 어짊에 있는 것이다. 따라서 어짊은 인간관계에서 조화를 도모할 수 있는 원리일 뿐 아니라 인격완성의 최고 표준이다.

어짊은 조화를 실현할 수 있는 방법이다. 조화는 타인에 대한 관심과 존중의 분위기 속에서 이루어진다. 이러한 존중과 배려는 다름 아닌 사람사랑의 마음 즉 서恕이다. 앞에서 말한 바와 같이 가까운 자기의 입장에서 남의 처지를 비겨 이해하는 것이 어짊을 실천할 수 있는 방법이고 또 자기의 사사로움을 극복하여 예의로움으로 돌아가는 것이 어짊을 실천하는 방법인 것이다. 어진 자는 자기가 성취하고 싶으면 남도 성취하게 해 주고 자기가 이르고자 하면 남에게도 이르게 해 주는 사람이다. 이것이 곧 자기의 마음으로 상대방의 마음을 이해하고 배려하는 추기급인推己及人의 서인 것이다. 자기에게 가장 가까운 것은 바로 자신의 마음이다. 자신의 마음을 기준으로 삼아 상대방의 마음을 헤아린다면 가장 공정하고 떳떳한 판단을 도출해 낼 수 있을 것이다. 그러므로 공자는 자기가 하고자 하지 않는 일을 남에게 시키지 말라고 하였다. 이러한 추기급인의 마음에는 상대방에 대한 관심과 존중이 내포되어 있다. 어짊의 실천은 먼저 어진 마음의 보편성을 긍정하며 상대방의 주체적인 판단을 존중해야 하며 그 주체적인 판단이 실현될 수

54) 『論語』, 「學而」, "禮之用, 和爲貴."

있도록 배려하고 관심을 보여 주어야 한다. 이것이 바로 어짊을 실천하는 가장 기본적인 방법이다. 그런데 이러한 경지에 도달하는 첫 번째 관문은 자기의 사사로움을 극복하는 것이다. 우리가 타인들과 서로 조화를 이루지 못하여 소통할 수 없는 것은 자기의 사사로운 편견이나 이해관계에 교폐交蔽되어 있기 때문이다. 우리가 자기의 사심을 극복하고 어진 마음을 드러낼 수 있으면 예의로움을 통하여 건강한 인간의 모습으로 본연의 장엄한 가치를 유감없이 실현할 수 있을 것이다.

어짊은 인간관계의 조화를 원만하게 이룩한 사람의 인격을 의미한다. 성인이나 어진 자(仁者)가 이에 해당된다. 공자는 "젊은 사람들은 집에 들어와서는 효도하고 밖에 나가서는 공손하며 행동을 삼가고 말을 성실하게 하며 널리 사람을 사랑하되 어진 사람을 가까이해야 한다. 이것들을 실천한 후에 글을 배워야 한다"[55], "오로지 어진 자만이 사람을 좋아할 수도 있고 사람을 싫어할 수도 있다"[56], "지혜로운 자(知者)는 물을 좋아하고 어진 자는 산을 좋아한다. 지혜로운 자는 동적이고 어진 자는 정적이다. 지혜로운 자는 낙천적이고 어진 자는 장수한다"[57] 등을 말하였다. 이와 같이 열거되고 있는 어짊은 모두 어진 자 즉 도덕적인 인격완성의 전형을 의미하고 있다.[58]

공자 이후 어짊사상은 발전을 거듭하여 유가윤리사상의 중심 자리를 점유하여 오고 있다. 공자의 어짊사상을 계승하여 이론을 발전시킨 최초의

55) 『論語』, 「學而」, "子曰, 弟子入則孝, 出則弟, 謹而信, 汎愛衆, 而親仁. 行有餘力, 則以學文."
56) 『論語』, 「里仁」, "惟仁者, 能好人, 能惡人."
57) 『論語』, 「雍也」, "知者樂水, 仁者樂山. 知者動, 仁者靜. 知者樂, 仁者壽."
58) 최영찬 · 최남규 · 황갑연 · 박용진 지음, 『동양철학과 문자학』(아카넷, 2003), 37쪽~45쪽 참조.

인물은 맹자이다. 전국시대에 이르러 유가철학은 맹자의 인의파仁義派와 순자의 예악파禮樂派로 분화한다. 이 두 학파는 모두 어짊과 의로움의 덕을 강조하면서도 덕으로 성립되는 근거를 서로 다르게 설명하고 있다. 맹자는 공자의 어짊과 의로움의 사상을 계승 발휘하여 그것을 정리하고 체계화하였다. 맹자는 어짊을 사람사랑이라고 명확하게 규정하면서 공자의 덕치사상[59]과 어짊사상을 결합하여 정사를 어짊으로 해야 한다는 어진정치(仁政) 이론으로 발전시켰다. 이른바 어진정치는 측은해하는 마음(惻隱之心)과 차마 악독하게 굴지 못하는 마음(不忍人之心)을 사회정치 영역으로 운용하여 모든 국민들에게 이로움을 베푸는 정치이다.

맹자는 어짊이 사람이니 어짊과 사람을 합하면 사람이 살아가는 길이 된다고 하였다.[60] 이에 대하여 주희는 "어짊은 사람이 사람된 소이의 이치이다. 그러나 어짊은 이치이고 사람은 사물이니 어짊의 이치로써 사람의 몸에 합하여 말하면 이른바 사람이 살아가는 길이 되는 것이다"라고 하였다.[61] 어짊은 사람이 사람으로 되는 이치이기 때문에, 곧 인간존재의 특성이 된다. 그러므로 사람이 어짊을 갖추지 못하면 사람이라고 할 수가 없다. 『중용』에서도 도로써 몸을 닦고 어짊으로써 도를 닦으니 어짊이 바로 사람의 존재 조건이 된다고 하였다.[62] 맹자는 또 어짊은 사람의 마음이고 의로움은 사람의 길이라고 하였다.[63] 이는 어짊을 인간의 마음이 갖는 특성이라

---

59) 『論語』, 「爲政」, "爲政以德."

60) 『孟子』, 「盡心下」, "仁也者, 人也, 合而言之道也."

61) 『孟子集註』, "仁者, 人之所以爲人之理也. 然, 仁理也, 人物也, 以仁之理, 合於人之身而言之, 乃所謂道者也."

62) 『中庸』, 20章, "修身以道, 修道以仁, 仁者人也."

63) 『孟子』, 「告子上」, "仁人心也, 義人路也."

고 분명하게 말한 것이다. 마음의 내용이 바로 어짊이다. 인간의 마음은 인간의 큰 몸이다. 맹자는 인간에게 작은 몸과 큰 몸이 있는데, 작은 몸은 감각·본능기관이고 큰 몸은 사유기관인 마음이라고 하였다. 그리고 감각·본능기관은 사람이나 금수가 똑같이 공유하지만, 사유기관인 마음은 오직 인간 특유의 기능이라고 하였다.[64] 그러므로 인간의 존재 특성은 곧 마음에 있는 것이다. 인간이 갖는 특유한 마음의 내용이 어짊이다. 그러므로 어짊을 인간이라고 한 것이다. 맹자는 인간이 태어나면서 어짊과 의로움·예의로움·지혜로움의 네 가지 덕을 갖추고 있다고 하였다. 이 네 가지의 덕이 바로 인간 마음의 이치인 본성인 것이다. 이러한 인간의 마음에서 이치와 정감이 합치되어 드러난 마음의 양태가 다름 아닌 불쌍하게 여기는 마음(惻隱之心)·자기의 불의를 부끄러워하고 남의 착하지 못함을 미워하는 마음(羞惡之心)·사양하고 공경하는 마음(辭讓之心)·옳고 그름을 가릴 줄 아는 마음(是非之心) 등 네 가지의 덕이 밖으로 드러나는 실마리로서의 사단四端이다.[65] 이와 같이 맹자는 어짊을 인간이 선천적으로 갖고 태어난 인간의 본성으로 확정하면서 인간이 도덕적인 존재임을 철저하게 주장했던 것이다. 그러므로 맹자는 공자보다 어짊의 의미를 한 단계 더 심화시켰다고 할 수 있다. 맹자는 이러한 어짊사상을 정치로 확장시켜 자기 사상의 중심으로 삼고 있다. 어진정치는 백성을 사랑하는 정치이다. 『대학』의 백성을 친애한다(親民)는 사상에 해당된다. 맹자는 천자가 어질지 못하면 세계를 보전하지 못하

---

64) 『孟子』, 「告子上」, "從其大體爲大人. 從其小體爲小人……耳目之官, 不思而蔽於物, 物交物, 則引之而已矣, 心之官則思, 思則得之, 不思則不得之."

65) 『孟子』, 「公孫丑上」, "無惻隱之心, 非人也. 無羞惡之心, 非人也. 無辭讓之心, 非人也. 無是非之心, 非人也. 惻隱之心, 仁之端也. 羞惡之心, 義之端也. 辭讓之心, 禮之端也. 是非之心, 知之端也. 人之有是四端也, 猶其四體也."

고, 제후가 어질지 못하면 국가를 보전하지 못하고, 경대부가 어질지 못하면 정부를 보전하지 못하고, 일반인이 어질지 못하면 몸(四體)을 보전하지 못한다고 하였다.[66] 맹자는 개인이나 사회의 건강이 어짊에 달려 있다는 것을 말하고 있다. 즉 어짊을 기초로 하지 않는다면 개인은 물론 국가사회 더 나아가 세계가 건강하게 보전될 수 없다고 하였다. 어짊의 덕이 건강과 밀접한 관계가 있다는 것을 밝히고 있는 내용이라고 할 수 있다. 맹자는 강조하여 말하기를, 죽고 망하는 것을 싫어하면서도 어질지 않는 것을 좋아하는 것은 취하는 것을 싫어하면서 술을 억지로 마시는 것과 같다고 하였다.[67] 어짊은 인간의 큰 몸 즉 인간의 마음이며 인간존재의 근본 요소이다. 그러므로 어짊이 아니면 어떻게 인간인들 건강할 수 있으며 국가사회인들 온전할 수 있겠는가?

순자는 사회질서가 예악형정에 의하여 유지된 것으로 인식한다. 순자는 인간의 본성을 악한 것으로 파악하고, 본능적인 필요에 따라 일어나는 욕망을 단속하고 통제하지 않으면 반드시 악으로 발전된다고 생각하였다. 어짊과 의로움 같은 도덕관념은 인간 그 자체가 갖추고 있는 본성에 의한 것이 아니고 환경에 따라 이루어진 후천적인 인위人爲의 소산이라고 주장하고 있다. 즉 인간의 선한 생각이나 행위는 인간의 자기 개조로 이루어진 결과라는 것이다. 다시 말하면 도덕질서는 제왕이나 스승에 의한 예악교화와 형정의 외부적인 조건에 의해서 이루어진 것으로 보았다. 그러므로 순자가 말한 어짊은 인위적이고 목적적인 도덕가치의 의미를 갖는다.

---

66) 『孟子』, 「離婁上」, "天子不仁, 不保四海, 諸侯不仁, 不保社稷, 公卿不仁, 不保宗廟, 士庶人不仁, 不保四體."

67) 『孟子』, 「離婁上」, "今惡死亡而樂不仁, 是猶惡醉而强酒."

한대 유학의 최고 학자인 동중서도 어짊을 중요시하여 자기 사상의 중심으로 삼았다. 동중서는 어짊의 기본의미를 사람사랑(愛人) 혹은 널리 대중을 사랑함(汎愛衆)으로 사용하고 있으면서 오상 중에서 가장 으뜸의 덕으로 내세우고 있다. 동중서의 어짊사상은 신학적 근원을 밝히는 데 중점을 두고 있다. 즉 어짊의 도덕관념을 인격적인 하늘로부터 나온 것으로 인식하였다. 최고신인 하늘(天)이 만물을 낳고 기르며 인간의 모든 일을 감독·주관하는 것으로 생각하였고 그 자체를 어짊으로 여겼던 것이다. 그러므로 사람은 하늘로부터 명령을 받고 주체생명과 도덕관념도 부여받은 것으로 생각하였다. 따라서 어짊의 도덕을 부여받았기 때문에 인간은 부자형제의 친함과 충신자혜忠信慈惠의 마음과 예의겸양禮義謙讓의 덕행 등이 있게 된 것이라고 하였다.

한유韓愈는 불교와 도교 세력이 강대했던 당대唐代에 유가사상의 정통적 지위를 회복시키는 데 심혈을 기울이고 도통道統의 기치를 높이 들었다. 한유의 사상에서 어짊은 사람사랑(愛人)의 의미이다. 그러나 불교와 도교를 비판하기 위하여 어짊과 의로움에 대해 새로운 의미를 부여하였다. 즉 어짊과 의로움은 중국 전통문화의 집중적인 체현이라고 생각했다. 그러면서 널리 사랑하는 것을 어짊이라 하고 행하여 떳떳한 것을 의로움이라고 하며 이것으로 말미암아 살아가는 것을 길(道)이라고 하고 자기에게서 만족하고 밖에서 기대하지 않는 것을 덕德이라고 한다고 하였다.[68] 그리고 어짊과 의로움은 유가 성인들이 인간의 생존과 번영을 위하여 제정한 사상이기 때문에 선善이라고 하였다.

---

68) 『昌黎集』, 「原性」, "博愛之謂仁, 行而宜之之謂義, 由是而之焉之謂道, 足乎己無待於外之謂德."

송명宋明 성리학자들은 어짊에 대하여 사람사랑과 모든 덕의 총명이라는 의미를 계승하면서 이를 더욱 확대·심화시키고 있다. 그들은 어짊을 사사로움과 상대적인 공평함으로 설명하고 있다. 정이程頤는 어짊은 단지 하나의 공평무사한 공公 자일 뿐이라고 하였다.[69] 그리고 또 어짊의 도를 요약한다면 공평함이니, 공평함은 어짊의 이치인 것이라고 하였다.[70] 정호程顥는 어짊을 혼연하게 만물과 한 몸이 되는 것이라고 하였고[71] 또 어짊은 천지만물을 한 몸으로 삼는 것이라고 하였다.[72] 공평함의 극치는 만물과 한 몸이 되는 것이다. 공평함의 공公 자와 자기의 사사로움을 극복하고 예의로움으로 돌아간다는 극기복례克己復禮의 두 가지 의미를 포괄하여 최상의 도덕준칙으로 설명한 것이 곧 만물과 한 몸이 된다는 말이다. 만물과 한 몸이 된다는 것은 우주자연과 일치되는 경지에 이른다는 의미이고 보면 이것은 다름 아닌 유학사상뿐만 아니라 동양사상 전반에서 최고의 가치이자 이상으로 삼고 있는 천인합일天人合一의 경지에 도달한다는 의미가 된다. 실제로 성리학에서는 어짊의 개념을 본체本體의 차원으로 끌어올려 설명하고 있다. 이른바 본체는 가장 근원적이고 본래적인 상태이며 원리이다. 그러므로 어짊의 덕을 현상의 배후에 존재하는 모종의 본질이나 원리로 승격시켜 설명하고 있는 것이다. 기학파氣學派의 창시자인 장재는 『서명西銘』에서 자기 철학의 기본 범주를 밝히고 있다. 즉 "하늘은 나의 아버지이고 땅은 나의 어머니이다. 나는 지극히 작고 한정된 존재로 그들 사이에 살고 있다. 하늘과 땅이 내 몸을 꽉 채우고 있으며 하늘과 땅이 나의 본성을 거느리고 있다.

69) 『二程遺書』, 권22上, "仁, 只是一箇公字."
70) 『二程遺書』, 권22上, "仁之道, 要之, 只消道一公字, 公只是仁之理."
71) 『二程遺書』, 권2上, "仁者, 渾然與物同體."
72) 『二程遺書』, 권2上, "仁者, 以天地萬物爲一體."

그러므로 세상 사람들은 나의 동포이고 만물은 나의 친구이다."[73] 만민을 나의 동포로 삼고 만물을 나의 친구로 여기는 것은 만민을 사랑하고 만물을 애호하는 어짊의 극치가 아닐 수 없다. 장재는 우주의 본체를 태허太虛라고 하면서 "하늘과 땅은 허 즉 비움을 덕으로 삼는다. 지극히 선한 것은 바로 비우는 것"이라고 하였다.[74] 그리고 또 마음이 이미 비어 있으면 곧 공평하다고 하면서[75] 마음을 텅 비우는 것이 곧 어짊을 낳는 것이라고 하였다.[76] 이렇게 성리학자들은 이제까지 인간생활에 제한되었던 어짊의 덕목에 우주 자연적인 의미를 부여하였다. 그리하여 어짊의 덕으로 인간과 세계에 대한 보편적인 사랑의 정감을 환기시켰던 것이다.

성리학자들의 어짊에 대한 사상은 주희에 의해서 종합된다. 주희는 천리를 최고의 범주로 하는 세계관을 세우고 그에 따라 인간을 이해한다. 즉 우주의 궁극적인 원리는 태극이고 인간의 최고 원리는 어짊이다. 주희는 "인간이라는 이름을 얻게 된 이유는 어짊 때문이다. 어짊을 말하고 인간을 말하지 않으면 이치가 머무는 것을 볼 수 없고, 인간을 말하고 어짊을 말하지 않으면 인간은 하나의 혈육덩어리에 지나지 않는다. 반드시 합하여 말해야 비로소 도리를 볼 수 있다"라고 하였다.[77] 인간은 오직 혈육덩어리가 아니다. 천리의 대행자이고 도덕의 주체이다. 인간의 본질이 어짊이고, 어짊은 인간본성의 온전한 덕으로서 태극의 이치가 인간에 내재한 것이다.[78]

---

73) 『西銘』, "乾稱父, 坤稱母. 予玆貌焉, 乃混然中處. 故天地之塞吾其體, 天地之帥吾其性. 民吾同胞, 物吾與也."
74) 『張子全書』, 권12, "天地以虛爲德, 至善者虛也."
75) 『張子全書』, 권12, "心旣虛, 則公平."
76) 『張子全書』, 권12, "虛則生仁."
77) 『朱子語類』, 권61, "人之所以得名, 以其仁也. 言仁而不言人, 則不見理之所寓, 言人不言仁, 則人不過是一塊血肉耳. 必合而言之, 方見得道理出來."

태극의 이치는 만물을 낳는 마음(生物之心)이고, 어짊은 생성의 마음(生意)으로 사랑을 내용으로 하는 덕이다.[79] 천지는 만물생성을 마음으로 삼는다. 인간은 천지의 마음을 얻어 자기의 마음으로 삼게 된다. 이러한 마음의 덕은 모든 덕을 포괄하고 관통하여 갖추지 않음이 없다. 이것을 한마디로 말하면 어짊이다.[80] 어짊이란 천지가 만물을 낳는 마음이며 인간이 천지와 하나가 되며 살아가는 원리가 된다.

주희는 어짊의 의미를 설명할 때 생성의 의미를 매우 중요시하였다. 주희는 "어짊에 생성의 의미가 있다. 마음이란 살아 있는 사물 즉 활물活物로서 인간에게 생성의 마음 즉 어짊이 드러나 측은하게 여길 수 있는 마음이 있기 때문에 사양하고 수오하며 시비할 것을 알 수 있다. 이러한 마음이 없으면 사손辭遜 · 수오羞惡 · 시비是非를 할 수 없다. 예를 들면 봄은 사물들을 생성하는데, 여름의 성장은 곧 생성된 생명이 성장한 것이고, 가을의 열매 맺음은 생성된 생명이 열매를 맺는 것이며, 겨울의 갈무리는 생성된 생명이 갈무리되는 것과 같은 것이다"라고 하였다.[81] 계절에 따라 생육의 양태는 다르지만 생명은 동일하다. 이와 같이 생명이 일관되게 관계하고 있는 것처럼 어짊의 덕도 역시 그러하다. 『주역周易』에서는 하늘(天)의 작용(乾)을 원형이정元亨利貞으로 설명한다.[82] 원元은 만물이 생성되어 성장을 시작하는 작

---

78) 『朱子語類』, 권25, "仁是本心之全德, 便有個天理在."

79) 『朱子語類』, 권6, "生底意思仁."

80) 『朱熹集』, 권67, 雜著, 「仁說」, "天地以生物爲心者也. 而人物之生, 又各得夫天地之心以爲心者也. 故語心之德, 雖其總攝貫通, 無所不備. 然一言以蔽之, 則曰仁而已矣."

81) 『朱子語類』, 권20, 「論語」, '學而篇上', "仁有生意……心是活物, 必有此心, 乃能知辭遜, 必有此心, 乃能知羞惡, 必有此心, 乃能知是非. 此心不生, 又烏能辭遜羞惡是非. 且如春之生物也, 至於夏之長, 則生者長, 秋之遂, 亦是生者遂, 冬之成, 亦是生者成也."

82) 『周易』, 乾卦 卦辭, "乾, 元亨利貞."

용이다. 계절로는 봄의 작용에 해당되고, 사람의 덕으로는 어짊에 해당된다. 형亨은 만물이 성장하여 크게 번창하는 작용이다. 계절로는 여름의 작용에 해당되고, 사람의 덕으로는 예의로움에 해당된다. 이利는 만물이 번창한 뒤 결실하는 작용이다. 계절로는 가을의 작용에 해당되고, 사람의 덕으로는 의로움에 해당된다. 정貞은 만물이 결실한 뒤 저장하는 작용이다. 계절로는 겨울의 작용에 해당되고, 사람의 덕으로는 지혜로움에 해당된다. 주희는 인간의 덕을 우주자연의 원리에 적용시켜 설명하면서 어짊을 우주자연의 생성작용인 원元이라 하고, 원을 태극의 동정으로 이해하여 우주적 경지로 끌어올려 설명하고 있다.[83)]

주희는 어짊의 덕이 모든 덕을 포괄하는 것으로 보았다. 주희는 "생성의 마음을 얻어 태어난 후에 예의로움 · 지혜로움 · 의로움 · 미더움 등의 덕이 있게 된다. 선후로 말하면 어짊이 앞선 것이고 대소로 말하면 어짊이 큰 것이다"라고 하였다.[84)] 그리고 또 이러한 어짊 · 의로움 · 예의로움 · 지혜로움의 덕을 네 계절에 비유하여 말하고 있다. "봄 · 여름 · 가을 · 겨울이 비록 다르지만 모두가 똑같이 봄에서 나온 것과 같으니, 봄은 생성의 마음이 태어난 것이고, 여름은 생성의 마음이 성장하는 것이고, 가을은 생장의 마음이 이루어지는 것이며, 겨울은 생장의 마음이 저장된 것이다. 넷에서 시작했으나 둘이요 둘이면서 하나이니 통섭함에 마루가 있고 모임에 으뜸이 있다."[85)] 어짊은 모든 덕의 우두머리이고 으뜸이다. 주희는 이를 구체적으

83) 『朱子語類』, 권9, "仁卽所謂天德之元, 元卽太極之陽動."
84) 『朱子語類』, 권6, "仁義禮智等名義. 得此生意以有生, 然後有禮智義信. 以先後言之, 則仁爲先, 以大小言之, 則仁爲大."
85) 『朱子語類』, 권6, "仁義禮智等名義. 猶春夏秋冬雖不同, 而同出於春, 春則生意之生也, 夏則生意之長也, 秋則生意之成也, 冬則生意之藏也. 自四而兩, 兩而一, 則統之有宗, 會之有元."

로 설명하고 있다. 천지의 마음에는 원형이정의 네 가지 덕이 있는데 원의 덕이 통괄하지 않음이 없다. 그리고 그 운행에는 봄 · 여름 · 가을 · 겨울의 차례가 있는데 봄의 생성하는 기운이 통하지 않음이 없다. 그러므로 인간의 마음에도 어짊과 의로움 · 예의로움 · 지혜로움의 네 가지 덕이 있는데 어짊의 덕이 포괄하지 않음이 없는 것이다.[86] 주희는 우주의 덕과 자연의 질서 그리고 인간의 덕을 일치시키고, 생성하는 마음을 공통으로 하는 원元과 봄 그리고 어짊의 덕을 최상의 원리이면서 가치로 간주하고 있다. 그러므로 주희는 인간의 착한 행위 모두를 오상의 덕으로 총괄하고 오상을 포괄하고 있는 덕을 어짊이라고 생각하였던 것이다. 어짊은 순수한 천리인 것으로 조금이라도 사욕이 있으면 어짊이 될 수가 없는 것이다.[87] 그러므로 사욕이 말끔하게 사라지고 천리만이 유행하는 것이 바로 어짊이다.[88] 개인의 사사로움을 극복하고 공평함을 유지하는 것이 어짊인 것이므로 주희는 공평함이 어짊을 실천하는 방법이라고 한다.[89] 어짊이 본래부터 있는 이치라면 공평함은 극기공부의 완성을 의미하는 것이다.[90] 주희철학에서 어짊은 천리이다. 그러므로 어짊은 우주자연의 경지와 통하는 도덕원리가 되는 덕이라고 할 수 있다.

육구연과 왕수인은 명대明代 심학을 대표한 학자이다. 그들도 맹자의 심성이론을 계승하고 있으나 정이나 주희와는 다르게 어짊을 설명하고 있다.

86) 『朱熹集』, 권67, 雜著, 「仁說」, "蓋天地之心, 其德有四, 曰元亨利貞, 而元無不統. 其運行焉, 則爲春夏秋冬之序, 而春生之氣無所不通. 故人之爲心, 其德亦有四, 曰仁義禮智, 而仁無不包."
87) 『朱子語類』, 권28, "孟武伯問子路仁乎章, 渾然天理便是仁, 有一毫私欲便不是仁了."
88) 『朱子語類』, 권6, "仁義禮智等名義, 做到私欲淨盡, 天理流行, 便是仁."
89) 『朱子語類』, 권6, "仁義禮智等名義, 公是仁之方法."
90) 『朱子語類』, 권6, "仁是本有之理, 公是克己工夫極至處."

즉 어진 마음은 태어나면서부터 갖추어진 것으로 학습이나 사고에 의하여 이루어진 것이 아니라고 하였다. 왕수인은 "사욕으로 가리어짐이 없는 마음이 천리이다. 이 순수한 천리의 마음을 가지고 아버지를 섬기면 그것이 곧 효도이고, 임금을 섬기면 충성이며, 벗을 사귀고 백성을 다스리면 그것이 바로 믿음과 어짊이다. 오직 이 마음에서 인욕을 제거하고 천리를 간직하는 데에 힘쓰면 된다"라고 하였다.[91] 왕수인은 사욕의 가리어짐이 없는 것을 천리라고 하여 덕성적인 의미의 이치를 말하고 있다. 그러므로 왕수인은 모든 가치규범이 마음에 이미 갖추어 있다고 확신하고 그러한 가치규범의 전체인 천리가 분화된 것이 다름 아닌 효孝·충忠·신信·인仁 등의 덕이라고 생각했던 것이다. 왕수인은 이러한 천리가 인간의 마음에 있는 것을 양지라고 하여 다음과 같이 주장하고 있다. 천리가 인간의 마음에 있는 것은 아득한 옛날이나 지금이나 시작도 마침도 없다. 천리가 바로 양지이다.[92] 천리가 인간에 있는 것이 바로 양지이다. 양지는 마음의 본체이다.[93] 그러므로 마음이 곧 이치라는 것이다.[94] 왕수인은 이러한 사유 속에서 마침내 어짊을 설명하고 있다. 밝은 덕은 이 마음의 덕이며 이것이 바로 어짊(仁)이다. 어짊이란 천지만물을 한 몸으로 여기는 것이다.[95] 양명학에서 보면 마음의 덕은 어짊이고, 어짊은 바로 천리와 같은 내용이 된다. 그러므로 어짊은 곧 천지의 마음이며 천지만물과 일체를 이루는 덕의 의미를 갖게 된

91) 『傳習錄』 上, "此心無私欲之蔽, 卽是天理. 不須外面添一分, 以此純乎天理之心, 發之事父便是孝, 發之事君便是忠, 發之交友治民, 便是信與仁. 只在此心去人欲, 存天理上用功, 便是愛."
92) 『傳習錄』 下, "天理在人心, 亘古亘今, 無有終始. 天理卽是良知."
93) 『傳習錄』 中, "良知者, 心之本體."
94) 『傳習錄』 上, "心卽理也."
95) 『傳習錄』 上, "明德是此心之德, 卽是仁. 仁者以天地萬物爲一體."

것이다. 다만 왕수인은 이러한 천리와 어짊을 인간의 도덕주체 속에서 이해하고 최고의 덕으로 확립시키고 있다.

2. 의로움

의로움(義)은 정당과 합리 및 순리 그리고 마땅히 해야 할 책임 등의 의미로 사용되고 규범성의 의미를 갖는 예의로움의 덕에 합리성과 정당성의 기초를 제공해 주는 역할을 한다. 『설문해자』에서는 자기 자신의 위의威儀를 뜻한 것으로 '我' 자와 '羊' 자로 이루어진 회의문자라고 설명하고 있다.[96] 금문에서는 예의로운 몸가짐과 행동거지(容儀)·예법에 맞는 몸가짐(威儀)·정감과 의지(情意)·착함(善)·마땅함(宜) 등의 의미로 사용되고 있다. 단옥재는 의義 자의 자부가 '양' 자와 '아' 자로 이루어진 회의글자인 것에 대하여 다음과 같이 설명하고 있다. 엄중한 용모와 장중한 태도는 자기 자신으로부터 발출되는 것이기 때문에 자부가 아我이다. 어짊은 반드시 타인과 관련된 것이며 의로움은 자신의 마음에서 판단되는 것이다. 자부가 양羊인 것은 선미善美 즉 착하고 아름답다는 뜻과 같은 것이다.[97] '양' 자와 '아' 자를 선善과 의용儀容의 의미적 관계로 풀이하였다. 양은 순한 동물을 대표하기 때문에 착하다는 의미로 사용된다. 이러한 해석은 의義 자가 도덕적인 개념의 의리義理와 직접적인 관계가 있다는 것을 설명한 것이다. 의로움은 또한 마땅하다(宜)는 의미를 갖는다. 마땅하다는 것은 곧 마땅히 해야 할 도

---

96) 『說文解字今釋』, "己之威儀也, 從我羊."
97) 『說文解字注』 참조.

리를 나타내기 때문에 의로움의 덕이 되는 것이다.

공자철학에서 의로움은 정당과 합리 및 도리 그리고 마땅히 해야 할 책임의 의미를 갖는다. 『논어』에 "의로움을 보고서도 실천하지 않으면 용기가 없는 것이다"[98], "군자는 천하의 일에 대하여 반드시 긍정하며 행하려는 것도 없고 반드시 부정하며 행하지 않으려는 것도 없다. 오로지 의로움에 따라 행할 뿐이다"[99] 등의 말이 있다. 이때의 의로움은 정당한 도리의 의미이다. 정당한 일을 보고서도 이것을 행동으로 옮기지 않는다면 용기가 없는 행위이다. 마찬가지로 부당한 일을 보고서도 제지하지 않는다면 이것 또한 용기가 없는 행위가 된다. 그리고 군자의 마음은 크게 공평하여 사사로움이 없는 어진 마음이 충만하기 때문에 감정에 치우친 편견이 있을 수가 없다. 따라서 모든 일에 대하여 선입견을 갖지 않고 오로지 도리에 따라 순리대로 행위할 뿐이다. 이러한 의로움은 정당한 도리를 지칭한 것이다.

공자가 제시한 곧음(直, 정직)사상은 의로움이 정당한 도리의 의미를 갖는데 대한 합리성과 적의성適宜性을 드러내는 대표적인 사례이다. 즉 원한이 있는 사람에게 덕으로 갚는다면 어떻겠느냐는 어떤 사람의 물음에 대하여 공자는 "은덕을 입는 사람에게는 무엇으로 갚을 것인가?"라고 반문하면서 "원한이 있는 사람에게는 정직함으로 갚고 은덕을 입은 사람에게는 덕으로 갚아야 한다"라고 말하였다.[100] 이른바 원한이 있는 사람에게 덕으로 갚는다는 것은 마치 마음이 관대한 도덕적인 사람의 행위 같지만 이러한 태도는 결코 합리적이지도 않고 인간의 보편적인 정서에 부합하는 적의적인 행위

---

98) 『論語』, 「爲政」, "見義不爲, 無勇也."
99) 『論語』, 「里仁」, "君子之於天下也, 無適也, 無莫也. 義之與比."
100) 『論語』, 「憲問」, "或曰, 以德報怨, 何如. 子曰, 何以報德, 以直報怨, 以德報德."

라고 할 수도 없다. 달리 말하면 합리적이지도 않고 합정적合情的인 태도라고도 할 수 없다. 원한을 갚는 것과 은덕을 보답하는 데에는 반드시 어떠한 공정한 변별이 있을 것이고 또 차이가 있어야만 한다. 그렇다고 공자는 원한을 원한으로 갚아야 한다고는 주장하지 않는다. 정직의 도리에 의거하여 원한을 갚아야만 비로소 합리적이며 합정적이라고 생각하였다. 정직의 도리는 다름 아닌 의로움의 도이고 정당함의 도리이며 합리적이고 합정적인 도리이다. 번지가 지혜에 대하여 묻자 공자는 사람들이 의로움에 이를 수 있도록 힘쓰고 귀신을 공경하되 멀리한다면 지혜롭다 할 수 있다고 대답하였다.[101] 그리고 공자는 "관직에 나가지 않는 것은 의롭지 않은 일이다. 군자가 관직에 나가는 것은 스스로가 의로움을 실천하는 일"이라고 하였다.[102] 여기에서 의로움은 정당한 책임의 의미로 사용되고 있다. 백성들을 의롭게 한다는 것은 군자가 국가사회에 참여하여 실천해야 할 치인治人과 외왕外王사업 중의 하나이다. 즉 교화에 관한 일이다. 그리고 군자가 관직에 나가는 것은 개인의 영달을 추구하고자 하는 것이 아니라 힘들고 고달픈 세상에서 백성들을 구제하는(救世濟民) 일이다. 이것은 인간이 마땅히 해야 할 사회적인 책임 곧 치인을 실천하려는 것이다.

『논어』에 나오는 의로움에 관한 언급을 조금 더 살펴보자. 거친 밥을 먹고 찬물 마시며 팔을 베고 잠자는 삶이지만 그 가운데 즐거움이 있으며, 정당하지 않는 방법으로 얻은 부귀는 나에게 뜬구름과 같은 것이다.[103] 의롭다고 판단된 후에야 남이 주는 것을 받는다.[104] 온종일 여럿이 함께 있으

101) 『論語』, 「雍也」, "子曰, 務民之義. 敬鬼神而遠之, 可謂知矣."
102) 『論語』, 「微子」, "子曰, 不仕無義. 君子之仕也, 行其義也."
103) 『論語』, 「述而」, "飯疏食飮水, 曲肱而枕之, 樂亦在其中矣, 不義而富且貴, 於我如浮雲."
104) 『論語』, 「憲問」, "義然後取."

면서 의로운 일을 도모하지 않고 잔재주만 부리기를 좋아한다면 이것은 곤란한 일이다.[105] 군자는 일을 할 때 의로움으로 바탕을 삼고 예의로움으로 실행하며 겸손한 말투로 표현하고 신의로 완성하니 참으로 군자답도다.[106] 숨어 살면서는 자신이 뜻한 바를 추구하고 의로움을 행하면서는 자신의 도를 달성한다.[107] 군자는 의로움을 최상으로 여긴다. 군자가 용맹스러우면서 의로움이 없으면 문란한 짓을 하고 소인이 용맹스러우면서 의로움이 없으면 도둑질을 한다.[108] 지금까지 살펴본 의로움은 대부분 정당과 정의의 의미로 사용되고 때로는 이로움의 공평함과 사사로움을 판단하는 기준으로 사용되기도 하며 모든 행위의 근본 바탕이라는 의미로 사용되고 있다.

맹자철학에서의 의로움 역시 공자철학에서와 거의 같다. 공자철학에서 예의로움은 합리성의 의미인 의로움을 기초로 하여 확립된 규범이다. 그러나 의로움이 가지고 있는 모든 의미는 도덕주체인 어짊에 의하여 판단되고 결정된다. 다시 말하면 합리와 정당 그리고 책임은 외부적인 조건에 의하여 결정되는 것이 아니라 자신의 자각심에 의하여 판단되고 결정되는 것이다. 의로움의 내재 문제는 맹자에 이르러 본격적으로 논의되었다. 맹자는 어짊은 사람의 마음이고 의로움은 사람이 마땅히 가야 할 길이라고 하였고,[109] 어짊과 의로움 · 예의로움 · 지혜로움은 마음에 근원한다고 하였다.[110] 맹자는 인간이 다른 동물들과 본질적으로 다른 근거를 어짊과 의로움 등의 덕에

---

105) 『論語』, 「衛靈公」, "子曰, 羣居終日, 言不及義, 好行小慧, 難矣哉."
106) 『論語』, 「衛靈公」, "君子義以爲質, 禮以行之, 孫以出之, 信以成之, 君子哉."
107) 『論語』, 「季氏」, "隱居以求其志, 行義以達其道."
108) 『論語』, 「陽貨」, "君子義以爲上. 君子有勇而無義, 爲亂, 小人有勇而無義, 爲盜."
109) 『孟子』, 「告子上」, "仁人心也, 義人路也."
110) 『孟子』, 「盡心上」, "仁義禮智根於心."

서 찾았으며 어짊과 의로움의 도덕실천의 근거를 인간의 본심 밖에서 찾지 않고 안에서 찾았다. 어짊은 크게 공평하고 사사로움이 없는(大公無私) 도덕심이며, 의로움은 사람이 마땅히 지켜야 할 준칙이고 도리이다. 맹자는 가치에 대한 어진 마음의 자각과 실천을 의로움의 근거로 삼았다. 이렇게 맹자는 어짊과 의로움 모두를 내재적인 것(仁義內在)이라고 주장하였다. 즉 맹자가 공자와는 달리 어짊과 의로움을 병렬하면서 의로움을 도리나 표준 등의 객관적인 규범의 의미로만 이해하지 않고 일종의 자각주체(自我)로 이해하고 있는 것을 보면, 의로움이 선을 지향하는 의식주체임을 알 수가 있다. 맹자의 다음과 같은 언급을 보면 더욱 분명해진다. 측은해하는 마음은 어짊의 단서이고, 자기의 부덕을 부끄러워하고 남의 부덕을 미워하는 마음은 의로움의 단서이다.[111] 순임금은 여러 사물의 이치에 밝았고 인륜을 잘 살폈는데, 이것은 어짊과 의로움으로 말미암아 행하는 것이지 어짊과 의로움을 행하는 것이 아니다.[112] 사람에게 들어 있는 것 중에 어찌 어짊과 의로움의 마음이 없겠는가?[113]

맹자에 의하면 인간의 마음에는 스스로 시비선악을 판별하고 결정할 수 있는 능력과 선을 좋아하고 악을 싫어하는 경향성이 갖추어져 있다. 이것이 바로 양지와 양능의 작용이다. 사물과 인륜에 대응하는 원리는 어짊과 의로움의 덕을 떠나서 세워질 수가 없다. 어짊과 의로움은 인간 마음의 밖에서 주어지는 표준과 법칙이 아니라 이미 마음에 내재된 도덕규범이다. 이러한 도덕규범의 최초 모습이 다름 아닌 측은하게 여기는 마음(측은지심)이고 자

111) 『孟子』, 「公孫丑上」, "惻隱之心, 仁之端也, 羞惡之心, 義之端也."
112) 『孟子』, 「離婁」, "舜明於庶物, 察於人倫, 由仁義行, 非行仁義也."
113) 『孟子』, 「告子上」, "雖存乎人者, 豈無仁義之心哉."

기의 부덕을 부끄러워하며 남의 부덕을 미워하는 마음(수오지심)이다. 측은지심과 수오지심은 어짊과 의로움의 도덕심이 스스로 선을 지향할 때 드러나는 순수도덕정감이다. 그러므로 맹자는 내재적인 어짊과 의로움으로 말미암아 행하는 것이지 외재적인 어짊과 의로움을 행하는 것이 아니라고 하였던 것이다. 『중용』에서 "본성에 의해 행하는 것을 도라고 한다"[114]라는 말이나 "성誠은 억지로 노력하지 않아도 도리에 합치되고 인위적으로 사려하지 않아도 얻어지고 일거일동이 모두 도리에 합일하는 것인데 이러한 사람이 바로 성인"[115]이라고 한 말 등은 모두가 같은 의미로 하는 말이다. 어짊과 의로움을 행하는 것은 도덕실천을 행위자가 스스로 행하지 않고 외재적인 규범에 따라서 행하는 것을 의미한다. 그리고 어짊과 의로움으로 말미암아 행하는 것은 본심의 선을 실현하려는 자발적인 도덕의지에 따라서 행하는 것을 의미한다. 다시 말하면 도덕심인 의로움이 선(羊)을 스스로 지향하는 도덕주체의 자발적인 행위임을 의미한 것이다.

성리철학에 이르러서는 의로움의 덕이 형이상학적인 원리로 설명된다. 성리학에서는 객관적인 원리(理) 가운데 도덕원리가 존재한다. 인간의 본성이 바로 객관적인 원리이기 때문에 인간의 본성 안에 도덕적인 원리가 있는 것이 된다. 주희는 어짊 · 의로움 · 예의로움 · 지혜로움을 본성이라고 하였다. 본성은 만질 수 있는 모양이나 그림자가 없고 그 원리가 있을 뿐이다. 오직 정감만 직접 경험할 수 있는데, 측은하게 여길 수 있는 마음과 부끄러워하는 마음과 사양하는 마음과 시비하는 마음이 바로 이것이라고 하였다.[116] 또 마음이 온갖 일을 할 수 있는 까닭은 온갖 도리를 구비했기 때문

114) 『中庸』, 1章, "率性之謂道."

115) 『中庸』, 20章, "誠者, 不勉而中, 不思而得, 從容中道, 聖人也."

이다. 측은하게 여기는 마음에 의거하여 어짊이 있음을 알고, 부끄러워하는 마음에 의거하여 의로움이 있음을 안다고 하였다.[117] 주희철학에서는 본성이 바로 원리이다. 원리는 형이상의 존재로서 추상적인 것이므로 어떤 흔적이나 모습을 경험할 수 없다. 다만 싹으로 드러나는 정감을 통하여서만 어짊이나 의로움 등의 도덕원리를 알 수 있을 따름이다. 그러므로 의로움은 천리와 통하는 원리이고 그 원리가 드러난 현상이 바로 자기의 부덕을 부끄러워하고 남의 부덕을 미워하는 마음 즉 수오지심의 정감이다. 이렇게 성리철학에서는 의로움이 형이상학적인 원리로 설명된다.

3. 예의로움

예의로움(禮)은 사회질서를 유지하기 위한 규범으로 사회제도나 윤리적 규범의 총칭이다. 예의로움의 기원은 조상숭배를 중심으로 하는 종교적인 의식에서 비롯되었으나, 그 의미는 시대를 지나오면서 점차 사회제도나 관행 일반까지를 포함하여 의식의 절차와 형식 및 질서의 의미로 통용되었다. 예禮 자에 대한 의미를 『설문해자』에서는 종교적으로 풀이하고 있다. 즉 예는 이행한다는 뜻이다. 신에게 제사를 드려 복을 구하는 일이다. '礻'(기) 자와 '豊'(예) 자로 이루어진 글자라고 하였다.[118] 예의로움의 본래 의미는 종

116) 『朱子語類』, 권6, "仁義禮智, 性也. 性無形影可以摸索, 只是有這理耳. 惟情乃可得而見, 惻隱, 羞惡, 辭遜, 是非, 是也."

117) 『朱子語類』, 권20, "心之所以會做許多, 蓋具得許多道理……因其惻隱, 知其有仁, 因其羞惡, 知其有義."

118) 『說文解字』, "禮, 履也. 所以事神致福也. 從示, 從豊."

교적인 의식을 이행한다는 뜻이다. 禮(예) 자를 구성하고 있는 '礻' 자가 지신地神을 뜻한 것으로 인간의 내부적인 외경의식畏敬意識을 대표한다면, '豊' 자는 굽이 높은 그릇이라는 뜻으로 외부적인 형식 즉 종교의식宗教儀式을 대표하고 있다. 이러한 종교적인 의미를 갖는 예의로움은 춘추시대에 이르러 종교적인 의미가 거의 탈락되고 인문적이고 추상적인 의미가 크게 부각되었다.

예의로움의 의미는 다양하다. 『좌전左傳』에서는 예악을 덕의 준칙이라고 하였고[119] 사양辭讓하는 것이 예의로움의 주요 덕행이라고 하였다.[120] 『효경孝經』에서는 예의로움을 공경하는 것이라고 하였고,[121] 『예기』에서는 예의로움을 친소에 따라 정하고 혐의스러운 것을 해결하며 같고 다른 것을 구별하고 옳고 그른 것을 밝히는 것이라고 설명하였다.[122] 이러한 내용들을 종합해 보면 예의로움은 사양과 공경을 내용으로 하는 덕의 준칙이며, 친소親疎를 정하고 혐의스러운 것을 해결하며 같고 다른 것을 구별하고 옳고 그른 것을 밝히는 행위의 법칙이라고 할 수 있다. 『논어』에서 유자有子는 예의로움을 조화작용으로 설명하였고,[123] 공자는 "예의로움의 본질인 사양하는 마음으로 나라를 다스린다면 하등의 문제도 없다. 그렇지 못하면 형식만의 예의로움은 있어 무엇하겠느냐?"라고 하여[124] 예의로움의 본질을 사양하는 마음이라고 하였다. 맹자는 직접 사양하는 마음이 예의 단서라고 말하면

119) 『左傳』, 僖公 27年, "禮樂, 德之則也."
120) 『左傳』, 襄公 13年, "讓, 禮之主也."
121) 『孝經』, 「廣要道章」, "禮者, 敬而已矣."
122) 『禮記』, 「曲禮上」, "夫禮者, 所以定親疏, 決嫌疑, 別同異, 明是非也."
123) 『論語』, 「學而」, "有子曰, 禮之用, 和爲貴."
124) 『論語』, 「里仁」, "子曰, 能以禮讓, 爲國乎, 何有. 不能以禮讓, 爲國, 如禮何."

서[125] 예의로움이 어짊이나 의로움·지혜로움과 더불어 인간의 본성이 지닌 덕성이라고 정의하였다.[126] 『예기』에서는 이러한 예의로움을 천지자연의 질서로 격상하여 설명하고 있다. 즉 "예의로움은 천지간의 질서이다. 조화가 있기 때문에 만물이 모두 질서 있게 변화하고 질서가 있기 때문에 만물이 제각기 지위나 기능을 보유할 수 있는 것"이라고 하였다.[127] 송대의 주돈이도 "예의로움은 자연의 올바른 이치이고 음악은 어울림이다. 음양이 각기 올바른 뒤에야 어울림이 이루어진다. 통치자는 통치자답고, 국민은 국민다우며, 아버지는 아버지답고, 아들은 아들다우며, 형은 형답고, 아우는 아우다우며, 남편은 남편답고, 아내는 아내다움과 같이, 만물은 각각 그 올바른 이치를 갖춘 뒤에 비로소 어울림이 이루어지기 때문에 예의로움이 먼저이고 어울림이 뒤따르게 되는 것"이라고 하였다.[128] 주희는 예의로움을 천리의 절문節文이고 인간사의 의칙儀則이라고 하였다. 즉 예의로움은 천리로 절제하여 적절하게 꾸미는 것으로 인간생활의 행위준칙이라고 설명하였다.[129] 예의로움은 인간이 선천적으로 갖고 태어난 마음의 본질덕성이다. 그러므로 예의로움을 갖추지 못하면 건강한 인간이 될 수가 없다. 이러한 의미에서 공자는 예의로움을 배우지 못하면 바르게 처신할 수가 없다고 하였다.[130] 따라서 병든 인간이 되지 않기 위해서는 반드시 예의로움이 아니면 보지도 말고, 예의로움이 아니면 듣지도 말고, 예의로움이 아니면 말하

125) 『孟子』, 「公孫丑上」, "辭讓之心, 禮之端也."
126) 『孟子』, 「公孫丑上」, "無辭讓之心, 非人也."
127) 『禮記』, 「樂記」, "禮者, 天地之序也. 和故百物皆化, 序故羣物皆別."
128) 『通書』, 「禮樂」, "禮, 理也, 樂, 和也. 陰陽理而後和. 君君, 臣臣, 父父, 子子, 兄兄, 弟弟, 夫夫, 婦婦, 萬物各得其理, 然後和, 故禮先而樂後."
129) 『朱子語類』, 권42, "禮謂之天理之節文, 人事之儀則."
130) 『論語』, 「季氏」, "不學禮, 無以立."

지도 말며, 예의로움이 아니면 행동하지도 말라고 하였다.[131] 순자도 예의로움은 몸을 바르게 하는 것이라고 하면서[132] 몸의 기운을 다스리고 마음을 기르는 방법은 예의로움을 따르는 것보다 더 빠른 길은 없다고 하였다.[133] 몸 건강과 마음 건강을 위하여서는 반드시 예의로움을 따라야 한다는 것이다. 인간의 사회적 건강을 위하여서도 예의로움의 공효는 절대적이다. 『좌전』에서는 예의로움이란 나라를 다스리고 사직을 안정시키며 백성을 질서 있게 하고 후손들에게 이롭게 하는 것이라고 하였고[134] 또 국민을 바르게 하는 것이라고 하였다.[135] 사회를 안정시키고 국민을 건강하게 하는 도구가 예의로움이라는 것을 말하고 있다. 공자는 "법으로 이끌고 형벌로 다스리면 백성들은 빠져나가려고만 하고 양심의 가책을 느끼지 않는다. 그러나 덕으로 이끌고 예의로움으로 다스리면 부끄러움을 알고 착하게 된다"라고 하였다.[136] 양심의 가책을 느끼지 못하고 부끄러움을 모르는 자는 병든 사람이다. 그리고 건강한 사람은 양심을 갖고 부끄러워할 줄 아는 사람이다. 그러므로 공자는 사회적으로 건강한 인간을 만드는 덕이 바로 예의로움이라고 말했던 것이다. 그리고 예의로움은 도덕이 사회에 실현되는 통로이며 격식이다. 그러므로 『예기』에서는 도덕인의道德仁義가 예의로움이 아니면 이루어질 수 없다고 하였다.[137]

유가철학에서는 예의로움에 형식적 의미와 아울러 본질적 의미를 부여

131) 『論語』, 「顏淵」, "非禮勿視, 非禮勿聽, 非禮勿言, 非禮勿動."
132) 『荀子』, 「修身篇」, "禮者, 所以正身也."
133) 『荀子』, 「修身篇」, "凡治氣養心之術, 莫徑由禮."
134) 『左傳』, 隱公 11年, "禮經國家, 定社稷, 序人民, 利後嗣者也."
135) 『左傳』, 莊公 23年, "夫禮所以整民也."
136) 『論語』, 「爲政」, "道之以政, 齊之以刑, 民免而無恥. 道之以德, 齊之以禮, 有恥且格."
137) 『禮記』, 「曲禮」, "道德仁義, 非禮不成."

하고 있다. 공자는 예의로움을 말한 것이 오직 옥이나 비단 같은 예물만을 말한 것이 아니라고 하면서[138] 사람이 어질지 못하면서 예의로움을 행한다면 아무런 소용이 없다고 하였다.[139] 예물이 형식은 될지언정 예의로움의 본질은 아니다. 예의로움의 본질은 진정한 사랑과 존경이다. 공자는 더욱 구체적으로 말하기를, 예의로움이란 사치스러운 것보다는 차라리 검소한 것이 낫고 상례에는 형식적으로 잘 치르기보다는 차라리 슬퍼하는 것이 낫다고 하였다.[140] 검소함이나 슬퍼함은 예의로움의 본질에 가깝다. 왜냐하면 순수한 도덕정감의 표출이기 때문이다. 순수한 도덕정감이 없는 예의로움은 가식이 아니면 사치가 되어 버린다. 그러므로 예의로움의 형식은 본질과 잘 어울려야만 그 가치를 발휘할 수 있다. 공자는 본질과 형식의 잘 어울림을 강조하였다. 즉 "본질이 형식보다 두드러지면 세련되지 못하고 형식이 본질보다 두드러지면 고상하지 못하다. 그러므로 본질과 형식이 잘 어울려야만 비로소 완성된 인격을 이룰 수 있다"라고 하였다.[141] 인격을 완성시키려면 정신과 외모가 어울려야 하듯이 예의로움도 본질인 순수도덕정감과 밖으로 드러난 형식이 잘 어울릴 때 비로소 완성될 수가 있다. 이러한 예의로움의 양면성을 인간의 정감과 절제節制라고 할 수 있다. 『예기』에서 예의로움은 사람의 정감에 따라서 이를 절문節文(지나친 것을 절제하고 미치지 못한 것을 문식하는 것)하여 백성들의 욕심을 방지하는 것이라고 하였다.[142] 절문을 다르게 말한다면 사리事理에 따라 정한 조리條理라고 할 수 있다. 그러므로

138) 『論語』, 「陽貨」, "禮云禮云, 玉帛云乎哉."
139) 『論語』, 「八佾」, "人而不仁, 如禮何."
140) 『論語』, 「八佾」, "禮, 與其奢也, 寧儉, 喪, 與其易也, 寧戚."
141) 『論語』, 「雍也」, "質勝文則野, 文勝質則史. 文質彬彬, 然後君子."
142) 『禮記』, 「坊記」, "禮者, 因人之情而爲之節文, 以爲民坊者也."

예의로움은 인간의 정감을 조리로 절제하는 덕행이다. 정감에 치우치면 절제가 안 되고 절제가 지나치면 정감에 어긋날 수가 있다. 실천을 중요시한 유가철학에서 조화를 강조한 까닭이 여기에 있다고 할 것이다. 『논어』에서는 예의로움의 효용에는 조화가 중요하다고 말하고 있다.[143] 인간의 정감과 절제가 잘 조화된 경지가 예의로움이며, 이러한 예의로움의 실천 속에서 인간 개인은 물론 사회적으로도 건강을 기대할 수 있을 것이다.

이론적인 변천과정을 보면 예의로움의 관념은 공자와 맹자에 이르러 어짊과 의로움의 철학적인 범주와 통합되면서 인문적이고 추상적인 내용으로 발전하였다. 즉 천도론을 기초로 하여 예의로움의 관념이 철학적으로 발전하였던 것이다. 그것은 바로 예의로움을 어짊에 통합시키고(攝禮歸仁) 의로움에 통합시킨 것이다(攝禮歸義). 통합과정에서 보면 공자는 어짊에 직접 예의로움을 통합시키지 않고 먼저 의로움에 예의로움을 통합시키고 있다. 예의로움의 실질적인 내용이 정당성과 합리성의 의미를 갖는 의로움이며 그 궁극적인 최후의 근거가 어짊에 있기 때문이다. 이러한 통합과정을 거침에 따라서 예의로움은 단지 의식과 절차 그리고 문식의 의미로만 한정되지 않았으며 그 존립이나 가치의 근거도 더 이상 종교적인 하늘에서 찾지 않게 되었다.

공자철학에서 의로움은 정당과 합리 그리고 도리의 의미를 갖고 있다. 공자는 "삼실로 면관冕冠을 만든 것이 예의로움에 맞지만 지금은 명주실로 면관을 만들어 쓰니 검소해서 좋다. 나는 대중들이 하는 것을 따르겠다. 대청 아래서 절을 하는 것이 예의로움에 맞지만 지금의 사람들은 대청 위에서

143) 『論語』, 「學而」, "禮之用, 和爲貴."

절을 하고 있으니 거만하게 보인다. 비록 대중들과는 어긋나지만 나는 대청 아래서 절을 하겠다"라고 하였다.[144] 행위의 기준은 대중성에 있는 것이 아니다. 일반 대중들이 하는 것에 따를 것과 따르지 않을 것을 결정하는 근거는 행위의 정당성과 합리성에 있다. 공자는 예의로움의 진정한 의미를 의식과 절차 그리고 유행 등의 외부적인 형식에서 찾지 않았다. 비록 전통의 습속에 위배되더라도 실질적으로 검소하다면 예의로움의 본질과 일치한다고 생각하였다. 그렇기 때문에 대중을 따라 명주실로 짠 면관을 쓰겠다고 했던 것이다. 그리고 대청 위에서 절을 하는 것은 공경하는 마음이 없는 것이 되므로 예의로움의 본질과 일치되지 않는다고 생각하였다. 그렇기 때문에 공자는 비록 일반 대중들과 다를지라도 대청 아래서 절을 하겠다고 했던 것이다.

모든 예의로움에는 예의로움을 성립시키는 본질적인 근거를 가지고 있어야 한다. 그 본질적인 근거는 결코 당시의 유행이나 외적인 형식에 있는 것이 아니며 반드시 행위의 정당성이나 합리성에 있어야 한다. 공자가 예의로움은 사치스럽게 하기보다는 차라리 검소해야 하며, 상례에는 형식에 치우치기보다는 차라리 슬퍼해야 한다고 하여, 의로움과 예의로움의 본말관계를 말하고 있다.[145] 예의로움에는 내외와 본말이 겸비될 때가 가장 좋지만, 내적인 본질과 외적인 형식 중에서 하나만을 선택해야 한다면 내적인 검소함과 슬퍼함을 선택하여 예의로움의 본질을 지켜야 한다는 것이다. 공자는 직접 군자는 의로움으로 본질을 삼고 예의로움으로 행하며 겸손으로 처신하고 믿음으로 이루어야 한다고 하였다.[146] 의로움으로 본질을 삼고 예

144) 『論語』, 「子罕」, "麻冕禮也, 今也純, 儉. 吾從衆. 拜下禮也, 今拜乎上, 泰也. 雖違衆, 吾從下."
145) 『論語』, 「八佾」, "禮, 與其奢也, 寧儉, 喪, 與其易也, 寧戚."

의로움으로 실천한다는 것이 곧 의로움으로 예의로움을 통합한다는 구체적인 내용이다. 본질은 내용을 가리키므로 예의로움의 내용이 바로 의로움인 것이다. 예의로움은 의로움에 의거하여 성립되고, 의로움의 구체적인 표현이다. 다시 말하면 의로움의 실질 내용은 예의로움을 통하여 외부로 구체화된다는 것이다.

공자는 도덕의 근거를 역사나 사회 그리고 심리나 생리 등의 외적인 사실에서 찾지 않고 내적인 정당성이나 합리성의 가치에 대한 자각의식에서 찾고 있다. 그러나 공자철학에서 순수도덕정감의 근본적인 본원은 의로움이 아니라 어짊이다. 어짊은 공자철학의 중심 관념이며, 정당과 합리를 내용으로 하는 의로움과 실천규범인 예의로움의 최후 근거가 되는 순수도덕정감이다. 어짊은 인간이 정당성과 합리성을 발휘하게 하는 도덕자각의 주체이며, 의로움은 이러한 어짊의 객관적인 표준이고, 예의로움은 의로움의 구체적인 실천이다. 그리고 어짊은 인간에게 선천적으로 내재된 도덕자각의 주체임과 동시에 전체적으로 공평하고 사사로움이 없는(大公無私) 덕의 절대경지이다. 공자는 어짊과 예의로움의 관계에 대하여 자기의 사욕을 극복하고 예의로움을 회복하는 것이 어짊이라고 하면서 사욕을 극복하고 예의로움을 회복하면 세상이 어짊으로 돌아갈 것이라고 하였다. 그리고 계속하여 말하기를 어짊을 실천하는 것은 자기 자신에게 달려 있다고 하였다.[147] 사욕은 순수도덕정감이 아니다. 순수도덕정감은 어짊이다. 순수도덕정감이 아닌 사욕으로 형식치레만 한다면 진정한 예의로움이 될 수가 없다. 그러므로 공자는 예의로움이 아니면 보지도 듣지도 말하지도 행하지도 말라고 하

146) 『論語』, 「衛靈公」, "君子義以爲質, 禮以行之, 孫以出之, 信以成之."
147) 『論語』, 「顔淵」, "克己復禮爲仁, 一日克己復禮, 天下歸仁焉. 爲仁由己, 而由人乎哉."

였던 것이다. 그리고 어짊은 자기 자신으로부터 나오는 것이므로 인간이 갖는 선천적인 덕성인 것이다. 그러므로 예의로움은 결국 어짊의 덕성이 실현되는 외부적인 격식이 된다. 따라서 예의로움에는 어짊이 필수조건이라고 할 수 있다. 이러한 의미에서 "사람이 어질지 못하면 어떻게 예의로움을 실천할 수 있을 것인가?"[148]라고 공자는 말하고 있으니, 이 말이야말로 어짊이 예의로움의 근본이라는 생각의 가장 적절한 표현이라고 할 수 있고 어짊으로 예의로움을 통합한다는 구체적인 내용이라고 할 수 있다. 어질지 못한 사람은 정당성과 합리성의 자각의식을 발휘할 수 없기 때문에 정상적인 생활 규범을 세워서 살아갈 수가 없다. 이러한 현상이 유가철학에서 염려하고 있는 병적인 상태라고 할 수 있을 것이다.

행위규범인 예의로움을 지키지 않으면 개인적으로나 사회적으로 건강할 수가 없다. 그리고 예의로움의 효과적인 실천을 위하여서는 조화가 중요하다. 그러므로 공자는 공손하면서 예의로움이 없으면 힘든 일이 되어 버리고, 조심스러워하면서 예의로움이 없으면 두려움이 되어 버리고, 용맹스러우면서 예의로움이 없으면 난폭한 것이 되어 버리며, 강직하면서 예의로움이 없으면 야박한 것이 되어 버린다고 하였다.[149] 예의로움의 효용에는 지나침이나 모자람이 없는 조화가 중요하다. 조화를 잃을 때 힘들어지고 두려워지고 난폭해지고 야박해져서 부덕과 무례의 결과를 초래하게 된다. 그리하여 마침내는 병든 자가 되고 병든 사회가 될 수밖에 없는 것이다. 조화를 이룬 예의로움의 실천이야말로 개인적이고 사회적인 건강을 기대할 수 있는 최상의 길이다. 자기 철학에서 특히 예의로움을 강조한 순자는 예의로움

148) 『論語』, 「八佾」, "人而不仁, 如禮何."
149) 『論語』, 「泰伯」, "恭而無禮則勞, 愼而無禮則葸, 勇而無禮則亂, 直而無禮則絞."

이 통하는 것을 다스림(治)이라고 하고 예의로움이 통하지 않는 것을 혼란(亂)이라고 하면서[150] 예의로움은 몸을 바르게(건강) 하는 원리라고 하였다.[151] 순자철학에서 예의로움은 인도人道의 총화이다.

송대철학에 이르러서는 예의로움에 의식과 격식 그리고 절차의 의미보다는 조리의 의미가 부각되었다. 정이는 예의로움을 천리(理)로 해석하였다. 즉 "보고 듣고 말하고 행동하면서 예의로움이 아니면 하지 않는 것이 예의로움이다. 예의로움이 곧 천리이다. 천리가 아니면 사욕"이라고 하였다.[152] 예의로움을 직접 천리라고 설명하고 있다. 그러므로 천리가 아니면 행하지 않는 것이 예의로움이라는 것이다. 천리가 아니면 사욕이기 때문이다. 주희의 예의로움에 대한 견해는 정이와는 약간 다르다. 주희는 예의로움을 단지 천리라고만 말한다면 오히려 공허해진 것 같다고 하면서 예의로움은 천리의 절문으로서 사람을 가르칠 때 준칙이 있는 곳이라고 말하여 예의로움과 천리와의 관계를 설명하였다.[153] 주희철학에서의 천리는 실리實理이기 때문에 내용이 없는 공허일 수는 없다. 그러나 단지 천리라고만 말한다면 내용이 추상적이기 때문에 자칫 공허하게 들릴 수 있다는 것이다. 주희가 예의로움을 천리의 절문(天理之節文)이며 인사의 준칙(人事之準則)이라고 설명한 것은 예의로움이 천리의 객관적인 형식과 절차 그리고 조리라는 의미이다. 구체적으로 말하여 천리가 내부적인 것이라면 예의로움은 외부적인 것으로 예의로움의 세칙(禮儀三百 威儀三千)이라고 할 수 있다. 이러한 설명을 보면 주희의 예론이 오히려 선진유가의 예론과 유사하다고 할 수 있다. 그러나 주

150) 『荀子』, 「不苟」, "禮義之謂治, 非禮義之謂亂也."
151) 『荀子』, 「修身」, "禮者, 所以正身也."
152) 『二程遺書』, 권15, "視聽言動, 非理不爲, 卽是禮. 禮卽是理也. 不是天理, 便是私欲."
153) 『朱子語類』, 권41, "只說理, 却空去了, 這個禮是那天理節文, 敎人有準則處."

희철학에서의 예의로움은 어짊이나 의로움·지혜로움 그리고 미더움 등과 함께 인간의 선천적인 덕성으로 통합하여 설명되기도 하고 경우에 따라서는 개별적으로 각론되기도 한다.

4. 지혜로움

지혜로움의 지智 자는 알 지知 자와 서로 통용되어 사용하고 있다. 일반적으로 앎·깨달음·지각·인지·지식·지력·지혜 등의 광범위한 의미를 갖는다. 따라서 인간의 감각이나 인식작용 나아가 인격·도덕수양·학문 등의 영역에 폭넓게 관련되어 있다. 『설문해자』에서 '알 지知' 자는 알다·깨닫다(識)의 의미이며 '口' 자와 '矢' 자로 이루어진 회의글자라고 설명하고 있다.[154] '口' 자는 신에게 기도하는 말의 뜻을 상징하며, '矢' 자는 화살을 곁들여 기도하면서 신의 뜻을 안다는 내용을 상징하여 '알다'는 의미를 나타낸다. 지혜 지智 자는 총명이라는 의미를 표시하는 허사이며, '白'(지) 자와 '于'(우) 자와 '知'(지) 자로 이루어진 회의글자라고 설명하고 있다.[155] '于' 자는 도려내기 위한 칼을 본뜬 것으로 화살이나 칼을 나란히 놓고 빌어서 신의 뜻을 아는 모양으로 상징되어 '알다'는 의미를 나타낸다. 뒤에 말할 '白' 자를 더하여 지혜로운 발언을 하는 사람의 의미로 쓰였다.

선진철학에서부터 지혜로움이 논의되기 시작하면서, 인식이나 지식을 의미함과 동시에 인격적인 의미까지 포함하여 도덕적인 가치판단을 내용으

154) "識也, 從口, 從矢."
155) "識詞也, 從白, 從于, 從知."

로 하는 덕목이 되었다. 한참 후대의 송명철학에서는 지혜로움과 행함에 있어 그 선후관계가 크게 문제되었다. 이때도 인간의 도덕적 판단능력이 지혜로움의 중요한 내용으로 인식되었으며 특히 성인의 경지는 공부를 통하여 도달할 수 있다고 주장하여 지혜로움이 성인에 도달하는 학문과 수양의 과정으로 자리매김되었다.

공자는 대체로 지혜로움의 의미를 인식적인 의미와 인격적인 의미로 언급하고 있다. 인식적인 의미는 지혜로움의 방법으로서 깨달음이나 미루어 안다는 의미로 쓰이는 경우와, 지혜로움의 경지로서 지식과 지혜의 의미로 쓰이는 경우로 나누어 볼 수 있다. 공자는 아는 것을 안다고 하고 모르는 것을 모른다고 하는 것이 아는 것이라고 하였다.[156] 아는 것을 안다고 하고 모르는 것을 모른다고 하는 것은 알고 모르는 것을 인식할 수 있는 지적 혹은 도덕적인 판단능력을 말한 것이다. 이때의 지혜로움의 의미는 깨닫다나 미루어 안다는 의미라고 할 수 있다. 그리고 공자는 어떤 사실을 아는 사람은 그것을 좋아하는 사람만 못하고 좋아하는 사람은 즐기는 사람만 못하다고 하였다.[157] 이때의 지혜로움의 의미도 단순한 인식론적인 깨달음이나 안다는 의미라고 할 수 있다. 지혜로움의 경지인 지식과 지혜의 의미로 쓰이는 경우는 다음과 같은 공자의 말에서 찾아볼 수 있다. 사람들이 의로움에 이르도록 힘쓰고 귀신을 공경하되 멀리한다면 지혜롭다고 할 수 있다.[158] 이 말은 도덕적인 사회를 만들어 가는 데 힘쓰고 사유가 도덕적이면서 미신에 빠져들지 않는 경지를 지혜롭다고 할 수 있다는 것이다. 지혜로

156) 『論語』, 「爲政」, "知之爲知之, 不知爲不知, 是知也."
157) 『論語』, 「雍也」, "知之者不如好之者, 好之者不如樂之者."
158) 『論語』, 「雍也」, "務民之義, 敬鬼神而遠之, 可謂知矣."

움의 의미를 도덕적이면서 합리적인 지식이나 지혜로 정의한 것이라고 할 수 있다. 또 공자는 "어짊을 고향으로 삼는 것이 좋다. 어짊에 거처하지 않는 쪽을 선택한다면 어찌 지혜롭다고 할 수 있겠는가?"라고 하였다.[159] 어짊을 생활의 최고 가치이며 궁극적인 이상으로 여기면서 살아가는 가치관과 인생관을 지혜로움으로 말하고 있다. 그러므로 여기에서의 지혜로움은 어짊을 삶의 최고 경지로 인식하는 지식이나 지혜의 의미라고 할 수 있다.

지혜로움을 인격적인 의미로 사용하는 것은 공자철학에서 더욱 중요하다. 공자는 『논어』에서 지혜로운 자(知者)를 어진 자(仁者)나 용감한 자(勇者)와 비교하여 자주 언급하였다. 공자는 어진 자는 어짊을 편안하게 여기고 지혜로운 자는 어짊을 이롭게 여긴다고 하였다.[160] 어짊을 편안하게 여긴다는 것은 어떠한 곤궁이나 빈천에도 흔들리지 않고 어짊에 안주한다는 뜻이다. 그러므로 어진 자는 변화무쌍한 현실을 초월하여 도덕적인 절대 경계에서 노니는 자이다. 그리고 어짊을 이롭게 여긴다는 것은 어짊에 의거하여 처신하는 것이 이로운 줄 알고 어짊을 추구하고 지킨다는 뜻이다. 그러므로 지혜로운 자는 도덕적인 절대 경계까지는 이르지 못했지만 차선의 경계에서 어짊의 가치를 인식하고 힘써 노력한 인격의 소유자라고 할 수 있다. 또 공자는 "지혜로운 자는 물을 좋아하고 어진 자는 산을 좋아한다. 지혜로운 자는 동적이고 어진 자는 정적이다. 지혜로운 자는 인생을 즐기고 어진 자는 장수한다"라고 하였다.[161] 지혜로움은 현실적인 가치이기 때문에 사물과 더불어 유동하고 변천한다. 시대와 더불어 지혜로움의 내용도 변한다.

---

159) 『論語』, 「里仁」, "里仁爲美. 擇不處仁, 焉得知."
160) 『論語』, 「里仁」, "仁者安仁, 知者利仁."
161) 『論語』, 「雍也」, "知者樂水, 仁者樂山. 知者動, 仁者靜. 知者樂, 仁者壽."

그러므로 지혜로움은 물과 같이 변한다. 시간과 공간을 따라 흐르고 형태를 따라 변한다. 그러므로 지혜로운 사람은 현실적이고 유동적이기 때문에 물을 좋아하고 인생을 즐긴다고 하였던 것이다. 그러나 어진 사람은 넓고 깊다. 모든 만물을 영원히 사랑한다. 외부적인 환경이나 내부적인 감정에 구애받지 않고 만물을 두루두루 사랑으로 낳아 기른다. 산도 외부적인 사물에 의하여 움직이지 않는다. 산은 영겁의 침묵을 머금고 태연하게 만물을 사랑하면서 자라게 한다. 그리고 산은 시종일관이고 영존불멸이다. 그러므로 어진 사람을 설명하여 산을 좋아하고 오래 산다고 하였던 것이다. 공자는 또 지혜로운 사람은 미혹되지 않고 어진 사람은 근심하지 않으며 용감한 사람은 두려워하지 않는다고 하였다.162) 지혜로움과 어짊과 용감함은 군자가 갖추어야 할 세 가지의 덕이다. 지혜로움은 총명한 판단과 정확한 인식이다. 이러한 지성주체로 자연의 이치에 통달하고 인생의 시비곡직是非曲直을 통찰한 지혜로운 사람이라면 어떠한 미혹에도 빠지지 않을 것이다. 어짊은 만인에 대한 자애慈愛이며 만물에 대한 박애博愛이다. 사랑한 사람의 마음은 항상 즐겁다. 사욕을 버리고 베푸는 것을 즐기는 어진 사람은 덕으로 모든 근심을 이겨낼 수 있다. 용감함은 과감한 실천력이다. 그러므로 용감한 사람은 겁낼 것이 없다. 이상에서 언급된 공자가 말한 지혜로움의 의미는 모두 인격을 뜻하는 지혜로운 사람의 의미로 사용되고 있음을 알 수가 있다.

맹자는 지혜로움을 인간의 타고난 본성으로 파악하여 어짊·의로움·예의로움(仁義禮)과 더불어 선천적인 네 가지의 덕성이라고 하였다. 그리고 지혜로움이 드러난 단서가 옳고 그름을 분별하는 마음이라고 설명하고 있

162) 『論語』, 「子罕」, "知者不惑, 仁者不憂, 勇者不懼."

다.[163] 지혜로움은 인간의 선천적인 덕성이고 그러한 덕성이 옳고 그름을 판단하는 마음으로 드러난다. 맹자는 인간의 선천적인 덕성으로서의 지혜로움을 도덕적인 능력으로 구체화하여 양능良能과 양지良知라고 하였다. 인간이 태어나면서 갖게 되는 도덕적인 근원이 양능과 양지이다. 즉 맹자는 사람이 배우지 않고도 능히 할 수 있는 생득적인 능력이 양능이고, 생각하지 않고도 능히 알 수 있는 생득적인 능력이 양지라고 하였다.[164] 순자는 모든 지혜로움이 감각기관을 통하여 얻어진다고 생각하였다. 순자는 인식능력(所以知)이 사람에게 있는 것을 지혜로움이라고 하여[165] 인간의 타고난 인식능력을 인정하였다. 그리고 마음을 인지능력이라고 하면서 "마음의 인지능력으로 귀를 통하여 소리를 알 수 있고 눈을 통하여 형체를 알 수 있다. 그러나 마음의 인지능력은 반드시 오관이 사물의 여러 가지 종류들을 주관하여 정리하기를 기다린 연후라야 알 수 있다"라고 하였다.[166] 인식능력은 경험대상의 인상印象을 받아들이는 이耳·목目·구口·비鼻·형形 등의 오관과 오관에 의하여 받아들여진 인상을 분별하는 마음으로 나누어, 각각 천관天官과 천군天君이라고 하였다. 순자는 이 중에서 하나만 빠져도 지혜로움은 성립될 수가 없다고 주장하였다.

송대의 장재는 지혜로움을 마음의 직각直覺에 의하여 얻어지는 덕성지德性知와 감각경험에 의하여 얻어지는 견문지見聞知로 구분하였다. 덕성지는 도덕수양(盡性工夫)을 기초로 하는 것으로서 무궁한 도덕경계(太虛)를 인식할 수

163) 『孟子』, 「告子」, "是非之心, 智之端也."
164) 『孟子』, 「盡心」, "人之所不學而能者, 其良能也, 所不慮而知者, 其良知也."
165) 『荀子』, 「正名」, "所以知之在人者, 謂之知."
166) 『荀子』, 「正名」, "心有徵知, 徵知則緣耳而知聲可也, 緣目而知形可也. 然而徵知必將待天官之, 當簿其類然後可也."

있는 것이며, 견문지는 감각을 통하여 얻어지는 것으로서 구체적인 사물대상을 인식할 수 있는 것이다.[167] 장재는 세상 사람들의 마음은 듣고 보는 편협함에 머무르지만 성인의 마음은 보고 듣는 것에 얽매이지 않고 본성을 극진히 한다[168]고 하여 덕성지를 강조하였다. 정이는 장재와 같이 지혜로움을 덕성지와 견문지로 나누고, 덕성지는 보편적인 대상에 관한 지혜로움이고 견문지는 특수 사물에 관한 지혜로움이라고 하였다. 그리고 지혜로움은 우리가 본래부터 갖추고 있는 능력이지만 그것을 넓히지 않으면 얻을 수가 없다고 하였다.[169] 치지致知를 강조하면서 격물格物을 치지의 방법으로 제시한 것이다. 인간의 마음에는 모든 이치가 갖추어져 있지만 사물의 이치를 궁구하지 않고서는 지혜로움을 넓힐 수가 없다고 하여 인식의 문제를 격물과 치지의 관계로 설명하였다. 주희는 『대학장구大學章句』를 지을 때 보망장補亡章을 따로 만들어 마음은 본래부터 지혜로움을 갖추고 있으나 마음속의 지혜로움을 넓히고자 한다면 각 사물에 직접 나아가 이치를 구해야 한다고 주장하였다. 그 내용은 다음과 같다. 치지가 격물에 있다고 말한 것은 곧 나의 앎을 이루는 것이 사물에 나아가 그 이치를 궁구하는 데 달려 있음을 말한 것이다. 사람 마음의 영묘함에는 지혜로움이 있지 않음이 없고 사물에는 이치가 있지 않음이 없다. 단지 이치에 궁진함이 없으므로 앎에도 미진함이 있는 것이다. 그러므로 『대학』에서 가르침을 시작할 때는 반드시 배우는 사람에게 모든 사물에 나아가 이미 알고 있는 이치로부터 탐구하여 그 지극함에 이르도록 하였다. 그 힘씀이 오래되면 하루아침에 활연관통하게

---

167) 『正蒙』, 「大心」, "見聞之知, 乃物交而知, 非德性所知, 德性所知, 不萌於見聞."
168) 『正蒙』, 「大心」, "世人之心, 止於見聞之狹, 聖人盡性, 不以見聞梏其心."
169) 『二程集』, 권25, "知者吾之所固有, 然不致則不能得之, 致知必有道, 故曰致知在格物."

되니 모든 사물의 겉과 안, 정조함과 조야함을 알지 못함이 없다. 이것을 격물이라 이르고 앎의 지극함이라 이른다.[170] 지혜로움은 마음의 영묘함과 사물의 이치와의 관계 속에서 이루어진다는 것을 주장하고 있다. 육구연은 내 마음의 이치가 우주의 이치이므로(己分內事, 宇宙內事) 밖에서 이치를 구할 필요가 없이 오직 우리의 마음으로 돌아와 찾기만 하면 우주의 이치를 얻을 수 있다고 하여 참지혜로움은 인간의 마음속에 내재한다고 주장하였다.[171] 명대의 왕수인은 육구연의 사상을 계승하여 지혜로움을 내재적인 것으로 파악하고 지혜로움을 마음의 내부에서 찾을 것을 강조하였다. 즉 왕수인은 만사만물의 이치가 내 마음 밖에 있지 않다고 하였다.[172] 이러한 지혜로움은 덕성지를 말한 것이다. 지혜로움은 항상 행위 즉 실천과 밀접한 관계하에서 논구되었다는 것이 유가철학의 특징이라고 하겠다.

5. 미더움

미더움(信)은 일반적으로 신의 · 믿음 · 신뢰 · 약속 등의 의미와 상통되는 오상(仁義禮智信) 중 하나의 덕목이다. 『설문해자』에서 미더움은 성실함 혹은 참(誠)의 의미이며 '人' 자와 '言' 자로 이루어진 회의글자라고 설명하고 있

170) 『大學章句』, "所謂致知在格物者, 言欲致吾之知, 在卽物而窮其理也. 蓋人心之靈莫不有知, 而天下萬物莫不有理. 惟於理有未窮, 故其知有不盡也. 是以大學始敎, 必使學者卽凡天下之物, 莫不因其已知之理而益窮之, 以求至乎其極. 至於用力之久而一旦豁然貫通焉, 則衆物之表裏精祖無不到, 而吾心之全體大用無不明矣. 此謂格物, 此謂知之至也."

171) 『陸九淵集』, 권22, "人心至靈, 此理至明, 人皆有是心, 心皆具是理."

172) 『王陽明全書』, 권2, "夫萬事萬物之理, 不外於吾心."

다.[173] 인간의 말이 거짓 없이 실천되는 것을 의미하고 있다. 공자는 "신의가 있으면 백성들이 신임한다"[174], "신의가 있으면 남들이 일을 맡기게 된다"라고 하였다.[175] 또 공자는 "네 가지를 가르쳤다. 학문 · 덕행 · 충실 · 신의가 그것이다"라고 하였다.[176] 이것을 공자사교孔子四敎라고 하는데 학문과 충실은 정신적인 것이고 덕행과 신의는 실천적인 것이다. 이와 같이 『논어』 여러 곳에서 언급된 미더움의 의미는 주로 신의信義의 의미로 설명되지만 구체적인 내용을 보면 믿음이나 신뢰와 같은 평범한 의미로 이해해도 무방하다.

한편 공자는 말할 때는 충실하고 미덥게 하며 행동할 때는 독실하고 공경스럽게 하라고 하였고[177] 공자의 제자인 유자有子는 언약한 것이 의로움에서 벗어나지 않아야 말대로 실천할 수가 있다고 하였다.[178] 이 말을 주희는 미더움은 약속이고 의로움은 일의 마땅함이라고 해석하였다.[179] 따라서 이러한 경우의 미더움은 사람들과의 진실한 언어적인 약속의 의미로 사용된 것이라고 할 수 있다. 현재 중국에서 편지를 미더울 신信 자로 표기하고 있는 것을 보면 미더움이 의미상 언어적인 약속과 연관되어 있다는 것을 짐작하게 한다. 자하子夏가 친구들과 교제할 때는 말에 믿음이 있어야 한다[180]고 언급하고 있는 경우도 친구들과의 언어적인 믿음을 말한 것이므로,

---

173) "信, 誠也, 從人, 從言, 會意字也."
174) 『論語』, 「堯曰」, "信則民任焉."
175) 『論語』, 「陽貨」, "信則人任焉."
176) 『論語』, 「述而」, "子以四敎. 文行忠信."
177) 『論語』, 「衛靈公」, "言忠信, 行篤敬."
178) 『論語』, 「學而」, "信近於義, 言可復也."
179) "信者, 約信也, 義者, 事之宜也."
180) 『論語』, 「學而」, "子夏曰, 與朋友交, 言而有信."

여기에서도 미더움의 의미는 진정한 언어적인 약속과 통하고 있음을 알 수 있다.

유가철학에서는 전통적으로 미더움을 친구 사이에서 통용되는 덕목으로 사용하여 왔다. 자로가 공자에게 하고 싶은 것이 무엇인지를 들려 달라고 하니 공자는 노인들을 편안하게 해 주고 벗들에게 신의를 지키며 어린아이들을 사랑하고 싶다고 하였다.[181] 증자曾子는 남을 위하여 일을 도모함에 성의를 다하지 않았는가, 친구들과 교제함에 신의를 잃은 것이 없었는가, 전수받은 학문을 익히지 않았는가의 이 세 가지를 날마다 반성하였다고 한다.[182] 이와 같이 『논어』에서 언급된 많은 경우의 미더움은 친구 간의 덕목으로 사용되고 있다. 맹자도 인간이 지켜야 할 인륜의 기본 원칙을 다섯 가지로 제시하였다.(五倫) 어버이와 자식 사이에는 친밀함이 있어야 하고, 통치자와 국민 사이에는 의리가 있어야 하고, 남편과 아내 사이에는 분별이 있어야 하고, 연장자와 연소자 사이에는 차서가 있어야 하고, 벗들과의 사이에는 미더움이 있어야 한다고 하였다.[183] 『중용』에서는 통치자와 국민, 어버이와 자식, 남편과 아내, 형과 아우, 친구의 사귐 등 다섯 가지는 인간 세상에서 널리 통용되는 보편적인 덕이라고 하여 오달도五達道를 제시하였다.[184] 이 모두가 벗들과의 사귐에 있어서 반드시 지켜야 할 덕목으로 미더움을 말하고 있다.

미더움의 덕은 친구 사이에서만이 아니라 정치 사회적인 관계에 있어서도 중요한 덕목의 하나이다. 특히 정치에 있어서 미더움은 그 국가를 지탱

181) 『論語』, 「公冶長」, "子路曰, 願聞子之志, 子曰, 老者安之, 朋友信之, 少者懷之."
182) 『論語』, 「學而」, "曾子曰, 吾日三省吾身. 爲人謀而不忠乎, 與朋友交而不信乎, 傳不習乎."
183) 『孟子』, 「滕文公」, "父子有親, 君臣有義, 夫婦有別, 長幼有序, 朋友有信."
184) 『中庸』, "君臣也, 父子也, 夫婦也, 昆弟也, 朋友之交也. 五者, 天下之達道也."

하는 가장 중요한 원동력이다. 공자의 제자인 자공이 정치에 대하여 질문할 때 공자는 정치에서 중요한 것이 백성들의 경제를 충족시켜 주고 군비를 충분하게 비축하며 백성들에게 미더움을 주는 것이라고 하였다. 그러면서 특히 그중에서도 백성들이 믿지 않으면 나라가 존립할 수 없으니 백성들과의 신뢰가 가장 중요하다고 하였다.[185] 통치자가 국민과의 합의와 약속을 성실하게 이행할 때 국민들은 그 정치를 믿고 편안하게 삶을 이루게 되어 국가의 기반이 튼튼하게 다져진다는 것이다. 그러므로 국가사회의 건강은 바로 미더움의 기초 위에서 가능하게 된다고 할 수 있다.

미더움은 인간과 인간관계에서는 물론 개인과 집단, 그리고 집단과 집단관계에서도 중요한 덕목이다. 오상 중에서 미더움의 덕목은 어짊·의로움·예의로움·지혜로움 등의 덕목들과는 달리 본래부터 구체적인 위상을 갖지 않았다. 미더움은 사상四常과 사단四端을 사상과 사단이게 하는 기본이고 터전이다. 즉 미더움은 사상과 사단을 그대로 드러나게 하는 성실성 자체를 뜻한다. 이러한 성실성으로서의 미더움이 초기에는 신神에 대한 인간의 자세라는 의미로 사용되었다. 그러나 공자에 이르러서는 내적인 자기충실과 외적인 타인에 대한 신의 즉 충신忠信의 의미로 심화되었고, 『중용』에서는 정성스러움(誠)으로 계승되어 유학사상의 중심 덕목이 되었다. 즉 "정성스러움은 만물의 시작이고 끝이다. 정성스러움이 아니라면 만물은 존재할 수 없다. 그러므로 군자는 정성스러움의 실천을 귀중하게 여긴다."[186] 이렇게 정성스러움은 사물의 존재법칙이고 인간의 실천법칙으로 설명되고 있다. 그리고 또 설명하기를 "정성스러움은 하늘의 도이고 정성스러움을

185) 『論語』, 「顔淵」, "子貢, 問政, 子曰, 足食, 足兵, 民信之矣. ……民無信不立."
186) "誠者物之終始. 不誠無物. 是故, 君子誠之爲貴."

실천하는 것은 인간의 도이다. 정성스러움은 힘쓰지 않아도 알맞게 되고 생각하지 않아도 도달하게 된다. 종용히 도에 알맞게 되는 성인의 경지이다. 정성스러움을 실천하는 것은 선을 가려내어 굳게 지켜 나가는 것이다. 그러므로 널리 배우며 자세히 묻고 신중하게 생각하고 투명하게 분별하고 독실하게 실천해야 한다"라고 하였다.[187] 여기에서 정성스러움은 천도로 격상되어 형이상학적인 개념이 된다. 정성스러움은 우주자연의 법칙이고 인간이 거기에 준하여 실천해야 하는 삶의 법칙인 것이다. 한대에 이르러서는 오상을 오행五行, 오색五色, 오방五方 등과 짝하여 설명하였다. 미더움은 오행의 토土, 오색의 황黃, 오방의 중앙中央에 배속시켜 설명하고 있다.

미더움의 덕은 인간과 인간, 그리고 인간과 자연의 상호 합의를 전제로 하여 이루어진다. 그 효과에 대하여는 『여씨춘추呂氏春秋』에서 잘 말해 주고 있다. 즉 "하늘의 운행에 미더움이 없으면 해(歲)를 이룰 수 없고, 땅의 운행에 미더움이 없으면 풀과 나무들이 자라지 못한다. 통치자와 국민 사이에 미더움이 없으면 백성들이 서로 비방하여 사회가 편안하지 않으며, 관직의 일처리에 미더움이 없으면 젊은 사람들이 어른을 두려워하지 않고 계층 간에 서로를 경시하며, 상벌에 미더움이 없으면 백성들이 쉽게 법을 어겨 통솔할 수가 없으며, 친구 사이에 미더움이 없으면 서로 갈라서고 원망하여 친할 수가 없으며, 공인工人들에게 미더움이 없으면 기계들이 위조되고 불량한 상품들이 만들어진다."[188] 천지만물에서부터 인간만사에 이르기까지

---

187) "誠者, 天之道也, 誠之者, 人之道也. 誠者, 不勉而中, 不思而得. 從容中道, 聖人也. 誠之者, 擇善而固執之者也. 博學之, 審問之, 愼思之, 明辨之, 篤行之."

188) 『呂氏春秋』, 「貴信」, "天行不信, 不能成歲, 地行不信, 草木不大. 天地之大, 四時之化, 而猶不能以不信成物, 又況乎人事, 君臣不信, 則百姓誹謗, 社稷不寧, 處官不信, 則小不畏長, 貴賤相輕, 賞罰不信, 則民易犯法, 不可使令, 交友不信, 則離散鬱怨, 不能相親, 百工不信, 則器械苦僞, 丹漆

미더움의 덕이 아니면 정상적으로 존재하거나 운행될 수가 없게 된다. 그러므로 천지자연이나 인간만사가 정상적으로 존재하고 운행되게 하는 법칙이 다름 아닌 미더움의 덕이라고 할 수 있다. 이러한 미더움의 덕은 성리학에 이르러 인간과 자연을 일관하는 가치로 인정되어 『중용』의 정성스러움과 같이 자연과 인간이 합일(天人合一)하는 계기가 되는 덕목이 되었다.

이상에서 살펴본 오상의 덕은 인간이 마음속에 선천적으로 지니고 있는 인간존재의 한 부분이다. 마치 우리의 몸과 같다. 몸도 인간의 한 부분이고 마음도 인간의 한 부분이다. 오히려 인간의 존재를 결정하는 본질적인 요소는 마음이다. 몸은 형태를 갖고 있지만 마음은 형태를 갖고 있지 않다. 마음은 몸을 통하여 행위로 드러날 뿐이다. 그러나 인간의 몸은 마음의 지배를 받는다. 마음이 몸의 주인이기 때문이다. 인간의 병을 크게 두 가지로 말할 수 있다. 몸의 병과 마음의 병이 그것이다. 인간의 진정한 본질과 가치는 몸이 아니라 마음이 몸을 통하여 드러난 덕이라 할 수 있다. 그러므로 만약 덕으로 살지 못한 인간은 몸이 병든 사람처럼 환자가 아닐 수 없다. 오히려 덕으로 살지 않은 마음의 병은 몸의 병에 비하여 개인적으로나 사회적으로 더 크고 심각한 병이라고 할 수 있다.

染色不貞."

4장 덕의 철학적 근거

유가철학에서는 덕의 근거를 자연법칙과 자연질서에서 찾고 있다. 유가철학에서 하늘(天)은 최상의 자연법칙이고 원리 중의 원리이다. 하늘은 모든 생명의 원천으로 최상의 존재이며 만물을 명령하는 자리이고 어떠한 것에도 명령을 받지 않는 절대적인 존재이다. 공자는 하늘이나 천명 그리고 본성이나 천도와 같은 형이상학적인 문제는 별로 말하지 않았다.[1] 그러나 궁극적인 신념의 근거는 하늘이나 천명에 두고 있다. 공자의 하늘이 나에게 덕을 주었다[2]고 한 말이나 나이 오십에 천명을 알았다[3]고 한 말에서 보면, 공자의 인생관이나 가치관의 궁극적인 근거는 하늘이나 천명에 있다고 할 것이다. 공자철학에서 도道는 다름 아닌 천도天道이고, 천도를 따른 것이 인도人道이다. 공자는 나이 칠십에 마음먹는 대로 실천해도 법도에서 벗어나지 않았다고 한다.[4] 이러한 경지는 천도와 합일된 경지라고 할 수 있다.

덕은 도덕道德의 개념과 통용된다. 구체적으로 말하면 도는 천도이고 덕은 인도의 의미를 갖는다. 그리고 도는 덕의 근본성을 의미하고 덕은 도의

---

1) 『論語』, 「公冶長」, "子貢曰, 夫子之言性與天道, 不可得而聞也."
2) 『論語』, 「述而」, "天生德於予."
3) 『論語』, 「爲政」, "五十而知天命."
4) 『論語』, 「爲政」, "七十而從心所欲, 不踰矩."

내재성을 의미한다고 할 수 있다.[5] 그러므로 인간에게 내재된 덕성을 충분하게 발휘하는 것이 다름 아닌 천도의 실현이다. 공자는 자연과 인간의 본질적인 관계를 하늘이 인간에게 선천적으로 덕을 부여해 주었다는 말로 표현하고 있다. 이 말은 곧 사람들은 모두가 천부적으로 덕을 갖추고 태어났다는 것을 의미한 것이다.

인간은 천명인 덕성을 갖추고 있다. 공자철학에서 본성의 내용은 어짊(仁)이다. 그리고 어짊의 실천은 효도와 우애(孝悌)로부터 출발된 것으로 보았다.[6] 정자程子는 "어짊을 행하는 것은 효도와 우애로부터 시작된다. 효도와 우애는 어짊을 실천하는 일로서 어짊을 행하는 근본이다. 어짊은 본성이고 효도와 우애는 작용이다"라고 하였다.[7] 본성과 어짊 그리고 효도나 우애와의 관계를 설명하고 있는 내용이다. 효도와 우애를 어짊의 작용이라고 한다면 어짊은 효도와 우애의 원리이다. 그리고 어짊은 효도와 우애의 근거가 된다는 의미에서 본성이라고 한 것이다.

공자는 효도와 우애야 말로 부자·형제간의 육친애肉親愛로서 사람사랑의 기본적인 단초가 되는 자연정감이라고 생각하였다. 공자의 제자인 유자有子는 효도와 우애가 모든 덕행의 출발점이라는 것을 구체적으로 설명하고 있다. 즉 효도하고 우애하는 사람 중에는 웃어른들에게 거슬린 행동을 하기 좋아한 자가 드물며, 웃어른들에게 거슬린 행동을 하지 않는 사람 중에는 난동을 일으키기 좋아한 자는 있지 않다고 하였다.[8] 효도와 우애는 인간의

---

5) 蒙培元, 『蒙培元講孔子』(北京大學出版社, 2005), 37쪽.

6) 『論語』, 「學而」, "孝弟也者, 其爲仁之本與."

7) 『二程遺書』, 권18, "行仁自孝弟始. 孝弟是仁之一事, 謂之行仁之本則可. ……蓋仁是性也, 孝悌是用也."

8) 『論語』, 「學而」, "有子曰, 其爲人也孝弟而好犯上者, 鮮矣, 不好犯上, 而好作亂者, 未之有也."

자연적인 순수도덕정감이고 웃어른들을 섬기며 난동을 부리지 않는 것은 도덕적인 대인관계의 사회적인 실현이다. 이것은 곧 인간의 정신적이고 사회적인 건강한 모습이다. 그리고 난동은 사회적인 부덕의 행위이고 병적인 현상이라고 할 수 있다. 유자가 한 이 말은 효도와 우애가 도덕적인 자연정감을 충분하게 발휘하는 것이 되기 때문에 효도와 우애가 정치·사회적인 도덕을 실현할 수 있는 출발이며 근본이라고 주장한 스승 공자의 생각을 충분하게 이해하고 언급한 말이라고 할 수 있다.

어짊 행위의 단초인 효도와 우애가 인간의 자연적인 순수도덕정감이라는 생각은 공자가 중요시한 올곧음(直)사상과도 통한다. 도덕률의 성립이 인간의 본성에 기초하고 있다고 한다면 그러한 본성의 직접적인 양태는 올곧은 마음에서 나온 어짊의 행위이다. 그러므로 어짊은 곧 올곧은 마음에서 촉발된 모든 덕의 근거라고 할 수 있다. 공자는 사람이 살아갈 수 있는 이치가 올곧음이니 올곧지 않으면서 생존하는 것은 요행히 죽음에서 벗어난 것이라고 하였다.[9] 정자나 주희는 사람이 사는 이치를 올곧음이라고 해석하고 있다.[10] 올곧음은 사람이 살아가는 이치이다. 그리고 이 올곧은 마음은 경험 이전의 선천적인 것을 의미한 것이므로 아직 발동하지 않는(未發) 중中 곧 본성이라고 할 수 있다.[11] 그러나 공자가 올곧음이라는 개념을 사용하고 있는 사례를 보면 실천적인 의미가 더 뚜렷하게 부각된다. 그러니까 원리적인 측면에서 보면 올곧음은 올곧은 이치(直理)이고 어짊이며 본성과 일치하지만 실천적인 측면에서 보면 이치에 순응함(順理) 즉 이치에 따라 행동한다

9) 『論語』, 「雍也」, "子曰, 人之生也直, 罔之生也, 幸而免."
10) 『論語集註』, "生理本直."
11) 宋恒龍, 『東洋哲學의 問題들』(여강출판사, 1987), 37쪽.

는 의미에 더 무게가 실려 있다고 할 것이다. 따라서 이러한 올곧은 마음에서 나온 어짊의 행위는 자연에 따라 살아가는 것이 되므로 인간의 건강한 모습이라고 할 수 있다.

공자는 어짊을 실천하는 방법에 대하여 충忠과 서恕를 제시하였다. 주희는 자기 마음을 다하여 간직하는 것을 충이라 이르고 자기 마음을 미루어 실천하는 것을 서라고 한다고 풀이하였다.[12] 어짊을 실천하는 방법으로서의 충서 개념 속에는 이미 '자기의 마음'이라는 의미가 들어 있다. 이러한 '자기의 마음'이 곧 도덕적인 행위의 준칙이 되고 있는 것이다. 공자는 충서에 대하여 다음과 같이 평범하고 구체적으로 언급하였다. 자기가 서고 싶은 곳에 남을 세워 주고 자기가 이르고 싶은 것에 남을 이르게 하라.[13] 자기가 하고 싶지 않은 것을 남에게 베풀지 말라.[14] '내가 원하는 것'과 '내가 싫어하는 것'은 자기의 순수한 마음이고 올곧은 정감이다. 공자는 이러한 인간의 순수한 마음과 올곧은 정감을 도덕행위의 준칙으로 삼았다. 공자는 또 가까운 데에서 취하여 비유할 수 있다면 그것은 바로 어짊을 실천하는 방법이라고 말할 수 있다고 하였다.[15] '가까운 곳'은 바로 '자기의 마음'이다. 그러므로 어짊을 실천하는 도덕행위는 결국 인간의 본성에 근거하고 있다는 결론에 도달하게 된다.[16]

맹자의 대표적인 학설은 성선설이다. 맹자가 성선설을 설한 것은 인간의 도덕실천이 가능하다는 근거를 밝히기 위해서이다. 맹자는 성선의 근거

12) 『論語集註』, 「里仁」, "盡己之謂忠, 推己之謂恕."
13) 『論語』, 「雍也」, "己欲立而立人, 己欲達而達人."
14) 『論語』, 「顔淵」, "己所不欲, 勿施於人."
15) 『論語』, 「雍也」, "能近取譬, 可謂仁之方也已."
16) 李完栽, 「儒家倫理의 哲學的 根據」, 『孔子思想과 現代』 2(思社硏, 1990), 372쪽.

를 자연에 두면서 인간 중심적인 자연철학의 성격을 드러내고 있다. 맹자의 만물이 모두 나에게 갖추어져 있다고 한 말이 그 대표적인 전제라고 할 수 있다.[17] 만물은 천지만물의 이치이다. 인간의 마음속에 이미 천지자연의 이치가 내재되어 있음을 단적으로 밝히고 있는 언설이라고 할 수 있다. 인간은 자연과 대립되어 있는 반자연적인 존재가 아니다. 인간은 자연의 전 계열 속에서 자연과 일치된 하나의 지평을 이루고 있는 존재이다. 그러므로 맹자는 마음을 다하면 본성을 알게 되고 본성을 알면 하늘(自然)을 알게 된다고 하였고[18] 또 마음을 보존하여 그 본성을 기르는 것은 바로 하늘을 섬기는 것이라고 하였던 것이다.[19] 마음의 본질은 본성이고 본성의 근원은 하늘 즉 자연이다. 그러므로 마음과 본성은 자연으로 일관되어 있다. 이것이 바로 천인합일사상의 핵심 내용이다.

맹자는 인간의 본성이 하늘로부터 부여받은 인간의 자연적인 특성임을 구체적으로 밝히고 있다. 즉 맹자는 어짊 · 의로움 · 예의로움 · 지혜로움 등의 덕성은 밖으로부터 녹여 들어온 것이 아니고 인간이 본래부터 가지고 태어난 것이라고 하였다.[20] 어짊 · 의로움 · 예의로움 · 지혜로움은 인간의 본성으로서, 태어나면서부터 인간이 갖추고 있는 자연적인 존재 특성이라는 것을 말한 것이다. 맹자는 이것을 물에 비유하여 "인간의 본성이 선하다는 것은 마치 물이 아래로 흐르는 것과 같은 자연의 원리이다. 인간에게 선하지 않음이 없는 것은 물이 아래로 흐르지 않음이 없는 것과 같다. 물을 쳐서 튀기게 하면 사람의 이마를 넘을 수도 있고 거슬러 흐르게 하면 산이

17) 『孟子』, 「盡心上」, "萬物皆備於我."
18) 『孟子』, 「盡心上」, "盡其心者, 知其性也, 知其性則知天矣."
19) 『孟子』, 「盡心上」, "存其心, 養其性, 所以事天也."
20) 『孟子』, 「告子上」, "仁義禮智, 非外鑠我也, 我固有之也."

라도 넘게 할 수 있으나 이것이 어찌 물의 본성이겠는가?"라고 하였다.[21] 인간본성의 선함은 물이 아래로 흐르는 것과 같이 자연적인 특성이라는 것을 사실적으로 표현한 것이다.

맹자는 성선性善을 주장하면서 심선心善을 함께 언급하고 있다. 즉 측은지심惻隱之心은 어짊의 단서이고 수오지심羞惡之心은 의로움의 단서이고 사양지심辭讓之心은 예의로움의 단서이고 시비지심是非之心은 지혜로움의 단서인데, 사람이 이러한 네 가지 마음을 가지고 있는 것은 팔다리와 같은 몸을 가지고 있는 것과 같다고 하였다.[22] 마음의 네 가지 단서와 본성의 네 가지 덕을 연관하여 설명하면서 마음의 단서는 팔다리와 같이 인간의 자연적이고 선천적인 존재물임을 밝히고 있다. 마음의 네 가지 단서와 본성의 네 가지 덕성은 선하다는 내용적 측면에서는 같다. 그러나 단서와 덕성의 개념에 대한 의미는 동일할 수가 없다. 단端은 맹아萌芽를 의미한다. 그러므로 측은 · 수오 · 사양 · 시비 등 네 가지의 마음은 단서로서, 어짊 · 의로움 · 예의로움 · 지혜로움 등 네 가지의 덕성이 드러난 맹아인 것이다. 마음은 현상작용이다. 그러므로 선한 본성이 싹으로 드러난 마음의 상태가 단서인 것이다. 따라서 본성은 덕의 씨(仁)이고 마음의 단서는 덕의 싹이라고 할 수 있다. 주희는 구체적으로 설명하고 있다. 즉 "측은 · 수오 · 사양 · 시비는 정감(情)이고, 어짊 · 의로움 · 예의로움 · 지혜로움은 본성(性)이며, 마음(心)은 본성과 정감을 통합한 것이다. 단서(端)는 실마리이다. 정감이 발현함으로 인하여 본성의 본연함을 볼 수 있으니 마치 물건이 가운데 있으면 실마리가 밖

21) 『孟子』, 「告子上」, "人性之善也, 猶水之就下也. 人無有不善, 水無有不下. 今夫水搏而躍之, 可使過顙, 激而行之, 可使在山, 是豈水之性哉."

22) 『孟子』, 「公孫丑上」, "惻隱之心, 仁之端也, 羞惡之心, 義之端也, 辭讓之心, 禮之端也, 是非之心, 智之端也, 人之有是四端, 猶其四體也."

으로 나타남과 같은 것이다. 사람이 이러한 네 가지의 단서를 가지고 있다는 것은 팔다리의 몸을 가지고 있는 것과 같은 것"이라고 하였다.[23] 주희의 이러한 관점은 맹자가 어짊·의로움·예의로움·지혜로움이 마음속에 뿌리를 박고 있다[24]고 했던 말의 확신이라고 할 수 있다. 본성은 외부의 통제에 의해서 복종되지 않는 것으로 개인적으로 배울 수 있는 것도 아니고 후천적으로 획득된 것도 아니며 다만 이미 이루어진 실재(given reality)이자 하늘이 부여한 인간의 결정적인 특성이다.[25] 맹자가 이룩한 가장 핵심적이고 중요한 철학적 성과는 인간이 선천적(자연적)으로 갖추고 태어난 본성의 발견과 본성이 선하다는 자연적인 성향에 대한 논증에 있다고 할 수 있다.

『대학大學』에서는 윗사람이 내게 하는 바가 싫으면 그런 방식으로 아랫사람을 부리지 말며, 아랫사람이 내게 하는 바가 싫으면 그런 방식으로 윗사람을 섬기지 말라고 하였다.[26] 여기에서도 '자기의 마음'을 기준으로 하는 혈구지도絜矩之道를 제시하고 있다. 이러한 혈구지도인 '자기의 마음'은 결국 천도인 자연에 근거하고 있기 때문에 『중용中庸』에서도 "기쁨·노여움·슬픔·즐거움(喜怒哀樂) 등의 정감이 드러나지 않는 상태를 중中이라 하고 드러나 절도에 맞는 것을 화和라고 하니, 중은 천하의 가장 큰 근본이고 화는 천하의 가장 통달한 도이다. 그러므로 중화를 이룩하면 천하가 제자리를 차지하게 되고 만물이 자라게 된다"라고 하였다.[27] 중은 천도이고 화는 인

---

23) 『孟子集註』, "惻隱羞惡辭讓是非, 情也, 仁義禮智, 性也, 心統性情者也. 端緖也. 因其情之發, 而性之本然可得而見. 猶有物在中, 而緖見於外也.……"

24) 『孟子』, 「盡心上」, "仁義禮智根於心."

25) 뚜웨이밍 저, 정용환 역, 『유학강의』(청계, 1999), 88쪽.

26) 『大學』, 12章, "所惡於上, 毋以使下, 所惡於下, 毋以事上. 此之謂絜矩之道."

27) 『中庸』, 1章, "喜怒哀樂之未發謂之中, 發而皆中節謂之和, 中也者天下之大本, 和也者天下之達道. 致中和, 天下位焉, 萬物育焉."

도이다. 그리고 중은 궁극적인 가치의 근거이고 화는 최상의 행위 가치이다. 그러므로 중화를 이룩하는 것은 우주 질서를 이룩하는 일이 되므로 천지가 질서정연하고 만물이 잘 자라게 된다는 것이다. 따라서 개인이나 사회의 건강은 바로 천지조화의 중화에 근거한다고 할 수 있다.

『시경詩經』에서는 "하늘이 뭇 백성을 낳으니 사물이 있으면 법칙이 있다. 백성들은 이 법칙을 잘 간직하여 아름다운 덕을 좋아한다"[28]라고 하여 덕의 근거가 하늘 즉 자연에 있다는 것을 말하였다. 『주역周易』에서도 "천지가 있은 후에 만물이 있고, 만물이 있은 후에 남녀가 있고, 남녀가 있은 후에 부부가 있고, 부부가 있은 후에 군신이 있고, 군신이 있은 후에 상하가 있고, 상하가 있은 후에 예의가 정해진다"라고 하였다.[29] 개인이나 사회의 도덕은 그 근거가 자연에 있으며 우주질서 속에서 이루어지고 있다는 것을 적나라하게 밝히고 있다. 인간도 자연 속에서 존재한다. 인간이 비록 만물의 영장으로 모든 존재에 비하여 월등하지만 역시 유한성을 갖는 개체로서 결국 우주질서 속에서 생명을 영위하여 갈 수밖에 없다. 그러나 인간의 본성은 천 즉 우주자연으로부터 분여分與받는 것이므로 결국 덕의 최후 근거는 자연의 이법에 있다는 결론에 도달한다. 이러한 유가철학의 사유는 성리학에 이르러 리理와 기氣의 형이상학적인 새로운 체계 속에서 더욱 철저하게 설명된다. 즉 인간의 본성은 우주자연의 초월적이고 절대적인 리에 소속시키고(性卽理) 덕은 본성에 근거하여 그 존재와 가치를 규명함으로써 인간의 존재 특성인 덕의 위상이 확고하게 자리 잡게 되었다.

---

28) 『詩經』, 「大雅」, '烝民', "天生烝民, 有物有則. 民之秉彝, 好是懿德."

29) 『周易』, 「序卦傳」, "有天地然後有萬物, 有萬物然後有男女, 有男女然後有夫婦, 有夫婦然後有父子, 有父子然後有君臣, 有君臣然後有上下, 有上下然後禮義有所錯."

5장 덕과 건강

인간에게는 몸과 마음이 있다. 유가철학에서는 마음의 주체성을 강조하면서 인간의 존재 특성을 거기에서 찾고 있다. 공자는 일찍이 나는 산림에 묻혀 조수鳥獸들과 함께 떼 지어 살 수 없을 것이니 이 세상 사람들을 버리고 누구와 함께 살겠느냐[1]고 말하여 인간의 존재 특성을 암시하면서 인본주의적인 자기 철학의 향방을 제시하였다. 인간에게는 두 가지 특성이 있다. 하나는 금수의 측면이고 또 하나는 인간의 측면이다. 욕구로 말하면 전자는 본능적 욕구이고 감각적 욕구이며, 후자는 도덕적 욕구이고 양심적 욕구이다.[2] 공자는 본능의 대상만큼 덕을 좋아한 사람을 보지 못하였다고 말한 바 있다.[3] 본능의 대상을 좋아하는 것은 금수의 특성이고 덕을 좋아하는 것은 인간의 특성이다. 공자는 또 "근자에 효도를 공양하는 것이라고만 생각하는데, 개나 말들도 먹여 기른다. 공경하는 마음이 없으면 개나 말을 기르는 것과 무엇이 다르겠느냐"라고 하였다.[4] 사람은 부모만을 공양하는 것이 아니라 개나 말도 먹여 기른다. 그러므로 공양하는 것 자체만으로는

---

1) 『論語』, 「微子」, "鳥獸不可與同群, 吾非斯人之徒與而誰與."
2) 『孟子』, 「告子上」, "生亦我所欲也, 義亦我所欲也."
3) 『論語』, 「子罕」, "子曰, 吾未見好德如好色者也."
4) 『論語』, 「爲政」, "子曰, 今之孝者, 是謂能養, 至於犬馬, 皆能有養. 不敬, 何以別乎."

효도라고 할 수 없다. 반드시 공경하는 덕을 베풀어야만 한다. 부모의 봉양에는 공경의 덕이 필수적인 것이나 개나 말을 먹여 기르는 일에는 덕까지 요구되지는 않는다.

인간은 도덕적 존재이다. 덕을 좋아하는(好德) 존재이고 능히 공경할 수 있는(能敬) 존재이다. 따라서 인간에게는 억제해야 할 자기가 있고 회복시켜야 할 자기가 있다. 과다한 본능에 대한 욕구는 억제해야 하고 도덕에 대한 욕구는 회복시켜야 하는 존재이다. 도덕적인 욕구를 회복시키지 않고 본능적인 욕구에만 몰입하면서 살아가는 모습은 인간적인 모습이 아니며 정상적인 삶이라고 할 수도 없다. 이것이 바로 유가철학에서 진단하고 치료해야 하는 인간의 병적인 현상이다. 그러나 인간은 타고난 덕성을 모두 다 실현하기에는 거의 불가능한 존재이다. 그렇기 때문에 인간을 어중간한 존재(中間者)라고 정의하고 있다. 공자도 나무에 비유하여 말하고 있다. 싹이 나왔으나 꽃을 피우지 못한 것이 있을 것이며 꽃은 피었으나 열매를 맺지 못한 것도 있을 것이다.[5] 싹이 나왔으면 꽃이 피고 열매를 맺어야만 정상적이고 건강한 나무이다. 그러나 꽃이 피지 않고 열매를 맺지 못한 나무는 비정상적이고 병든 나무임에 틀림이 없다. 유가철학에서는 인간의 본성과 천도설로 천인합일의 기본 모식을 세우고 인간과 자연의 존재와 가치관계를 확립시키고 있으나 그것을 실현하는 것은 전적으로 인간 개인의 인성수양에 달려 있다는 것을 잘 말해 주고 있다.[6]

세계보건기구(WHO)에서는 1949년에 육체적·정신적·사회적으로 안녕한 상태(well-being)를 완전한 건강상태라고 정의하였다. 그러나 1998년 이후

5) 『論語』, 「子罕」, "苗而不秀者有矣夫, 秀而不實者有矣夫."

6) 蒙培元, 『蒙培元講孔子』(北京大學出版社, 2005), 43쪽 참조.

영적인 것을 추가하여 육체적 · 정신적 · 사회적 · 영적으로 안녕한 상태를 완전한 건강상태라고 수정하여 정의하자는 의견이 적극적으로 논의되어 오고 있다. 세계보건기구에서 처음에는 육체적 · 정신적으로 안녕한 상태를 완전한 건강상태라고 정의하였다. 그러나 이후 단순히 육체적 · 정신적 안녕상태만이 아니라 개인이 사회생활에 의존하는 경향이 많아짐에 따라 사회적 안녕상태가 추가되었다. 그리고 최근에는 유한한 인간의 한계상황으로 인한 공포나 불안 등을 넘어서게 할 수 있는 높고 큰 지성과 가치의식의 필요성에 따라 영적 안녕상태의 중요성이 대두되고 있다. 영적인 건강은 수직적인 것과 수평적인 것으로 나뉘어 설명된다.[7] 수직적인 것은 신과의 관계 속에서 평온과 안녕을 찾는 종교적인 건강이다. 수평적인 것은 정신적 고양高揚을 통하여 절대적인 진리와 가치세계에 도달함으로써 죽음에 대한 공포나 불안 등 인간의 한계 상황을 극복하고 삶의 평온과 안녕을 유지하는 철학적인 건강이라고 할 수 있다.

유가철학은 일찍부터 몸과 마음의 관계 그리고 개인과 사회의 관계를 불가분의 관계로 규정하면서 특히 개인과 사회의 문제를 중심으로 하여 도덕과 정치 · 경제 · 예술 등 문화의 제 방면에 대한 사유를 지속해 왔다. 이러한 사유 활동의 목적은 개인과 사회의 안녕과 화평에 있다 할 것이다. 개인과 사회의 안녕과 화평은 곧 인간의 육체적 · 정신적 · 사회적 · 영적인 건강상태와 직결된다고 할 수 있다. 그러면 이와 같은 인간의 건강은 덕과 어떠한 관계 속에서 상호작용하는지를 유가 경전에 의거하여 살펴보기로 한다.

---

7) C. W. Ellison, "Spiritual Well-being: Conceptualization and Measurement", *Journal of Psychology and Theology* 11(4)(1983), pp.330~340 참조.

유가철학에서는 덕이 몸과 마음에 끼치는 영향관계를 강조하고 있다. 『대학大學』에서 "부유함은 집을 윤택하게 하고 덕은 몸을 윤택하게 하니 덕이 있으면 마음이 만족하여 넉넉하게 넓어지고 몸이 평안하여 활짝 펴진다. 그러므로 군자는 그 뜻을 성실하게 하는 것"이라고 하였다.[8] 덕을 베풀어 부끄러움이 없으면 마음이 만족하여 넉넉하게 넓어지고 몸이 항상 평안하여 활짝 펴지게 되므로 덕이 몸을 윤택하게 한다는 것이다. 덕이 마음이나 몸에 직접적인 영향을 끼치게 된다는 것을 보여 주고 있는 내용으로 이해된다. 마음이 만족하여 넓어지고 몸이 평안하여 활짝 펴진다(心廣體胖)는 것은 마음과 몸의 건강상태를 말한 것이다. 이러한 건강상태는 곧 덕의 실천으로부터 비롯된 것이므로 덕으로 살지 않는다면 바로 병적인 현상을 일으킬 수 있다는 것이다.

유가철학에서는 인생에서 가장 근본적인 것을 덕으로 보고 있다. 『대학』에서는 인생의 필요조건으로 덕을 재물과 비교하여 설명하고 있다. 즉 덕은 근본이고 재물은 말단이니, 근본을 밖으로 하고 말단을 안으로 하면 백성들을 다투게 하여 겁탈하게 만든다.[9] 덕은 개인의 건강은 물론이고 국가사회의 건강을 보장하는 기본 요소이다. 그러므로 덕을 재물과 비교한다면 덕이 근본이고 재물은 수단이 되어야 한다. 그렇지 않을 경우에는 사람들의 이기심을 조장하여 다투고 겁탈하게 하는 병적인 현상이 일어나게 된다. 이것은 오늘날 재물을 근본으로 여긴 사회현상 속에서 국가사회를 혼탁하게 하는 온갖 부정과 비리 그리고 폭력과 사기 등의 사회적인 병과 개인이나 사회의 건강에 충격을 주는 우울증이나 자살 등의 심각한 정신질환에 대한 엄중한

8) 『大學』, 6章, "富潤屋, 德潤身, 心廣體胖. 故君子必誠其意."
9) 『大學』, 10章, "德者本也, 財者末也, 外本內末, 爭民施奪."

경고가 아닐 수 없다.

『중용中庸』에서는 중화설中和說로 이론을 심화시켰다. 중中이란 천하의 큰 근본이고 화和란 천하의 공통된 도리이니, 중과 화를 지극히 하면 천지가 제자리를 편안히 하고 만물이 잘 생육될 것이라고 하였다.[10] 중은 천도인 자연법칙이고, 화는 인도인 도덕법칙이다. 천도의 중과 천도를 따라 실천하는 조화는 성정性情의 덕을 잘 실천하는 중용의 덕이다. 그러므로 중화의 덕은 천지가 제자리에 평안히 안주하고 만물이 잘 생육되도록 하는 우주자연의 운행법칙이며, 인간에 있어서도 개인적인 건강은 물론 사회적인 건강이 보장되는 도덕법칙인 것이다.

유가철학에서 마음의 실제 내용은 덕이다. 그러므로 덕과 정신적인 건강은 불가분의 관계라고 할 것이다. 덕은 정신적인 건강을 제공하는 중요한 요소로 간주하고 있기 때문이다. 정신의 병과 건강은 소통의 정도에 의존한다. 소통의 원활함은 정신의 건강과 예방뿐만 아니라 치유의 원천이 된다.[11] 소통을 위한 우선적인 필수조건이 개인의 정신적인 건강이다. 유가철학에서는 정신적인 건강을 위하여 도덕적인 삶의 중요성을 강조한다. 공자는 "군자는 두려워하지 않고 겁내지 않는다. 속으로 반성하여 허물이 없는데 어찌 두려워하며 겁내겠는가"라고 하였다.[12] 두려워하고 겁내는 것은 정신의 병적인 현상이다. 이러한 병적인 현상은 도덕적인 허물에서 비롯된다. 도덕적으로 떳떳하여 심리적인 갈등이나 불만이 없는 삶은 정신적으로 건강한 상태라고 할 수 있다. 맹자는 이러한 병적인 현상을 자기를 해치고

---

10)『中庸』, 1章, "中也者, 天下之大本也, 和也者, 天下之達道也, 致中和, 天地位焉, 萬物育焉."

11) 권상우, 「유학의 철학치료」, 『철학연구』 124집(대한철학회, 2012), 22쪽.

12)『論語』, 「顔淵」, "君子不憂不懼.……內省不疚, 夫何憂何懼."

자기를 버리는 자포자기自暴自棄의 행위라고 하였다. 말로 예의로움과 의로움을 비난하는 것은 스스로 자기를 해친 것이고, 몸으로 어짊과 의로움을 실천하지 않는 것은 스스로 자기를 버리는 것이다. 어짊은 사람이 사는 편안한 집이고 의로움은 사람이 가야 할 올바른 길이기 때문에 내 몸과 같은 것이다.[13] 주희는 스스로 자기를 해치는 자는 어짊과 의로움이 아름다운 것임을 알지 못하여 비방하는 사람이고, 스스로 자기를 버리는 자는 어짊과 의로움이 아름다운 줄 알지만 게으름에 빠져 행하지 않는 자라고 설명하였다.[14] 어짊과 의로움의 덕은 곧 자기 안에 있는 것으로 자기의 몸과 같은 것이다. 그러므로 자기를 버리고 해치는 사람은 자기의 몸을 상해하고 유기하는 것과 같이 자기의 마음인 덕을 해롭게 하고 버리는 사람인 것이다. 자기를 해치거나 버리는 자는 자학하는 병자라고 할 수 있다. 스스로 자기의 손과 발을 잘라 내는 사람과 같으리라. 어짊과 의로움을 비난하거나 실천하지 않는 사람은 정신적으로 건강한 사람이 될 수 없다.

맹자는 또 스스로를 돌이켜 보아 정직하지 못하면 비록 비천한 사람이라도 두려워할 것이며, 스스로를 돌이켜 보아 정직하다면 비록 천만 사람들 앞이라도 당당하게 나아갈 것이라고 하였다.[15] 도덕적으로 정직하다면 떳떳하고 당당한 모습으로 살아갈 수 있다. 그러나 도덕적으로 정직하지 못하면 두려워하며 비겁하게 살아갈 수밖에 없다. 자긍심과 자신감이 넘쳐야 살맛나고 용기가 나온다. 이렇게 두려워함이 없는 용기의 덕을 발휘한 모습

13) 『孟子』, 「離婁上」, "言非禮義謂之自暴也, 吾身不能居仁由義謂之自棄也. 仁, 人之安宅也, 義, 人之正路也."

14) 『孟子集註』, 「離婁上」, "自害其身者, 不知禮義之爲美而非毁之.……自棄其身者, 猶知仁義之爲美, 但溺於怠惰自謂必不能行."

15) 『孟子』, 「公孫丑上」, "自反而不縮, 雖褐寬博, 吾不惴焉, 自反而縮, 雖千萬人吾往矣."

은 정신적으로 건강한 모습이다. 두려워하는 모습은 병적인 현상이다. 이 또한 부덕으로부터 비롯된다. 부덕한 행위는 결국 허탈감에 빠지게 한다. 맹자는 행동하는 것이 마음에 통쾌하지 않은 점이 있으면 허탈감에 빠지게 된다고 하였다.[16] 통쾌한 마음은 정신적으로 건강한 모습이다. 그러나 허탈감은 정신적으로 병적인 현상이다. 허탈감은 공허감이다. 마음속의 실체(주체)인 덕성이 빠져버린 상태이니 공허할 수밖에 없다. 곧 '참자기'를 잃어버린 셈이다. 이러한 현상은 결국 우울증으로 연결될 수밖에 없다. 그러므로 맹자는 잃어버린 마음을 되찾을 것(求放心)을 역설했던 것이다.[17] 유가철학에서는 인간의 도덕적 본심을 잃어버린 것이 정신적인 가장 큰 병이라고 생각하고 육체적인 온갖 병의 원천으로 간주하고 있다.

유가철학에서는 어짊(仁)을 소통(通)으로 해석하고 정상적이고 건강한 상태로 파악한다. 그리고 어질지 못함(不仁)을 불통不通(소외, 마비)으로 해석하고 비정상적이고 병적인 상태로 보고 있다. 그러므로 이러한 불통의 상태를 마음의 장애로 파악하면서 심통心痛, 심질心疾과 같은 의학적 용어로 표현하고 있다.[18] 담사동譚嗣同은 『인학仁學』에서 어짊과 어질지 못함의 구분은 통하느냐 막혔느냐에 달려 있다고 말하고 있다.[19] 이러한 견해에 대하여는 일찍 송대의 정호程顥가 "의서에서 수족의 마비를 어질지 못한 것이라고 했는데 그 증상을 잘 표현한 것"이라고 말한 바 있다.[20] 유가철학에서의 마음의 치료는 심통과 심질을 진단하고 치유해서 소통적 '참자기'를 회복시키는

---

16) 『孟子』, 「公孫丑上」, "行有不慊於心, 則餒矣."
17) 『孟子』, 「告子上」, "學問之道, 無他, 求放心而已矣."
18) 권상우, 「유가의 철학치료」, 『철학연구』 124집(대한철학회, 2012), 22쪽.
19) 『仁學』, "仁不仁之辨, 於其通與塞."
20) 『二程遺書』, 권2上, "醫書言手足痿痹爲不仁, 此言最善名狀."

것이 궁극 목표이다. 맹자는 인간에게 살아가는 방도가 있으니 배불리 먹고 따뜻하게 입으며 편안하게 살면서도 가르침이 없으면 짐승에 가깝다고 하였다.[21] 먹고 입고 쉬는 일은 몸의 건강에 관한 일이고 진리와 양심을 배우고 기르는 일은 덕에 관한 일이다. 그리고 짐승은 비인간적인 존재이니 인간이 육체적인 것에만 만족하면서 도덕적인 일을 하지 않으면 인간의 특장인 정신적인 건강을 기대할 수 없다는 내용으로 이해된다. 인간은 도덕적이지 않을 때 방종에 빠지고, 방종은 좌절과 무기력으로 흘러 마침내 병을 유발시킨다. 그리고 인간이 도덕적인 생활을 하지 않을 때 반드시 도래하게 되는 심리적인 폐쇄현상은 심각한 정신적인 병을 수반하게 된다. 유가철학에서 치료를 강조한 학자로는 방이지方以智와 이옹李翁 등을 들 수 있다. 특히 이옹은 유학을 치료학으로 해석하면서 그 근거를 계보학적인 방법으로 밝히고 있다. 즉 "공자, 안회, 자사, 맹자와 송대의 주염계, 정이천, 장횡거, 주자 등은 모두가 뛰어난 명의이고 오경과 사서 그리고 여러 유현들의 어록은 모두가 의사들의 양방良方 아닌 것이 없다"라고 하였다.[22] 이와 같이 유학은 치료학으로 간주되기도 하였다.

마음은 몸의 주인이다. 몸은 마음의 작용에 따라 선행과 악행 그리고 건강과 병으로 드러난다. 『대학』에서는 "마음이 그곳에 있지 아니하면 보아도 보이지 않고 들어도 들리지 않고 먹어도 그 맛을 알지 못한다. 그러므로 몸을 건강하게 하려면(修身) 마음을 건강하게 해야 한다(正心)"라고 하였다.[23] 마음이 없으면 몸을 검속할 수가 없다. 그러므로 몸의 일이 제대로

---

21) 『孟子』, 「滕文公上」, "人之有道, 飽食煖衣逸居而無敎, 則近於禽獸."

22) 李翁, 『二曲集』, 권3, "孔顔思孟及宋之濂洛關閩, 明之河會姚涇俱足醫人的名醫, 四書及諸儒語錄俱是醫人的良方."

23) 『大學』, 7章, "心不在焉, 視而不見, 聽而不聞, 食而不知其味. 所謂修身, 在正其心."

파악되거나 조절되지 않는다. 『대학』에서는 또 마음이 정상상태가 아니면 몸의 행하는 바가 정상적이지 않다는 것을 구체적으로 밝히고 있다. 즉 마음에 노여워하는 바가 있으면 그 바름을 얻지 못하고, 두려워하는 바가 있으면 그 바름을 얻지 못하고, 지나치게 좋아하고 즐기는 바가 있으면 그 바름을 얻지 못하며, 근심하고 걱정하는 바가 있으면 그 바름을 얻지 못한다고 하였다.[24] 노여워하는 것이나 두려워하는 것 또는 지나치게 좋아하고 즐기는 것이나 근심하고 걱정하는 것 모두는 마음이 정상상태가 아님을 말한 것이고 올바름을 얻지 못한다는 것은 몸의 행하는 바가 올바르지 않다는 것을 말한 것이다. 이토록 마음이 없거나 정상상태가 아닐 때는 몸의 행하는 바가 올바를 수가 없다. 이것은 도덕적 수양을 통한 마음의 건강과 그에 따른 몸의 건강의 관계를 말한 것이라고 할 수 있다. 마음이 도덕적으로 정상적이지 않으면 몸도 직접 영향을 받아 건강을 유지할 수 없다는 의미로 이해해도 무방하리라 생각된다. 『대학』에서는 이것을 직접적으로 표현하여 "마음이 넓으면 몸도 평안하다. 그러므로 군자는 반드시 그 뜻을 참되게 해야 한다"라고 하였다.[25] 이 말은 도덕적인 마음의 확립이 몸의 건강과 직결된다는 것을 말한 것이다. 맹자는 마음과 몸의 관계를 다음과 같이 말하고 있다. 눈동자는 그 악을 가리지 못한다. 가슴속이 바르면 눈동자가 맑고 가슴속이 바르지 못하면 눈동자가 흐리다.[26] 가슴속은 마음이나 정신을 말한 것이다. 그러므로 가슴속이 바르다는 것은 도덕정신의 건강상태를 말한 것이며, 가슴속이 바르지 않다는 것은 도덕정신의 병적상태를 말한 것이

---

24) 『大學』, 7章, "身(心)有所忿懥, 則不得其正, 有所恐懼, 則不得其正, 有所好樂, 則不得其正, 有所憂患, 則不得其正."

25) 『大學』, 6章, "心廣體胖. 故君子必誠其意."

26) 『孟子』, 「離婁上」, "眸子不能掩其惡. 胸中正則眸子瞭焉, 胸中不正則眸子眊焉."

다. 그리고 눈동자가 맑다는 것은 육체적 건강을 상징한 것이고, 눈동자가 흐리다는 것은 육체의 병적인 상태를 상징한 것이다. 그러므로 정신은 직접 육체에 영향을 주고 있다는 의미를 드러낸 언설이라 하겠다. 마침내 맹자는 사람이 어질지 못하면 자기의 몸을 보전하지 못한다고 단언하였다.[27] 어질지 않은 부덕한 사람은 정신적으로 건강할 수가 없고, 정신적으로 건강하지 못하면 반드시 신체적으로도 병들기 마련이다. 덕이 육체적인 건강과도 밀접한 관계가 있다는 것을 강조한 말이라고 할 수 있다. 오늘날 의학계에서도 정신적인 스트레스에 많은 관심을 기울이고 있다. 스트레스는 마음의 병이다. 마음의 병은 그 자체에서 끝나는 것이 아니고 암과 같은 육체적인 질병을 유발시키는 원인이 된다는 것이 확인되고 있다.

덕은 사회적인 건강을 보장한다. 공자가 덕은 외롭지 않으니 반드시 이웃이 있게 된다[28]고 했던 말은 덕으로 말미암아 사회적인 건강을 가져올 수 있다는 의미를 은유한 것이다. 이 말을 주희는 다음과 같이 해석하였다. 이웃은 친함과 같다. 덕은 고립되지 않아 반드시 그와 같은 부류끼리 서로 적응한다. 그러므로 덕이 있는 사람은 반드시 덕을 갖춘 사람들이 따르게 될 것이니 거주하는 곳에 이웃이 있는 것과 같은 것이다.[29] 덕은 도덕이고 이웃은 더불어 사는 사회를 은유한 것이다. 외로움은 사회로부터 소외된 인간의 병적인 증후를 의미한 것으로 우울증의 시초라고 할 수 있다. 사회적 존재로서의 인간이 지극히 자연스럽게 살아가는 사회적 건강을 암시하고 있는 말이다. 유가철학에서는 자아(자존적 주체)를 바람직한 인간관계를

---

27) 『孟子』, 「離婁」, "士庶人不仁, 不保四體."
28) 『論語』, 「里仁」, "德不孤, 必有隣."
29) 『論語集註』, 「里仁」, "隣猶親也. 德不孤立, 必以類應. 故有德者, 必有其類從之, 如居之有隣也."

맺을 수 있는 의지와 능력을 지닌 주체로 보고 있다.[30] 덕은 사회구성원들에게 건강한 소통의 계기를 마련해 준다. 덕의 소통이 있지 않으면 무질서가 판을 치는 병든 사회가 될 것이다. 유가철학은 인간의 선천적 덕성인 어짊 즉 사랑을 기본 정신으로 하고 있다. 다시 말하면 사람과 사람 사이의 사랑과 소통을 중요시하여 사회적 건강을 이루어 나가는 것이 유가철학의 궁극 목표이다. 『대학』에서도 덕이 있으면 인민이 있고 인민이 있으면 토지가 있게 된다고 하였다.[31] 덕이 있으면 민중을 얻게 되고 민중을 얻게 되면 나라를 얻게 된다는 것이다. 국가의 성립도 결국 덕에 기초하고 있음을 밝히고 있는 말이다. 그러므로 건강한 국가의 기본은 바로 도덕인 것이다. 맹자는 덕으로 국민을 설득시키면 마음속으로 기뻐하며 진심으로 복종한다고 하였다.[32] 덕은 상대방에게 기쁨을 준다. 통치자와 국민 사이에 덕으로 원활한 소통을 유지할 수 있게 함으로써 건강한 국가를 보장할 수 있다는 내용이다. 그리고 도덕적인 생활을 하지 않는 사람은 스스로가 사회로부터 소외를 자초한 사람이라고 할 수 있다. 사회적인 소외는 자기 스스로를 작은 공간에 가두어 놓은 것과 같다. 그러한 환경 속에서는 정신적이고 육체적인 심각한 병이 유발될 수밖에 없다는 것이 정신의학계의 연구결과이다.

『주역周易』 「계사전繫辭傳」에 "처음 시작되는 것을 살펴 마치는 이치를 돌이켜 볼 수 있기 때문에 태어남과 죽음에 대한 이치를 알 수 있다"라는 말이 있다.[33] 천지만물이 운행하는 현상은 음양의 작용으로 드러난다. 그러

30) 권상우, 「퇴계의 마음공부와 도덕교육」, 『퇴계학과 유교문화』 제51집(경북대학교 퇴계연구소, 2012), 298쪽.
31) 『大學』, 10章, "有德此有人, 有人此有土."
32) 『孟子』, 「公孫丑」, "以德服人者, 中心悅而誠服也."
33) 『周易』, 「繫辭上傳」, "原始反終, 故知死生之說."

므로 천지만물이 존재하는 이 세계는 눈에 보이는 세계도 있고 눈에 보이지 않는 세계도 있다. 즉 형이하의 세계도 있고 형이상의 세계도 있으며, 물질계도 있고 정신계도 있다. 전자를 밝은 세계 즉 명明의 세계라고 한다면, 후자는 그윽한 세계 즉 유幽의 세계라고 한다. 역리易理는 이 두 세계를 모두 망라하고 있으므로 역리를 아는 사람은 이 두 세계를 파악할 수 있다. 만물 변화의 시작과 끝 그리고 인간의 태어남과 죽음은 자연의 변화요 이치의 현상이다. 자연이치의 세계는 한계 상황에 처해 있는 인간을 포괄하면서 훨씬 초월해 있는 절대적인 진리의 세계이다. 인간은 영적으로 이러한 절대의 세계에서 노닐 때 한계 상황을 극복하고 평온과 안녕을 기대할 수 있다.

공자는 "살아 있는 사람을 잘 섬기지 못하면 어떻게 귀신을 섬길 수 있겠는가? 사는 것도 아직 모르는데 어떻게 죽음에 대하여 알겠는가?"라고 하였다.[34] 이 말에 대하여 정자程子는 "낮과 밤의 자연현상 같은 것이 태어남과 죽음의 도리이다. 그러므로 태어남의 도리를 알면 죽음의 도리를 알 것이다. 태어남과 죽음은 하나이면서 둘이고 둘이면서 하나"라고 설명하였다.[35] 주희는 "정성과 공경하는 마음으로 사람을 섬길 수 있는 자가 아니라면 반드시 귀신을 섬기지 못할 것이다. 그리고 시초를 근원해 보아 태어남의 이치를 알지 못하면 마침으로 돌아가 죽음의 이치를 알지 못할 것"이라고 하였다.[36] 살아 있는 사람이나 죽은 사람을 공경하고 섬기는 것은 똑같은 마음이고 태어나는 것과 죽는 것은 자연의 필연적인 과정으로 서로 떨어질 수가 없는 하나의 일이다. 태어남과 죽음을 억지로 구분하여 거기에 가

34) 『論語集註』, 「先進」, "未能事人, 焉能事鬼. 未知生, 焉知死."
35) 『論語集註』, 「先進」, "程子曰, 晝夜者, 死生之道也. 知生之道, 則知死之道. 一而二, 二而一."
36) 『論語集註』, 「先進」, "非誠敬足以事人, 則必不能事神. 非原始而知所以生, 則必不能反終而知所以死."

치를 부여하고 무지와 편견에 사로잡혀 공포와 불안에서 해방될 수 없는 사람은 태어남과 죽음이 하나로 연속된 자연의 정상情狀임을 깨닫지 못한 사람이다. 이러한 자연의 정상을 깨달아 고양된 정신경계에 이르러 유한의 세계에서 무한의 세계로, 그리고 한계 상황에서 절대 세계로 나아가 노닐 때 인간은 불안과 고통에서 벗어나 평온과 안녕을 기대할 수 있을 것이다. 이것이 바로 영적인 안녕이고 영적인 건강이다.

공자는 열다섯 살에 학문에 뜻을 두었고, 서른 살에 자립하였고, 마흔 살에 사리를 따라 의혹하지 않았고, 쉰 살에 천명을 알았고, 예순 살에 듣는 대로 깨달아 이해되었고, 일흔 살에 마음에서 하고자 하는 것을 실천하여도 법도에서 벗어나지 않았다고 한다.[37] 이 기록에서 보면 공자는 열다섯 살에 학문을 시작하여 서른 살에 학식과 인격을 갖춘 떳떳한 사회인으로 자립하여 사회에 참여하였다. 그리고 마흔 살에는 진리에 따라 살면서 확고한 신념을 갖고 현실적인 혼란이나 부귀와 권세에 유혹되는 일이 없었고, 쉰 살에는 인간의 노력이나 능력에 대한 한계 상황을 깨닫고 천명에 따라 안분지족安分知足하는 경지에 이르렀으며, 예순 살에는 원숙관대圓熟寬大하여 남의 말도 듣는 대로 이해하여 포용하였고, 마침내 일흔 살에는 마음으로 하고 싶은 대로 실천하여도 법도에서 벗어나지 않았다고 한다. 여러 가지로 견해를 달리할 수도 있겠지만 공자는 적어도 마흔 살에 영적인 경지에 진입했다고 할 수 있다. 사리에 따라 살면서 현실적인 혼란이나 부귀와 권세 같은 세속가치에 유혹되는 일이 없었기 때문이다. 그리고 인간의 한계 상황을 깨닫고 천명에 따라 현실을 극복한 지천명知天命의 단계는 영적인 안녕에

37) 『論語』, 「爲政」, "子曰, 吾十有五而志于學, 三十而立, 四十而不惑, 五十而知天命, 六十而耳順, 七十而從心所欲不踰矩."

정착된 경지라고 할 수 있으며, 최후의 경지인 마음으로 하고 싶은 대로 실천하면서 살아도 법도에서 벗어나지 않는 경지는 사념이나 욕구 모두가 자연의 이치와 합일된 천인합일의 경지로서 영적인 안녕이 자연스럽게 생활화되고 체질화된 최상의 경지라고 할 수 있다.

공자는 안회顏回의 영적 건강을 매우 높이 평가하고 칭찬하였다. "참으로 안회는 어진 사람이다. 한 그릇의 밥과 한 표주박의 물로 누추한 시골에 사는 것을 다른 사람들은 그 근심을 견뎌 내지 못하는데, 안회는 변하지 않고 즐겁게 살아가고 있으니 참으로 안회는 어진 사람이다."[38] 공자는 현실의 어려운 상황을 정신세계 속에서 초월·극복하고 고원한 가치를 지향하면서 영적 자유를 누린 안회의 어진 인격을 칭찬한 것이다. 이러한 안회의 인격과 학문은 송대 도학자들에게 도를 알아 실천한 인격과 학문의 대표적인 본보기가 되었고 도학의 상징으로 추앙받게 되었다. 그 대표적인 학자가 바로 정이程頤이다. 정이가 쓴 「안회는 어떠한 학문을 좋아하였는가에 관한 논문」(顏子所好何學論)은 유명하다. 이 논문 속에서 유가철학이 지향하는 영적 건강에 관한 내용과 방법을 암시받을 수 있기 때문에 그중에서 몇 군데만 제시해 보고자 한다.

인간은 본원적으로 참되며 고요하다. 인간의 마음이 아직 작용하기 이전에는 다섯 가지의 본성인 어짊·의로움·예의로움·지혜로움·미더움 등을 갖추었다. 그러나 인간은 육체를 가짐으로써 외부세계에 접하게 되어 내부에 자극을 받게 된다. 이러한 자극을 받음으로써 칠정七情(喜怒哀樂愛惡欲)이 나타난다. 감정이 치열하여 격정적으로 될 때 인간의 본성은 평정을 잃

38) 『論語』, 「雍也」, "子曰, 賢哉, 回也. 一簞食, 一瓢飮, 在陋巷, 人不堪其憂, 回也, 不改其樂, 賢哉, 回也."

어 고통(病)을 받게 된다. 깨달은 사람은 감정을 단속하여 중中의 원리에 부합하게 하며 마음을 바로잡고 본성을 기른다.[39]

군자의 학문은 반드시 먼저 본성(性)을 마음속에서 밝혀 나아갈 바를 알고 그렇게 한 뒤에 힘써 행하여 성인에 도달하기를 구하여야 한다. 이것이 이른바 밝음(明)으로 말미암아 성실(誠)하게 되는 것이다. 그러므로 배움은 그 마음을 다하는 것이고 그 마음을 다하면 그 본성을 알고 그 본성을 알게 되면 되돌이켜 그것을 참되게 하니 이런 사람이 바로 성인이다.[40]

성실하게 하는(誠之) 길은 도道에 대한 믿음을 독실하게 함에 있다. 도에 대한 믿음을 독실하게 함이 과감하면 그것을 행함이 과감하고, 그것을 행함이 과감하면 그것을 지킴이 견고하다. 그리하여 인의충신仁義忠信이 마음에서 떠나지 않는다.[41]

유가철학의 경전 중에서 몇 가지의 사례를 들어 인간의 육체적·정신적·사회적·영적인 건강에 관한 덕의 필요와 역할을 살펴보았다. 인간의 육체적·정신적·사회적·영적인 건강을 위하여 도덕적인 삶을 피할 수 없다는 견해는 유가철학의 확고한 입장이다.

유가철학은 한의학계에도 지대한 영향을 주어 왔다. 그 대표적인 사상이 어짊(仁)사상과 중용사상이라고 할 수 있다. 일찍부터 동양에서는 의술醫術을 인술仁術이라고 하였다. 어짊(仁)사상은 유가철학의 핵심이다. 어짊(仁)

39) 『近思錄』, 권2, "得五行之秀者爲人, 其本也眞而靜. 其未發也五性具焉, 曰仁義禮智信. 形旣生矣, 外物觸其形而動其中矣. 其中動而七情出焉. 曰喜怒哀懼愛惡欲. 情旣熾而益蕩其性鑿矣. 是故覺者約其情, 使合於中, 正其心, 養其性."

40) 『二程文集』, 권9, "君子之學, 必先明諸心, 知所養, 然後力行以求至. 所謂自明而誠也. 故學必盡其心, 盡其心則知其性, 知其性, 反而誠之, 聖人也."

41) 『二程文集』, 권9, "誠之之道, 在乎信道篤. 信道篤則行之果, 行之果則守之固. 仁義忠信不離乎心."

사상은 남을 사랑하는 것(愛人)을 기본 내용으로 하면서 먼저 자기와 가까운 부모와 형제를 사랑하는 효도와 우애를 실천의 출발점으로 삼았다. 그리고 충서를 통하여 혈연관계를 사회구성원 전체와 더 나아가 만물에까지 확대하여 널리 모든 사람을 사랑하고 만물을 사랑하는 것을 최종 목표로 하고 있다.[42] 의술은 병의 치료를 통하여 사랑을 모든 사람에게 베풀어 개인적으로 평안하고 나아가 가정이 화목하며 질서가 바로 서는 국가사회를 이룩하도록 하는 것을 사명으로 한다. 이러한 인술로서의 의술은 사람사랑과 생명사랑을 기본 정신으로 하는 어짊사상과 일치하며, 병의 치료로 어짊을 실천하여 인간의 육체적 · 정신적 · 사회적 · 영적인 건강에 기여한다. 『본초강목本草綱目』에서 "의술의 도는 생명을 보위하고(衛生) 세상을 구제하기 때문에(救世) 인술이라고 부른다"라고 하였다. 그리고 『비급천금요방備急千金要方』에서 "상급의 의사(上醫)는 나라를 치료하고 중급의 의사(中醫)는 사람을 치료하고 하급의 의사(下醫)는 병을 치료한다"라고 하였다. 전통적으로 의사는 병을 치료하는 일과 사람을 구해 내는 일과 세상을 다스리는 일의 세 가지를 삼위일체로 삼아 왔다. 사람을 사랑한다는 관점에서 의학은 유가철학과 그 뜻을 같이한다. 그러므로 의학이 수행하는 치병治病, 구인救人, 제세濟世의 공능이 인술로 불리게 되는 까닭이라 하겠다.

한편 유가철학은 사랑을 널리 베풀어 뭇사람을 구제한다(博施濟衆)는 생명중시사상을 포함하고 있다. 의학에서도 생명중시사상을 기본으로 하고 있다. 송대 때 나온 『소아위생총미논방小兒衛生總微論方』에서는 자기를 바르게 한다는 정기正己와 사물을 바르게 한다는 정물正物을 강조하고 있다. 의술을

42) 『論語』, 「學而」, "孝弟也者, 其爲仁之本與.……弟子入則孝, 出則弟, 謹而信, 汎愛衆, 而親仁."

행하는 사람은 먼저 자기치유를 통하여 훌륭한 의료의 덕(醫德)을 갖추어야 하고, 그다음 병의 상태에 대하여 정확한 처방과 용약을 해야 한다는 것이다. 이것은 유가철학의 수제치평술(修身, 齊家, 治國, 平天下)이 의학적으로 응용된 것이라고 할 수 있다. 그리고 인술을 베푸는 의사는 먼저 어진 자가 되어야 한다는 신념을 확고히 하고 있다. 이러한 사상은 인간이 살아가는 데 가장 중요한 요소로 덕을 강조한 유가철학과 일치한다.[43]

중용사상은 요임금이 순임금에게 제위를 물려줄 때 진실로 그 중中을 잡으라고 하였던(允執厥中) 통치의 훈계이다. 이후 그 훈계는 우임금에게 전해지고 공자로 이어지면서 마침내 유가철학 전통에서 도통의 중요한 사상 내용이 되었다.[44] 중용은 양극단을 잡아 그 중中을 백성들에게 쓰는 통치의 방법이다.[45] 양극단은 넘치거나 미치지 못한 상태 혹은 경계를 가리킨다.[46] 주희는 양극단을 치우치고 기울며 넘치고 미치지 못한 상태나 경계라고 풀이하면서, 중용을 치우치고 기울지 아니하여(不偏不倚) 넘치고 미치지 못함이 없는(無過不及) 평상平常의 이치라고 설명하였다.[47]

공자는 중용의 덕이 지극하다고 말하여[48] 중용을 최고의 도덕 표준으로 삼았다. 용庸의 개념은 쓰임(用)이고 또 평상(常)의 의미이다. 그러므로 중용은 중中을 사용하는 것이고 또 중도를 상도로 삼는 것이다. 공자는 사물의 대립되는 양단을 조화하여 모순과 갈등을 방지하였다. 중용은 조화를 내용

---

43) 林殷 지음, 문재곤 옮김, 『한의학과 유교 문화의 만남』(예문서원), 93쪽 참조.
44) 『論語』, 「堯曰」, "堯曰, 咨爾舜, 天之曆數在爾躬, 允執厥中.……舜亦以命禹."
45) 『中庸』, 6章, "執其兩端, 用其中於民."
46) 『中庸』, 4章, "知者過之, 愚者不及也, 賢者過之, 不肖者不及也."
47) 『中庸或問』, "中庸者, 不偏不倚, 無過不及而平常之理."
48) 『論語』, 「雍也」, "子曰, 中庸之爲德, 其至矣乎."

으로 한다. 그러므로 예의로움의 실행에는 조화를 귀중하게 여긴다고 하였다.[49] 조화야말로 도덕실천의 최고 기준이 된다. 『중용』에서 중中이란 것은 천하의 큰 근본이고(大本) 화和란 것은 천하의 공통된 도리라고 하였다.[50] 큰 근본은 천명의 본성이고 도의 본체이다. 공통된 도리는 본성을 따른 것이며 도의 작용이다. 구체적으로 말하면 기뻐하고 성내고 슬퍼하고 즐거워하는 정감이 아직 발로되지 않는 상태가 중 즉 본성이고, 발로되어 절도에 맞는 것이 화 즉 본성에 따른 것이다.[51] 정감이 나타나지 않고 잠재되어 있는 상태가 중이고 나타나 알맞게 작용한 상태가 조화이다. 이러한 중화야말로 인간의 생활을 도리로 이끌 수 있는 근본이 된다는 것이다. 따라서 중화가 이루어진 세상이 바로 이상세계이며 중화의 상태에서야만 건강한 개인과 사회가 이룩되어질 수 있다. 그러므로 중화의 도리를 확충해 나가면 천지만물이 모두가 제자리를 얻고 만물이 잘 화육된다고 한 것이다.[52] 이와 같이 유가철학에서는 사물의 건강한 존재와 발전에는 적절함이 있다고 간주하여 지나치거나 모자란 것을 부정하였다. 이러한 중용사상은 한의학 이론체계의 형성과 발전은 물론 생리학과 양생치료에도 깊은 영향을 주고 있다.

한의학에서는 음양평행을 인체생명운동의 이상상태로 여긴다. 이것은 곧 인체건강을 나타내는 표지가 된다. 『황제내경黃帝內經』에서 "음양이 균평均平하면 평인平人"이라고 하였다. 평인은 병나지 않는 사람이라는 의미이니 곧 건강한 사람을 뜻한 것이다. 한의학에서 균평은 유가철학에서의 조화에 해당된다. 서로 작용하여 절도에 맞고 상호 배합하는 것이 바로 중화이다.

---

49) 『論語』, 「學而」, "有子曰, 禮之用和爲貴."
50) 『中庸』, 1章, "中也者, 天下之大本也, 和也者, 天下之達道也."
51) 『中庸』, 1章, "喜怒哀樂之未發, 謂之中, 發而皆中節, 謂之和."
52) 『中庸』, 1章, "致中和, 天地位焉, 萬物育焉."

음양의 평행상태가 파괴되는 것은 바로 병이 유발되는 가장 큰 원인이 된다. 이와 같이 한의학에서는 건강하게 장수할 수 있는 기본 공식을 음양평행의 형식으로 파악하고 있다. 공자가 군자는 화합하되 뇌동하지 않으며 소인은 뇌동만 하고 화합하지 않는다고 하였다.[53] 공자는 조화와 화합을 권장하고 무조건 동화하는 뇌동을 거부하였다. 조화는 서로 다른 요소끼리 발전적인 만남과 소통을 통하여 건강한 생명의 지속을 촉진하고, 뇌동은 서로 다른 대상의 본질을 거부하거나 부정하는 만남을 통하여 생명을 해치는 병적현상을 초래한다. 조화는 주체와 대상 모두의 생명과 가치를 살려가는 작용이고, 뇌동은 주체와 대상 모두의 생명과 가치를 죽어 가게 하는 작용이기 때문이다. 한의학의 치료 원칙도 이와 같은 유가철학의 조화원칙을 구체화시킨 것이라고 할 수 있다. 음과 양의 균평이 파괴되는 것을 질환이 발생하는 원인으로 파악하고 있기 때문이다. 그러므로 음양이 조화되고 음양의 상대적인 평행을 회복시키는 것이 바로 한의학 치료의 기본 원칙이다.[54]

도덕수양의 치유를 중요시하면서 마음을 닦아 노화를 방지하는 노인의학의 형성과 발전은 유가철학에서 중요시한 효 문화의 영향인 듯하다. 공자는 효도하고 우애하는 것이 어짊을 실천하는 근본이라고 하였고[55] 맹자는 어짊의 구체적인 내용이 부모를 섬기는 일이라고 하였다.[56] 유가철학에서 효도는 도덕실천의 가장 근본이 되는 핵심이며 첫 출발점이다. 공자는 효도에 대한 자세한 내용을 밝히고 있다. 즉 부모가 살아계실 때는 부모의 뜻을

53) 『論語』, 「子路」, "子曰, 君子和而不同, 小人同而不和."
54) 林殷 지음, 문재곤 옮김, 『한의학과 유교 문화의 만남』(예문서원), 42쪽 참조.
55) 『論語』, 「學而」, "孝弟也者, 其爲仁之本與."
56) 『孟子』, 「離婁」, "仁之實, 事親是也."

살피고 돌아가시면 생존 시의 행적을 살피라고 하였다.[57] 부모가 살아계실 때는 부모의 몸과 마음을 잘 보살펴 공경하고 봉양하는 것이 철칙이다. 공자는 "근자에 효도를 공양하는 것이라고만 생각하는데, 개나 말들도 먹여 기른다. 공경하는 마음이 없으면 개나 말을 기르는 것과 무엇이 다르겠느냐"라고 하였다.[58] 공경하는 마음으로 부모를 모셔야 한다는 것을 강조한 말이다. 이러한 유가철학의 효도정신은 자식으로 하여금 부모를 잘 섬기게 하기 위하여 노인의학에 대한 지식을 필요하게 만들었다. 그리고 그와 상대적으로 부모는 자식을 소중하게 여기고 자식에 대한 사랑과 그에 따른 자식의 건강에 대한 관심이 각별하여 마침내 그러한 사랑이 태아교육으로 드러난다. 임산부는 일체의 언행에 예의를 다하여 태아가 건강하게 자라도록 하는 태교를 매우 중요하게 여겼다. 이와 같이 예의도덕을 태아의 잉육 과정에 도입한 것은 유가철학이 강조하고 있는 생명중시사상과 도덕교화사상의 반영이라고 할 수 있다. 『태산서胎産書』에 임산부는 보고 듣고 말하고 행동하는 것과 출입·접촉을 신중히 하고 덕망 있는 사람들과 만나면서 태아로 하여금 건강하게 발육되도록 해야 한다고 강조하였는데, 이것은 『대대예기大戴禮記』의 내용과 일치된다.[59]

맹자는 욕심을 적게 갖는 것이(寡欲) 마음을 치유하는 가장 좋은 방법이라고 하였다.[60] 공자는 어진 사람이 장수한다고 하였고(仁者壽), 동중서는 어진 사람이 장수한 까닭이 밖으로 탐내는 것이 없고 안으로 청정하기 때문이라고 하였다.[61] 지혜로운 사람(知者)도 장수한다. 지혜로운 사람은 움직이면

57) 『論語』, 「學而」, "子曰, 父在, 觀其志, 父沒, 觀其行."
58) 『論語』, 「爲政」, "今之孝者, 是謂能養, 至於犬馬, 皆能有養. 不敬, 何以別乎."
59) 林殷 지음, 문재곤 옮김, 『한의학과 유교 문화의 만남』(예문서원), 81쪽 참조.
60) 『孟子』, 「盡心下」, "養心, 莫善於寡欲."

서도 유혹되지 않기 때문이다. 움직인다는 것은 열심히 학습하여 날로 지식과 지혜를 얻는 것이 마치 흐르는 물과 같다는 의미이다. 그리고 지식과 지혜를 갖춘 사람은 명석하고 사리에 밝아 물욕과 음란에 현혹되지 않기 때문에 건강하게 살 수 있다는 것이다. 명나라 의학가 장개빈(자: 景岳)은 지혜로운 사람이 장수하는 까닭은 그들이 움직이면서도 유혹되지 않기 때문이라고 하였다.[62] 따라서 지혜로운 사람이 즐겁게 산다는 공자의 말은 지혜가 장수와 관련이 있다는 점에서 큰 의미가 있다고 할 것이다. 공자는 학문에 분발하면 먹는 것도 잊고, 이치를 깨달으면 즐거워 근심을 잊으며, 늙음이 닥쳐오는 줄도 모른다고 하였다.[63] 이 말 속에서 지혜로움과 건강의 관계를 생각해 볼 수 있고, 뇌의 운동과 건강의 관계로 이해해 볼 수도 있다. 지혜로운 사람과 어진 사람이 장수한다는 것은 몸의 움직임에 절도가 있고 명분에 따라 행위하며 즐거워하고 노여워함이 상황에 맞아 그 성품을 해치지 않기 때문이다. 즉 양성養性을 잘하기 때문이다. 양성은 주로 도덕치유를 가리킨다. 덕이 높으면 수명이 길다는 것은 전통 의학계의 공통된 인식이다. 『소문素問』「상고천진上古天眞」에 나이가 백세를 넘어도 동작이 쇠해지지 않는 것은 그 덕이 온전하여 위태롭지 않기 때문이라고 하였다. 당대唐代의 손사막孫思邈은 덕행이 제대로 닦이지 않으면 아무리 좋은 약을 먹어도 생명을 늘릴 수가 없다고 하면서 도덕이 항상 온전하면 장수한다고 하였다.[64]

도덕수양을 통한 치유를 중시하는 노인의학 학자들은 공자, 맹자와 손

---

61) 『春秋繁露』, "循天之道."

62) 張介賓, 『景岳全書』, 권2, 「傳忠錄」, "欲樂者, 莫如爲善, 惟福可以保生."
林殷 지음, 문재곤 옮김, 『한의학과 유교 문화의 만남』(예문서원), 88쪽 참조.

63) 『論語』, 「述而」, "子曰, 發憤忘食, 樂以忘憂, 不知老之將至."

64) 孫思邈, 『千金翼方』.

사막을 추숭하여 양성학파養性學派를 이루었다. 그리고 어떤 노인의학 학가는 공자의 말인 어진 사람이 장수한다는 뜻을 취하여 자기의 저작을 '인수편仁壽篇'이라고 하였다. 정적인 것을 좋아하는 어진 자와 동적인 것을 좋아하는 지혜로운 자가 모두 장수한다는 것은 동정의 대립과 통일에 따라 육체는 움직이고 정신은 고요한 상태를 잘 조화하고 마음 쓰기를 전일하게 하여 몸은 움직이되 함부로 하지 않기 때문에 건강할 수 있다는 것이다. 도덕치유에 중점을 두고 본성을 길러 노화방지(養性防老)를 강조하는 또 다른 의의는 적극적인 도덕치유를 통하여 주체적으로 주변 환경에 적응하려는 데 있다. 이것은 유가철학의 적극적인 인생태도와 입세정신이 일치한다고 할 수 있다.[65] 이 외에도 덕과 건강의 문제는 얼마든지 찾아볼 수 있다.

---

65) 林殷 지음, 문재곤 옮김, 『한의학과 유교 문화의 만남』(예문서원), 90쪽 참조.

6장 덕과 치유

유가철학에서 예의로움(禮)은 어짊(仁)의 실천이다. 예의로움을 통하여 외부세계로 실현되지 않는 어짊은 아무런 생명도 없고 의미도 없다(死物). 그러므로 어짊은 예의로움의 내용물이고, 예의로움은 어짊을 외부세계로 실현하는 도구가 된다. 인간의 존재론적 입장에서 말하면, 어짊은 인간의 내부적인 본질이고 예의로움은 인간의 외부적인 도덕행위이다. 그리고 도덕행위에는 반드시 행위대상이 있기 마련인데 이러한 도덕행위의 대상이 바로 나와 상대하고 있는 타자이고 그 실현의 장場이 가정과 국가사회 더 나아가 세계와 우주자연이라고 할 수 있다. 유가철학에서 개인은 가정이나 국가사회 등 외부세계와 불가분의 관계를 가지며 존재한다. 독립된 개체로서의 인간은 맹목적이고 무의미한 존재일 뿐이다. 인간은 반드시 외부세계와의 관계 속에서 존재해야 하며 그렇게 함으로써 비로소 그 관계에 따른 존재와 가치의 의미를 갖게 된다. 그러므로 유가철학에서 인간은 철저하게 사회적 존재로 규정된다. 이러한 측면에서 보면, 개인은 사회를 위한 수단적 존재라면 사회는 개인의 목적적 존재라고 할 수 있다. 따라서 사회의 목적적 존재를 충족시키기 위하여 개인은 건강하고 아름답게 덕스러운 자기를 보존하고 가꾸어 나아가야 할 책무를 갖는다. 이러한 관점에서 볼 때 유가철학에서 지향하는 궁극적인 인생관의 요점은 인간의 내면과 외면을 잘 아우르는 수기치인修己治人의 인생수업과 내성외왕內聖外王의 인간상을 성취하는 데 있다 할 것이다. 이것이 바로 유가철학에서 다루어지는 덕성치유의 핵심 내용이다. 수기치인은 자기 인격을 닦아 사회에 참여하는 것이며 내성외왕은 개인적 인격을 완성하고 사회적 인격을 완성하는 것이다.

수기치인을 공자는 수기이안백성修己以安百姓[1]이라고 했고, 『중용中庸』에서는 성기성물成己成物[2]이라고 했으며, 『대학大學』에서는 수제치평修齊治平[3]이라고 하였다. 수기이안백성은 자기의 인격을 닦아 백성들을 편안하게 하는 것이며, 성기성물은 자기를 이루고 남을 이루어 주는 것이다. 그리고 수제치평은 수신 · 제가 · 치국 · 평천하이다. 여기에서 곧 공자학의 수업 영역 전체가 내성외왕이며 또 유가철학의 학문 영역 전체가 수기치인으로 규정되고 있음을 확인할 수 있다.

수기는 개인의 인격을 닦는 것이고 치인治人은 사회에 참여함이다. 나 개인의 인격을 부단히 닦아 가면서 사회에 동참하여 타인에게 봉사하는 인생 수업을 수기치인으로 말한 것이다. 그리고 성인은 내적인 인격의 완성자요 왕은 외적인 사회인의 완성자이다. 따라서 성인의 인격은 왕의 현실참여에 반드시 수반되어야 하는 필요조건이 된다. 그러므로 내성외왕은 실제 왕의 지위에 오른다는 것을 의미한 말이 아니라 그 인격의 지극한 덕성이 국가사회에 깊고 넓게 미쳐서 백성들과 전 인류의 풍요로운 삶에 기여한다는 것을 의미한 말이다. 유가철학에서 왕은 힘의 지배자가 아니라 덕의 지

1) 『論語』, 「憲問」, “子曰, 修己以安百姓, 修己以安百姓, 堯舜其猶病諸.”
2) 『中庸』, 25章, “誠者, 非自成己而已也, 所以成物也, 成己仁也, 成物知也.”
3) 『大學』, 2章, “身修而后家齊, 家齊而后國治, 國治而後天下平.”

도자이기 때문이다. 공자가 실제 왕의 자리에는 오르지 않았지만 그 덕이 깊고 넓게 전 인류사회에 미쳤기 때문에 소왕素王으로 칭송 받고 있는 것과 같다. 요컨대 수기치인의 인생 수업을 통하여 내성외왕의 이상적인 인간상을 사회현실에서 실현하는 것이 유가철학의 이상이고 치유의 목표라고 할 수 있다.

유가철학의 이론체계상에서 중요하게 평가되고 있는 경전이 『중용』과 『대학』이다. 『중용』은 수기에 치중하고 『대학』은 치인에 치중하고 있지만, 전체 내용면에서 보면 두 경전 모두가 수기와 치인의 입장에서 유가철학을 체계적으로 설명하고 있기 때문이다. 원래 공자학이 어짊과 함께 예의로움을 중시했음에도 불구하고 맹자는 어짊과 의로움을 앞세우고 순자는 예의로움을 중시한 결과로 맹자학과 순자학이 구별되고 있다. 그러나 이 둘을 공자학의 큰 테두리 속에 함께 묶어서 이해할 때 공자학을 더욱 심도 있게 파악할 수 있다. 이와 같이 『중용』과 『대학』을 함께 묶어서 이해할 때 유가철학의 이론체계와 학문 영역 및 그 특성을 전체적이고 종합적으로 파악할 수 있을 것이다.

『중용』에서는 자연이 부여한 것(天命)을 본성(性)이라 하고 본성에 따르는 것을 도리(道)라 하고 도리를 닦는 것을 가르침(敎)이라고 하였다.[4] 여기에서는 자연과 본성과 도리와 가르침의 개념을 제시하여 중용이 우주자연의 섭리인 천도에 통하는 동시에 인간의 이상사회를 실현하는 데 기초가 되는 인도人道에 통하는 심법心法임을 밝히고 있다. 본성은 하늘로부터 사람에게 부여된 영명한 본심으로 어짊 · 의로움 · 예의로움 · 지혜로움의 네 가지 덕

4) 『中庸』, 1章, "天命之謂性, 率性之謂道, 修道之謂敎."

을 내용으로 하며 선을 즐기고 악을 미워하는 인간의 타고난 본질성이다. 그러므로 본성은 인간의 것이기는 하지만 선천적인 것으로 인간의 본성 속에 깃들어 있기 때문에 천명이다. 따라서 본성은 인간의 본성이면서 자연의 본성인 것이다. 그리고 이와 같은 본성을 따르는 길이 도리요 도리를 닦아 실천에 이르게 하는 것이 가르침인 것이니 본성과 도리와 가르침의 체득을 통하여 타고난 본성을 외부세계에로 실현해 가는 것이 『중용』에서 말하고 있는 유가철학의 이론체계라고 할 수 있다. 이러한 이론체계에 따라 인간이 건강하게 살아갈 수 있는 치유의 길을 제시하고 있으니 이것이 바로 존덕성尊德性(타고난 덕성을 높임)과 도문학道問學(학문을 다스림)의 수양방법이다.[5] 이에 대하여 주희는 존덕성은 마음을 보존하여 도체道體의 큼을 다하는 것이고, 도문학은 지식을 지극히 하여 도체의 세세함을 다하는 것이라고 하였다.[6] 이것이 바로 인간의 내적인 것과 외적인 것을 아우르는 유가철학의 치유방법이라고 할 수 있다.

그리고 『중용』에서는 정성스러움(誠, 참)을 별도로 강조하여 천도의 본질성이라고 하면서 인도와 상통시키고 있으니, 정성스러움(誠)은 천도와 인도의 실재 내용이 된다. 정성됨은 하늘의 도리요 정성되게 하는 것은 사람의 도리이다. 정성된 사람은 힘쓰지 않아도 알맞게 되며 생각하지 않아도 얻게 되어 도리에 일치하는 것이니 이러한 사람이 바로 성인이다.[7] 중용의 존재와 구현은 반드시 정성스러움을 통하여야만 된다. 정성스러움은 주체(己)를 이룰 뿐 아니라 객체(物)도 함께 이룩하도록 하여 주체와 객체를 원활하게

---

5) 『中庸』, 27章, "君子尊德性而道問學."
6) 『中庸章句』, "尊德性所以存心而極乎道體之大也. 道問學所以致知而盡乎道體之細也."
7) 『中庸』, 4章, "誠者, 天之道也, 誠之者, 人之道也. 誠者, 不勉而中, 不思而得, 從容中道, 聖人也."

함으로써 사회나 우주를 균형 속에서 영원하도록 한다. 이상에서 보면 정성스러움(誠)을 실천하여 성인의 경지에 이르고 이를 기점으로 하여 예의로움을 세워 외부세계로 실현시켜 가는 것이 중용사상의 핵심 내용인 것이다. 그러므로 『중용』은 특히 인간의 향내적 측면인 수기에 비중을 더 두면서 수기치인의 유학사상 체계를 밝혀 놓은 경전이라는 것을 알 수 있다.

『대학』은 유가철학의 학문범주와 치유방법을 구체화하여 삼강령팔조목三綱領八條目으로 제시해 놓은 경전이다. 삼강령팔조목은 유가철학의 학문적인 전 범위와 그에 따른 구체적인 실천의 조목이다. 삼강령은 명명덕明明德·친민親民·지어지선止於至善이다.

명명덕은 밝은 덕을 밝힌다는 뜻으로 자신의 인격을 닦는 구체적인 치유방법이다. 덕德 자는 본래 悳(덕) 자로, 곧을 직直 자와 마음 심心 자가 합하여 이루어진 직심直心 즉 올곧은 마음이라는 순수한 의미를 갖는다. 공자가 인간은 올곧음(直)으로 살아야 한다고 하였다.[8] 생명(生)의 외부적인 현상은 식색食色이지만 내부적인 본질은 올곧음(直)으로 되어 있다고 보는 공자의 인생관을 드러내고 있는 강령이라고 할 수 있다. 공자가 말한 올곧음은 바로 올곧은 마음의 덕이다. 덕德에는 사람이 선천적으로 타고난 것이라 하여 얻는다는 득得의 뜻도 있다. 『주역周易』 「계사전繫辭傳」에서 천지의 큰 덕을 생명이라고 하였다.[9] 사람은 천지의 큰 덕인 생명(生)을 얻어서 자기의 덕으로 삼는다. 그러므로 공자는 덕의 실천 내용을 어짊(仁)이라고 하였고 맹자는 어짊과 의로움(仁義)이라고 하여 하늘이 준 인간의 본성으로 인식하였다. 인간이 자기의 본성으로 지니고 있는 이 덕은 본래 순수하여 명덕明德이 아

8) 『論語』, 「雍也」, "人之生也直."
9) 『周易』, 「繫辭傳」, "天地之大德, 曰生也."

닐 수 없다. 그러므로 자기의 타고난 밝은 덕을 밝힌다는 명명덕明明德은 수기의 수업으로 본래적인 인간을 자각하고 참된 인간성을 발견하여 실천하는 치유의 의미를 지닌다.[10] 여기에서 유학의 학문적인 성격이 위기지학 즉 자기의 인격수양을 통한 치유를 중요시하는 학문이 되는 근거를 찾아볼 수 있다.

친민親民에서의 친親은 '사랑한다'·'동정한다'·'가까이한다'는 뜻이다. 그리고 민民은 민중·인민의 의미와 사람(人)의 뜻이 포함되어 있다. 사람의 뜻으로는 나에 대한 남이나 자기에 대한 타인의 의미가 된다. 그러므로 친민은 애민愛民이나 애인愛人의 뜻이다. 주희는 친민을 신민新民이라 하여 남을 새롭게 한다는 의미로 해석하였다. 요컨대 친민은 인격의 닦음을 통하여 본래적인 인간의 본성을 자각하고 사회에 참여하여 타인에게까지 도덕적인 확충을 실현한다는 의미라고 할 수 있다.

지선至善은 최상의 선을 말한 것이다. 지어지선 즉 지선의 경지에 머문다는 의미는 최상의 선이 실현되는 이상사회 즉 도덕적 대동사회에 도달하는 것을 의미한다.

팔조목은 유학의 최종 목표인 이상사회에 도달하기 위한 실천방법과 목표로서 명명덕과 친민의 세부적인 항목이다. 곧 격물格物·치지致知·성의誠意·정심正心·수신修身·제가齊家·치국治國·평천하平天下가 그것이다. 격물은 사물의 이치를 궁구하는 것이요 치지는 아는 바가 지극함이다. 성의는 뜻이 성실해짐이요 정심은 마음이 바루어진다는 것이다. 수신은 자기 인격의 닦음이다. 제가는 가정을 가지런히 함이고 치국은 나라의 다스림이며 평천하

10) 李相殷, 『유학과 동양문화』(汎學, 1979), 160~161쪽 참조.

는 천하의 평안함이다.

이러한 팔조목에 대하여 주희는 "수신 이상은 명명덕의 일이요 제가 이하는 친민의 일"[11]이라고 하여, 격물 · 치지 · 성의 · 정심 · 수신은 명명덕의 일이고 제가 · 치국 · 평천하는 친민의 일이라고 하였다. 호적胡適은 중국 고대 철학사에서 『대학』 경문의 천자로부터 서민에 이르기까지 모두 수신으로 근본을 삼아야 한다[12]는 내용에 근거하여 팔조목을 향내적 치유공부 즉 수신을 위한 치유공부와 향외적 치유공부 즉 치인을 위한 치유공부로 나누어 설명하고 있다. 주희도 이 경문에 대하여 설명하면서 격물 · 치지 · 성의 · 정심은 모두 수신하는 것이라고 하였다.[13] 그러므로 『대학』의 팔조목은 수신을 기준으로 하여 내부적인 치유와 외부적인 치유, 즉 명명덕과 친민의 일로 구분하여 설명할 수 있다. 도표화해 보면 다음과 같다.

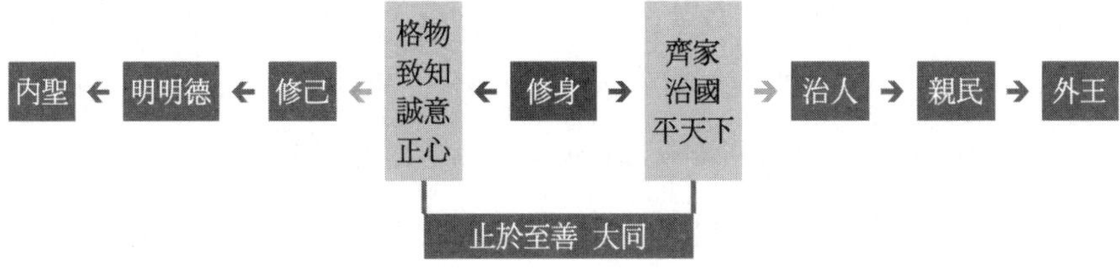

이것이 유가철학체계의 기본 골격이다. 그 대략을 살펴보면 수신을 중심으로 하여 내적인 면과 외적인 면으로 구분하여 설명되고 있다.[14]

그러나 내적인 면은 인격의 순수한 치유방면이지만 외적인 면은 순수한

---

11) 『大學』, 經一章 註, "修身以上, 明明德之事也, 齊家以下, 新民之事也."
12) 『大學』, 經一章, "自天子以至於庶人, 壹是皆以修身爲本."
13) 『大學』, 經一章, "正心以上, 皆所以修身也."
14) 최영찬, 「儒學의 根本精神과 淵源」, 『범한철학』 제22집(범한철학회, 2000), 78~83쪽 참조.

치유에 해당된다고 볼 수 없다. 오히려 치유의 결과로 도달되는 효과나 목적이라고 할 수 있다. 이상은은 격물·치지·성의·정심은 모두 수신을 위한 공부이고 제가·치국·평천하는 모두 수신을 한 효과라고 하였다.15) 유정기도 팔조목에서 격물·치지·성의·정심은 어짊과 의로움을 실천하기 위한 방법이고 수신·제가·치국·평천하는 예와 악을 행하는 목적이라고 하였다.16) 그러므로 격물·치지·성의·정심은 수신공부의 치유방법이며, 제가·치국·평천하는 수신공부의 효과이고 치유로 도달된 결과적인 일인 것이다. 이상에서 보면 제가·치국·평천하는 유학이 성취하려는 목표이며 도덕행위의 대상이요 이상실현의 장이라고 할 수 있다. 그러므로 진정한 의미에서 유학의 이상을 실천하는 실제적인 치유방법은 격물·치지·성의·정심이라고 할 수 있다.

그리고 격물·치지·성의·정심의 치유방법에 있어서도 격물·치지와 성의·정심은 그 성격이 같지 않다. 격물·치지가 객관적인 치유방법이라면, 성의·정심은 주관적인 치유방법이라고 할 수 있다. 왜냐하면 격물과 치지가 사물의 이치를 탐구하여 내 마음의 앎을 투철하게 하는 대타적對他的 치유방법이라면, 성의와 정심은 내 본연의 본질성을 자각하고 철저하게 지키는 대자적對自的 치유방법이라고 할 수 있기 때문이다. 이에 대하여 유정기는 덕성을 존중한다(尊德性)는 것은 내적 마음의 수양 즉 성의·정심에 관한 일이고, 학문을 다스린다(道問學)는 것은 외적인 지식 즉 격물·치지에 관한 일이라고 하였다.17) 특성상 격물·치지와 성의·정심은 동일할 수가 없

15) 李相殷, 『儒學과 東洋文化』(汎學, 1979), 154쪽.
16) 柳正基, 『東洋思想事典工』(大韓公報社, 1975), 123쪽.
17) 柳正基, 『東洋思想事典工』(大韓公報社, 1975), 159쪽.

다. 격물과 치지는 앎에 관한 지적인 일로 객관적인 치유방법이라면, 성의와 정심은 도덕적 주체성에 대한 자각과 보존에 관한 일로 주관적인 치유방법이라고 할 수 있다. 즉 격물치지하면 지식이 풍족해지고 성의정심하면 덕성이 숭고해진다.

요컨대『대학』수양론에서의 치유의 요점은 밖으로 사물의 이치를 궁구하여(格物) 자기의 지식을 지극하게 하고(致知) 안으로 지혜를 최대한으로 발휘하여 충실한 노력을 쌓아 그 뜻을 성실하게 하고(誠意) 마음을 바르게 하며(正心) 인격을 닦는다는 것이다(修身).[18] 이러한 유가철학의 치유에 관한 문제는 성리학 특히 주자학朱子學에서 거경居敬과 궁리窮理의 방법으로 더욱 종합적이고 체계적으로 논구되고 있다.

주희의 실천방법론은 리理·기氣와 심心·성性을 논하는 형이상학에 기초하고 있다. 인간은 리와 기로 이루어진 현상적인 존재이다. 그러므로 인간의 마음도 역시 순수 리인 본연지성本然之性이 기세계에 섞여 있는 기질지성氣質之性을 실제 내용으로 하고 있다. 그리고 기질지성이 사물에 접하여 표출된 마음의 표상이 정情이다. 그러므로 선과 악의 문제나 이에 따른 치유의 문제는 곧 기질지성으로부터 발단되어진다고 할 수 있다. 기질지성에서 비롯된 기욕氣欲의 혼란과 무질서에서 여하히 벗어나 순수지선한 본연지성을 회복하느냐 하는 것이 실천론의 관건이기 때문이다.

주희는 마음에 사욕이 생기게 되는 원인을 두 가지로 생각하였다. 하나는 마음의 수양이 부족한 탓으로 외계의 사물에 유혹되기 때문에 인간의 욕망(人欲)으로 흐른다는 것이고, 다른 하나는 사물의 이치에 대한 이해가

---

18) 李相殷,『儒學과 東洋文化』(汎學, 1979), 160쪽.

투철하지 못한 탓으로 외계의 사물에 가리어 천리를 잃어버리기 때문이다. 그러므로 인간의 욕망을 제거하기 위하여서는 반드시 마음의 반성을 통하여 잠시도 게을리하지 않고 몸가짐과 마음가짐을 삼가는 내적인 치유방법인 거경에서부터 이루어 나아가야 한다. 그리고 천리를 보존하고자 하면 천지만물의 이치를 투철하게 궁구하여 충분한 지식을 갖추게 되는 외적인 치유방법인 궁리를 실천해야 한다.

거경과 궁리는 도덕실천에 있어서 가장 중요한 방법이다. 따라서 거경과 궁리는 몸과 마음의 아픔과 괴로움에서 해방되기 위한 덕철학[19] 치유의 중요한 실천방법이 된다. 주희는 "배우는 사람들이 해야 할 공부는 오직 거경과 궁리 두 가지 일에 있다. 이 두 가지 일은 상호발용相互發用하는 것으로 궁리하면 거경공부는 날로 진보할 것이고 또 거경한다면 궁리공부는 날로 세밀해질 것이다. 이것은 사람의 두 다리와 같아서 좌족이 나아가면 우족이 멈추는 것과 같다. 그러나 그 실제는 한 가지 일인 것이다"라고 하였다.[20] 여기에서 주희는 치유방법으로 거경과 궁리를 말하면서 이 두 가지의 방법은 상보적인 관계임을 밝히고 있다. 이러한 거경과 궁리는 『논어論語』에서의 사思와 학學, 『중용』에서의 존덕성과 도문학, 『대학』에서의 성의정심과 격물치지의 관계와 유사하다고 할 수가 있다.

19) 덕철학의 개념은 도덕철학의 의미와 통한다. 그러나 유가철학에서는 도덕철학이라고 할 때보다 덕철학이라고 할 때 人道的 실천적 의미가 더욱 돋보인다.

20) 『朱子語類』, 권9, "學者工夫, 唯在居敬窮理二事. 此二事互相發, 能窮理, 則居敬工夫, 日益進, 能居敬, 則窮理工夫日益密. 譬如人之兩足, 左足行右足止.……其實只是一事."

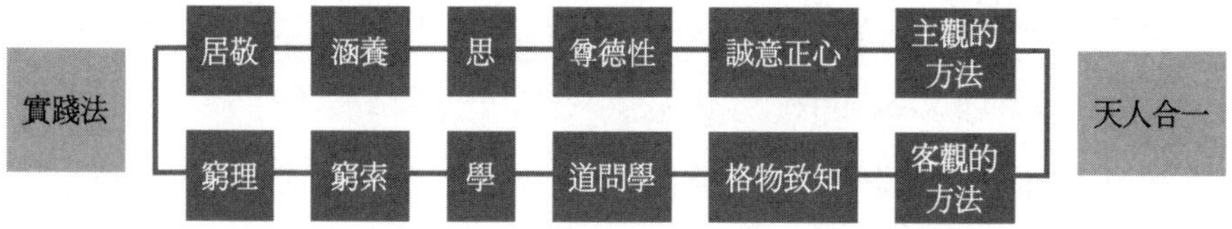

이러한 사유는 곧 덕철학 치유의 주체와 천리의 관계 문제로서, 존재의 본질적인 합일을 전제로 하기 때문에 주관적으로는 존심양성설存心養性說이 성립된 것이고 객관적으로는 격물치지설格物致知說의 입론이 가능한 것이다.[21]

1. 거경

거경居敬은 내적인 치유방법으로 마음을 함양涵養하고 성찰省察하여 성실하게 행위를 절제하면서 인간의 병적인 현상을 치유하는 방법이다. 함양은 물 뿌려 가꾸듯이 자기 마음의 도덕적인 본성을 본래 그대로 길러 나가는 치유방법이고, 성찰은 마음으로 반성하여 자기 자신을 잘 살피면서 외부세계에 유혹되지 않는 치유방법이다. 거경에 대하여는 공자가 일찍이 경으로 자기 자신을 닦는다고 하였고[22] 이후에 맹자가 그 마음을 보존하고 본성을 함양한다고 하였다.[23] 이러한 의미에 따라 거경은 본래의 마음을 보존하여 본성을 기른다는 의미에서 존양存養(存心養性)이라고도 하였다. 이와 같이 거

---

21) 최영찬, 「朱子의 修養論」(韓端錫敎授 停年紀念論文集 刊行委員會, 1993), 806쪽.
22) 『論語』, 「憲問」, "子曰, 修己以敬."
23) 『孟子』, 「盡心上」, "存其心, 養其性, 所以事天也."

경은 공자에서부터 개인의 치유를 담당하는 중요한 실천방법으로 제시되어 오다가 주희에 이르러서는 거경의 방법을 전면적으로 발전시켜 거경의 개념에 다양한 함의를 부여하였다. 그리고 거경을 성인의 경지에 들어가는 필수적인 강령이며 본래의 마음을 보존하여 본성을 기르는 존양에 있어 가장 긴요한 치유방법이라고까지 격상시켰다.[24]

거경의 의미는 『예기禮記』에서 불경不敬하지 말라고 하였는데[25] 이것은 예의로움의 본질적인 문제로서 경의 중요성을 말한 것이며 언행에서 늘 자아를 경계하며 삼가고(警惕) 맹세하며 단속한다(約束)는 뜻을 담고 있다. 그러므로 거경은 우리가 생활하면서 반드시 지켜야 할 행위의 준칙이 된다. 『논어』 가운데 공자가 자주 사용하고 있는 경의 개념도 이와 비슷한 의미를 내포하고 있다. 이는 곧 거경이란 인간이 현실생활 속에서 반드시 실천해야 할 공부의 일이라는 것을 뜻하기도 한다. 경을 성誠 개념과 비교하여 보면 성은 선천적인 천도의 일이라고 할 수 있고 경은 후천적인 인도의 일이라고 할 수 있다. 이러한 성과 경에 대한 사색은 송대 성리학자들에 이르러 천인합일론의 이론적 기초 위에서 논리적으로 심도 있게 전개되었다. 정호程顥는 경을 성의 실제 공부라고 보면서, 성이란 하늘의 도이며 경이란 인사의 근본이니 경이 곧 성이라고 하였다.[26] 정이程頤의 경사상도 초기에는 정호와 비슷하였지만 한곳에 마음을 집중시킨다는 주일主一로 경을 해석함에 따라 독창성을 띠게 되었다.[27]

주희는 정이의 사상을 받아들여 경을 한곳에 마음을 집중시켜 다른 데

---

24) 『朱子語類』, 권12, "聖門之綱領, 存養之要法."
25) 『禮記』, 「曲禮」, 1章, "毋不敬."
26) 『遺書』, 권1, "誠者, 天之道, 敬者, 人事之本, 敬則誠."
27) 『儒教大事典』(유교사전편찬위원회) 참조.

로 가지 않게 하는 주일무적主一無適이라고 하였다.[28] 정이는 일찍 말하기를 이른바 경은 마음을 한곳에 집중시키는 주일主一을 말한 것이고, 한곳이라는 일一은 마음을 다른 데로 가지 않게 하는 무적無適을 말한 것이라고 하였다.[29] 주희는 이와 같은 정이의 생각을 그대로 이어받아 마음을 한곳에 집중시키는 주일을 경이라 하고 마음을 다른 데로 가지 않게 하는 무적을 한곳이라는 의미의 일이라고 하면서[30] 마음을 한곳에 집중시키는 주일에 대하여 보다 자세하게 설명하였다. 즉 "마음을 한곳에 집중시키는 주일은 다만 한곳에 전념하는 것이다. 일이 없을 때는 침착하며 편안하고 고요히 하되 움직임에는 당황하지 않으며(不警), 일이 있을 때는 일에 따라 변화에 적응하되(應變) 다른 것에 정신을 팔지 않는 것이다. 이것이 이른바 일에 전념하는 것으로(主事) 주일主一하는 것이다"라고 하였다.[31] 경은 일이 없을 때는 침착하고 평안한 고요의 상태에서 본성의 천리를 지켜 동요하지 않는 치유방법이고, 일이 있을 때는 일에 따라 이치의 변화에 적응하면서 다른 곳에 정신을 팔지 않는 치유방법이다.

주희는 또 경에 대하여 경외敬畏의 의미를 강조하였다. 경에는 어떠한 일이 있는가? 다만 두려워한다는 뜻의 외畏 자와 유사하다고 할 수 있다. 몸과 마음을 거두어들이고 가지런히 정돈하여 순일하도록 하며 함부로 방종하지 않도록 하는 것이면 곧 경을 보는 것이다.[32] 그리고 또 경이란 마음

28) 『論語集主』, 「學而」, "敬者, 主一無適之謂."

29) 『二程遺書』, 권15, "所謂敬者, 主一之謂敬, 所謂一者, 無適之謂一."

30) 『朱子文集』, 「答呂子約」, "主一之謂敬, 無適之謂一."

31) 『朱子文集』, 「答呂子約」, "主一只是專一. 蓋無事, 則湛然安靜而不驚於動, 有事, 則隨事應變而不及也. 他是所謂主事, 乃所以爲主一者也."

32) 『朱子語類』, 권12, "敬有甚物. 只如畏字相似. 只收斂身心整齊純一, 不恁地放縱, 便見敬."

을 전일하게 하여 일에 따르는 것이며 삼가고 두려워하여 제멋대로 날뛰지 않는 것이다.[33] 주희는 경을 인간만사에 대하여 두려워하는 마음을 갖고 신중을 다한다는 의미로 풀이하였다. 기본적으로 삼가고 두려워하며 전일한 것을 내면으로 삼고 가지런히 정돈하여 엄숙한 것을 외면으로 삼는 것이 경이라고 할 수 있다.

주희는 또 경을 성성심惺惺心법 즉 혼미하지 않는 마음의 상태를 유지하는 방법으로도 설명하고 있다. 경은 항상 성성하는 방법이다. 이른바 고요 가운데 깨달음이 있다는 말은 오로지 성성함이 늘 그 속에 있다는 것이다.[34] 성성은 마음이 혼미하지 않는다는 말이다.[35] 이와 같은 성성법은 유가의 치유방법으로 불교에서와 달리 여러 가지 다른 도리를 밝히고 깨우치려는 데 그 목적이 있는 것이다. 이 외에도 주희는 수렴收斂, 정제엄숙整齊嚴肅, 정사려整思慮, 동용모動容貌 등 다양하게 설명하고 있다.

주희는 이와 같이 경을 설명할 때 움직임(動)과 고요함(靜) 또는 일이 있을 때(有事時)와 일이 없을 때(無事時)에 똑같이 경의 필요와 중요성을 강조하였다. 주희는 경은 본래 묵연히 무위無爲할 때만을 위한 것이 아니라고 하면서[36] 일이 있을 때와 일이 없을 때의 경을 설명하고 있다. 즉 일이 없을 때는 경이 내면에 숨겨져 있다가 일이 있을 때는 그 일에 있게 되니 일이 있으나 없으나 나의 경은 한 번도 단절된 적이 없다고 하였다.[37] 그러면서 또 말하기를 "경은 모름지기 움직임과 고요함을 관통한다. 일이 없을 때는

33) 『朱子語類』, 권12, "只是隨事專一, 謹畏不放逸耳."
34) 『朱子語類』, 권62, "敬只是常惺惺法. 所謂靜中有個覺處, 只是常惺惺在這裏."
35) 『朱子語類』, 권17, "惺惺乃心不昏昧之謂."
36) 『朱子文集』, 권15, "敬字本不爲默然無爲時設."
37) 『朱子語類』, 권12, "無事時敬在裏面, 有事時敬在事上, 有事無事, 吾之敬未嘗間斷也."

주체를 보존하되 게을리하지 않는 것이 경이며, 사물에 응하여 수작할 때는 마음을 어지럽히지 않는 것도 역시 경인 것이다"라고 하였다.[38] 그러므로 경은 일이 있을 때나 일이 없을 때에 뜻을 돈독하게 한다는 의미로 마음의 움직임과 고요함의 양면 상태를 포괄하고 있다. 곧 고요할 때는 마음을 거두어들이지만 움직일 때도 역시 수렴이 필요하다. 움직일 때는 일을 따라 한 가지에 전일하지만 고요할 때도 역시 전일함이 필요하다.

주희는 어떻게 하면 마음의 본체를 자각하여 그것을 보존하고 양성하면서 완전한 도덕적 본성의 실현을 통하여 이상적인 경지에 도달할 수 있을 것인가를 궁극적인 문제로 삼고 있다. 이에 대하여 주희는 거경사상 속에서 도덕적인 본성을 기른다는 함양공부涵養工夫와 반성하여 자기를 살핀다는 성찰공부省察工夫를 말하고 있다. 함양은 직접적으로 심성의 본원을 배양하는 것 즉 초월적인 인간 내면의 마음을 체험하고자 하는 것이고, 성찰은 때와 일의 상황에 따라 마음속의 리를 살펴서 대상을 똑바로 아는 것이다. 주희는 마음이 아직 발동하지 않았을 때나 이미 발동한 이후 모두가 하나의 공부이니, 아직 발동하지 않았을 때는 마음을 보존하고 기르는 것이 요체가 되고 이미 발동한 후에는 세밀하게 살피는 것이 요체가 된다고 하였다.[39] 마음의 본성을 보존하고 기른다는 존양은 근본을 배양하는 것이며 심성의 본원을 관통하는 치유공부인 것이다. 그러나 마음의 움직임과 고요함을 구분하지 않는 상태이기 때문에 주희는 단지 엄숙으로 주재하는 것이 바로 함양공부[40]라고 하였고, 이미 발한 후의 공부에 대한 것으로 사물을 접할

38) 『朱子文集』, 권45, "敬字須該貫動靜看方得. 夫方其無事而存主不懈者, 固敬也, 及其應物而酬酢不亂者亦敬也."

39) 『朱子語類』, 권62, "大抵未發已發, 只是一項工夫, 未發固要存養, 已發亦要省察."

40) 『朱子語類』, "只一個主宰嚴肅, 便有涵養功夫."

때마다 그 사물의 이치를 살펴 인식함으로써 본심으로 되돌아가는 것을 성찰공부라고 하였다. 마음을 보존하고 길러 몸과 마음이 수렴되면 마음이 도덕적으로 또랑또랑해지니, 이것이 고요할 때의 함양공부이다. 이러한 마음으로 일용사물을 접하여 그곳에 전일하면 궁리가 극진하여져 결국 사물의 이치를 투철하게 알게 되니, 이것이 움직일 때의 성찰공부이다. 그러므로 여기에는 반드시 궁리공부窮理工夫가 필요하게 된다. 이러한 점에서 주희는 큰 근본은 함양의 작용이고 절도에 맞는 것은 궁리의 공효라고 하였던 것이다.[41]

성찰에는 두 가지 해석이 있다. 하나는 스스로를 살피는 자기성찰이고, 또 다른 하나는 외부세계의 물리를 살피고 인식하는 것이다. 주희는 사물의 이치를 살펴서 이치를 궁구한다는 격물궁리格物窮理를 매우 강조했는데, 이 또한 성찰의 중요한 측면이다. 존양은 물론 큰 근본을 보존하고 기르는 것이나 또한 마음을 보존함으로써 사물의 이치를 궁구한다는 의미도 지니고 있다. 왜냐하면 마음에는 본체와 작용의 구분이 있기 때문에 마음의 본체를 보존하고 기름과 동시에 사려를 통하여 이치의 궁구를 진행해 나아가야 하기 때문이다.[42]

요컨대 거경방법은 움직일 때와 고요할 때를 아우르는 치유방법으로서, 고요할 때의 치유방법이 존양이고 움직일 때의 치유방법이 성찰이다. 그리고 존양이 성찰의 기반이 되므로 더욱 중시된다. 이때의 존양을 특히 함양이라고 부른다. 그리고 거경의 고요함과 움직임을 주체와 작용으로 나눌 수 있으므로 함양이 주체가 되고 성찰은 작용이 된다. 그리고 궁리는 바로

41) 『朱子語類』, 권62, "大本用涵養, 中節則須窮理之功."
42) 蒙培元, 홍원식 등 옮김, 『성리학의 개념들』(예문서원, 2008), 801 · 810쪽 참조.

거경의 작용인 성찰의 단계에서 행하여진다. 이렇게 보면 궁리는 거경을 떠나 있는 것이 아니라 그대로 거경에 포괄된다. 그러면서 거경과 궁리는 상의상자相依相資라는 상보적인 관계에 놓이게 된다.

함양에는 소극적인 측면에서 심신수렴心身收斂의 의미가 있고, 적극적인 측면에서 생의生意의 의미가 있다. 심신수렴에 대하여는 주희가 "경이란 두려워한다는 외畏 자와 비슷한 것이다. 몸과 마음을 수렴하고 정제순일整齊純一하여 방종하지 않는 것이 곧 경이다"라고 하였다.[43] 두려워하듯 정제하여 순일하는 것이며 방종하지 않고 또랑또랑(惺惺)하는 것이 경이다. 즉 심신을 수렴한다는 것은 도리가 깃들 바탕인 마음자리를 함양한다는 의미이다. 생의는 마음이 살아 있는 것(活物)이지 죽어 있는 것(死物)이 아니라는 것을 체인하는 것이다. 조화를 가져오는 기반으로서의 함양의 적극적인 측면이 바로 생의를 체득하는 것이다. 이때의 생의란 화기에 차고 여유 있는 타고난 기상 즉 미발기상이다. 다시 말하면 활활발발한 생명의 약동성이라고 할 수 있다. 그리고 생의의 체득이란 생명의 활력이 넘치는 바탕을 여실하게 드러내기 위한 방법이라고 할 수 있다. 주희는 생의를 물고기가 뛰는 것처럼 활기 넘치는 것(活潑潑)이라고 표현하였다. 그러므로 마음을 보존한다는 것(存心)은 마음을 단순히 가두어 두는 것이 아니라 그 본바탕의 활활발발한 생의를 길러 내는 것이며 그것이 바로 함양이라는 것이다.

거경은 의미상 주일무적으로 마음을 전일하게 하는 심리요법을 뜻한다. 그러나 거기에는 치지致知와 궁행窮行함에 있어 기본적으로 갖추어야 할 주체적인 마음의 자세로서, 일에 따라 응변하되 다른 것에 정신을 팔지 않는

43) 『朱子語類』, 권12, "持敬."

다는 주사主事의 의미와 또 일이 없을 때는 담연안정湛然安靜하여 마음의 주체인 본성을 지킨다는 존심存心의 의미가 동시에 내포되어 있다. 요컨대 거경법은 고요할 때에만 해당되는 것이 아니라 움직일 때에도 여전히 필요한 치유방법이다. 그러므로 주희는 거경을 사물에 따라 전일하게 하는 방법이라고 했다. 전일하다는 것은 어떤 일이나 물건에 접해서 끝까지 몰두하는 것을 말한 것이다. 이렇게 하기 위하여서는 본성과 정감을 관통하는 마음의 주체를 확립해야 할 것이다. 이것은 거경법에 의해 가능하다. 방심·방종·사욕 등을 방어하는 치유방법으로 거경법이 필요하다. 마음이 아직 발동하지 않아 고요할(靜) 때 본심이나 도심道心을 함양하는 치유방법이 거경의 일면이고, 이미 발동할(動) 때 사심이나 사욕의 발현을 방어하기 위하여 성찰하는 치유방법이 경의 또 다른 일면이다. 그러므로 거경은 마음의 움직임이나 고요함을 관통하는 치유방법이며 또한 함양과 성찰에서 마음의 주체성을 확보하는 원리가 되는 것이다.[44]

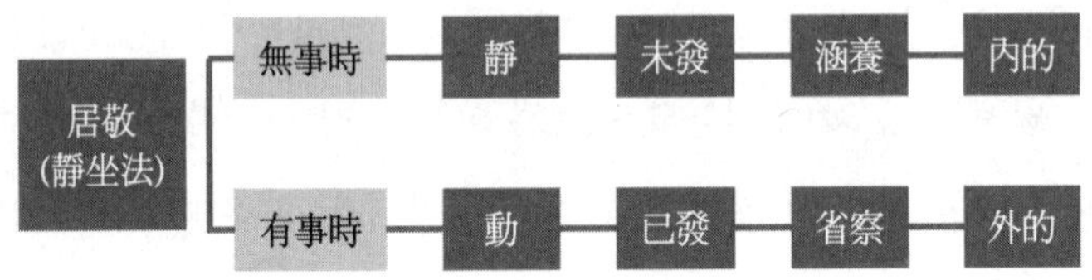

주희는 이러한 거경법에 대한 구체적인 치유방법으로 정좌靜坐할 것을 권장하였다. 주희는 정호가 제창한 정좌공부를 인정하고, 몸과 마음을 거두어들이며 본원을 함양하기 위하여서 정좌하는 것이 반드시 필요하다고 생

44) 최영찬, 「朱子의 修養論」(韓端錫敎授 停年紀念論文集 刊行委員會, 1993), 812쪽.

각했다. 주희는 "명도선생께서 사람들을 가르칠 때 정좌를 말씀하셨고 연평(李侗)선생께서도 또한 정좌를 말씀하셨으니 대개 정신이 안정되지 않으면 도리가 모여서 머무를 곳이 없게 되기 때문이다. 모름지기 정좌하여 정신이 안정되어야만 비로소 거두어들일 수 있다"라고 말하였다.[45] 정좌법은 정신을 안정시켜 도리가 모여서 머무르게 하는 치유방법을 말한 것이다. 주희는 젊은 시절 이동에게 나아가 학습할 때 정좌한 가운데 아직 발동하지 않았을 때의 기상을 직접 체인하는 치유방법을 몸소 체험하고 이를 수용하였다. 주희는 마땅히 정좌하여 함양할 때는 곧바로 본체를 살펴서 도리를 생각하고 풀어낼 수 있어야 하니 이것이 곧 함양인 것이라고 하였다.[46] 고요한 가운데 함양한다는 것은 고요한 가운데서 본체를 살피는 것을 말함이지 결코 함양만 있고 본체를 살피는 것이 없다는 의미가 아니다. 이것이 바로 유학의 정좌법과 불교의 다른 점이라 할 것이다.[47]

정좌는 고요히 앉아서 몸과 마음을 가라앉히는 치유방법이다. 특히 정좌는 도학道學의 실천적인 학문방법으로 활용되었다. 도학의 개창자인 주돈이(周濂溪)는 자신의 학문 목표를 꼭 알맞음과 바름(中正) 그리고 어짊과 의로움(仁義)으로 정하고 고요함을 주요소로 삼아(主靜) 인간의 실천원리(人極)를 세운다고 하였다.[48] 그러나 정좌를 처음 치유방법으로 채용한 학자는 정호와 정이이다. 두 학자는 일상생활에서 흐트러지고 동요되기 쉬운 의식을 고요히 하며 집중통일하고 뜻의 방향을 정하여 함양과 성찰에 도움이 되도

45) 『朱子語類』, 권12, "明道教人靜坐, 李先生亦教人靜坐, 蓋精神不定, 則道理無湊泊處. 須是靜坐, 方能收斂."
46) 『朱子語類』, 권12, "當靜坐涵養時, 正要體察思繹道理, 只此便是涵養."
47) 蒙培元, 홍원식 등 옮김, 『성리학의 개념들』(예문서원, 2008), 843쪽 참조.
48) 『太極圖說』, "聖人定之以中正仁義, 而主靜立人極."

록 하는 치유수단으로 정좌를 사용하였다. 그리고 주희는 새로운 형이상학을 수립하고 거경과 궁리를 중심으로 하여 유학을 재구성하였다. 다시 말하면 그의 연구는 주로 사람의 마음을 연구하여 그 연구 결과를 어떻게 일상생활 곧 실천에 적용할 것인가에 있었다. 마침내 주희는 스승인 이동(延平)에게 직접 배우고 정호와 정이 형제로부터 간접적으로 얻은 정좌법을 더욱 구체적으로 발전시켰다.

주희는 스승의 가르침에 따라 묵묵히 앉아 마음을 맑게 하여(黙坐澄心) 천리를 체인할 것(體認天理)을 강조하였다. 그리고 고요함을 위주로 하는 주정主靜 대신 경을 주로 하는 치유방법을 주장하면서 반일은 정좌하고(半日靜坐) 반일은 독서하라고(半日讀書) 할 만큼 정좌를 중요시하였다. 주희가 이동의 행장에서 "학문하는 방법은 말을 많이 하는 데 있지 않고 다만 묵묵히 앉아서 마음을 맑게 하여 천리를 체인하는 것이다.(黙坐澄心, 體認天理) 이렇게 하여 진실로 보는 바가 있으면 비록 사욕이 털끝만큼만 발동하더라도 물리칠 수 있을 것이다. 이것을 실천하는 데 오래오래 힘쓰면 점차로 밝아져서 학문함에 깊이 깨달아 확고한 힘을 얻게 될 것"이라고 하였다.[49] 묵좌징심은 곧 정좌이고 체인천리는 정좌의 효과이다. 체인천리는 달리 말하면 희노애락의 미발기상未發氣象을 체인하는 것이요 천하의 큰 근본(大本)과 본체를 체증하는 것이다. 일상생활을 중요하게 여기는 유가철학의 입장에 대하여는 이동도 동의하고 있지만 오직 치유방법상에 있어서 그는 본체에 대한 체인을 더욱 강조하였다. 이러한 점은 제자인 주희가 구체적인 사물에 나아가(格物) 분수리分殊理를 파악하고 마침내 분수리들의 일관성인 총체리(理一)를 체득하

49) 『朱子大全』, 권97, 「延平先生李公行狀」.

는 것과는 사뭇 다르다. 이에 대하여 주희는 본체체득을 목표로 한다고 해서 리일理一만 헤아리려 하고 그 분수리를 살피지 않으면 이러한 공부는 진짜와 가짜를 분별할 수 없는 설에 흘러도 스스로 알지 못할 것이라고 하였다.[50] 유가철학이 체증하려는 본체는 불교에서 말하는 공체空體가 아니고 삼연森然한 천리라는 것을 깨닫게 하는 말이라고 할 수 있다.

이상에서 살펴본 정좌는 몸의 수렴을 통하여서 마음의 수렴을 이루게 하는 확실하고 효과적인 치유방법이라고 할 수 있다. 정좌는 몸과 마음의 수렴을 위한 거경의 보조수단이다. 정좌에 의하여 함양하게 되면 따로 극기(금욕)의 노력이 필요하지 않게 된다. 왜냐하면 함양과 금욕의 치유효과는 동일하기 때문이다.

2. 궁리

거경법은 주일무적을 내용으로 하면서 인간의 마음에 선천적으로 내재된 본성천리를 잘 보존하여 사욕이 전혀 끼어들지 못하게 본래의 마음을 보존한다는 존심存心을 의미한다. 그리고 어떤 일에 임하여 마음을 전일하게 갖고 다른 일에 마음을 팔지 않게 하도록 일에 집중한다는 주사主事의 의미를 포함하고 있다. 이것은 앞에서 논급한 것으로 주관적 치유방법인 함양과 성찰법이다. 이러한 거경법과 더불어 강조되고 있는 또 하나의 치유방법이 궁리법窮理法이다. 궁리법은 사물의 이치를 궁구하여 앎을 투철하게

50) 『朱子大全』, 권97, 「延平先生李公行狀」.

하는 지적인 치유방법으로, 학문연마를 통하여서 수양을 쌓아 치유하는 객관적 방면을 주로 하는 치유방법이다.

주희의 이른바 궁리는 이치를 궁구한다는 의미를 갖는다. 이러한 개념은 『대학』의 격물치지格物致知와 『주역』「계사전」에서 보인 궁리진성窮理盡性의 의미가 결합된 것으로 성리학 방법론의 중요한 개념이다. 즉 주희는 격물이라는 것은 사물의 이치를 궁구한다는 것이고, 치지라는 것은 사물의 이치를 앎에 있어서 알지 못하는 바가 없는 것이라고 하였다.[51] 그리고 또 격물은 궁리라고 하였다.[52] 이와 같이 주희는 격물에 대하여 사물의 이치를 궁구하는 것이라고 설명하면서 궁리의 개념을 격물과 동일시하였다. 그리고 치지에 대하여는 사물의 이치를 아는 것이라고 설명하여 격물과 궁리의 결과적인 일로 규정하고 있다.

그러나 주희가 말하고 있는 궁리는 격물과 내용적으로 같다고 할지라도 그 개념의 사용을 보면 그 의미가 약간은 다르게 이해된다. 즉 격물은 구체성을 드러내고 있다면 궁리는 추상성을 드러내며 사용되고 있음을 볼 수 있다. 주희는 다음과 같이 말하고 있다. “많은 사람들이 도리를 한 개의 공중에 매달린 것으로 생각한다. 『대학』에서 궁리를 말하지 않고 격물을 말한 것은 사람들로 하여금 오로지 사물 가운데에 나아가서 이해하도록 하려는 것이다. 이와 같으면 실체를 볼 수 있다.”[53] “이치(理)를 궁구한다는 궁리 두 글자는 사물 가운데에 나아가서 궁격하는 것이다.”[54] 여기에서 주희가

---

51) 『朱子語類』, 권15, “格物者, 窮事事物物之理, 致知者, 知事事物物之理, 無所不知.”

52) 『朱子文集』, 권31, “格物致知只是窮理.”

53) 『朱子語類』, 권15, “人多把這道理作一個懸空底物. 大學不說窮理, 只說個格物, 便是要人就事物上理會. 如此方見, 得實体.”

54) 『朱子語類』, 권15, “窮理二字.……便就事物上窮格.”

말한 이치는 개념이 아니라 실제 사물에서 체험할 수 있는 이치인 것이다. 궁리 이전에 격물 즉 구체적인 사물에 나아가 궁구할 것을 강조하는 것은 바로 관념체계에만 매달리는 것을 거부한 것이다. 그러므로 궁리는 추상성을 그리고 격물은 구체성을 강조한 의미의 차이가 있음을 알 수가 있다. 그러나 주희의 궁리법은 격물과 치지를 내용으로 하고 있다. 궁리는 천리를 궁구한다는 의미이지만 그것은 객관적으로 실재하는 원리를 사물에 나아가 체험적으로 궁격한다는 것이다. 그러므로 사물의 입장에서 말하면 격물이고 이치의 입장에서 말하면 궁리이다. 따라서 실제 내용상에서는 궁리가 격물이고 격물이 궁리라고 해도 무방하다고 할 수 있다.

주희의 궁리법에서는 격물과 치지의 관계와 그 관계에 따른 의미가 중요하다. 주희는 격물과 치지를 대상(彼)과 주체(我)의 서로 다른 입장에서 말한 것이라고 하였다.[55] 그리고 또 "격물과 치지는 한 가지일 따름이다. 오늘 격물하고 내일 치지하는 것이 아니다. 격물은 원리로 말한 것이고 치지는 마음으로 말한 것이다"라고 하였다.[56] 격물은 원리의 구조와 연결시키고 치지는 마음의 구조와 연결시키면서 격물과 치지를 대상과 주체의 상대적인 관계에서 그 입각지를 어디에 두느냐에 따라 서로 다른 의미를 갖는 것으로 설명하고 있다. 그러나 자세히 살펴보면 그 이상의 의미를 가지고 있다.

주희는 격물의 방법을 구체적으로 말하면서 특히 유추類推의 방법을 강조하고 있다. 즉 주희는 천하에 있는 모든 사물의 이치를 모두 다 궁구하는 것이 불가능함을 인정하면서도 하나의 이치에만 머물러서는 안 된다고 말

55) 『朱子語類』, 권18, "格物致知, 彼我相對而言耳."
56) 『朱子語類』, 권15, "致知格物只是一事. 非是今日格物明日又致知. 格物以理言也, 致知以心言也."

하고 있다.[57] 이러한 상반된 모순을 해결하는 방법으로 유추의 방법을 제시하게 된 것이다. 격물은 천하의 모든 사물을 다 궁구하려고 하는 것이 아니다. 다만 한 가지 일에 궁구하기를 다하면 그 나머지는 유추할 수 있다.[58] 이러한 유추법은 보편의 이치가 전제되므로 가능한 것이다. 주희는 또 만물은 각기 하나의 이치를 갖추고 있으나 그 만 가지 이치가 하나의 근원에서 나온 것이니 이것은 유추하여 통하지 않음이 없는 까닭이라고 하였다.[59] 그리고 또 밖으로 남에게 이른즉 남의 이치가 나와 다르지 않고, 멀리 사물에 이른즉 사물의 이치가 사람의 이치와 다르지 않다고 하였다.[60] 이와 같이 보편의 이치를 전제로 한 세계의 동일성에 기초하여 궁리의 유추법을 설명하고 있다. 이것은 동양 전통의 천인합일사상의 범주를 벗어나지 않는 치유방법인 것이다.

치지는 유추법과 밀접한 관계를 갖는 지적인 개념이다. 주희는 『대학집주大學集註』에서 치致는 추극推極이고, 지知는 식識과 같은 것이라고 정의하고 있다. 그러므로 치지는 앎을 미루어 그 궁극에 이르는 것이다. 또 주희는 지식에 대하여 지식이란 마음의 신령스러운 밝음이 모든 이치를 묘합妙合하여 만물을 주재하는 것이라고 하였다.[61] 주희는 지식을 내적으로는 모든 이치를 묘합하는 것이고 외적으로는 만물을 주재하는 것으로 설명한다. 이것은 곧 지식이 단순한 개별적인 지식을 넘어서 마음으로(정신적으로) 보편적인 지식에 도달하여 외적인 실재 사물을 주재(판단)할 수 있는 치유능력 내

57) 『大學或問』, "窮理者非謂必盡窮天下之理, 又非謂止窮得一理便到."
58) 『大學或問』, "格物, 非欲盡窮天下之物. 但於一事上窮盡, 其他可以類推."
59) 『朱子文集』, 권15, "蓋萬物各具一理, 而萬物同出一原, 此所以可推而無不通也."
60) 『大學或問』, "外而至於人, 則人之理不異於己也, 遠而至於物, 則物之理不異於人也."
61) 『大學或問』, "知則心之神明妙衆理, 而宰萬物者也."

지는 작용임을 밝히고 있는 것이다. 따라서 치지도 개별 사물들에 대한 인식을 넘어서 보편의 이치를 깨닫고 주재할 수 있는 주체적인 마음의 치유능력 내지는 작용이라고 할 수 있다. 주희는 치지란 아는 것을 미루어 점점 넓혀 가는 것[62]이고 전체를 말한 것[63]이라고 하였다. 치지는 구체적인 사물들에 대한 지적인 작업을 통하여 도달하게 된 보편의 이치, 곧 전체적인 진리에 대한 깨달음을 말한 것이다. 한편 주희는 격물이란 이 마음을 밝힌 것이라고 하였으니,[64] 이 말과 더불어 생각해 보면 격물은 치지의 과정이요 치지는 격물의 완성 혹은 결과로 보아도 무방하다고 생각된다. 다시 말하면 격물은 개별적인 경험들에 대한 지적 작업이라면, 치지는 유추를 통한 전체적인 이치 즉 보편지의 터득이라고 말할 수 있다.

주희는 또 깨달을 수 있는 능력이 마음의 영명靈明함이라고 하였으니,[65] 마음의 영명함을 충분히 발휘하는 것이 치지이며 치지의 궁극처가 다름 아닌 활연관통豁然貫通의 경지인 것이다. 주희는 세상의 사물들이 하나라도 원리를 갖추지 않음이 없는 까닭으로, 성문의 가르침에도 하학下學하는 순서가 격물에서 시작하여 지식을 이루는 것이 일용의 사물에서 벗어나지 않고 그 시비를 가리고 옳고 그름을 살펴 그 뜻(義)을 정밀하게 하여 신神적인 경지에 들어감으로써 그 씀을 넓히는 것이니, 그 사이의 여러 가지가 각기 순서가 있으나 결국 하나로 꿰뚫어져 있는 것이라고 하였다.[66] 성학聖學은

62) 『朱子語類』, 권15, “致知則是推得漸廣.”
63) 『朱子語類』, 권15, “致知是全體說.”
64) 『朱子語類』, 권118, “格物所以明此心.”
65) 『性理大全』, 권32, “能覺者, 氣之靈.”
66) 『性理大全』, 권44, “天下之物, 無一物不具夫理, 是以聖門之學, 下學之序始於格物, 以致其知, 不離乎日用事物之間, 別其, 是非審其可否, 由是精義入神, 以致其用, 其間曲折纖悉各有次序而一以貫通.”

하학인 격물에서 시작하여 일용의 사물에서 벗어나지 않는 치지를 이루고 그 뜻을 정밀하게 유추하여 보편적인 경지(神)에 도달함으로써 마침내 그 활용(用)이 넓혀져 활연관통의 경지에 이룰 수 있다는 것이다. 이것은 곧 격물에서 치지로 치지에서 활연관통으로 나아가는 지식의 발전순서를 말하고 있는 것이다. 그러나 이 모두는 결국 하나로 일관된 것이니(一以貫通) 역시 천인합일의 범주체계 속에서 당연한 주장이라고 할 수 있다.

주희는 이러한 궁리의 구체적인 방법에 대하여 첫째, 독서를 통하여 의리를 밝히고 둘째, 고금의 인물을 논평하고 그 시비를 구별하며 셋째, 일에 대응하거나 사물을 접할 때는 그 마땅함을 강구할 것 등을 말하였는데, 특히 독서에 대하여 강조하고 있다.[67] 궁리법을 도식화해 보면 다음과 같다.

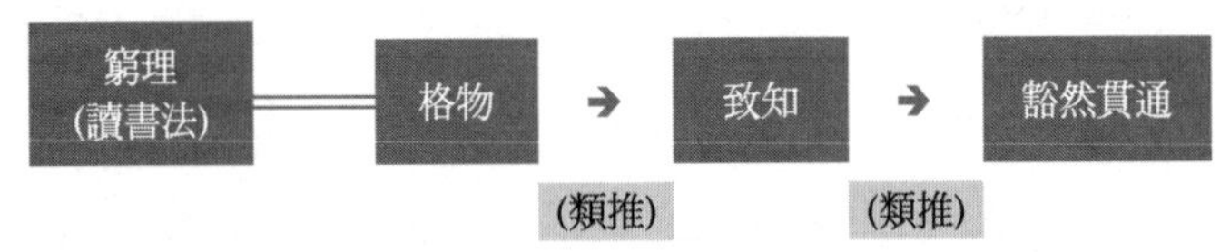

주희는 이러한 관통처에 도달하기 위하여 계속 반복적으로 추구해야 한다는 것을 강조하였다. 만약 한 가지를 이해하려 해서 얻지 못하면 반드시 반복해서 추구하고 연구해야 하니 걸을 때도 생각하고 앉아서도 생각해야 한다고 하였다.[68] 주희가 도달하고자 하는 이와 같은 관통처는 결국 생명(生)을 내용으로 하는 우주정신으로서의 어짊(仁)이다. 마음을 밝혀 말하면 한마디로 생명일 뿐이다. 천지의 큰 덕을 생명이라고 하는데 사람은 천지의

67) 『儒敎大事典』(儒敎事典編纂委員會, 2004) 참조.
68) 『性理大全』, 권44, "若理會一件未得, 直須反復推究硏窮, 行也思量, 坐也思量."

기氣를 받아 나온 것이니 이 마음은 반드시 어진(仁) 것이며 어짊이 곧 생명인 것이다.[69] 어짊의 경지가 바로 크게 공평한(大公) 천리의 실제 내용이다. 그러므로 주희가 궁리를 오로지 지적인 작업만이 아니라 실제 인생의 도덕 치유에 있어서 하나의 중요한 방법으로 강조하고 있는 까닭이 바로 여기에 있는 것이다. 이에 대하여 주희는 더욱 구체적으로 말하고 있다. "궁리는 사물의 소이연所以然과 소당연所當然을 알려고 하는 것이니 소이연을 알기 때문에 심지心志가 미혹되지 않고 소당연을 알기 때문에 행위가 도리에서 어긋나지 않는다."[70] 지식은 의지나 행위를 규제한다. 즉 소이연과 소당연의 지식은 우리 인간의 의지나 행위를 미혹하거나 어긋나지 않도록 규제할 수 있는 작용을 한다. 주희가 특히 도덕수양론에서 지적 방면의 궁리를 치유방법의 큰 항목 중 하나로 내세운 이유가 바로 여기에 있는 것이다.

주희는 이와 같은 객관적 치유방법인 궁리법의 구체적인 수행방법으로 독서를 권장하였다. 독서는 능력의 한계가 있는 인간이 책을 통하여 보다 많은 견문과 지혜를 넓혀 몸의 건강과 마음의 행복을 찾는 지적인 작업이다. 인간은 몸과 마음의 치유와 수양을 위하여 독서하지 않으면 안 된다. 사람은 경험이 적고 지혜가 부족하다. 그러나 책은 경험이 많고 지혜가 풍부한 성인이나 현자들이 건강하고 올바른 삶에 대한 지식과 지혜를 써 놓은 것이기 때문이다. 주희는 독서의 궁극목적이 원리(理)를 인식하는 데 있다고 보았다. 그러므로 책을 읽어서 성현의 뜻을 이해하고 성현의 뜻으로 자연의 원리를 본다고 하였다.[71] 그리고 책을 읽어서 이해할 수 있는 원리는 책

---

69) 『朱子語類』, 권5, "發明心字, 曰, 一言以蔽之曰生而已. 天地之大德曰生, 人受天地之氣而生, 故此心必仁, 仁則生矣."

70) 『性理大全』, 권48, "窮理者, 欲知事物之所以然與其所當然而已, 知其所以然, 故志不惑, 知其所當然, 故行不違謬."

속의 원리이지만 그것은 정작 자기 안에 내재한 원리에 불과하다고 하였다.[72] 왜냐하면 원리는 모든 사물에 내재하여 자기 자신과 다른 사람의 구별이 없고 사물과 나의 구별이 없기 때문이다. 주희는 밖으로 다른 사람의 경우를 보더라도 다른 사람의 원리는 자기 자신과 다르지 않고 더 나아가서 사물의 경우를 보더라도 사물의 원리는 사람과 다르지 않다고 하였다.[73] 우리가 사물의 이치를 궁구하는 것은 결국 나의 앎을 투철하게 하여 건강한 자기의 삶을 기획하고 행복하게 살아가기 위한 작업이다. 마찬가지로 독서도 역시 보다 많은 원리와 지혜를 터득하여 자기의 존재와 가치를 투철하게 인식하고 실천하여 건강하고 행복한 삶을 살아가기 위한 지적인 작업이다. 그러므로 독서는 결국 자기수양과 자기치유의 일이고 방법이 된다.

주희는 독서할 때 책으로 책을 보고 사물로 사물을 보아야 하지 앞서 자기의 견해(주관 혹은 독단)를 세워서는 안 된다고 하였다.[74] 이 말은 독서와 궁리를 할 때 가장 먼저 갖춰야 할 기본적인 태도와 방법을 밝힌 것이다. 현재까지 자기 자신이 믿고 행한 존재와 가치에 대한 가려지고 왜곡된 앎이나 실천을 깨달아 반성하고, 더 나아가 객관적으로 밝게 인식하고 온전하게 실행하기 위한 치유방법이 곧 독서이다. 독서의 궁극적인 목적은 몽매한 자기를 발견하고 자각하여 온전하고 건강하게 살아가는 데 있다. 그렇게 하기 위해서는 먼저 사물을 인식할 때 주관의 편견을 모두 버리고 객관적인 입장으로 돌아가서 인식해야 한다. 독서도 마찬가지이다. 주관적인 독단을

71) 『朱子語類』, 권10, 「讀書法上」, "讀書以觀聖賢之意. 因聖賢之意, 以觀自然之理."

72) 『朱子語類』, 권10, 「讀書法上」, "今讀書, 只是要見得許多道理, 及理會得了, 又皆是自家合下元有底."

73) 『大學或問』, "外而至於人, 則人之理, 不異於己也, 遠而至於物, 則物之理, 不異於人也."

74) 『朱子語類』, 권11, 「讀書法上」, "以書觀書, 以物觀物, 不可先立己見."

먼저 세워 놓고 책을 읽는다면 결국은 무지와 왜곡된 자기 자신에 대한 치유의 효과는 전무하게 될 뿐만 아니라 오히려 그릇된 편견과 왜곡을 더욱 심각하게 고착화시킨 결과를 초래하고 말 것이다. 거울이 밝을 수 있는 것은 거울이 만물의 형체를 숨기지 않기 때문이다.[75] 성인의 밝은 지혜(明知)는 절대지絶對知이다. 그러므로 사물 그 자체의 본성이나 본질인 원리를 투영해 낸다. 다시 말하면 만물의 외형이 아니라 그 본질을 투영해 낸다. 그러므로 성인의 밝은 지혜는 살아 있는 지혜(生知)이고 보편적이고 필연적인 절대지이다. 주희가 성인이나 현인의 말씀이 쓰인 경서를 반드시 읽어야 한다고 주장한 까닭이 여기에 있다. 독서에서 읽어야 할 책의 선정이 중요하다는 것을 일깨우게 한다.

독서는 궁리의 효과적인 방법이다. 그리고 마음가짐(心)은 독서에서 매우 중요한 주체적인 요소이다. 그러므로 궁리와 독서에서 마음가짐을 중시하지 않으면 안 된다. 주희는 "사람이 학문하는 소이가 마음(心)과 원리(理)에 있을 뿐이다. 마음은 비록 한 몸의 주인이지만 그 본체의 허령한 것은 천하의 원리를 관장하기에 넉넉하다"라고 하였다.[76] 아무 것에도 막힘이 없는 순수한 허령심虛靈心은 천하의 모든 원리를 관장한다고 하였다. 주희는 마음의 영묘함을 알지 못하여 보존함이 없으면 어둡고 뒤섞여 혼란스러워져서 많은 원리의 오묘함을 궁구할 수 없다고 하였다.[77] 사심과 편견이 없는 순수한 본연의 마음가짐을 유지하면서 독서해야 한다는 것을 일깨워 주고 있다. 마침내 주희는 마음 밖에 별도로 원리가 있지 않고 원리 밖에 별도

75) 邵雍, 『皇極經世書』, 「觀物篇」, "夫鑑之所以能爲明者, 謂其能不隱萬物之形也."
76) 『大學或問』, "人之所以爲學, 心與理而已矣. 心雖主乎一身, 而其體之虛靈, 足以管乎天下理."
77) 『大學或問』, "不知此心之靈, 而無以存之, 則昏昧雜擾, 而無以窮衆理之妙."

로 마음이 있지도 않다고 하였다.[78] 여기에서는 독서를 통하여 마음을 다스리고 점검해 보아야 한다는 것을 일깨워 주고 있다고 할 수 있다.

이상으로 주희의 치유방법 즉 이상 실현의 방법을 주관적 측면과 객관적 측면에서 거경과 궁리를 들어 살펴보았다. 그러나 이 두 가지 방법은 절대적으로 떨어져 분리될 수 없는 상호 영향관계를 갖는다. 주희가 어느 때는 먼저 치지한 연후에 함양한다고 하여[79] 치지공부를 함양공부보다 우선적인 것이라고 했는가 하면, 또 어느 때는 성경함양은 격물의 근본이라고 하여[80] 성경誠敬을 격물치지의 근본이라고 보아 경을 오히려 우선적으로 해야 한다고 주장하였다. 그러나 이러한 설명들은 결코 일면적인 언설에 지나지 않는 것이다. 주희는 최후로 거경과 궁리는 비록 두 가지 방법이지만 실제로는 한 가지인 것[81]이라고 했으니, 곧 거경과 궁리가 결국 하나의 근본에 서로 융합되어 있다는 것을 실천 원리의 참된 내용으로 파악하고 있다. 그러므로 주희가 말하고 있듯이 거경과 궁리의 관계는 수레의 양 바퀴와 같고[82] 새의 양 날개와 같다.[83] 요컨대 함양법 가운데에 궁리공부가 있고 궁리법 가운데에 함양공부가 있는 것으로 치유방법에 있어서 거경법과 궁리법은 서로 불가분의 관계에 있음을 뜻하고 있는 것이다.[84] 주희의 치유방법론을 최후로 종합하여 도식화해 보면 다음과 같다.

---

78) 『朱子語類』, 권1, 「理氣上」, "不是心外別有箇理, 理外別有箇心."
79) 『朱子語類』, 권9, "須先致知而後涵養."
80) 『朱子語類』, 권18, "誠敬涵養爲格物致知之本."
81) 『朱子語類』, 권9, "主敬窮理雖二端, 其實一本."
82) 『朱子語類』, 권9, "如車兩輪."
83) 『朱子語類』, 권9, "如鳥兩翼."
84) 최영찬, 「朱子의 修養論」(韓端錫敎授 停年紀念論文集 刊行委員會, 1993), 803~824쪽 참조.

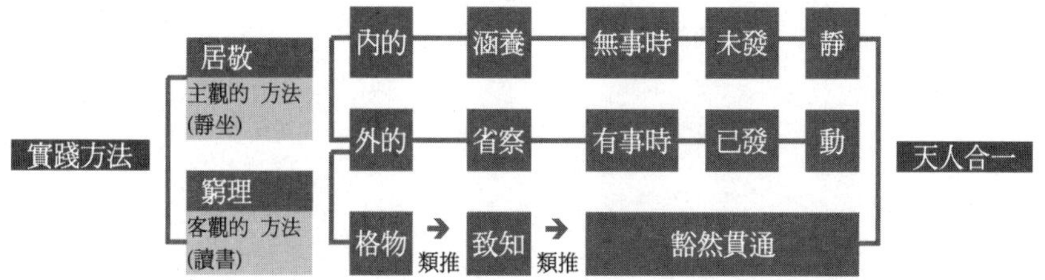
實踐方法
居敬
主觀的 方法
(靜坐)
窮理
客觀的 方法
(讀書)
內的
涵養
無事時
未發
靜
外的
省察
有事時
已發
動
格物
類推
致知
類推
豁然貫通
天人合一

7장 덕과 상황적 치유

공자는 구체적인 상황 속에서 일어나는 인간관계와 일들을 중요시하면서 사회적 문제를 도덕적으로 해결하고자 하였다. 공자는 관계중심과 상황중심의 기초 위에서 사회적 문제를 도덕적으로 해결하고자 한 것이다. 이러한 측면에서 유가철학의 도덕적 치유는 배려윤리의 배려의 개념과 통한다.[1)] 하지만 배려윤리에서의 가장 기본적인 형태의 배려관계는 배려자와 피배려자라는 불평등한 수직적 만남의 관계이다. 또한 배려윤리에서는 동정심을 불러일으키는 이야기를 선호하므로 딜레마를 도덕적으로 해결하려는 시도보다는 문제를 발견하려는 토의 즉 광범위하고 확산적인 대화를 중시한다.[2)] 그러나 유가철학에서는 모든 윤리적 원리나 규범을 인정하면서도 그것들을 획일적으로나 절대적으로 받아들이지 않고 상황의 적합성을 윤리의 문제로 삼아 도덕적 딜레마를 극복해 나아간다. 공자는 딜레마를 도덕적으로 해결하기 위하여 절대적인 삶의 원리로서 보편적인 어짊(仁)을 제시하고 상도(經道, 원리나 법칙)에 따라 시비를 판단하면서도 권도權道에 따라 상황에 적절한 시비판단을 융통성 있게 모색한다. 그러므로 공자는 개인과 사회

1) 목영해, 「배려윤리와 유교윤리의 공통점과 그 함의」, 『도덕교육연구』 제14권 1호(2002), 49~50쪽 참조.
2) 추병완, 「노딩스의 도덕 교육론」, 『교육연구』 Vol. 21(2004), 103~105쪽.

에 유리하도록 최선의 방식을 택하면서 구체적 상황에 적합한 적절함과 올바름을 동시에 고려한 것이다.

유가철학은 옳음과 좋음을 통합하는 보편윤리와 상황윤리의 조화를 지향하면서 절대적 삶의 원리로서의 어짊의 실천행위를 서恕로 제시하고 있다. 나의 마음을 미루어 상대방과 수평적 관계를 이루는 실존적 만남은 자연스럽게 사회공동체 윤리와 조화를 이루어 나감으로써 자신과 사회를 동시에 치유해 나아갈 수 있기 때문이다. 공자가 자기를 극복하여 예의로움으로 돌아가는 것이 어짊을 실천하는 것이라고 한 것[3]은 먼저 자신의 사사로운 사욕을 이겨낼 수 있는 도덕적 자기치유로부터 사회를 치유해 나아갈 수 있다고 보기 때문이다. 보편성과 절대성을 가진 진정한 삶의 원리인 어짊은 예의로움의 구체적 적용을 통하여 드러난다. 공자가 하루라도 자기를 이기고 예의로움으로 돌아간다면 세상 사람들이 모두 어질게 될 것이라고 하였다.[4] 예의로움이 어짊을 실천하는 수단 혹은 절차임을 설명하고 있다. 예의로움의 정신은 절대적이고 보편적인 삶의 원리로서 원칙성을 드러낸다. 반면 예절은 구체적이고 상대적인 행동지침들로서 특수성과 상황성을 보여 준다. 어짊은 예절을 통하여 구현되며 예절은 다름 아닌 서恕이다. 그러므로 사회적 관계에서 도덕적 치유는 수평적 관계의 실존적 만남을 가능케 하는 서恕를 통하여 이루어질 수 있다.

도덕적 성찰은 도덕적 실제(practice)를 철학적으로 이해하고 당면의 상황에 맞게 그 실제를 반성하고 실천하는 것을 목표로 하여 이루어진다. 그러

3) 『論語』, 「顔淵」, “顔淵, 問仁. 子曰, 克己復禮爲仁, 一日克己復禮, 天下歸仁焉, 爲仁由己而, 由人乎哉. 顔淵曰, 請問其目. 子曰, 非禮勿視, 非禮勿言, 非禮勿動.”

4) 『論語』, 「顔淵」, “顔淵, 問仁. 子曰, 克己復禮爲仁, 一日克己復禮, 天下歸仁焉.”

나 이러한 목표에 접근하는 방식은 크게 두 가지 즉 합리적 방식과 경험적 방식으로 이루어진다. 합리적 방식의 도덕성찰은 도덕적 실제를 주로 합리성의 한 형태로 간주하여 추상에 의한 보편성을 추구하며 절대적인 공식화를 요구한다. 그러므로 합리적인 도덕성찰은 개인적인 도덕적 경험들이 가질 수 있는 상대적 가치를 거의 무시하며 구체적인 도덕적 상황들을 대부분 부정하고 만다.

그러나 경험적 도덕성찰은 합리적 도덕성찰과는 대조적이다. 여기서 말하는 경험적 방식은 개인적인 경험을 중요한 인식의 대상으로 삼는다는 뜻을 가진다.[5] 도덕에 대한 경험주의적 사고 체계는 관찰에 우선성을 두면서 한 상황의 특수성들을 중요한 요소로 간주한다. 즉 사회적 맥락과 연계된 한 개인이 어떤 태도와 가치를 가지고 그의 삶을 살고 있는지, 어떤 상황들에 대하여 어떻게 대응하고 결정하면서 행동하는지, 그 행동이 그의 삶에 어떤 결과를 가져오는지 등을 관찰하고 판단하는 사고체계이다. 그러므로 도덕 문제에 대한 경험적 사고에서 도덕적 실제를 이해하는 중요한 원천은 한 개인이 자기 자신의 관찰과 판단을 가지고 도덕적 행위자로서의 삶을 살고 있는 생활 그 자체인 것이다. 그러므로 도덕에 대한 경험적 판단의 본질은 개인적 삶의 특수성들에 대한 지각이다. 도덕적 실제를 이해하고 판단하고 수정해 나아가는 과정은 초월적으로 주어지는 절대적인 기준에 따라서 이루어지는 것이 아니라 도덕적 경험들 속에 나타나는 여러 가지 관점들에 대한 판단에 따라 이루어진다.

유가철학에서 상황을 중시하는 도덕판단은 공자가 말한 다음의 말을 가

5) 박재주, 「유가윤리에서의 도덕적 딜레마 해결방식으로서의 경→권=선」, 『윤리연구』 Vol. 64, No. 0(2007), 157~158쪽 참조.

지고 생각해 볼 수 있다. “섭공이 공자에게 말하였다. ‘우리 마을에 처신을 곧게 하는 자가 있습니다. 그의 아버지가 양을 훔쳤는데 그가 아버지를 고발하였습니다.’ 공자가 이에 응하여 말하였다. ‘우리 마을의 곧은 자는 이와 다릅니다. 아버지는 아들의 잘못을 덮어 주고 아들은 아버지의 잘못을 덮어 줍니다. 곧음은 바로 그곳에 있습니다.’”[6] 공자의 윤리적 특성은 윤리적으로 곧음(直) 즉 옳음은 남의 물건을 훔쳐서는 안 된다는 것이지만 남의 물건을 훔친 것을 본 사람은 그것을 고발하여야 한다는 고정된 규범 및 도덕률을 맹목적으로 준수하는 데 있지 않다. 이것은 추상적이고 형식적인 윤리규범의 적용에 앞서 도덕적 문제가 발생한 관계 대상과 구체적 상황에 대한 고려가 우선적으로 이루어져야 한다는 것이다.

상황적 윤리관은 관계적 윤리관과 개념을 같이한다. 관계 중심의 윤리관은 인간관계를 중시하는 오륜에 잘 나타나 있다. 즉 부모와 자식은 친해야 한다는 부자유친父子有親, 지도자와 국민은 의로워야한다는 군신유의君臣有義, 남편과 아내는 역할의 구별이 있어야 한다는 부부유별夫婦有別, 어른과 어린 사람은 서로 차서가 있어야 한다는 장유유서長幼有序, 친구 사이에는 서로 믿음이 있어야 한다는 붕우유신朋友有信의 관계 속에서는 특수한 상황적 가치를 인정할 수밖에 없다. 따라서 유가철학에서 도덕적 바름의 준거는 어짊 · 의로움 · 예의로움 · 지혜로움의 보편원리를 기초로 하면서 구체적인 특수한 상황 및 관계를 고려하여 결정된다는 것이다.

유가철학에서 도덕적 행위가 이루어지는 구체적 상황은 다른 여러 상황과 관계되어 있으며 특히 인간 상호 간의 관계는 그 구체적 상황의 중심에

---

6) 『論語』, 「子路」, “葉公語孔子曰, 吾黨有直躬者. 其父攘羊而子證之. 孔子曰. 吾黨之直者, 異於是. 父爲子隱, 子爲父隱. 直在其中矣.”

있다. 그러므로 한 개인이 윤리규범을 철저하게 지킴에 앞서 인간과 인간 사이의 관계에서 비롯된 상황 등을 먼저 살펴 그에 맞게 행위하는 것이 바른 생활의 관건이 되는 것이다. 아버지의 범법 행위를 보고 이를 고발하여야 한다고 하는 보편윤리의 준수에 앞서 아버지와 아들이라는 본질정감의 특수한 인간관계를 우선적으로 고려하여 그 인간관계에 맞게 행동하는 것이 윤리도덕적 행위가 됨을 공자는 설명하고 있는 것이다.[7)]

상황 중심의 윤리 문제는 현실적인 삶 속에서 윤리적 문제를 해결하려는 판단과 행위에 대한 선택과 결단의 문제이다. 관계윤리나 상황윤리는 인간중심적이고 개인주의적인 현대 다원주의 사회에서 보편윤리와 윤리상대주의 사이에 대두된 새로운 도덕으로 제3의 접근방법이다. 관계윤리나 상황윤리는 모든 원리나 규범을 인정하면서도 선과 악에 대한 판단보다는 상황의 적합성을 문제 삼는다. 그리고 절대적인 선과 악에 대한 판단보다는 상황에의 적절성을 목표로 삼는다.[8)] 그러나 관계윤리나 상황윤리가 모든 보편적인 원리나 규범들을 전적으로 거부하고 상황만을 윤리적 판단의 준거로 삼는 이른바 윤리적 상대주의는 결코 아니다.

상황 중심 윤리는 『중용中庸』에 잘 나타나고 있다. 중中이란 한쪽에 치우치지 않는 적절성, 즉 알맞음을 강조한다. 중中의 의미는 양단을 잡는다(允執厥中)는 공자의 표현 속에서도 잘 드러나고 있다. 양단을 잡는다는 것은 두 가지의 상반된 입장들 가운데 하나의 입장만을 선택하는 것이 아니라 두 가지 입장들을 상황에 알맞고 조화롭게 통합한다는 것이다. 하나의 극단을

7) 목영해, 「배려윤리와 유교윤리의 공통점과 그 함의」, 『도덕교육연구』 제14권 1호(2002), 49~51쪽.

8) Joseph Fletcher, *Situation Ethics, The New Morality*(Philadelphia: The Westminster Press, 1966), pp.8~27.

피하고 두 극단을 포용하는 것은 지나침도 모자람도 피하는 것이며 오직 그때 그 상황에 가장 적합하게 인식하거나 행동하는 것이다.[9)]

양극단을 피하라는 가르침은 『논어論語』 전편에 걸쳐 일관되게 나타나고 있다. 자공子貢이 공자에게 자장子張과 자하子夏 중 누가 더 현명하냐고 묻자, 자장은 너무 지나치고 자하는 모자라다고 하였고, 그렇다면 자장이 더 나으냐는 물음에, 지나친 것은 모자람과 같다고 하였다.[10)] 이것은 지나치게 현명한 것이 어리석음보다 나은 것 같아 보이지만 상황이나 정도에 지나친 현명함은 어리석음과 마찬가지로 바람직하지 않다는 것이다. 중中이란 결코 가운데를 의미하는 것이 아니라 상황이나 때에 알맞은 시중時中을 의미한다. 중中을 잡는 방법은 사람의 마음 안에 이미 배태되어 있는 본연의 마음씨(仁心)를 자각하여 이를 붙잡는 방법이다. 곧 중中을 잡는 방법은 그 마음씨가 너무 은미하기 때문에 매 사건을 접하거나 수행하는 매 때마다 근원적으로 하늘의 때와 하늘의 방식(天道)에 물어서 제때에 들어맞는 방식인 가장 좋은 삶의 방식을 찾아 붙잡는 방법이다.[11)] 『서경書經』에 인심人心은 오로지 위태롭고 도심道心은 오로지 은미하니 오로지 정밀하고 한결같이 하여 진실로 그 중中을 지키라고 하였다.[12)] 이것은 중을 잘 붙잡는 것이 인심을 도심으로 전환할 수 있다는 말이기도 하다.

유가철학에서 상황 중심 윤리의 특징은 권權(=저울질)과 시중時中의 개념

---

9) 박재주, 「상황윤리로서의 유가의 중용윤리」, 『동서철학연구』 제43호(2007), 200~201쪽.
10) 『論語』, 「先進」, "子貢問, 師與商也孰賢, 子曰, 師也過, 商也不及. 曰, 然則師愈與, 子曰, 過猶不及."
11) 김병욱, 「공적윤리 모색을 위한 유교윤리관 검토」, 『윤리연구』 Vol. 57(2004), 337쪽.
12) 『書經』(『漢文大系』 十二: 尙書[日本, 富山房, 昭和 59]), 「虞書」, '大禹謨', "人心惟危, 道心惟微, 惟精惟一, 允執厥中."

을 통하여 잘 나타난다. 권이란 모든 사물들이 중에 합당하는지를 저울질하여 판단하는 구체적인 과정이며, 시중은 서로 다른 사물이나 서로 다른 때에 서로 다른 중을 실천하는 구체적인 방법이다. 시중의 의미는 변화하고 발전하는 시공적 환경과 각종 관계들 속에서 그때 그곳의 중을 파악하고 실천하는 것이다. 중은 한 번 이루어지면 변하지 않는 것이 아니고 시간과 조건이 달라짐에 따라 변형되어 나타나는 것이다. 중을 잡고 중을 사용하는 하나의 원칙이 시중인 것이다. 맹자는 권에 대하여 자세히 설명하고 있다. "중을 잡는 것이 도에 가까우나 중을 잡고도 임기응변이 없다면 하나를 잡는 것과 같을 것이다. 하나를 잡는 것을 싫어하는 것은 하나를 가지고 백 가지를 버리게 되어 오히려 도를 해치기 때문이다."[13] 중을 잡아도 임기응변이 없다면 일정한 중에 달라붙어서 변함을 알지 못하므로 이 또한 하나를 잡는 것이다. 그러므로 도의 중요한 것은 중이고 중의 중요한 것은 권이라는 것이다. 권은 저울추를 말한다. 공자는 이 저울추를 이용하여 중용의 길을 밝힌다. 구체적인 삶 속에서 중을 찾는 방법이 저울질인 것이다. 중이란 하나의 추상적 개념이다. 그것이 구체화된 후에 인간관계나 모든 사물 속에서 표현된다. 그러므로 권도는 그때 그곳에서 일어난 그 일의 중을 알아야 하며 서로 다른 일에는 서로 다른 중을 잡기 위하여 반드시 저울질하여야 한다.

유가철학에서는 결코 권과 시중만으로 윤리적 문제해결을 도모하지 않는다. 항상 경도經道를 고려하는 가운데 권과 시중의 방식을 적용시킨다. 유가철학에서는 보편적 원리와 규범을 구체적 상황 속에 적용하는 것을 진정

---

13) 『孟子』, 「盡心上」, "執中爲近之, 執中無權, 猶執一也. 所惡執一者, 爲其賊道也, 擧一而廢百也."

한 윤리적 문제로 인식하면서, 권을 행할 때는 다른 사람을 해치지 않는다는 일정한 도리에 부합되어야 한다는 것을 강조하고 있다. 그 도에 부합되는 권의 행사는 결국 경으로 돌아와 선을 가져오게 된다는 것이다. 주희는 경과 권을 불변과 변화로 설명한다. "경은 변함없이 행해야 하는 도리이며 권은 상황에 맞추어 응용되어지는 법칙이다. 경이란 것은 도덕의 불변함이며 권은 도리의 변함이다."[14] 경은 보편윤리의 근본으로서 변화와 관계없이 지켜야 할 원리와 규범을 말한다. 권은 상황윤리의 근본으로서 시중에 맞는 행위규범이다. 그러므로 유가철학에서는 구체적인 현실의 무게를 저울질하고 불변의 원리나 규범을 응용하여 근본적인 큰 옳음 즉 최적의 가치를 지켜나간다. 이것이 유가철학의 상황 중심의 윤리적 판단과 선택의 방식인 것이다.

공자는 어짊을 최고의 덕목으로 제시하여 사람이 올바르게 살아가는 가장 좋은 길을 밝혀 주었다. 『논어』에서 "한마디 말로 평생토록 실천할 만한 것이 있습니까?"라는 제자 자공의 물음에 공자는 "그것은 서恕이다. 자기가 원하지 않는 것을 남에게 시키지 마라"라고 하였다.[15] 또 중궁仲弓이 어짊을 물었을 때도 내가 원하지 않는 것을 남에게 행하지 않으면 나라에 있어서도 원망을 받지 않고 집안에 있어서도 원망을 받지 않을 것이라고 하였다.[16] 공자는 "무릇 어진 사람은 내가 서려고 하면 남도 세워 주고 내가 도달하려고 하면 남도 도달시켜 준다. 가까운 데서 유추하여 행하는 것이 바로 어짊을 실천하는 방법이다"라고 하였다.[17] 자기 본래의 진실된 마음을 미루어

14) 『朱子語類』(北京, 中華書局, 1994), 권37.
15) 『論語』, 「衛靈公」, "子貢問曰, 有一言而可以終身行之者乎? 子曰, 其恕乎! 己所不欲, 勿施於人."
16) 『論語』, 「顏淵」, "己所不欲, 勿施於人, 在邦無怨, 在家無怨."
17) 『論語』, 「雍也」, "夫仁者, 己欲立而立人, 己欲達而達人. 能近取譬, 可謂仁之方也."

타인의 마음을 헤아리는 경지 즉 충서의 도道야 말로 참된 어짊의 도덕적 행위임을 강조하고 있다. 공자에게 있어 어짊은 자신의 마음으로 남을 헤아린다면 쉽게 실천할 수 있는 것이다. 그래서 그는 가까이 자기로써 비유하여 남을 헤아린다는 것이 어짊을 실천하는 방법이라고 하였다.

사회적 관계 속에서의 어짊의 실천은 자기가 원하지 않는 것을 남에게 하지 않는(己所不欲, 勿施於人) 타자에 대한 배려 즉 나의 마음을 미루어 상대방의 마음을 헤아리는(推己及人) 것으로 개인 윤리의 확충을 통하여 자연스럽게 사회공동체 윤리와 조화를 이루는 것이다.[18] 어짊의 실천은 나의 마음을 미루어 봄으로써 상대방의 마음을 헤아려 나와 같은 마음(如心)으로 타자를 배려하는 것이다. 어짊을 실천한다는 것은 외재적인 객관적 덕목으로서 어짊을 준수하는 것이 아니라 자기에게 선천적으로 주어진 도덕적 심성으로서의 어짊을 확충하고 발현하는 것이다. 그러므로 공자의 실천윤리는 윤리사상이 갖고 있는 합리적이며 논리적인 문제보다는 어짊을 품부 받은 덕성과 품성을 갖춘 실천인으로서의 도덕주체인 자신의 심성확충을 중시하고 있다.

도란 결국 사람에게서 멀리 있지 않으니[19] 가까운 데서 취하여 깨달아야 한다.[20] 가까운 데란 자신을 가리키며 모든 행위의 기준은 자신이므로 자신에게서 행위의 기준을 취하여 깨닫고 그에 입각하여 행하는 것이 바로 어짊을 실천하는 방법이라고 할 수 있다.[21] 맹자 또한 어짊을 실현하기 위한 구체적인 방법으로, 만물이 모두 나에게 갖추어져 있으니 자신을 돌이켜

18) 지준호, 「서와 유가의 실천윤리」, 『한국철학논집』 Vol. 19(2006, 8).
19) 『中庸』, "子曰, 道不遠人, 人之爲道而遠人, 不可以爲道."
20) 『論語』, 「雍也」, "子曰……能近取譬, 可謂仁之方也已."
21) 이상익, 「유교의 충서론과 자유주의」, 『철학』 80호(한국철학회, 2004, 9).

보아 성실하면 즐거움이 이보다 더 클 수 없으며 서恕를 힘써서 행하면 어짊을 구함이 이보다 더 가까울 수 없다고 하였다.[22] 이처럼 유가철학에 있어서 어짊은 자신의 마음으로 남을 헤아린다면 쉽게 실천할 수 있는 것이다. 그래서 그는 가까이 자기의 마음과 같으려니 하여 남을 헤아려 베푸는 것이 어짊을 실천할 수 있는 방법이라고 하였다.

공자의 제자 증자가 선생님의 도는 충忠과 서恕일 뿐이라고 말한 대목에서도 어짊이 충忠과 서恕라는 것을 알 수 있다. 충忠은 가운데 중中과 마음 심心이라는 두 개의 글자를 합하여 만든 것으로 진심眞心·성심誠心 등과 같은 의미이다. 가슴속 깊이 들어 있는 참마음을 뜻한다. 서恕는 같을 여如와 마음 심心이 합하여진 나와 남을 같이 생각하는 마음이라는 의미이다. 참마음을 다 바쳐 조금도 남김이 없는 것이 충忠이며, 자기 일처럼 남에게 배려하는 마음을 밖으로 넓혀 피차 차별이 없게 하는 것이 서恕이다. 주희 역시 자기의 마음을 다함(盡己之心)을 충忠이라고 하였고 자기의 마음을 미루어 남에게 미침(推己及人)을 서恕로 풀이하고 있다. 경문經文에서도 "자기에게 행해지는 것을 원치 않는다면 이를 남에게도 행하지 마라"(施諸己而不願, 亦勿施於人)라고 하여 충서를 포괄적으로 설명하고 있다. 이것은 장재가 말한 자기를 사랑하는 마음으로써 남을 사랑하면 어짊을 다한 것이 된다는 의미이기도 하다.[23] 그러므로 충서를 실천한다는 것은 '나와 너의 본질적인 만남'을 통하여 자신과 사회를 치유해 나아간다는 것을 의미한다.

충서의 도(忠恕之道)는 덕행위를 측정하는 혈구의 도(絜矩之道)이다. 군자는

22) 『孟子』, 「盡心上」, "孟子曰, 萬物皆備於我矣, 反身而誠, 樂莫大焉, 强恕而行, 求仁莫近焉."
23) 『中庸章句大全』, "盡己之心爲忠, 推己及人爲恕……施諸己而不願亦勿施於人, 忠恕之事也. 以己之心, 度人之心, 未嘗不同, 則道之不遠於人者, 可見. 故, 己之所不欲則勿以施之於人, 亦不遠人以爲道之事. 張子所謂, 以愛己之心愛人則盡仁, 是也."

도리를 측정하는 도구가 있다. 윗사람에게서 싫어한 것으로 아랫사람을 부리지 말며, 아랫사람에게서 싫어한 것으로 윗사람을 섬기지 말며, 앞사람에게서 싫어한 것으로 뒷사람에게 가하지 말며, 뒷사람에게서 싫어한 것으로 앞사람을 따르지 말며 오른쪽에서 싫어한 것으로 왼쪽을 사귀지 말며 왼쪽에서 싫어한 것으로 오른쪽을 사귀지 말 것이니 이것을 일러 도리를 측정하는 도구라고 한다.[24] 혈구의 도란 바로 충서의 도를 가리킨다. 윗사람과 아랫사람에게서 싫어한 것이란 기소불욕己所不欲이며, 아랫사람을 부리지 말며 윗사람을 섬기지 말라는 것은 물시어인勿施於人이다. 천하를 얻는 데는 길이 있다. 백성을 얻으면 천하를 얻을 것이다. 백성을 얻는 데는 길이 있다. 그 마음을 얻으면 백성을 얻을 것이다. 마음을 얻음에는 길이 있다. 원하는 바를 주어서 모이게 하고 싫어하는 바를 베풀지 않으면 마음을 얻을 것이다.[25] 원하는 바란 단지 백성들이 원하는 것을 지칭하는 것이 아니라 임금과 백성이 모두 바라는 바로서 장수하고 부유하기를 바라고 몸이 건강하고 마음이 편안해지기를 바라는 모든 사람의 희망을 의미한다. 그러므로 원하는 바를 베풀어 모이게 한다는 것은 바로 충忠이며, 싫어하는 바를 베풀지 말아야 한다는 것은 바로 서恕이다. 또한 "내 노인을 노인으로 섬겨서 남의 노인에게까지 미치며, 내 어린이를 어린이로 사랑하여 남의 어린이에게까지 미친다면 천하를 손바닥에 놓고 움직일 수 있는 것처럼 쉬워질 것이다. 옛날 성왕들이 보통 사람들보다 크게 뛰어났던 것은 다른 것이 아니라 그 하는 바를 잘 미루었을 뿐"[26]이라고 한 말도 내 마음을 들어서 상대방에게

---

24) 『大學』, 傳10章, "君子有絜矩之道. 所惡于上, 毋以使下, 所惡于下, 毋以事上, 所惡于前, 毋以先后, 所惡于后, 毋以從前所惡于右, 毋以交于左, 所惡于左, 毋以交于右, 此之謂絜矩之道."

25) 『孟子』, 「离婁上」, "孟子, 曰……得天下有道. 得其民, 斯得天下矣. 得其民有道. 得其心, 斯得民矣. 得其心有道. 所欲, 與之聚之, 所惡, 勿施爾也."

적용한다는 것으로(擧斯心, 加諸彼), 결국 추은推恩 즉 그 하는 바를 잘 미루어 나가는 것(推其所爲)에 있다는 것을 말한 것이다.

서恕란 자기가 상대에게 바라지 않는 것을 상대에게 강요하지 않는 것이며 나아가 자기가 상대방에게 바라는 것을 능동적으로 베푸는 것이다. 서恕는 상대를 나의 욕구충족의 수단으로 생각하는 것이 아니라 상대의 인격을 존중하고 상대의 윤리적 요구에 응답하여 행동하는 것이다.

유가철학의 실천적 가치덕목은 도덕주체인 자신의 마음을 미루어 확충시켜 나아감으로써 어짊을 실현하여 나와 사회를 도덕적으로 치유해 나아가는 데 두고 있다. 어진 자(仁者)는 자신이 서고자 하면 남도 서게 해 주고 자신이 영달하고자 하면 남도 영달하게 해 준다. 자신이 선善해야 남의 선을 질책할 수 있으며 자신에게 악惡이 없고 난 연후에 남의 악을 바로잡을 수 있는 것이다. 주희는 이것이 바로 자신을 미루어 남에게 미치는 것으로 서恕라고 하였다.[27] 어짊을 평생토록 실천할 수 있는 가치덕목은 곧 서恕인 것이다. 이와 같이 공자와 맹자는 자신을 미루어 남을 헤아려 배려할 수 있게 함으로써 개인의 사사로움을 극복하고 '나와 너의 본질적인 만남' 속에서 사회적 건강을 실현시켜 나아갈 수 있는 상황적 치유의 방법을 제시하였다.

유가철학에서는 현실적인 도덕적 딜레마의 존재 가능성을 적극적으로 수용하면서 그 해결 방안들에 관심을 두었다. 곧 유가윤리는 경도에 따라 시비를 판단하고 권도를 적용함으로써 융통성을 모색하여 선善(개인과 사회에

---

26) 『孟子』, 「梁惠王上」, "曰……老吾老, 以及人之老, 幼吾幼, 以及人之幼, 天下, 可運於掌……古之人, 所以大過人者, 無他焉, 善推其所爲而已矣."

27) 『大學章句』, "有善於己然後可以責人之善, 無惡於己然後可以正人之惡. 皆推己以及人 所謂恕也."

의 이로움)을 추구한다. 이는 유가철학이 경도와 권도의 원리를 조화롭게 함으로써 의무윤리(옳음)와 목적윤리(좋음)를 통합하고 보편윤리와 윤리적 상대주의의 조화를 지향하는 윤리임을 말해 준다.

유가윤리의 본래적 모습은 철저한 도덕에 대한 경험주의적 판단이다. 그러므로 유가윤리는 일상적인 삶의 세계를 성찰의 대상으로 삼았으며 처음부터 현실적인 도덕적 딜레마의 존재 가능성을 인정하면서 그것을 해결하는 방식을 적극적으로 모색하였던 것이다. 도덕적 딜레마의 형태는 단순한 일상적 갈등과 해결이 가능한 도덕적 갈등 그리고 도덕적 딜레마의 형태로 살펴볼 수 있다. 그러나 유가윤리에서는 도덕적 가치로 해결할 수 있는 갈등 즉 일상적 갈등과 해결이 가능한 도덕적 갈등을 진정한 의미에서의 딜레마라고 보지 않는다.[28] 유가윤리에서는 단순한 일상적 갈등은 도덕적 가치로 해결할 수 있으며 해결이 가능한 도덕적 갈등은 압도적인 삶의 원리나 규범인 어짊으로써 해결할 수 있다고 보기 때문이다.

어짊은 개별적인 덕이라기보다는 모든 덕을 완성시키거나 덕 사이의 충돌을 해결하는 압도적인 삶의 원리로서, 도덕적 인격의 이상이며 모든 덕을 통일하는 원리이다. 그러므로 덕에서 생기는 문제나 덕 사이의 갈등은 어짊을 통하여 해결할 수 있다. 공자는 도덕적 덕을 발휘함으로써 도덕적 갈등을 해결할 수 있는 어짊의 종류를 공관신민혜恭寬信敏惠의 다섯 가지로 제시하였다. 즉 공손하면 모욕을 당하지 않고, 관대하면 많은 사람들이 따르고, 신의가 있으면 사람들이 일을 맡기고, 민첩하면 공을 세울 수 있고, 은혜로우면 충분히 남을 부릴 수 있기 때문이다.[29]

---

28) 박재주, 「유가윤리에서의 도덕적 딜레마 해결방식으로서의 경→권=선」, 『윤리연구』 Vol. 64(2007), 157~174쪽.

그러므로 진정한 도덕적 딜레마는 어짊으로서도 해결할 수 없는 것을 말한다. 도덕적 갈등이 진정한 도덕적 딜레마로 간주되려면 갈등하는 의무나 도덕적 요구가 적어도 어느 것도 다른 것을 압도하지 않는 것이어야 한다. 진정한 도덕적 딜레마는 갈등하는 요구들이 모두 압도적인 것이 아닐 뿐만 아니라 모든 것들이 고려된 도덕적 판단의 결과로 생긴 요구들이어야 한다. 또한 진정한 도덕적 딜레마는 인식론적일 뿐만 아니라 존재론적이어야 한다. 갈등하는 도덕적 의무들은 행위자의 신념들과는 서로 무관한 것이어야 한다는 것이다.[30] 진정한 도덕적 딜레마에는 도덕적 잔여가 남게 된다. 즉 행위자가 어떤 선택을 하더라도 도덕적으로 양심적 가책과 죄책감을 경험할 것이며 두 가지 선택 중 어느 것도 당사자가 달갑게 받아들이지 못하고 어느 요구가 더 강한 요구인지도 당사자가 평가하기 어려워 서로 대칭적인 구조를 이룬다는 것이 특징이다. 어느 것을 선택하든 회한悔恨과 후회를 동반하게 되는 것이다. 따라서 어떤 선택이든 도덕적인 감정의 잉여나 잔재를 남긴다. 그러므로 진정한 도덕적 딜레마는 해결되는 것이 아니라 최선의 선택을 내리는 것이다.[31]

회복의 가능성이 거의 없는 환자에게서 인공호흡기를 떼야 하는지 떼지 않고 수술을 해야 하는지에 대한 도덕적 딜레마의 경우 유가윤리에서는 보편원칙으로서 시비를 판단하는 경도의 관계와 상황을 고려하여 도덕적 성

29) 『論語』, 「陽貨」, “子張問仁於孔子. 孔子曰, 能行五者於天下, 爲仁矣. 請問之. 曰, 恭寬信敏惠. 恭則不侮, 寬則得衆, 信則人任焉, 敏則有功, 惠則足以使人.”

30) 박재주, 「유가윤리에서의 도덕적 딜레마 해결방식으로서의 경→권=선」, 『윤리연구』 Vol. 64(2007), 167~168쪽.

31) 박재주, 「유가윤리에서의 도덕적 딜레마 해결방식으로서의 경→권=선」, 『윤리연구』 Vol. 64(2007), 161~162쪽.

찰을 하는 권도, 그리고 상황과 관계에 가장 알맞은 시중으로써 개인과 사회에 이익과 행복을 제공할 수 있는 최선의 좋은 선택을 하게 된다. 최선의 좋은 선택의 실천행위는 서恕로 드러나게 된다. 유가윤리에서는 도덕적 딜레마를 해결하는 데에 있어 경도 즉 행위에 대한 옳고 그름의 명확한 시비판단이 없는 상태에서는 권도의 적용을 결코 허용하지 않는다. 명확한 시비판단이 내려진 이후에 그 상황을 충분히 고려하여 도덕에 대한 경험주의적 판단으로 행위의 옳고 그름을 저울질한다. 그리고 사회에 대한 침해의 정도와 자신의 선택의 옳고 좋음을 저울질한다.

공자는 이로움이 바람직한 것이라고 하여 그것만을 좇지 말고 그것이 가져올 해로움을 항상 함께 살피라고 하여, 상황에의 적절성을 강조하였다. 공자와 맹자의 도덕적 딜레마 해결 방안이 가진 의미를 밝히기 위하여서는 유가에서 말하는 도덕의 성격과 기능을 검토해야 한다. 유가윤리에서 도덕적 책임은 신분상의 역할에 의해 주어진다. 부모의 잘못을 숨기거나 부모를 봉양할 책임은 아들이라는 신분에서 기원하는 것처럼, 신분상의 역할에서 나오는 책임은 일상적인 상황에서 직감적으로 판단하고 수행해 나가는 초보적 책임일 뿐이다. 그러나 이 책임은 신분상의 역할이 부여한 당연한 책임이 아니고 사람의 도덕성이 결정한 책임이다.[32] 공자는 아버지가 양을 훔친 것을 아들이 숨기는 것은 사람의 순수한 정감이 그대로 표현되는 것이므로 이것을 정직이라고 말한다.[33] 구체적인 윤리규범을 어길 수는 있어도 혈연 간의 사랑의 정은 손상시킬 수 없다는 것이다. 윤리적 선택과 판단은

---

32) 박재주, 「유가윤리에서의 도덕적 딜레마 해결방식으로서의 경→권=선」, 『윤리연구』 Vol. 64(2007), 170~173쪽.

33) 『論語』, 「子路」, "葉公語孔子曰, 吾黨有直躬者, 其父攘羊而子證之. 孔子曰, 吾黨之直者, 異於是, 父爲子隱, 子爲父隱, 直在其中矣."

오히려 이 원리에 따라 이루어져야 한다는 것이다.

다음의 문답에서 맹자가 진정한 도덕적 딜레마를 치유하기 위하여 사랑의 정감인 어짊으로 인하여 옳음을 깨뜨리지 않고 옳음으로 인하여 사랑의 정감을 손상시키지 않는 방식을 취하고 있는 상황을 볼 수 있다. 도응桃應이 맹자에게 순은 천자이고 고요는 법을 집행하는 관리(士)인데 순의 아버지(瞽瞍)가 살인을 했다면 어떻게 해야 할 것인가를 물었다. 이에 맹자가 답하기를 "'법을 집행해야 할 따름'이라고 하였다. 그러자 도응이 '그렇다면 순이 하지 못하게 하지 않겠습니까?' 하니, 맹자가 '순이 어찌 그것을 하지 못하게 하겠는가? 고요의 집행하는 법은 전수받은 것일 따름이다. 그렇다면 순은 어떻게 하겠는가? 순은 천하를 헌신짝 버리는 것과 같이 버리고 아버지를 몰래 업고 도망가 바닷가에 살면서 평생 기쁘고 즐겁게 천하를 잊을 것이다'"라고 하였다.[34)]

맹자는 천자의 직을 버리고 부친을 몰래 업고 도망가 살면서 아버지와 아들 간의 정을 손상시키지 않는 방식을 주장하였다. 맹자는 구체적인 현실의 무게를 저울질하여 불변의 원리나 규범의 법망을 벗어나 어짊으로써 근본적인 큰 옳음을 지켜 나간다. 이것이 도덕적 딜레마를 치유하기 위한 어짊의 옳고 좋은 실천으로, 어짊의 내재성과 유가윤리의 자율성을 의미하는 것이다.[35)] 어짊과 의로움으로 대변되는 도덕성 내지 도덕적인 마음은 초보

34) 『孟子』, 「盡心上」, "桃應問曰, 舜爲天子, 皐陶爲士, 瞽瞍殺人, 則如之何. 孟子曰, 執之而已矣. 然則舜不禁與. 曰, 夫舜惡得而禁之, 夫有所受之也. 然則舜如之何. 曰, 舜視棄天下猶敝蹝也, 竊負而逃, 遵海濱而處, 終身訢然樂而忘天下."

35) 『孟子』, 「告子上」, "孟子曰, 何以謂仁內義外也. 曰, 彼長而我長之, 非有長於我也, 猶彼白而我白之, 從其白於外也, 故謂之外也. 曰, 異於白馬之白也, 無以異於白人之白也, 不識, 長馬之長也, 無以異於長人之長與, 且謂長者義乎, 長之者義乎."

적 책임을 정하고, 신분상의 역할은 당연히 가져야 할 도덕을 만든다. 도덕적 책임의 갈등 상황에서는 도덕적 마음이 작용하여 어떤 역할을 버릴 것인지 어떤 초보적 책임을 버릴 것인지를 결정하게 된다.[36)]

도덕적 딜레마의 치유는 경도가 미치지 못한 구체적인 현실까지를 충분히 도덕적으로 성찰하여 최선의 사랑 즉 어짊을 실천하는 것이다. 경도는 보편윤리의 근본으로서 변통과 예외 없이 지켜야 할 원리나 규범이며, 권도는 원리와 규범을 인정하지 않은 것이 아니라 구체적인 윤리 문제들에 적용될 수 있도록 변통과 예외를 인정하는 융통성을 지닌 원리나 규범이다. 정이程頤는 경도는 다만 큰 강령과 큰 법으로 있을 수 있는 정당한 도리일 따름이어서 세부적이고 미묘한 구구절절한 사연들은 실로 도리가 다할 수 있는 것이 아니고, 권도라는 것은 세부적이고 미묘한 구구절절한 사연들에 대하여서 그 마땅함을 다함으로써 경도가 미치지 못하는 것을 돕는 것일 따름이라고 하였다.[37)] 경도와 권도의 통합은 역동적이다. 유안劉安은 도에 거스르는 것 같다가도 뒤에는 도에 합치하는 것이 권도를 아는 것이고, 도에 합치하는 것 같다가도 결국 거스르는 것은 권도를 모르는 것이니, 권도를 모른다면 선한 행동도 결국 추한 행동이 되고 만다고 하였다.[38)] 그러므로 도덕적 딜레마의 치유방식은 동일한 도덕원리를 서로 다르게 적용시키면서 인간을 위한 좋은 삶의 방식 즉 선을 추구하는 방식이어야 한다. 곧

---

36) 박재주, 「유가윤리에서의 도덕적 딜레마 해결방식으로서의 경→권=선」, 『윤리연구』 Vol. 64(2007), 170~173쪽.

37) 高拱, 『問辨錄』, 권6, “權者經之所不及也. 經者只是存得个大綱大法, 正當的道理而已, 其精微曲折處, 固非理之所能盡也, 所謂權者, 于精微曲折處, 曲盡其宜, 以濟經之所不及尔.”

38) 『淮南子』, 「氾論訓」, “權者, 聖人之所獨見也, 故忤而后合者, 謂之知權, 合而后舛者, 謂之不知權. 不知權者, 善反醜矣.”

도덕적 딜레마의 치유방식은 경도와 동기론을 강조하면서도 선이라는 결과를 중시하면서 상황 속에서 진정한 사랑의 실천이 무엇인가를 성찰하는 형태를 취한다고 할 수 있다.

8장 덕과 영적 치유

우리는 대부분 치료治療(curing)와 치유治癒(healing)라는 말을 동일한 의미로 받아들여 상호 교환적으로 사용하고 있다. 하지만 병과 관련된 Sickness, Illness, Disease와 같은 몇 가지 용어들을 살펴보면 치료와 치유의 의미를 구분할 수 있다. Sickness는 가장 광범위한 의미로 흔히 아프다 · 앓다라는 뜻으로 사용되고 있다. Sickness는 마음의 아픔이나 물리적인 신체의 아픔을 의미하는 것으로 사용될 수도 있고 전인적으로 인간이 느끼는 주관적 · 객관적 고통 또는 불편함을 통칭하는 것으로 사용될 수도 있다. 그러므로 Sickness란 용어는 Illness와 Disease를 다 포함한다. 그런데 Illness란 편하지 않고 정상적이지 않은 상태를 뜻하는 것으로서 정상적 혹은 안녕(well-ness)과 반대되는 의미를 지니고 있다. 따라서 구체적인 치료의 대상으로서의 질병인 Disease와는 그 의미가 구별된다. 즉 Illness는 주관적 경험이 내포되어 있으며 타인이나 사회문화 등 주위 환경과 상호작용하는 존재론적인 가치의식이 개입될 수밖에 없다. 그러므로 흔히 Illness를 사회적 질병이라고 하고 Disease를 생리학적 질병이라고 부른다.

치료란 Disease를 다루는 과정과 그로 인해 기대되는 효과를 말한 것으로 병을 고쳐 건강을 회복하는 것을 의미한다. 그러므로 치료란 자신의 의지보다는 의사나 약에 의지하는 소극적인 방법이라고 할 수 있다. 곧 치료란 외부적인 누군가의 도움을 통하여 병 자체를 고치려고 하는 행위를 말한 것이다. 하지만 치유는 병의 근본적인 원인을 알아 원래의 안녕(well-ness) 상태로 회복시키는 것을 의미한다. 그러므로 치유는 자신의 본질로 되돌아감으로써 생활습관을 바꾸려는 진지한 노력이나 좋은 의사와 치료법을 적극 찾아 나서려는 것, 그리고 자신과 타인을 용서하는 것과 생의 깊은 영적 의미를 발견하는 것 등의 적극적인 방법을 포함하고 있다. 치유는 질병을 생명적 가치로 받아들여 하나의 치유의 촉매제로 인식하면서 근원적인 문제해결 방법이나 본질적인 삶의 방법 등을 찾아 나서는 건강행위이다. 따라서 치유의 본질은 병의 근본적인 원인을 해결하기 위하여 자신의 본질로 되돌아가 '참자기'를 발현하며 보다 건강한 삶으로 나아가는 것이라고 말할 수 있다. 그러므로 치유는 인간의 삶을 해치는 아픔(Sickness)으로부터 그 원인이 사회문화적인 병(Illness)이든 생리적인 병(Disease)이든 관계없이 개인적·사회적 의미를 되돌려 주는 것이다. 따라서 치유는 치료를 동반하기도 하지만 치료는 치유와 아무런 관련이 없을 수도 있다.

후두암으로 투병생활을 하는 두 환자의 사례를 통하여 치료와 치유의 차이를 확인해 볼 수 있다. 한 환자는 수술과 항암제 치료를 받고 성공적으로 암세포를 제거하는 데 성공하였다. 그러나 이 환자는 말을 할 수 없게 된 현실을 비관하고 가족과 친구들도 멀리하고 아주 심한 좌절감과 우울증 그리고 대인기피증에 시달리게 되었다. 하지만 똑같은 암을 가진 다른 환자는 불행하게도 치료에 실패하였다. 암은 계속 재발되어 전이되어 갔고 수년간 참아 내기 힘든 치료과정을 반복해야 했다. 그러나 그는 죽는 날까지 한 번도 스스로를 포기하지 않았고 주위 사람들과의 관계도 버리지 않았으며 항상 감사의 마음으로 살았다. 그 환자가 죽은 후 그와 함께 고통을 나누었던 가족, 친지, 친구들, 그리고 병원 관계자들은 그가 죽기 며칠 전 힘들여 쓴 것으로 보이는 감사와 사랑의 편지를 받고 다시 한 번 눈물을 흘렸다. 이 두 환자 중 한 사람은 치료되었으나 치유되지 못했고 다른 한 사람은 치료에는 실패했으나 치유에는 성공한 것이다. 성경에 예수가 문둥병자 열 명을 치료한 사건이 기록되어 있는데 거기에서도 치료와 치유의 차이를 찾아볼 수 있다. 열 명 중에 한 사람만이 자기가 치료된 것을 보고 하나님께 영광을 돌리며 돌아와 예수의 발아래 엎드렸다. 예수는 나머지 아홉은 어디 있느냐고 묻고서 돌아온 이에게 "일어나 가라. 네 믿음이 너를 구원하였느니라"라고 말하였다. 열 명이 치료를 받았으나 오직 한 사람만이 치유된 것이다. 치유란 자신이 본래부터 갖고 있던 자연 본질성의 인식과 동시에 모든 것들과 상호 관련되어 있는 공존의식을 인지하는 것이다. 우리가 무엇과 서로 관련되어 있다고 느끼는 연대의식은 곧 삶의 의미와 목표가 될 수 있다.

공자는 우주생성의 본질을 어짊(仁)으로 보고 어짊으로 세계와 관계할 것을 요구한다. 곧 공자는 '참자기'의 도덕주체인 어짊을 자각하고 어짊으로 세계와 관계하여 스스로를 치유해 나아갈 것을 권장하고 있다. 이것은 자신의 삶을 우주생성의 본질인 어짊과 하나로 통합시켜 진정으로 세계와 관계할 수 있도록 함으로써 내적 치유의 힘을 제공하는 것이다. 천지는 우주생명의 본원이며 만물을 생성하는 주체이다. 생명은 음양이 함께 존재하면서도 한 번 음하고 한 번 양하면서 끊임없이 생성하고 성장변화하는 천지 작용의 공능으로 창생된다. 인간은 천지의 공능에 의한 큰 덕의 산물이며 천지의 이치에 따라 삶과 죽음을 거듭하면서 변화해 가는 영속적인 생명의 유기체적 존재이다. 그러므로 진정한 인간존재는 천지가 만물을 낳는 절대 사랑의 마음으로 자기의 한계를 극복하여 도덕생명으로 거듭나는 존재인 것이다. 삶과 죽음은 선과 악, 천당과 지옥 등 양극단적인 가치가 아니라 오히려 호오의 감정을 극복함으로써 삶의 내적 가치를 실현할 수 있는 자연적인 과정이다.

공자는 구체적이고 실질적인 삶의 영역을 벗어난 문제들에 대하여서는 일단 보류하면서 자신의 내면적 세계에 대한 자각과 반성에 근거한 현실적인 문물제도의 참된 가치를 찾는 데 관심을 집중하였다.[1] 공자에게 있어 하늘은 자연의 모든 변화를 주관하고 명령하며 주재하는 유일한 절대자로서의 인격적 존재가 아니다. 하늘은 단지 자연 운행의 법칙이며 우리 자신에게 부여된 내적 실천의지와 신념을 보증하는 상징적 존재이다. 그러므로 공자는 우리로 하여금 자연 운행의 법칙을 통하여 생명현상에 대한 진솔하고도 냉철한 자각과 반성 그리고 통찰을 하게 함으로써 우리의 영적 요구를 철학적으로 관조해 볼 수 있도록 한다.

인간은 몸과 마음 그리고 영적 요소가 하나로 통합된 존재이다. 인간은 영적 차원을 통하여 초월적 존재의 의미와 가치를 경험하게 되며 심리적·환경적 상황으로부터 자신을 초월할 수 있다.[2] 영적 건강은 수직적 관계와 수평적 관계로 나누어진다.[3] 수직적 관계에서의 영적 치유는 신과의 관계에서 평온을 느끼는 종교적 안녕이다. 수평적 관계는 현 존재의 실존을 직시하면서 인간의 삶에 대한 만족감과 의미 그리고 목적이 충만한 상태의

---

1) 『論語』, 「公冶長」, "子貢曰, 夫子之文章, 可得而聞也, 夫子之言性與天道, 不可得而聞也."
2) V. Frankle, *Man's Search for Meaning*(Boston: Beacon Press, 1963).
3) C. W. Ellison, "Spiritual Well-being: Conceptualization and Measurement", *Journal of Psychology and Theology* 11(4)(1983), pp.330~340 참조.

철학적 안녕이다.

수직적 관계의 종교적 영적 치유는 신이 상황을 통제한다는 것을 깨달아 삶의 의미와 목적을 신과의 관계에서 발견함으로써 이루어진다. 그러므로 수직적 관계의 종교적 영적 치유는 신에게 순종하면서 신의 뜻에 의지함으로써 고통과 죽음의 불안을 극복할 수 있다. 그러나 수평적 관계의 철학적 영적 치유는 실존적 사실성에 대한 현존재의 모습을 직시하면서 고양된 삶의 의미와 목적을 발견하여 세계 내에서 '참자기'를 실현함으로써 유한적인 한계 상황을 초월하고 고통과 죽음의 불안을 극복하는 것이다. 죽음을 넘어서는 가장 쉬운 방법을 종교적 영적 치유라고 말한다면, 신에게 의지하지 않고 죽음 등의 한계 상황을 넘어서는 또 다른 방법을 철학적 영적 치유라고 말할 수 있다.

공자는 인간의 현존재를 직시하고 참된 생명으로 자신과 이웃 그리고 우주자연과의 관계 속에서 인생 문제를 사유하였다. 공자는 현세의 사회적 관계 속에서 어떻게 생명을 생생하게 살아 움직이게 하여 의미 있는 참된 생명으로 살려낼 것인가에 대한 적극적 태도를 취하고 있다. 그러므로 공자는 죽음이나 죽음 이후의 세계인 내세에 대하여 더 이상 논하지 않고 현세에서 오늘을 충실히 살면서 어떻게 가치 있는 생명을 살아 내게 할 것인가에 집중하고 있다. 삶에 대한 관심을 중심 주제로 삼으면서 어떻게 사는 것이 인간다움을 실현하는 길인지를 최대의 문제로 삼고 있는 공자는 우주자연과의 관계 속에서 그 이치를 깨닫게 하여 삶의 의미와 목적을 발견하게 한다. 곧 공자는 자연의 변화에 순응하면서 천지의 이치에 합당한 자신의 내적 가치를 실현하게 함으로써 유한한 개체생명의 한계를 넘어서게 하는 영적 치유의 힘을 키워 나아가게 하고 있다.

일반적으로 우리의 영적 요구는 삶과 죽음에 대하여 만족스러운 해답을 찾으려는 '삶과 죽음의 존재 현상에 대한 영적 요구', '삶의 의미와 목적에 대한 영적 요구', '사랑의 관계와 화해에 대한 영적 요구', '영원히 살고자 하는 희망에 대한 영적 요구' 등으로 나타난다.

'삶과 죽음의 존재 현상'에 대한 궁극적인 해답은 천지의 작용을 이해하는 데서부터 시작된다. 천지의 큰 힘은 만물을 생성한다.[4] 천지는 우주생명의 본원으로서 각 개체생명을 생성하는 주체이며 끊임없이 생명을 창생하는 원동력이다. 천지의 가장 큰 공능은 만물과 더불어 인간의 개체생명을 낳는 것이다. 생명을 낳는 천지작용은 끊임없이 생생生生의 작용을 한다. 만물을 낳고 또 낳음은 역易이다.[5] 역은 해(日)와 달(月)이 변화하듯 끊임없이 변화한다는 함의를 담고 있으므로 모든 생명현상은 끊임없이 생성되어서 새로운 모습으로 성장하고 변화하는 영속적 과정에 있다. 『주역周易』「계사전繫辭傳」에 "시작에 근원하여 끝으로 돌아가는 것이 자연의 이치이니 여기에서 삶과 죽음을 알 수 있다"(原始反終, 知死生之說)라고 하였다. 시작이 있으면 끝이 있는 것과 마찬가지로 삶이 있으면 곧 죽음도 있다는 것이다. 또한 「계사전」에 "한 번은 음이 되고 한 번은 양이 되면서 끊임없이 변화하는 것이 자연의 길이고 이를 잘 따르는 것이 선이며 이를 이루는 것이 본성이다"(一陰一陽之謂道, 繼之者善也, 成之者性也)라고 하였다. 이러한 생성의 계열 속에서 보면, 죽음은 자연 변화의 상리常理로서 우주 질서의 과정인 것이므로 무서워하거나 곤혹스러워할 필요가 없다는 것이다. 삶과 죽음은 생명자체가 변화하는 하나의 자연스러운 단계에 지나지 않으므로 마음을 편안히 하

---

4) 『周易』, 「繫辭下傳」, "天地之大德曰生."

5) 『周易』, 「繫辭上傳」, "生生之謂易."

고 자연에 순응한다면 죽음으로 인한 불안과 공포를 극복할 수 있다. 죽음은 우주자연의 모든 생명체가 맞이하는 자연스러운 결과이자 모든 생명이 생성변화하는 과정 속에서 이루어지는 순환적인 과정태이다. 그러므로 시작과 끝 그리고 삶과 죽음 등의 양극이 하나로 통합되어 순환하는 원시적이고 소박한 우주자연의 이치로써 '삶과 죽음의 존재 현상'을 이해할 수 있다.

『주역』에서는 끊임없는 생명현상을 생성변화의 과정으로 설명한다. 천지가 있는 후에야 만물이 생성된다. 천지 사이에 꽉 차 있는 것은 다만 만물이다. 이는 사물이 처음으로 생성되는 것을 의미한다. 그러므로 이를 둔괘屯卦가 받는다. 둔屯이란 가득 차 있는 것을 상징한다. 사물이 생성되면 반드시 갓 자란 어린 상태이다. 그러므로 이것을 몽괘蒙卦로 받는다. 몽蒙이란 불충분하고 사물이 어리다는 뜻이다. 사물이 어리면 키우지 않을 수 없다. 그러므로 이것을 수괘需卦로 받는다.[6] 『주역』의 괘는 만물 생성의 단초가 되는 건곤괘乾坤卦로 시작하여 최초 사물의 창생을 의미하는 둔괘屯卦로, 점진적인 성장을 의미하는 몽괘蒙卦로, 성장에 꼭 필요한 여러 요소의 공급을 상징하는 수괘需卦로 창생과 생성의 과정을 설명한다. 이것은 건이든 곤이든 그 자체 하나만의 힘으로는 생명을 생성시킬 수 없고 반드시 건곤의 음양감응이 있어야 한다는 것을 의미한 것이다. 이것은 생명현상의 상호 대대적待對的 관계를 강조하고 있는 것이다.[7] 천지가 교감하여 만물이 서로 형통한다.[8] 천지가 감응하여 만물이 변화 생성한다.[9] 천지가 서로 만나니 여러

---

6) 『周易』, 「序卦傳」, "有天地然後, 萬物生焉. 盈天地間者, 唯萬物. 故受之以屯. 屯者盈也. 屯者物之始生也, 物生必蒙. 故受之以蒙. 蒙者蒙也, 物之穉也. 物穉不可不養也. 故受之以需."

7) 김병환, 「유가의 생명관: 생생, 만물일체와 '살림'의 생명론」, 『유교사상연구』 22집(2005), 314~315쪽.

8) 『周易』, 泰卦 「彖傳」, "天地交而萬物通也."

사물이 모두 나타난다.[10] 천지의 음양 두 기운이 작용하여 만물이 순화하고 남녀의 정기가 합하여져 만물이 변화 생성된다.[11]

우리의 창생과 성장의 과정은 단독적으로 이루어질 수 없고 두 가지 대대 요소의 변화와 합일의 과정 속에서 가능하다. 우주생명의 생성은 천지 즉 음과 양 두 가지 요소의 교합작용에 의해 생성된다. 우리의 삶과 죽음 또한 음양으로서 전체 우주생명의 생성변화인 생명현상의 과정이다. 생사는 천지의 기운이 서로 상호 교감하여 감응한 결과로 일어난 것이다. 생사는 만물의 생육에 함께 동참하고 있는 변화의 과정이다. 그러므로 우리는 생명에 대한 의미규정이나 생명 자체를 부담스러워하기보다 생명현상을 끊임없는 변화과정으로 받아들일 수 있어야 한다. 우리가 죽음까지도 변화과정으로 받아들일 때, 상호 대대의 화합과 조화 상생의 관계를 파악할 수 있다.

한 번 음하고 한 번 양하는 것을 도라고 한다.[12] 생명창생의 끝없음이 역易의 운동이다. 역의 운동은 구체적으로 한 번 음하면 한 번 양한다. 이는 음이 있으므로 양이 있고 양이 있으므로 음이 있다는 상호 공존의 도리를 설명해 주고 있다. 즉 음양 각각의 독존적인 존재형식이 아니라 공존이 우주생명 창달의 근본 구조인 것이다.[13] 이것은 개체생명의 존재양식에 있어서도 상호 공존성의 원리가 적용되고 있음을 의미한다. 우리가 자신의 생사

9) 『周易』, 咸卦「象傳」, "天地咸而萬物化生."
10) 『周易』, 姤卦「象傳」, "天地相偶而品物咸章也."
11) 『周易』, 「繫辭下傳」, "天地絪縕, 萬物化醇, 男女構精, 萬物化生."
12) 『周易』, 「繫辭上傳」, "一陰一陽謂道."
13) 김병환, 「유가의 생명관: 생생, 만물일체와 '살림'의 생명론」, 『유교사상연구』 22집 (2005), 316쪽.

를 포함하여 어떤 상반된 두 존재를 대립과 부조화 혹은 모순이나 투쟁 관계로 보지 않고 변화의 과정 속에서 나타난 작용으로 바라볼 때 천지의 생육에 동참할 수 있다. 변화는 정지 상태가 아닌 지속적 운동태이다. 일음일양은 한 번 음하고 한 번 양한다는 의미와 음양이 동시에 존재한다는 두 가지 의미를 지니고 있다. 우리가 생사를 분리하지 않고 한 번 생生하면 한 번 사死하는 변화의 과정으로 바라보면서 연속선상으로 자신의 생명현상을 이해할 때 우리는 천지의 생육에 동참하게 되는 것이다. 이러할 때에 우리는 '삶과 죽음의 존재 현상'에 대하여 궁극적인 해답을 찾아갈 수 있다.

주희 역시 공자의 말에 주석을 달면서 정이程頤의 말을 인용하여 "낮과 밤이 바뀌는 것과 같은 것이 바로 삶과 죽음의 도이다. 삶의 도를 알면 곧 죽음의 도를 알게 된다. 사람을 섬기는 도를 다하는 것이 바로 귀신을 섬기는 도를 다하는 것이다. 삶과 죽음, 사람과 귀신은 하나이면서 둘이고 둘이면서 하나이다"라고 설명하였다.[14] 삶도 모르는데 죽음을 어찌 알겠는가라는 공자의 말은 삶에 관심을 가져야 한다는 현실적 주장에서 나온 것일 뿐 아니라 죽음은 삶의 자연스러운 연속이라는 근본 신념까지 포함하고 있다. 음양이 동시에 존재하면서 한 번 음하고 한 번 양하는 운동이 천지생명의 운동이다. 이것이 궁극적인 도의 운동이며 이 운동에 의해 모든 존재가 생성되고 변화한다. 공자는 이러한 자연관적 이해에 입각해서 우리로 하여금 '삶과 죽음의 존재 현상'에 대한 궁극적인 해답을 찾아가게 한다. 우리를 포함한 모든 만물이 일음일양의 운동을 떠나서는 생명창달의 변역이 있을 수 없기 때문이다.

14) 『論語集註』, 「先進」, "程子曰, 晝夜者, 死生之道也. 知生之道, 則知死之道. 盡事人之道, 則盡事鬼之道. 死生人鬼, 一而二, 二而一者也, 或言夫子不告子路, 不知此乃所以深告之也."

도를 반복하여 칠일 만에 되돌아오는 것이 천의 운행이므로 되돌아오는 것에서 바로 천지의 마음을 본다.[15] 평탄하여 기울어지지 않는 것이 없고 가서 돌아오지 않는 것이 없다.[16] 끝나면 바로 시작함이 있는 것이므로 이 것이 천도의 운행이다.[17] 도란 계속 변천하고 변동하여 어느 한곳에 일정하게 거하지 아니하고 육허에 주류한다.[18] 그러므로 인간의 개체생명은 삶과 죽음의 쉼 없는 순환운동이며 삶과 죽음의 두 축을 극점으로 하여 왕복 순환한다. 이런 생명의 쉼 없는 왕복 순환운동은 자연사나 인간사에 그대로 적용되어 나타난다. 해가 중천에 있으면 기울고 달이 차면 비워진다.[19] 추위가 가면 더위가 오고 더위가 가면 추위가 온다.[20] 죽음과 삶, 사람과 귀신은 기가 모였다 흩어졌다 하는 것일 뿐이므로 모였다 흩어졌다 하는 작용이 있을 뿐 있고 없는 것이 아니다.[21] 해와 더위는 양이고 달과 추위는 음이다. 해와 달 그리고 추위와 더위의 왕래는 곧 음양의 왕복 운동을 의미한다. 낮과 밤의 변화와 사계 속의 계절변화도 음양의 소장消長과 생장生長이다. 일왕일래一往一來, 일승일강一升一降, 일동일정一動一靜, 일음일양一陰一陽 등은 모두 사물의 상반되는 요소가 상호 대립하면서도 서로 감응 작용하는 자연의 이치이다.[22] 그러므로 우리가 삶 속에서 경험하게 되는 고통이나 편안함, 불행이나 행복 등의 현상 등은 자연의 이치에 따라 일음일양하며 약동해

15) 『周易』, 復卦 「彖傳」, "反復其道, 七日來復, 天行也……復其見天地之心乎."
16) 『周易』, 泰卦 九三爻, "無平不陂, 無往不復."
17) 『周易』, 蠱卦 「彖傳」, "終則有始, 天行也."
18) 『周易』, 「繫辭下傳」, "爲道也屢遷, 變動不居, 周流六虛."
19) 『周易』, 豊卦, "日中則昃, 月盈則食."
20) 『周易』, 「繫辭下傳」, "寒往則暑來, 暑往則寒來."
21) 『花潭集』, 「鬼神死生說」, "死生人鬼只是氣之聚散而已, 有聚散而無有無."
22) 김병환, 「유가의 생명관: 생생, 만물일체와 '살림'의 생명론」, 『유교사상연구』 제22집 (2005), 318쪽.

가는 건강한 자연현상인 것이다.

사람들은 스스로의 열의와 활동의 결과로 영혼(soul)을 통하여 삶에 필요한 에너지를 얻게 된다.[23] 영적 안녕의 추구는 개인적으로 이루어진다기보다는 다른 사람들과의 사회적 관계 안에서 이루어진다. 그러므로 영적 안녕의 중요한 지표는 지지체계 확보 그리고 이웃과 우주에 대한 건강한 인식과 사고 등이다.[24] 질병이나 상실 그리고 슬픔이나 통증이 인간을 격타할 때 영적 에너지는 고갈되어 위기상태에 이르게 된다. 이때 우리가 자신의 현존재를 직시하면서 개별적인 다양한 현상들을 일왕일래, 일승일강, 일동일정, 일음일양 등으로 바라본다면 우리는 천지의 생명운동에 자신을 동참시킴으로써 내적 균형과 우주 질서의 통합을 이루어 나아갈 수 있다. 사물의 비롯됨을 미루어 사물의 마침을 생각한다. 생이 있어 죽음이 있다. 정기精氣가 사물이 되고 유혼遊魂이 변화된다. 이런 까닭에 귀신의 정황을 알 수 있는 것이다.[25] 정기는 음양의 응축된 기를 가리키는 것이다. 정기가 뒤엉켜 모여져서 사물이 이루어지는 것이다. 유혼은 그 모였던 기가 흩어지는 것이다. 삶과 죽음은 기氣의 취산聚散 작용이다. 기는 감각이 불가능하지만 태허를 가득 채우고 있는 실재 존재이다.[26] 시간적 계기마다 변화를 통하여 그 모습을 드러내는 존재이다. 무릇 물物이 흩어지면 그 이루고 있던 기가 마침내 없어지는 것이므로 본원의 이치에 복귀하는 일이 없다.[27] 모이면 있게

---

23) B. Neuman, *The Neuman Systems Model*(2nd ed.)(Norwalk, CT: Appleton-Lange, 1989).

24) M. McEwen, “Spiritual nursing care”, *Holist Nurs Pract* 19(4)(2005), pp.161~168.

25) 『周易』, 「繫辭上傳」, “原始反終. 故知死生之說. 精氣爲物, 游魂爲變. 是故知鬼神之情狀.”

26) 『花潭集』, 「原理氣」, “把之則虛, 執之則無, 然而却實, 不得謂之無.”
『花潭集』, 「太虛說」, “太虛, 虛而不虛, 虛卽氣.”

27) 『二程遺書』, 권11, “凡物之散, 其氣遂盡, 無復歸本原之理.”

되고 흩어지면 없어진다. 기가 이미 흩어져 버린 것은 이미 바뀌어서 없어진 것이다.[28] 기의 움직임은 모였다 흩어졌다를 반복하는 취산작용에 의해 일어난다. 기의 취산작용을 통하여 태허로부터 만물이 생성되어 나오고 다시 소멸되어 태허로 돌아간다.[29] 이는 사람만이 아니라 만물도 이와 같은 순환과정을 거친다. 우리를 포함한 모든 만물은 이러한 이치에 따른다.

정호程顥는 천天을 리理로 규정하고 어떤 사물이 있기 이전에도 이미 그 사물의 이치가 있다고 보고 있다.[30] 만물은 모두 각각의 이치가 있으므로 그것을 따르면 쉽고 거스르면 어렵다. 장재에 의하면 우리와 만물의 관계는 같은 근원에서 나온 동포이며 벗이다.[31] 우리가 기의 취산작용에 의한 개체생명의 유한한 존재성을 받아들일 수 있을 때 전체생명으로서 모든 만물과 하나 되어 천지의 생성과 화육에 동참할 수 있다. 삶과 죽음은 원기元氣가 저절로 응결하고 흩어지는 외재의 형체로 나타난 것이다. 삶과 죽음은 똑같이 기氣의 순간적인 존재의 변화 상태로서 자연의 기가 자욱하게 변화 생성하는 과정에서 서로 다른 단계를 표현하는 것일 따름이다. 생명의 죽음은 사실상 원기가 생 이전의 상태로 돌아가는 것이다.[32] 장재는 "죽음은 소멸한 것이 아니다. 원기가 모여들어도 내 몸이요 흩어져도 내 몸이니 죽음이 완전히 소멸이 아님을 아는 사람은 그 본성에 대하여 말할 수 있을 것이다"라고 하였다.[33] 삶과 죽음의 자연성에 대한 합리성을 인정하고 받아들이는

---

28) 『朱子大典』, 권45, "聚則有, 散則無. 氣之已散者, 旣化而無有矣."
29) 張載, 『正蒙』, "太虛不能無氣, 氣不能不聚而爲萬物, 萬物不能不散而爲太虛, 循是出入是皆不得已而然也."
30) 『二程遺書』, 권11, "天者理也."
31) 張載, 『正蒙』, "民吾同胞, 物吾與也."
32) 何顯明 지음, 현채련 · 리길산 옮김, 『죽음 앞에서 곡한 공자와 노래한 장자』(예문서원, 1999), 95쪽.

동양의 생사관은 죽음의 불안과 공포를 희석시켜 줄 수 있다. 우리는 유한한 개체생명의 한계를 초월하여 전체생명에 동참할 수 있을 때 삶과 죽음에 대한 불안과 공포를 치유해 나아갈 수 있다.

공자는 천하에 도가 실행되느냐 폐지되느냐 하는 것은 이미 정해진 이치이므로, 삶과 죽음도 인간이 피할 수 없는 어찌할 수 없는 명命이라고 보고 있다. 공자의 명命은 권위적인 명령이나 인간의 삶이 태어나면서부터 미리 정해져 있고 또 그러한 삶을 총체적으로 지배받는다는 필연적 법칙을 의미하는 운명運命의 명命이 아니라, 상징적 의미 즉 인간의 생명은 유한하며 한계 상황이 있다는 것을 강조하기 위하여 사용한 것에 지나지 않는다. 그러므로 공자의 명命이나 하늘을 향한 탄식은 인격적 존재로서의 하늘이 인간의 삶을 주관하고 지배한다는 것에 대한 원망과 탄식이 아니다. 공자의 탄식은 자연생명이 유한하다는 것과 사람의 어떠한 노력으로도 피할 수 없는 한계 상황에 대한 인식과 수용이다. 이와 같은 인식과 수용은 공자의 제자 백우伯牛가 문둥병에 걸려 죽음에 이르렀을 때 공자가 슬퍼하면서 "이런 병에 걸릴 리가 없는데 명命인가 보다. 이 사람이 이런 병에 걸리다니! 이 사람이 이런 병에 걸리다니!"[34]라고 탄식하면서 죽음을 명命으로 받아들이고 있는 장면에서도 잘 드러나고 있다.

죽고 사는 것은 명에 달려 있고 부유해지고 귀하게 되는 것은 하늘에 달려 있다.[35] 하려고 하지 않았는데도 그렇게 되는 것은 하늘(天)의 뜻이고 부르지 않았는데도 저절로 이르는 것은 운명(命)이다.[36] 예의로움으로 나아

---

33) 張載, 『正蒙』, "聚亦吾體, 散亦吾體, 知死之不已者, 可與言性矣."

34) 『論語』, 「雍也」, "伯牛于有疾, 子問之, 自牖, 執其手曰, 亡之, 命矣夫, 斯人也而有斯疾也, 斯人也而有斯疾也."

35) 『論語』, 「顏淵」, "子夏曰, 商聞之矣, 死生有命, 富貴在天."

가고 의로움으로 물러날 뿐 벼슬을 얻고 못 얻는 것은 천명에 달려 있다.[37)] 현 존재의 한계성에 대한 공자와 맹자의 이러한 합리적인 자세는 우리에게 죽을 수밖에 없는 유한한 부분을 천명으로 수용할 수 있도록 하면서도 자신을 우주로 확장시켜 나아가 '참자기'의 실현을 향해 꿈틀거리게 하는 철학적 영적 치유의 기초가 되고 있다.

공자는 우리의 죽음에 대한 두려움을 치유할 수 있는 수단을 모든 인간이 본질적으로 체험할 수 있는 슬픔 즉 애사체험哀死體驗에서 찾고 있다. 애사체험은 모든 슬픔을 토로하고 난 뒤 이치(理)로써 한계 상황과 관련된 번민·슬픔·괴로움 그리고 애절한 감정 등을 매듭짓게 한다. 그러므로 애사체험은 현실생명의 감성을 충분히 드러내게 하면서 오히려 현세에서의 내재적 인격수양을 통한 현실생명의 사회적 가치를 실현할 수 있도록 한다.[38)] 공자는 죽음이라는 운명에 대하여 어쩔 수 없는 근심과 탄식 그리고 사람의 감정으로는 받아들이기 싫지만 어쩔 수 없이 받아들여야 하는 쓰라린 감정을 경험하게 함으로써 오히려 이치로 감정을 순화(以理化情)시키는 합리적 방법을 사용하고 있는 것이다. 이것은 우리에게 현실의 생존 속에서 우주자연의 영원한 생명의 흐름을 체증하게 하고 개체와 전체 그리고 유한과 무한의 본질적인 관련성을 체증하게 하는 철학적 영적 치유의 경지이다.

공자는 "상을 치를 때 형식적으로 잘 치르기보다는 차라리 슬퍼해야 한다"[39)], "경건함을 제일로 갖추어야 하고 슬픔은 그다음이다"[40)], "제사를 지

36) 『孟子』, 「萬章章句上」, "莫之爲而爲者, 天也, 莫之致而至者, 命也."
37) 『孟子』, 「萬章章句上」, "孔子進以禮, 退以義, 得之不得, 曰有命."
38) 최연자, 「죽음 앞에서의 본질행위에 관한 시론」, 『범한철학』 28(2003).
39) 『論語』, 「八佾」, "喪與其易也, 寧戚."
40) 『禮記』, 「雜記下」.

낼 때 마치 조상이 계신 것과 같이 하고"[41] 상례는 슬픔의 정감을 위주로 해야 한다고 하였다. 공자는 상을 입은 사람 곁에서 음식을 먹을 때면 배부르게 먹은 적이 없고 조문하면서 곡을 한 날에는 노래를 부르지 않았다.[42] 상을 입은 사람을 만나면 태도를 공손히 하였고 상을 당한 사람이 나이가 적을지라도 그를 대할 때에는 반드시 일어났고 그 사람 곁을 지날 때에는 종종걸음을 하였다.[43] 곧 공자는 죽음을 인류의 보편적 정서로 이해하여 장례의 본질이 그 절차나 형식에 있는 것이 아니라 슬픔에 있음을 분명히 하고 있다. 그러나 공자는 슬픔에만 빠져 있지 않고 이성적으로 경건(敬虔)과 삼감(謹愼)의 공손함과 조심스러운 태도를 취할 수 있도록 함으로써 우리에게 현 존재의 한계 상황을 받아들이게 하면서도 운명을 우주자연의 이치로 순화시켜 나아가게 하고 있다. 곧 공자는 죽음 앞에서 슬퍼하되 비탄에 빠지지 않도록 함으로써(哀而不悲) 슬픔을 정화시켜 삶과 죽음의 의미를 집중적으로 성찰하면서 양자의 관계를 재조정해 나아갈 수 있도록 한다. 그리고 공자는 경건과 삼감의 공손함을 통하여 죽음 앞에서도 삶의 참다운 의미와 가치를 찾아갈 수 있도록 한 것이다.

공자의 귀신에 대한 태도 역시 신의 존재를 인정하는 것이라기보다는 내면의 도덕가치를 발현하기 위한 것이다. 귀신을 공경하되 멀리하면 지혜롭다.[44] 제사를 지내되 선조가 있는 듯이 지내며 신에게 제사 지내되 신이 있는 듯이 지낸다.[45] 이것은 어떤 외적 존재로서의 귀신을 인정해서가 아니

41) 『論語』, 「八佾」, "祭如在."
42) 『論語』, 「述而」, "子食於有喪者之側, 未嘗飽也, 子於是日, 哭則不歌."
43) 『論語』, 「子罕」, "子見齊衰者, 冕衣裳者, 與瞽者, 見之, 雖少必作, 過之, 必趨."
44) 『論語』, 「雍也」, "務民之義, 敬鬼神而遠之, 可謂知矣."
45) 『論語』, 「八佾」, "祭如在, 祭神如神在."

라 현실적인 정서를 긍정하여 제사 지낼 때 진실되고 성실한 효도의 감정을 갖추도록 요구하는 취지에 의한 것이다. 제사는 어짊이라는 도덕 감정의 표상이지 귀신사상의 체현이 아니다.[46] 즉 제사를 지내는 궁극적 목적은 신의 존재를 인정해서가 아니라 삶의 도덕적 의의를 찾아 내면의 도덕가치를 발현하는 지혜로운 사람이 되기 위해서이다.

공자는 죽음을 두려움의 대상으로서가 아니라 자연스러운 변화의 과정으로 인정하고 삶의 과정 속에서 맞이하는 결과가 죽음이라면 언제든 받아들일 수 있어야 한다는 자세를 취하고 있다. 운명 아님이 없으나 그 바른 운명을 따라야 한다. 그러므로 운명을 아는 사람은 위험한 담장 밑에 서지 않는다. 그 도를 다하고 죽는 자는 바른 운명이고 죄를 저질러 죽는 자는 바른 운명이 아니다.[47] 삶을 버리고 옳음을 취하면 된다.[48] 군자는 천리의 당연한 법칙을 실천하고서 운명(命)을 기다릴 뿐이다.[49] 일찍 죽을지 오래 살지를 의심하지 않고 몸을 닦아서 천명을 기다리는 것이 명을 세우는 방법이다.[50] 죽음이란 도의 실현을 위하여 힘써 일하다 맞닥뜨리게 되는 삶의 자연스러운 과정이며 더 적극적으로는 사람다움의 실현을 위하여 스스로 택하는 길이기도 한 것이다. 그러므로 우리는 자신의 죽음을 괴롭고 두려운 한계 상황으로만 바라보지 말고 오직 자연스러운 변화의 과정으로 인식하여 삶의 내적 가치를 적극적으로 실현시켜 나가는 데 힘써야 할 것이다.

---

46) 王治心, 『中國宗教思想史』, 68쪽.

47) 『孟子』, 「盡心章句上」, “孟子曰, 莫非命也, 順受其正. 是故知命者, 不立乎巖墻之下. 盡其道而死者, 正命也, 桎梏死者, 非正命也.”

48) 『孟子』, 「告子章句上」, “生亦我所欲也, 義亦我所欲也, 二者, 不可得兼, 舍生而取義者也.”

49) 『孟子』, 「盡心章句下」, “君子, 行法, 以俟命而已矣.”

50) 『孟子』, 「盡心章句上」, “殀壽不貳, 修身以俟之, 所以立命也.”

그렇게 함으로써 영적인 건강을 누릴 수 있다.

공자는 하늘을 전지전능한 인격적 존재로 상정하지 않고 인간의 강한 실천의지와 신념을 보증하는 하나의 상징적 존재로 상정하였다. 하늘은 피조물을 직접 주관하고 명령하는 어떤 인격적인 존재가 아니라 단지 태어나면서부터 그 자신에게 부여된 존재의 의미와 가치를 확신하고 보증하는 하나의 상징적 존재이다. 즉 하늘은 자연의 모든 변화를 명령하고 주재하는 것이 아니라 단지 만물이 생장하고 사계절이 순환하는 자연 운행 등의 원리적인 존재인 것이다. 따라서 하늘은 사계절이 일정한 법칙에 따라서 운행되고 그 속에서 만물의 생성화육이 일어나는 변화의 세계이면서 우리가 삶의 내적 가치를 실현할 수 있도록 신념을 보증해 주는 상징적 존재인 것이다. 그러므로 공자는 우리들의 삶을 외적 존재에 내맡길 것이 아니라 우리의 현실적 삶에 대한 진솔하고도 냉철한 자각과 반성 그리고 통찰을 통한 내적 가치의 발현으로써 인간생명의 유한성과 한계 상황을 극복해 나갈 것을 강조하였다.[51] 이와 같이 '삶과 죽음의 존재 현상'에 대한 철학적 영적 치유는 자연 철학적 생사관을 토대로 진정한 삶의 내적 가치를 실현할 수 있을 때 가능하다.

지나온 생을 회고하고 나름대로 정리하며 생을 마무리 짓는 과정에서 자아통합의 부재나 상실은 죽음에 대한 공포로 나타난다.[52] 자아통합의 과정에서 자기를 수용하면서 지나온 생이 옳았으며 적합했다는 느낌을 갖는다면 우리는 죽음을 의연하게 직면할 용기를 갖게 된다. 그러나 자아통합에 실패하여 현재 남은 시간이 얼마 남지 않았고 다른 인생을 시작하기에는

51) 김철운, 「공자—죽음에서 삶의 희망을 봄」, 『양명학』 제19호(2007), 256~257쪽.
52) 이인정 · 최해경, 『인간행동과 사회환경』(나남출판사, 1995), 175쪽.

늦었다는 느낌을 가질 때 우리는 궁극적으로 절망에 빠지게 된다. 그러므로 우리는 '삶과 죽음의 존재 현상'을 음양의 변화 과정과 기의 취산작용으로 바라보면서 현세에서 충실하게 내외적 가치를 실현할 수 있어야 한다. 이러할 때에 우리는 죽음에 대한 불안과 공포를 해소할 수 있을 것이다.

공자가 삶도 모르는데 죽음을 어찌 알겠는가[53]라고 하는 것은 죽음을 부정하기 위하여서가 아니라 살아가고 있는 현실의 세계를 더 중시하였기 때문이다. 자공이 공자에게 "죽은 사람이 세상의 일을 알 수 있습니까?"라고 물었을 때 공자는 "만약 죽은 사람이 알 수 있다고 말한다면 효자와 현손들이 삶을 내버려 두고 죽음에만 매달리지 않을까 두렵고, 알지 못한다고 말한다면 불효한 자손이 죽은 사람을 매장하지도 않고 아무렇게나 내다 버리지 않을까 두렵다. 죽은 사람이 세상의 일을 알 수 있는가 없는가 하는 것은 네가 죽은 후 자연히 알게 될 것이다. 그때 가서 알아도 늦지 않을 것이다"라고 하였다.[54] 곧 공자의 입장은 삶이 무엇인가를 본질적으로 깨달아 안다면 자연적으로 죽음도 알게 될 것이라는 태도를 취하고 있는 것이다. 인생에서 죽음은 삶의 부수적이고 부차적인 문제라는 관점이다. 이것은 생을 어떻게 사느냐에 따라 죽음의 의미나 관점이 규정되어진다는 생각일 수도 있다.

공자가 죽음에 대하여 답하지 않고 삶에 대하여서만 답하는 태도는 귀신을 섬기는 것보다는 사람을 중요하게 여기고 피안彼岸보다는 차안此岸을 중시하기 때문이다. 공자의 생명관은 죽음에서 출발하는 것이 아니라 세속의 생명 자체 즉 현실의 감성적인 생명의 기쁨과 책임에서 출발한다. 그러

53) 『論語』, 「先秦」, "未知生, 焉知死."
54) 『說苑』, 권18, 「辯物」.

므로 공자는 사람들에게 모든 주의력을 현실생명의 즐거움을 체험하는 데 집중할 것을 요구한다. 이것은 생명의 현실적 가치를 중요시하는 것이다. 곧 공자는 살아 있을 때 생명의 사회적 가치를 창조하고 즐겁게 눈앞의 감성적인 생명을 추구하는 데 힘쓸 것을 요구하고 있다. 죽음은 언제든 우연히 마주칠 때 원망 없이 받아들이면 그만인 것이다. 이것이 바로 삶도 모르는데 죽음을 어찌 알겠느냐는 말의 진정한 함의이다.[55] 이렇듯 공자는 죽음을 회피했다기보다는 차안의 세계를 중시하고 생존에 대한 공리성을 고려하여 오히려 죽음 자체에 대한 형이상학적 사유와 감성적 체험을 소멸시킴으로써 죽음 앞에서의 두려움을 없애고자 한 것이다.

중자로仲子路가 귀신을 섬기는 것과 죽음에 대하여 물었을 때도 공자는 오히려 "사람이라면 천지와 더불어 크게 자리하는 것이 인도人道를 다하는 것이다. 인도를 다하는 사람만이 천지의 화육化育에 동참할 수 있고 어둡고 밝고 높고 낮음을 다함으로써 스스로 다스릴 수 있는데, 어찌 삶의 도리를 다하지 않으면서 귀신의 도를 물을 수 있겠는가? 지옥이 있는가 없는가에 대하여서 군자는 말하지 않는다. 군자의 행위가 신명神明에 부합하면 자연히 성인이 되고 현인이 되며 신인神人이 된다. 살아 있을 때 이미 사람으로서 규범을 배반하고 사회를 이탈하여 사람으로 여길 수 없다면 죽은 후 어찌 명부冥府의 신이 될 수 있겠는가"라고 하였다.

죽음에 관해 가장 많이 논의하고 있는 『예기禮記』에서조차도 죽음을 생명의 본질로 논하지 않고 상사喪事가 생겼을 때 이를 지키는 예의 규범에 관해 논하고 있다. 즉 『예기』에서 죽음과 관련된 주된 관심사는 어떻게 하

55) 何顯明 지음, 현채련·리길산 옮김, 『죽음 앞에서 곡한 공자와 노래한 장자』(예문서원, 1999), 21~23쪽.

면 이 사회적 사건을 예법에 맞게 처리할 수 있으며 어떻게 하면 예교禮敎의 가치질서가 더욱 굳건해지는가에 있었다.[56] 이와 같은 것은 피안이나 사후 세계에 대한 모든 관념을 제거해 버리고 차안의 현실세계에서 '삶의 의미와 가치'를 찾을 것을 요구하고 있는 것이다. 이것은 곧 살아 있다면 삶의 가치를 귀중히 아끼고 최대한 실현하며 하늘의 뜻에 순응하고 자신의 처지에 만족하여 현실세계의 감성적 생활이 주는 행복을 충분히 향유할 것을 요청한 것이다.

육체의 죽음을 피할 수 없다는 단순한 이유로 순종한다면 일상의 삶에 무기력하여 삶의 분명한 목적의식을 상실할 것이며 거부한다면 현실적 삶에 불안감과 두려움이 증폭될 것이다. 그러므로 공자는 죽음을 자신의 삶의 일부로 받아들여 적극적이고 능동적으로 생명의 내적 가치를 실현시킬 것을 요구하고 있다. 삶의 내적 가치의 실현에 대한 것은 다음과 같은 말에서도 찾아볼 수 있다. "공자가 말하였다. '나는 말이 없고자 한다.' 자공이 말하였다. '선생님께서 만약 아무 말씀도 하시지 않으면 우리들은 무엇을 따르고 전하겠습니까?' 공자가 말하였다. '하늘이 무슨 말을 하는가! 봄·여름·가을·겨울이 운행되며 온갖 사물이 생겨나는데 하늘이 무슨 말을 하는가!'"[57] 그리고 장재는 현실생명의 가치에 충실히 따라 살면서는 일에 따르고 죽어서는 편안히 한다고 하였다.[58] 또한 자로가 공자에게 완성된 사람이 어떤 사람인지를 물었을 때 공자는 "이익이 될 만한 일을 보면 옳은지

---

56) 何顯明 지음, 현채련·리길산 옮김, 『죽음 앞에서 곡한 공자와 노래한 장자』(예문서원, 1999), 24~25쪽.

57) 『論語』, 「陽貨」, "子曰, 子欲無言. 子貢曰, 子如不言, 則小子何述焉. 子曰, 天何言哉. 四時行焉, 百物生焉, 天何言哉."

58) 張載, 『正蒙』, "存吾順事, 沒吾寧也."

그른지를 생각하고 위태로운 일을 보면 목숨을 바칠 줄 안다"[59], "아침에 온 세상에 도가 실현되었다는 소리를 듣는다면 저녁에 죽어도 좋다"[60], "뜻 있는 선비와 사람다운 사람은 살기 위하여 사람다움을 해치지 아니하며 몸을 죽여서라도 사람다움을 완성한다"라고 하였다.[61]

이와 같은 삶의 가치를 위한 실천의지는 맹자에 의해 더욱 발전되었다. 입이 맛에 대한 것과 귀가 소리에 대한 것과 코가 냄새에 대한 것과 팔다리가 편안함에 대한 것이 본성이지만 명命이 있기 때문에 군자는 성性이라고 하지 않는다. 어짊(仁)이 부모와 자식에 대한 것과 의로움(義)이 임금과 신하에 대한 것과 예의로움(禮)이 손님과 주인에 대한 것과 지혜로움(智)이 어진 사람에 대한 것과 성인이 천도에 대한 것은 명命이지만 본성(性)이 있기 때문에 군자는 명命이라고 하지 않는다.[62] 곧 맹자는 내 의지나 실천으로 어떻게 할 수 없는 명命이 들어 있는 것을 본성으로 보지 않고 내 자신의 의지나 실천에 달린 것을 인간의 본질적인 본성으로 보아 내 의지에 따른 올바른 실천을 다하고 그 결과를 기다리는 것을 중요하게 여겼다. 곧 '삶의 의미와 목적'은 내적 가치의 실현에 있으며 이를 위하여서는 우리의 올바른 실천의지가 중요하다는 것을 설명해 주고 있는 것이다.

선비는 마음이 넓고 의지가 굳세야 한다. 맡은 임무가 무겁고 갈 길이 멀기 때문이다. 어짊을 자신의 임무로 여기니 그 책임 또한 무겁지 않겠는

59) 『論語』, 「憲問」, "子路問成人, 子曰,……見利思義, 見危授命."
60) 『論語』, 「里仁」, "子曰, 朝聞道, 夕死, 可矣."
61) 『論語』, 「衛靈公」, "子曰, 志士仁人, 無求生而害仁, 有殺身而成仁."
62) 『孟子』, 「盡心章句下」, "孟子曰, 口之於味也, 目之於色也, 耳之於聲也, 鼻之於臭也, 四肢於安佚也, 性也, 有命焉, 君子不謂性也. 仁之於夫子也, 義之於君臣也, 禮之於賓主也, 智之於賢者也, 聖人之於天道也, 命也, 有性焉, 君子不謂命也."

가! 그 임무는 죽고 나서야 끝나는 것이니 그 길이 또한 멀지 않겠는가![63] 이것은 생명의 진정한 가치를 추구하는 삶의 태도로서 생명이 끝나는 그날까지 어짊을 평생 짊어지고 그 임무를 수행해야 함을 말하고 있는 것으로, 우리가 생명에 집착하는 삶이 아니라 어짊을 이루어 삶의 참된 가치를 실현할 때 '삶의 의미와 목적'을 달성할 수 있음을 말하는 것이다.

우리가 타고난 본성을 온전히 실현할 때 우리는 도덕적 선을 이루어 낼 수 있다. 하늘의 본질은 오직 사계절의 운행과 만물의 생성을 통하여 구현될 뿐 어떠한 명령을 내리는 외적 존재가 아니다. 그러므로 우리는 절대적인 신과의 관계에서가 아니라 우주자연과의 관계 안에서 자연의 변화를 끊임없이 살펴야 한다. 하늘은 우리에게 어떠한 명령도 내리지 않고 어떠한 요구도 하지 않는다. 오직 자신의 일을 묵묵히 행사하는 것일 뿐이다. 그러므로 우리는 우주자연의 그러한 변화에 순응하면서 우리의 내적 가치를 충실히 실현시켜 나아가야 한다.

우리가 '삶의 의미와 목적'을 발견하여 그에 맞는 삶의 내적 가치를 실현시키기 위하여서는 반드시 알아가야 할 길이 있다. 어짊을 이루고 도를 실천하기 위하여서는 반드시 천명을 알아야 하고 예의로움을 알아야 하며(知禮) 말을 알아야 한다(知言). 사람은 세상에 태어나서 해야 할 일을 자각하지 못하면 군자가 될 수 없고 예의로움을 올바르게 실천하지 못하면 자신의 몸을 세울 수 없고 말의 득실을 분별하지 못하면 사람의 간사하고 바른 것을 알 수 없다.[64] 맹자는 삶에 대한 욕심이나 죽음에 대한 두려움을 넘어서

63) 『論語』, 「泰伯」, "曾子曰, 士不可以不弘毅. 任重而道遠. 仁以爲己任, 不亦重乎. 死而後己, 不亦遠乎."

64) 『論語集註』, 「堯曰」, "子曰, 不知命, 無以爲君子也. 不知禮, 無以立也. 不知言, 無以知人也. 程子曰, 知命者, 知有命而信之也. 人不知命, 則見害必避, 見利必趨, 何以爲君子, 不知禮, 則耳

서 바른 실천을 한 다음 그 결과가 삶이든 죽음이든 두려워하지 않고 받아들이면 된다고 보고 있다. 그러므로 우리가 '삶의 의미와 목적'을 발견하여 삶의 내적 가치를 실현하기 위하여서는 반드시 하늘로부터 부여받은 사명이자 평생 짊어져야 할 천명을 알아야 한다.

공자는 생명을 자연적 생명과 사회적 생명으로 나누고 이 중 사회적 생명의 가치를 자연적 생명보다 더 우위에 두었다. 아침에 도를 들으면 저녁에 죽어도 좋다[65]고 하는 것은 '삶의 의미와 목적'이 사회적 생명의 가치에 있음을 의미한다. 공자는 자연생명보다는 사회적 생명을 소중하게 여기고 사회적 가치의 구현을 인간생명이 존재하는 참가치와 의미로 생각하였다. 그래서 뜻있는 선비와 어진 사람은 삶을 구하느라 어짊을 해치지 않으며 오히려 몸을 희생해서라도 어짊을 이룬다고 하였다.[66] 그러므로 공자는 그럭저럭 되는 대로 살아가면서 인격을 버리고 인간적 가치를 포기하면서 비겁하게 육체생명을 연장하는 사람을 소인이라고 본 것이다. 물론 자신의 몸을 희생하여 어짊을 완성하는 태도를 찬양한다고 해서 공자가 자연생명을 아끼지 않았다는 것은 아니다.[67]

공자가 생명의 사회적 가치를 자연생명보다 우위에 둔 것은 그 안에 인간존재의 존엄성이 있다고 보았기 때문이다. 자연생명을 이어가기 위하여서 사회적 가치를 더럽히는 것은 인류생명이 존재하는 존엄성과 명분을 잃어버리는 것과 같다. 공자가 삶도 모르는데 죽음을 어찌 알겠는가라고 한

目無所加, 手足無所措, 言之得失, 可以知人之邪正."

65) 『論語』, 「里仁」.

66) 『論語』, 「衛靈公」.

67) 何顯明 지음, 현채련 · 리길산 옮김, 『죽음 앞에서 곡한 공자와 노래한 장자』(예문서원, 1999), 102쪽.

것은 삶의 가치를 깨닫는데 역점을 둠으로써 자연히 죽음의 도리를 깨닫게 하고자 한 것이다. 맹자 또한 "사는 것도 내가 바라는 것이고 의로움도 또한 내가 바라는 것이다. 하지만 이 두 가지를 함께 얻을 수 없다면 차라리 삶을 버리고 의로움을 취할 것이다. 사는 것 또한 내가 바라는 것이기는 하지만 하고자 하는 것이 사는 것보다 더 중요하기 때문에 구차하게 삶을 구걸하지 않는다. 죽음 또한 내가 싫어하는 것이지만 죽기보다 싫은 것이 있다. 그렇기 때문에 비록 환란을 당하는 한이 있더라도 피할 수 없는 것이 있으므로 몸을 던져서 의로움을 취하는 사회적 생명의 가치를 실현한 것이다"라고 하였다.[68] 생사는 이미 피할 수 없는 운명이므로 왔다가 되돌아가지 않을 수 없고 또 가서 머물러 있을 수 없다. 그러므로 생사의 문제는 운명(命)에 맡기고 현실의 사회적 가치를 충분히 실현시켜야 한다.

공맹에게 있어 '삶의 의미와 목적'은 바로 사회적 생명의 가치를 실현시키는 데 있다. 생명의 사회적 가치는 내재적인 인격수양과 외재적인 사람사랑에 의해 나타난다. 내재적 인격수양을 돕는 것은 오로지 자연이 부여한 성품대로 마음을 보존하면서 공부와 사색을 통하여 그 이치를 더욱 궁구窮究해 나아가는 것이다. 사회적 가치의 실현은 피안의 세계에 대한 환상이나 장생불로에 대한 터무니없는 꿈을 버리고 현실의 생활 속에서 사람사랑을 통한 공존의 사회적 가치를 창조하는 것에 의해 가능하다. 이것은 곧 덕을 세우고(立德) 말을 세우며(立言) 공을 세우는(入功) 수제치평(修身齊家治國平天下)에 의해 가능한 것이다. 이 중 가장 높은 가치는 덕을 세우는 데 있고 다음으로는 공을 세우는 데 있으며 그다음에는 말을 세우는 데 있다. 이것은 내재적

68) 『孟子』, 「告子上」.

으로는 인격수양을 쌓고 외재적으로는 사회적 공훈과 업적을 세우는 것을 말한다.

현세의 삶을 창조적으로 이끌기 위하여서는 사회적 가치의 실현과 동시에 안락의 추구도 중요하다. 생명의 즐거움에 대한 긍정과 심리체험은 일찍이 공자로부터 확고한 토대를 마련하였다. 공자는 군자의 세 가지 즐거움(三樂) 즉 예악禮樂을 지키는 것의 즐거움과 도道를 닦는 것의 즐거움 그리고 어진 벗들과 사귀는 것의 즐거움에 대하여 언급하고 있다.[69] 예악에서의 예의로움(禮)은 규범을 일컫는 것이며 즐거움(樂)은 심리적인 흡족함과 감정의 만족을 일컫는다. 왕수인도 즐거움(樂)을 마음의 본모습으로 설명하고 있을 만큼 중요시하고 있다.[70] 즐거움(樂)은 넓게는 각종 희열 기능을 가지고 있는 예술을 통칭하는 것으로 특별히 거행하는 의식이나 사냥 같은 활동까지도 포함한다.[71] 곧 예악은 예의로움의 규범질서를 형성시킬 뿐 아니라 인간의 자연감정에 필요한 만족감을 주며 생명의 희열과 행복을 체험하게 하는 것이다. 그러므로 예술은 죽음에 대한 두려움을 제거하며 생명의 즐거움을 체험하게 하고 이성으로 감정을 억눌러 중용을 지킬 수 있도록 한다.

이처럼 유가철학에서는 생사의 문제를 천명에 맡겨 놓고 현세에서의 내재적 인격수양을 통한 현실생명의 사회적 가치실현에서 '삶의 의미와 목적'을 찾고 있다. 따라서 삼락三樂을 통하여 현실생명의 즐거움을 충분히 향유함으로써 영적으로 충만한 삶을 살아갈 수 있도록 한다.

『주역』에서 말하는 천지는 만물을 낳고 기르면서 어떤 것에 의존하여

69) 『論語』, 「季氏」.
70) 『傳習錄』.
71) 何顯明 지음, 현채련 · 리길산 옮김, 『죽음 앞에서 곡한 공자와 노래한 장자』(예문서원, 1999), 126쪽.

존재하는 것이 아니라 스스로 영원하고 굳건한 모습을 드러내고 있다. 그리고 천지는 생명의 창생과정을 통하여 만물에 대한 사랑을 드러내는 살아있는 유기체적 존재이다. 그러므로 천지의 소산물인 인간존재는 이미 천지가 만물을 낳는 절대사랑의 마음으로 드러난 존재이다. 우리가 천지의 절대사랑의 마음으로 태어나 존재한다는 것을 받아들일 때 우리는 우리의 존재를 사랑하며 치유해 나아갈 수 있다.

천지의 도는 일음일양의 원리에 따라 일음일양으로 나타나며 이 도는 만물에 내적으로 깃들어 있다. 일음일양의 생성운동은 단순한 자연의 생성변화를 말한 것이 아니라 도덕적 차원에서 선의 가치를 지향하고 있다. 그러므로 일음일양의 도는 원도(元)인 어짊으로 요약되는 생명적 정신을 지닌다. 곧 생명적 선은 양만의 작용이거나 음만의 작용이 아닌 일음일양의 작용이라는 것이다. 이는 생명의 창생 그 자체가 존재론적인 것에만 국한된 것이 아닌 가치적으로 최고의 선이라는 것을 의미한다. 한 번 음하고 한 번 양하는 것을 도道라고 한다. 이 도를 계승하는 것이 선善이며 이 도로 이루어진 것이 성性이다. 어진 사람은 이를 보고 어짊이라고 하고 지혜로운 사람은 이를 보고 지혜로움이라고 한다.[72]

천지의 큰 힘을 생성이라 한다. 천지의 기운이 작용하여 만물이 순환된다. 생을 일러 성이라 하니 만물의 생의를 가장 잘 볼 수 있다. 이 원元은 선의 으뜸이니 이것이 소위 어짊으로 사람은 천지와 하나가 된다.[73] 인간과 만물은 천지의 본질인 생생의 특성을 공유한다. 그러므로 인간은 생생의

72) 『周易』, 「繫辭上傳」, "一陰一陽之謂道. 繼之者善也, 成之者性也. 仁者見之謂之仁, 知者見之謂之知. 百姓日用而不知, 故君子之道鮮矣."

73) 『二程遺書』, 권11, "天地之大德曰生. 天地絪縕, 萬物化醇. 生之謂性, 萬物之生意最可觀. 此元者善之長也, 斯所謂仁也."

덕인 어짊을 체증할 때 만물과 일체가 된다. 곧 천지만물을 일체로 여기는 경지가 바로 어짊이다. 만물일체의 어짊이란 생명의 약동을 가장 잘 체증할 수 있게 한다. 우리가 만물일체 세계관인 생생사상을 계승하여 모든 개체생명이 우주생명으로 거듭나 서로 상응하고 융합하며 화해하는 광대화해廣大和諧의 경지를 지향한다면 우리는 자신과 이웃 그리고 우주 안에서 생명적으로 충만된 삶을 살 수 있을 것이다.

만물일체의 어짊을 실천하며 우주와의 관계 속에서 생명으로 충만된 삶을 살아가고 있는 사례를 주돈이에게서 찾아볼 수 있다. "명도선생이 말씀하시기를 '염계선생은 창 앞의 풀을 제거하지 않았다.' 내가 그 이유를 물으니 '염계선생은 나의 뜻과 같기 때문'이라고 대답하셨다."[74] 창 앞의 잡풀을 차마 베어 내지 못했던 이유는 그 잡풀의 살고자 하는 의지가 자신의 생의와 마찬가지라고 느꼈기 때문이다. 이것은 자신과 잡풀이 우주의 생생원리와 본질적으로 일치한다는 것을 의미한다. 그러므로 우리가 천지와 하나되어 생명적으로 충만한 광대화해의 경지에서 살기 위하여서는 바로 지금 여기에서 천지의 절대적 사랑으로 생성되어진 자신의 생의를 가치 있게 인식하고 타물의 생의를 자신의 생의와 마찬가지로 느끼면서 우주생명과 함께 거듭 상응하고 융합하며 화해해야 한다. 우리가 생의로써 우주생명과 하나 될 때 우리는 '사랑의 관계와 화해'에 대한 영적 요구를 충족시키면서 영적으로 건강한 삶을 살아갈 수 있다.

주희도 이 일화에 대한 질문을 받았다. "묻기를 '주 선생님께서 창 앞의 풀을 베어 내지 않고 나의 뜻과 같다고 말씀하셨는데 이는 그 생생자득의

74) 『近思錄集註』, 권14, "明道先生曰周茂叔窗前草不除去, 問之, 云與自家意思一般."

뜻을 취한 것입니까? 아니면 살아 있는 사물에서 천리가 유행하는 것을 살피려고 하는 것입니까?' 대답하기를 '이는 굳이 풀이할 필요가 없다. 그런 상황을 만나면 스스로 이해할 수 있을 것이다. 모름지기 자신의 뜻과 그 풀의 뜻이 어떻게 같은지를 알아야만 한다.'"[75] 이것은 곧 자신의 생의와 풀의 생의가 같다는 것을 알아야 한다는 것을 의미한 것이다. 왕수인은 자신의 신체 일부가 훼손당하면 고통을 느끼는 것처럼 자신의 생명과 관계를 맺고 있는 구성원의 일부가 상처를 입으면 같이 아픔을 느낀다고 하였다. 즉 어린아이가 우물에 빠지려고 하는 상황을 목격하면 측은한 마음이 들고 슬피 울거나 죽은 모습의 금수를 보면 애처로운 마음이 들며 반듯하게 자라지 못하고 꺾인 초목을 보면 불쌍한 마음이 든다. 심지어 깨어진 와석을 보고서도 애석한 마음이 든다. 아픔을 느끼는 감정은 훼손당한 현재의 생명이 생명의 참모습이 아니라는 자각적인 판단과 아울러 참모습으로 회복시켜 주어야 한다는 의무의식이 일어남을 의미한다. 왕수인은 이 모두를 양지와 양능의 작용으로 설명하고 이것을 어짊과 일치시켰다.

사람의 양지는 곧 초목과 와석의 양지이다. 만일 초목과 와석에 인간의 양지활동이 미치지 않는다면 초목과 와석이 될 수 없다. 어찌 초목과 와석에만 그렇겠는가? 천지도 사람의 양지 활동이 미치지 않는다면 천지가 될 수 없다.[76] 이것은 인간의 양지가 초목과 와석의 실재성 여부를 결정한다는 것이 아니라 인간의 양지 활동을 통하여서만 우주라는 하나의 전일적인 생

75) 『朱子語類』, 권96, "問周子窗前草不除去, 云與自家意思一般, 此是取其生生自得之意耶? 抑於生物中欲觀天理流行處耶? 曰, 此不要解, 得那田地, 自理會得, 須看自家意思與那草底意思如何是一般."

76) 『傳習錄』 下, "人的良知, 就是草木瓦石的良知. 若草木瓦石無人的良知, 不可以爲草木瓦石矣. 豈惟草木瓦石爲然? 天地無人的良知, 亦不可爲天地矣."

명체를 구성하고 있는 개별적 구성원의 존재가치와 우주생명의 전모가 드러날 수 있다는 의미이다. 그러므로 '사랑의 관계 속에서 화해'를 하기 위해서는 우리 자신이 적극적으로 만물과 하나 되어 어짊으로써 우주생명의 전모를 드러낼 수 있어야 한다.

인간은 천지만물과 유기적 관련을 맺고 있어 서로 분리할 수 없는 일체적 관계이다. 인간은 양지의 영명성을 바탕으로 만물의 존재가치를 드러낼 수 있다. 나아가 인간은 만물의 질서를 능동적이고 주체적으로 재정립할 수 있는 자율성과 의무감을 지닌 존재이다. 그러므로 우리는 만물일체의 어짊을 체득하여 위로는 천지생물의 마음과 아래로는 만물화생의 정감을 갖고 자연의 공능을 대신하여 자연이 낳은 것을 인간이 완성시켜 나아가야 한다. 이러한 사명감을 갖는다면 우리는 스스로 '사랑의 관계와 화해'에 대한 영적 요구 등을 해결할 수 있을 것이다.

주희는 천지가 만물을 낳는 것을 어짊으로 설명하고 있다.[77] 이 어짊은 천지에 생기로 가득 차 있어[78] 다시 낳으려는 특성을 지니고 있다.[79] 다만 낳으려는 의지에서만 어짊이 설명된다.[80] 여기에서 어짊은 생물학적 함의 즉 만물을 낳고 살리는 동적 연속성을 지니고 있으며 고정 불변의 실체론적 함의와는 거리가 멀다. 천지는 만물을 낳는 것을 마음으로 삼는다. 사람과 만물이 생겨날 때 각기 이 천지의 마음을 받아 자기의 마음으로 삼는다. 따라서 마음의 덕을 말하자면 그것이 모든 것을 관장하여 갖추지 않음이 없지만 한마디로 말해 어짊일 뿐이다.[81] 마음의 의미를 밝혀 한마디로 말한

77) 『朱子語類』, 권17, "天地生這物時, 便有箇仁."
78) 『朱子語類』, 권6, "仁是天地之生氣."
79) 『朱子語類』, 권20, "仁是箇生底意思."
80) 『朱子語類』, 권6, "只從生意上說仁."

다면 생일 따름이다. 천지의 큰 힘을 생이라 한다. 사람은 천지의 기를 받아서 태어나기 때문에 이 마음은 반드시 어질며 어짊은 곧 생의 내용이다.[82] 마음이란 천지에 있어서는 만물을 낳는 한없이 넓은 마음이며 사람에 있어서는 따뜻하게 사람을 사랑하고 만물을 이롭게 하는 마음으로 사덕四德을 포괄하고 사단四端을 관통하는 것이다.[83]

주희는 천지가 보유한 창생력이나 만물이 지니고 있는 생의 의지를 인간의 도덕성 즉 어짊 · 의로움 · 예의로움 · 지혜로움으로 설명하고 있으며 구체적으로는 측은지심과 같은 순수도덕정감으로 설명하고 있다. 이와 같은 관점은 맹자가 어짊 · 의로움 · 예의로움 · 지혜로움을 사덕으로, 측은지심을 비롯한 네 가지의 도덕심을 사단으로 설명한 데서 연유한 것이다. 그러므로 우리는 단순한 생명의 창생과 그 완성을 목적으로 하는 생생이 아니라 자신에게 내제된 천지의 본성을 실현시킴으로써 어짊을 완성하며 덕을 이루어 나가는 것을 목적으로 하여야 한다. 이것은 곧 자기반성과 자신의 삶을 반추하여 어짊을 완성해 나아가는 것이다. 이러할 때에 우리는 사랑의 관계 속에서 서로를 끌어안으며 광대화해하면서 서로를 치유해 나아갈 수 있다.

어짊이란 혼연히 만물과 한 몸을 이루는 것이다. 의로움 · 예의로움 · 지혜로움 · 미더움(義禮知信)이 모두 어짊이다.[84] 인간이 인간이라는 명칭을 얻

81) 『朱子大全』, 권67, 「仁說」, “天地而生物爲心者也. 而人物之生又各得夫天地之心以爲心者也. 故語心之德. 雖其總攝貫通, 無所不備. 然一言以蔽之則曰仁而已矣.”

82) 『朱子語類』, 권5, “發明心字, 曰, 一言以蔽之曰生而已. 天地之大德曰生. 人受天地之氣以生, 故此心必仁, 仁則生矣.”

83) 『朱子大全』, 권67, 「仁說」, “此心何心也. 在天地則抉然生物之心, 在人則溫然愛人利物之心, 包四德而貫四端者也.”

84) 『二程遺書』, 권2上, “仁者, 渾然與物同體. 義禮知信, 皆仁也.”

은 까닭은 그 어짊 때문이다. 어짊을 말하고 사람을 말하지 않으면 리理의 머무른 바를 볼 수 없다. 사람을 말하되 어짊을 말하지 않으면 사람은 고깃덩어리에 불과하다. 반드시 합해서 말해야만 비로소 도리가 성립됨을 볼 수 있다.[85] 이것은 어짊을 천지만물의 생장 발육을 주관하는 원元의 의미로서 인간의 윤리적 행위를 가능케 하는 근본원리로 설명하고 있는 것이다.[86] 그러므로 우리는 인간본성 안에 내재되어 있는 도덕성인 어짊의 존재를 드러내야 한다. 이러할 때에 우리는 자신의 생명을 스스로 돌보면서 치유할 수 있을 것이다.

주희는 사덕 즉 도덕성을 『주역』에서의 원형이정元亨利貞과 맹자에서의 어짊·의로움·예의로움·지혜로움(仁義禮智)의 개념을 아울러 통합적으로 설명하였다. 대개 천지의 마음은 네 가지 덕을 지니고 있는데 그것이 원형이정이며 원이 나머지를 통괄한다. 이 네 가지 덕의 운행은 곧 봄·여름·가을·겨울의 순서로 나타나며 봄의 생성 기운이 두루 관통하지 않은 곳이란 없다. 따라서 사람의 마음 역시 네 가지 덕을 지니고 있는데 그것을 어짊·의로움·예의로움·지혜로움이라고 하며 어짊이 그 모두를 포괄한다. 이 네 가지 덕이 드러나 작용하면 사랑하고 마땅히 하며 공경하고 시비를 구별하는 감정이 되는데 측은지심이 이를 관통하고 있다.[87] 주희는 우리의 생명활동 가운데 하나인 도덕생명이 도덕적 행위를 통하여 발휘됨으로써

---

85) 『朱子語類』, 권61, "人之所以得名, 以其仁也. 言仁而不言人, 則不見理之所寓. 言人而不言仁, 則人不過是一塊血肉耳. 必合而言之, 方見得道理出來."

86) 김병환, 「유가의 생명관: 생생, 만물일체와 '살림'의 생명론」, 『유교사상연구』 제22집 (2005), 325~327쪽.

87) 『朱子大全』, 권67, 「仁說」, "蓋天地之心其德有四, 曰元亨利貞, 而元無不統其運行焉, 則爲春夏秋冬之序, 而春生之氣無所不通. 故人之爲心其德亦有四. 曰仁義禮智而仁無不包其發用焉. 則爲愛恭宜別之情, 而惻隱之心無所不貫."

생명현상의 이치를 실현해 나아갈 수 있다고 하였다. 주희는 천지의 마음이 만물을 살리고자 하는 생의로부터 나타난 것이라면 인간의 마음은 사랑하고 마땅히 하며 공경하고 옳고 그름을 분별하여 이웃과 공동체를 이룰 수 있다고 보는 것이다. 주희는 어짊 개념의 정의를 마음의 덕 혹은 사랑의 이치로 정의하고 인간의 공동체는 마음의 덕과 사랑의 이치에 의해서 살려질 수 있다고 보았다. 이것은 우리가 도덕생명인 어짊을 실현할 때 개체생명을 전체생명에로 점차 확대시켜 나가면 천지를 포괄하는 전체 우주와의 합일된 경지에로 나아갈 수 있음을 설명한 것이라 할 수 있다.

어짊은 하나의 혼연하고 온화한 기운이다. 그 기는 천지의 따뜻한 봄기운이며 그 이치(理)는 천지가 만물을 살리는 마음이다.[88] 어짊은 마음속에 있는 생명적 돌봄의 원리이다. 늘 유행하여 낳고 살리는 일을 멈추지 않으니 처음부터 끝까지 끊어짐이 없다.[89] 어짊이란 본래 마음의 온전한 덕이다. 만일 본래 그대로의 천리의 양심을 보존하고 잃지 않는다면 우리가 의도하는 모든 것은 스스로 질서와 조화를 유지하게 된다.[90]

만물을 낳는 한없이 넓은 천지의 마음을 자연생명의 정신이라고 한다면 사람을 사랑하고 만물을 이롭게 하는 사람의 마음을 도덕생명의 정신이라고 할 수 있다.[91] 그러므로 만물을 낳고 기르는 천지의 마음과 생명을 살리는 인간의 마음은 하나이므로 우리는 만물과 하나 될 때 천지의 화육에 참

88) 『朱子語類』, 권6, "要識仁之意思, 是一箇渾然溫和之氣. 其氣則天地陽春之氣, 其理則天地生物之心."

89) 『北溪字義』, "蓋仁是心中箇生理. 常行生生不息, 徹終始無間斷."

90) 『朱子語類』, 권25, "仁者, 本心之全德. 仁若本然天理之良心存而不失, 則所作爲自有序而和."

91) 김병환, 「유가의 생명관: 생생, 만물일체와 '살림'의 생명론」, 『유교사상연구』 제22집(2005), 325~327쪽.

여할 수 있게 되는 것이다. 천지가 만물을 살리고자 함이 계절의 운행과 기운의 순환으로 펼쳐진다면 우리는 자신과 이웃과 만물을 살리기 위하여 어짊의 마음으로 천지의 유행에 동참해야 하는 것이다. 우리는 우리 안에 있는 어짊의 싹을 틔워 끊임없이 사랑으로 관계할 때 영적으로 충만된 광대화해한 삶을 살 수 있을 것이다.

공자에게 있어 죽음의 의미는 후손의 생명과 통하여 이어지는 자기존재의 연속성을 가진다. 곧 공자는 육신과 영혼이 돌아가는 우주 그 자체의 영원성과 후손으로 이어가는 무궁한 생명의 영속성으로 죽음을 관조하고 있다. 그러므로 공자는 '영원히 살고자 하는 희망'에 대한 영적 요구를 내세와 관계된 영원성으로 해결하는 것이 아니라 현세에서 자연과 하나 되어 후세와 함께 영원히 존재한다는 의식의 반영으로 해결하고 있다.

공자는 사후에 재생된 귀신이나 불멸의 영혼 같은 것은 믿지 않는다. 공자는 사물의 생성변화에 작용하는 음양의 신묘불측한 작용을 귀신鬼神으로 설명하고 있다. 하루로 따지면 오전은 신神이요 오후는 귀鬼이며 한 달로 말하면 보름 이전은 신이요 보름 이후는 귀이다. 초목이 생장하는 것은 신이요 쇠락하는 것은 귀이다. 사람이 성장하는 것은 신이요 노쇠해지는 것은 귀이다.[92] 늘어나는 것은 신이요 줄어드는 것은 귀이다. 태어나는 것은 신이요 죽는 것은 귀이다. 봄·여름은 신이요 가을·겨울은 귀이다. 사람이 말하는 것은 신이요 침묵하는 것은 귀이다. 움직이는 것은 신이요 정지하는 것은 귀이다. 숨을 내쉬는 것은 신이요 들이마시는 것은 귀이다.[93] 그리하여 천지 간의 조화가 모두 귀신이다.[94] 두 기氣로 말하면 귀는 음의 기운이

92) 『朱子全書』 易.
93) 『中庸集註』.

요 신은 양의 기운이다. 한 기氣로 말하면 기가 왕성해지는 것은 신이요 반대로 쇠잔해지는 것은 귀로서, 양자는 한 가지일 뿐이다.[95] 귀신은 인간의 생명활동뿐만 아니라 만물의 생성변화에 역동적으로 작용하는 음양의 두 힘을 뜻하므로 귀신의 의미는 음양자체이기보다는 만물의 생성변화에 작용하는 음양의 신묘불측한 작용을 지칭한 것이다.

"음양의 작용을 헤아릴 수 없는 것을 신이라 한다"[96], "귀신의 공덕이 대단하구나! 보아도 볼 수 없고 들어도 들을 수 없지만 만물의 근간이 되어 그 무엇 하나도 빠트리지 않는구나!"[97]라는 것은 우리가 인간의 이성으로는 우주만물의 존재와 생성의 신비를 도저히 해명할 수 없다는 자각과 동시에 생사의 전후를 망라하여 모든 삼라만상이 이러한 신묘불측한 음양의 변화 과정 속에서 영원히 존재하고 있음을 설명한 것이다. 모든 사물은 생장쇠멸의 끊임없는 과정 속에 있으므로 이 세상의 어느 한 가지 사물도 이와 같은 자연의 이치에서 벗어나는 것은 없다. 그러므로 우리의 죽음 또한 자연의 이치에 의한 기의 신묘불측한 작용을 통하여 본래의 상태로 돌아가는 것을 의미한다. 따라서 '영원히 살고자 하는 희망'에 대한 철학적 영적 치유는 절대자와의 관계 속에서 천당이나 지옥과 같은 내세로의 이동이 아니라 현세의 시간과 공간 속에서 변화를 바로 직시하면서 그 변화의 과정에 충실히 동참할 수 있을 때 가능하다.

사람의 생명은 혼백魂魄이 결합된 상태이며, 질병과 노쇠는 혼백의 부조화이고, 죽음이란 혼백이 분리되어 자연으로 돌아가는 것을 말한다. 사람이

94) 『朱子全書』 易.
95) 『朱子全書』 中庸.
96) 『周易傳義』, "陰陽不測之謂神."
97) 『朱子全書』 中庸.

죽으면 이후 잔여 기氣의 소멸에 따라 혼백도 흩어져 사라져 버린다. 이 세상 만물이 다 그러한 것처럼 사물의 생성변화에 작용하는 음양의 두 힘에 의해 사람의 혼백 역시 점차적으로 사라진다. 혼기는 하늘로 돌아가고 형백은 땅으로 돌아간다.[98] 죽음의 현상은 원래의 장소인 천지로 되돌아간다. 죽음은 생명의 근원처인 천지에로의 회귀이다. 천지 역시 별도의 세계가 아닌 바로 이 세계이다.

우리가 자기중심적인 개체생명의 입장에서 죽음을 바라본다면 질서에서 무질서로의 변화이다. 그러나 초월하여 자연의 입장에서 죽음을 바라본다면 오히려 무질서에서 질서에로의 환원이다. 이는 자연의 생장변화에 그대로 합일함으로써 전체생명으로 하나가 되어 살아가는 것이다. 우리는 소우주적 존재에서 대 우주적 존재로 그리고 개체생명에서 전체생명에로의 복귀를 통하여 자연과 합일을 이루어 낼 수 있다. 자연과의 합일을 통한 영원성을 체증할 때 우리는 자신의 생명적 고통을 관조하면서 질병과 죽음 앞에서도 자신의 내적 가치를 충분히 실현시켜 낼 수 있다. 죽음의 현상은 생명의 근원처인 천지에로의 회귀이며 만물일체에로의 환원이다. 우리가 죽음의 현상을 자연과 합일을 이루어 내는 전체생명의 영속성으로 바라볼 때 '영원히 살고자 하는 희망'에 대한 영적 요구를 치유해 나아갈 수 있다.

98) 『禮記』, 「郊特性」, "魂氣歸于天, 形魄歸于地."

2부 덕성치유

1장 덕성자각모형

철학적으로 질병이란 고통에 대응할 수 있는 정신적인 능력의 부재를 의미하며, 건강이란 고통으로부터 도피하지 않고 순수하게 고통을 극복할 수 있는 정신 내적인 능력이 있음을 의미한다.[1] 그러므로 철학상담치료란 세계와 인간 그리고 인간과 인간과의 관계에서 발생할 수 있는 각종 불안이나 공포, 고통 등과 같은 정신적인 문제들을 철학적으로 분석하여 극복할 수 있는 용기와 지혜를 가질 수 있도록 돕는 치료행위라고 할 수 있다. 따라서 삶과 관련된 문제들을 해결하고자 하는 철학상담치료사는 우주의 전체 생명 속에서 인간의 개체생명을 성찰하게 함으로써 각 개인의 한계를 극복할 수 있도록 하는 실천적 계기를 만들어 줄 수 있어야 한다.

정신병리학과 실존철학을 융합하여 자신만의 독특한 진단과 치료를 시도하였던 야스퍼스는 철학의 사명이 실존의 위기에 대한 진단이나 분석에서 한 걸음 더 나아가 진단을 토대로 한 치료에 대하여 고민해야 한다고 역설하였다. 그리고 삶의 병리적 현상들을 진단하고 처방하는 철학으로서 임상철학의 필요성을 강조하였다.[2] 그러므로 임상철학은 더 이상 추상적인

1) THomas A. Long, "Nietzsche's Philosophy of Medicine", in *Nietzsche Studien* Bd. 19(1990), p.123.

2) K. Jaspers, *Der Arzt im technischen Zeitalter: Technik und Medizin, Arzt und Patient,*

이론적 탐구에만 머물러 있을 것이 아니라 실제 삶 속에서 발생된 모든 문제를 진단하고 치유할 수 있는 구체적인 철학상담치료로 거듭나야 할 것이다. 철학은 외부세계와 자기 자신과의 관계 속에서 발생되는 제반 문제들과 그에 수반되는 심리적 정서적 불안이나 고통 등을 삶 속에서 통합하여 총체적으로 해결할 수 있도록 하는 지적 힘을 지니고 있기 때문이다.

니체는 인류가 오늘날까지 치유하지 못한 가장 크고 무서운 병을 양심의 가책으로 간주하고 인간의 정신건강을 위협하는 병적인 요소를 양심의 가책과 죄의식이라고 하였다. 양심의 가책과 죄의식은 자기부정이나 자기희생과 같은 자기학대와 영혼의 분열까지 초래하기 때문이다.[3] 유가철학은 자기의 순수도덕정감을 정직하게 드러내어 스스로에게 부끄러움 없이 떳떳하게 살고자 하는 것을 기본 토대로 하고, 이 토대 위에서 마음을 성실하게 하여 세계와 조화롭게 소통함으로써 결국 대동사회를 이룩하고자 한다. 그러므로 유가철학은 양심의 가책과 죄의식으로 인한 자기학대와 영혼의 분열을 치유하고 세계와 건강하게 소통할 수 있게 한다. 곧 유가철학은 자신과 이웃 그리고 세계를 사랑하면서 정신적 · 사회적 · 영적으로 건강한 삶을 살 수 있도록 도울 수 있는 것이다. 그러므로 이 장에서는 유가철학에서의 자연과 인간 그리고 정신건강 등을 살펴보면서 정신건강을 증진시켜 나아갈 수 있는 덕성자각모형을 제시해 보았다.

Kritik der Psychotherapie(München, 1999).

3) 니체, 김정현 역, 『도덕의 계보』(책세상, 2002), 474~475쪽.

1. 자연과 인간

유가철학에서는 인간과 자연을 유기체적 관계 속에서 파악하고 있다. 유가철학에서는 자연을 사물들의 유기체적 총체이며 더 나아가 만물의 생장쇠멸을 이끌어 가는 하나의 거대한 생성적 역량으로 파악하면서 인간을 천지자연의 소산물로 파악하고 있기 때문이다. 『주역周易』에서는 천지가 만물을 생성하는 위대한 역량을 갖고 있다고 하였고,[4] 공자는 만물의 생성변화가 마치 물이 흘러가는 것과 같이 밤낮으로 한순간도 그침이 없다고 하였다.[5] 유가철학의 무한한 유기체적이고 생성론적인 세계관은 천지만물의 끊임없는 생성변화에 주목하게 하면서 그 안에서 함께 변화해 가는 우리들의 존재와 삶에 큰 관심을 가질 수 있도록 한다. 자연이 살아 있는 유기체라는 것은 우주자연의 현상이 서로 관계하면서 끝없는 생성과 변화의 과정 속에 있음을 의미한다. 『주역』 「설괘전說卦傳」에서 "하늘은 아버지요 땅은 어머니이다"(乾稱父, 坤稱母)라고 하였다. 이것은 인간과 만물이 모두 자연의 자식으로서 존재 근원을 같이하고 있다는 것과 인간은 이 세계 속에서 만물과 유기적으로 관계되어 있음을 설명한 것이다. 또한 『주역』의 건괘乾卦에서 "하늘의 운행은 쉼 없으니 군자는 그것을 본받아 자강불식해야 한다"(天行健, 君子以自彊不息)라고 하였다. 이것은 인간은 끊임없이 변화하는 자연의 섭리를 따라 스스로 쉬지 않고 힘써야 한다는 것을 설명한 것이다. 이처럼 우주자연은 끊임없이 만물을 생성하며 변화하고 있는 거대한 유기체적 생명체이며, 인간은 그 속에 속해 있는 하나의 작은 생명체인 것이다. 그러므로 자연

---

4) 『周易』, 「繫辭下傳」, "天地之大德曰生."
5) 『論語』, 「子罕」, "逝者如斯夫, 不舍晝夜."

속에 포함되어 있는 인간은 천지의 화육과 생성에 참여하여 대자연의 근원적 생명력을 손상하지 않으면서 이를 극대화시켜야 한다. 따라서 인간은 자연의 운행(天時)에 따르면서 인간의 욕망을 절제하고 인간과 천지, 인간과 만물의 상호관련성을 깨달아 유기적 전체성에 대한 이해를 통하여 생명의 기운과 사랑에 의한 유대를 공고히 하여야 한다.[6] 이러한 자연과 인간의 유기체적 관계에 대한 이해는 인간의 실존적 불안을 극복하게 하며 세계적 질서의 의미와 가치를 유기체적 자연 속에서 발견하게 하여 인간과 세계에 대한 전체적이고 통합적인 안목을 형성하게 한다.

주자학에서도 자연을 유기체적인 생명체로 간주하는 한편 자연을 천리天理라는 개념을 매개로 하여 인간과 사회를 통일적인 구조 속에서 파악하고 있다. 주자학에서는 인간의 도덕적 행위를 가능하게 하는 철학적 근거가 모든 인간과 사물에 두루 갖추어져 있는 형이상학적인 리(天理)라고 보기 때문이다. 리理는 모든 존재의 근거임과 동시에 자연과 인간이 지향해야 할 본래모습이며 궁극적 원리이므로 하나의 총체적인 리이다(理一). 그리고 동시에 구체적인 만물에 분수되어 있는 리理이기도 하다(分殊). 그러므로 주자학은 리일분수론理一分殊論에 의거하여 자연과 인간 그리고 세계를 관통하는 통일적인 질서 안에서 인간은 우주의 질서 즉 천리에 합당한 실천을 수행해야 한다는 사명감을 설명하고 있다.

천지의 마음은 천지가 만물을 낳는 마음과 같다. 우주는 생명의 생성과 양육을 위하여 일음일양하는 생명의 운동으로 끊임없는 대대적對待的인 변화를 지향하고 있다. 그러므로 유가철학에서의 자연관은 인간도 역시 생성

6) 최무석·박근생, 「주역의 생명적 자연관에 나타난 교육원리」, 『교육철학』 제19집(2001), 190~197쪽.

과 변화 속에서 끊임없는 순환적 운동을 한다는 의미를 내포하고 있다. 이것은 인간이 천지의 도를 본받아 자기 안에 내재되어 있는 건곤乾坤의 음양작용을 자각함과 동시에 그 변화의 원리를 성실하게 수행할 수 있어야 한다는 것을 의미한다.

자연의 섭리는 만물의 생장쇠멸을 유기적이고 조직적으로 이끌어 나가므로 각 사물들은 자연의 생성원리를 개별화하고 자기화하여 제각각의 방식으로 자연의 생성에 참여하고 있는 것이다. 그러므로 자연의 섭리에 따르고 있는 인간은 자신의 존재 구조 속에 내포하고 있는 그들의 형이상학적 본질을 마땅히 구현해 내야 하는 사명감을 지녀야 한다. 자연의 섭리는 인간 속에 이미 내재되어 있는 것이므로 인간은 실존적 불안을 해결할 수 있는 형이상학적 초월성을 이미 내재하고 있다. 그러므로 인간은 우주적 본성을 지니고 있는 가치 충만한 진실체로서, 그리고 자신은 물론 만물의 본성과 가치를 실현해야 할 능동적 주체자로서 그의 직분과 의무를 다하지 않으면 안 된다.

맹자는 마음의 요체인 도덕성을 인간의 본성인 어짊과 의로움(仁義)이라고 규정하고 인간이 인간인 까닭은 인간에게 어짊과 의로움이 있기 때문으로 보았다. 그리고 인간이 금수와 다른 점은 사욕의 제약을 벗어나 스스로 주재할 수 있는 능력을 지녔다는 데 있다. 이것이 인간이 비로소 인간이 될 수 있는 이유이다. 그러므로 우리가 인간의 본성인 어짊과 의로움을 부정하고 행동할 때 우리는 스스로 양심의 가책과 죄의식을 갖게 되는 것이다.

유가철학에서는 이 어짊은 멀리 있지 않고 자신이 어짊을 행하려 하면 어짊은 실현된다고 봄으로써[7] 인간을 선천적인 도덕의지를 갖고 태어난 능동적 존재로 보고 있다. 맹자는 도는 가까이에 있는데 이를 멀리서 구하고,

할 일은 쉬운 데 있는데 이를 어려운 데서 구하려 한다고 하면서, 사람마다 그 어버이를 친애하고 그 어른을 공경한다면 천하가 화평해질 것이라고 하였다.[8] 이것은 도덕원리 혹은 도덕적 선은 찾아야 할 그 무엇이 아니라 이미 자신에게 주어져 있는 것이므로 마음의 본성을 자각하고 실천해야 한다는 것을 의미한 것이다. 요컨대 유가철학에서 인간은 도덕의지로서 어짊·의로움·예의로움·지혜로움의 본성을 실현할 수 있는 능동적 주체자인 것이다.

맹자는 "측은지심을 사람마다 다 가지고 있으며 수오지심을 사람마다 다 가지고 있으며 공경지심을 사람마다 다 가지고 있으며 시비지심을 사람마다 다 가지고 있다. 측은지심은 어짊의 싹이요 수오지심은 의로움의 싹이요 공경지심은 예의로움의 싹이요 시비지심은 지혜로움의 싹이니, 어짊과 의로움 예의로움과 지혜로움이 밖으로부터 들어오는 것이 아니요 나에게 고유한 것이다"라고 하였다.[9] 맹자는 인간이 도덕적 행위의 원천과 능력이 자신의 본성 속에 잠재한다는 사실을 깨달을 때 순수한 도덕적 동기에서 행위하도록 이끌릴 수 있다고 확신한다.[10] 맹자는 인간본성의 선함과 측은지심은 마음의 본바탕으로부터 나오는 마음현상이므로 억누르려 해도 눌러지지 않는 살아 있는 도덕적 정감이라는 것을 귀납적으로 증명하였다.

도덕적으로 참을 수 없는 마음인 불인지심不忍之心의 반응은 차마 볼 수

7) 『論語』, 「述而」, "子曰, 仁遠乎哉? 我欲仁, 斯仁至矣."
8) 『孟子』, 「離婁上」, "道在爾而求諸遠, 事在易而求之難, 人人親其親, 長其長而天下平."
9) 『孟子』, 「告子上」, "惻隱之心, 人皆有之, 羞惡之心, 人皆有之, 恭敬之心, 人皆有之, 是非之心, 人皆有之. 惻隱之心, 仁也, 羞惡之心, 義也, 恭敬之心, 禮也, 是非之心, 智也, 仁義禮智非由外鑠我也, 我固有之也."
10) 벤자민 슈워츠, 나성 역, 『중국 고대 사상의 세계』(살림, 2004), 403~404쪽.

없는 상황에서 우리의 의지와 상관없이 터져 나와 우리에게 존재 공동체를 경험하게 한다. 곧 사람 누구나 가지고 있는 도덕적 정감이 타인에 대한 이해와 용서와 사랑으로 드러날 때 우리는 공동체로서 서로 연대성을 경험하게 되는 것이다. 불인지심은 갑작스럽게 부딪히는 상황에서 자연적이고 자발적인 정감으로 드러나는 순수한 행위이다. 그러므로 불인지심의 행위는 개인적인 이해관계를 뛰어넘어서 드러나는 자기실현의 본질적인 실천행위인 것이다. 맹자는 사람이라면 누구나 타인이 딱한 처지에 처하는 것을 그대로 구경만 하고 있을 수 없다는 측은지심을 비롯한 수오 · 사양 · 시비 등의 마음현상으로부터 사람이 어짊 · 의로움 · 예의로움 · 지혜로움 등의 도덕적 존재임을 확인하였다.

맹자는 인간이란 덕성적 존재로서 실정實情을 보면 충분히 선善을 행할 수 있는 존재라는 데서 그 본질을 찾았다. 인간에게는 남을 불쌍히 여기는 측은지심과 자신이 저지른 악한 행위를 부끄러워하고 남의 악행을 미워하는 수오지심, 남을 공경하는 사양지심, 그리고 도덕상의 시비를 구별하는 시비지심이 있다. 이 마음은 사람이라면 누구나 다 가지고 있으므로 굳이 배우거나 생각하지 않고도 이를 알 수 있으며 실천할 수 있다. 이를 맹자는 양지와 양능이라고 하였다.

양지의 지知는 직각지이므로 어떤 일을 행하거나 아는 데 있어서 사변을 필요로 하지 않고 직접적인 자각을 통하여 가능하다. 어짊 · 의로움 · 예의로움 · 지혜로움은 모두 양지 자체가 직각적으로 실현된다는 것이다. 직각으로 말하면 양지이고 실현으로 말하면 양능이다. 그러므로 양능은 사실상 도덕의지인 것이다. 따라서 양지와 양능을 지닌 인간은 천지가 만물을 낳는 절대사랑의 마음으로 전체생명의 과정에 능동적으로 참여하여 본래적인 자신의 성품을 실현시켜 낼 수 있는 존재인 것이다. 유가철학에서는 어짊을 우주가 보유한 생성의 덕으로 보고 순수도덕정감의 외연을 사람에게서 다른 존재물에까지 확충시키고자 하였다.[11] 곧 맹자는 우리의 마음 안에서 구체적으로 드러난 측은지심의 정감을 통하여 본질적으로 세계와 건강하게 관계할 수 있다고 보기 때문이다.[12]

2. 정신건강

유가철학에서 정신건강은 우주자연의 마음을 깨달아 자연으로부터 부여받은 마음의 본성을 사회공동체 안에서 실현시킬 수 있는 온전한 상태를 의미한다고 할 수 있다. 왜냐하면 유가철학에서 건강한 삶이란 인간이 본래 타고난 마음을 그대로 유지하고 그에 따라 행동함으로써 '참자기'를 실현할 수 있을 때 가능하다고 보기 때문이다. 그러므로 건강하지 못한 삶이란 본래의 마음을 유지하지 못하거나 확충시켜 나가지 못하는 삶의 모습이라고 할 수 있다. 따라서 우리는 본래의 마음을 잘 유지하고 확충하여 사회 안에서 마음의 본성을 실현함으로써 건강한 삶을 살 수 있어야 한다.

그러나 일반적으로 우리는 본래 선한 본성을 깨달아 지키기가 그리 쉽지 않다. 한편으로 인간은 선한 마음(道心)과 상반된 위태로운 마음(人心)을 지녔으므로 본능의 유혹에 빠져 늘 근심과 걱정 그리고 질병에 노출될 수

11) 『朱子語類』, 권5, "心須兼廣大流行底意看, 又須兼生意看, 如且程先生言, 仁者, 天地生物之心, 只天地便廣大, 生物便流行, 生生不窮."

12) 『孟子集註』, 「公孫丑上」, "端, 緒也. 因其情之發, 而性之本然可得而見."

있는 취약한 존재이기 때문이다. 즉 사람의 마음은 위태로우며 도를 따르려는 마음은 미미하여 붙잡으면 남아 있고 놓아두면 없어지며 때 없이 드나들어 돌아올 곳을 모르기 때문이다.[13] 인간의 본성이 비록 선하다고 할지라도 인간의 마음은 항상 외부의 사물과 자신의 욕망에 노출되어 있으므로 위태로운 존재이다. 육체와 감정을 지닌 유한한 존재인 인간은 외부의 사물에 감응하여 욕망의 굴레에서 벗어나지 못하므로 어짊과 의로움을 버리고 감정의 유혹에 넘어갈 수 있기 때문이다. 이것은 어쩔 수 없는 인간의 실존적 한계라고 이해될 수밖에 없다. 따라서 인간은 끊임없이 선한 본성과 욕망 사이에서 갈등하며, 때론 마음의 본성에 따른 부동심으로써 불안을 극복할 수도 있고 때론 욕망에 따른 갈등 속에서 신경증적인 증상을 경험할 수도 있다.

그러나 다행히 인간은 자신의 도덕의지를 통해 하늘이 자신에게 부여한 천명을 실현할 수 있는 능력을 지니고 있으므로 신경증적인 불안을 극복하고 정신적으로 건강한 삶을 살 수 있는 존재이다. 공자는 어짊이 멀리 있지 않고 내가 어짊을 행하고자 하면 바로 어짊이 이른다고 하였다.[14] 이것은 어짊과 의로움의 실현과 책임이 외부에 있는 것이 아니라 내 자신에게 달려 있으므로 '참자기'의 실현을 향한 건강한 삶과 황폐한 병적인 삶은 바로 자신의 의지에 따라 좌우된다는 자기 책임론을 말해 주고 있는 것이라 할 수 있다.

스스로 자신을 해치는 사람들과는 더불어 말할 수 없고 스스로 자신을 버리는 사람들과는 더불어 일할 수 없다. 어짊과 의로움을 비방함은 스스로

---

13) 『孟子』, 「告子上」, "孔子曰, 操則存, 捨則亡, 出入無時, 莫知其鄕."
14) 『論語』, 「述而」, "仁遠乎哉, 我欲仁, 斯仁至矣."

자신을 해친 것이다. 나 자신이 어짊과 의로움을 행할 수 없다고 하는 것은 스스로 자신을 버린 것이다.[15] 이와 같이 맹자는 스스로 자신을 해치며 버리는 자를 경계하고 어짊과 의로움 등의 인간본성을 유지할 것을 강조하고 있다. 이것이 인간으로서 인간다운 건강한 삶을 살아가는 길이라고 본 것이다. 그러므로 맹자는 욕망과 감정에 의해 자신을 해치지 말 것을 우산의 사례(牛山之諭)를 들어 강조하고 있다. "우산의 나무는 일찍이 아름다웠다. 그러나 큰 도시의 교외에 있었기 때문에 도끼로 날마다 베어 가니 어떻게 아름답게 자랄 수 있겠는가? 밤낮으로 조금씩 자라고 비와 이슬이 적셔 주어서 싹이 나오지 않는 것은 아니지만 소와 양이 그곳에 방목되기 때문에 저와 같이 민둥산이 되고 말았다."[16] 이것은 사람이 본래 어짊과 의로움의 성품을 가지고 태어났다 할지라도 계속해서 보존하고 확충시켜 나아가지 못한다면 욕망에 의해 계속 방해를 받아 결국에는 본래 마음의 성품을 잃어버린다는 것을 비유한 것이다. 인간이 욕망에 사로잡혀 본래의 성품을 잃게 되면 측은지심·수오지심·사양지심·시비지심을 상실하게 되어 자기 자신으로나 사회공동체 안에서 '참자기'를 실현시킬 수 없다. 이것이 곧 건강하지 못한 삶의 모습이라고 할 수 있다.

우리 모두는 사회적 공동체 안에서 어짊과 의로움을 실현할 수 있는 마음의 도덕적 주체(心體)를 가지고 있으나 본능의 욕망을 조절하지 못하여 악을 저질러 근심 속에서 고통을 경험하고 있다. 그러므로 왕수인은 욕망에서

15) 『孟子』, 「離婁上」, "自暴者, 不可與有言也, 自棄者, 不可與有爲也. 言非禮義, 謂之自暴也. 吾身不能居仁由義, 謂之自棄也."

16) 『孟子』, 「告子上」, "牛山之木嘗美矣. 以其郊於大國也, 斧斤伐之, 可以爲美乎. 是其日夜之所息, 雨露之所潤, 非無萌蘗之生焉, 牛羊又從而牧之, 是以若彼濯濯也. 人見其濯濯也. 以爲未嘗有材焉. 此豈山之性也哉."

부터 벗어나 순수한 마음의 주체를 유지해야 함을 설명하고 있다. 마음의 주체에 어떠한 의도도 있어서는 안 된다. 이것은 마치 눈에 먼지나 모래 알갱이가 있어서는 안 되는 것과 같다. 알갱이가 조금만 있어도 온 눈이 깜깜해진다. 사적 욕망뿐 아니라 좋다는 생각이라 할지라도 조금도 담아 두어서는 안 된다. 이것은 눈에 금과 옥 부스러기를 넣더라도 눈을 뜨지 못하는 것과 같다.[17] 어떠한 의념에도 집착하지 않을 때만이 마음의 주체인 본래의 모습을 드러낼 수 있다는 것을 설명한 것이다.

왕수인은 사람에게는 누구나 선과 악을 구별할 수 있는 도덕판단능력인 양지를 갖추고 있다고 하였다. 도덕적 판단은 언제 어디서나 존재하며 사변을 필요로 하지 않는다. 그러므로 마치 우리의 눈에 티끌이 들어가면 바로 알아채고 없애는 것과 같이 마음에 일념이라도 집착이 있으면 마음의 주체는 바로 그것을 느껴 없애고자 한다. 그러므로 비록 우리가 자신도 모르는 사이에 사욕으로 마음의 본성을 가리었다 할지라도 이미 우리의 양심은 이를 알아차리므로 우리는 양심의 가책과 죄의식을 갖게 된다. 죄의식을 갖게 되면 우리는 자기를 부정하고 자기로부터 소외되어 자기를 분열시킨다. 그러므로 우리는 매 상황마다 도덕의지로 순수도덕정감을 자각하여 본래적 자기의 마음에 정직할 수 있어야 한다. 너의 양지는 너 자신의 준칙이다. 너의 의념이 드러날 때에 옳으면 양지는 그 옳음을 알고 그르면 양지는 그 그름을 안다. 양지를 조금이라도 속일 수 없다.[18] 양지는 다른 사람의 행위

17) 『傳習錄』 下, "先生嘗語學者曰, 心體上著不得一念留滯. 就如眼著不得些子塵沙. 些子能得幾多, 滿眼便昏天黑地了. 又曰, 這一念不但私念, 便好的念頭亦著不得些子. 如眼中放些金玉屑, 眼亦開得了."

18) 『傳習錄』 下, "爾那一點良知, 是爾自家底準則. 爾意念著處, 他是便知是, 非便知非. 更瞞他一些不得."

에 대한 도덕적인 평가도 아니고 다른 사람이 자신의 행위에 대하여 내린 평가를 바탕으로 자신의 내심을 돌아보는 것도 아닌 오직 자기 자신의 도덕 의지에 대한 자기비판임을 설명한 것이다.

그러므로 우리는 양지를 바탕으로 자기초월을 할 수 있는 것이다. 사람의 마음은 저절로 즐거운데 사욕 때문에 속박된다. 사욕이 싹트기 시작하면 양지가 바로 자각할 수 있다. 자각하기만 하면 그 사욕을 없앨 수 있으므로 마음이 이전의 즐거움에 의거한다. 즐거움이란 이러한 배움의 즐거움이고 배움이란 이러한 즐거움의 배움이다. 즐거움이 아니면 배움이 아니고 배움이 아니면 즐거움이 아니다. 즐거워야 배우고 배워야 즐겁다. 즐거움이 배움이고 배움이 즐거움이다. 오호! 천하의 어떤 즐거움이 이 배움에 비길 수 있는 것이며 천하의 어떤 배움이 이 즐거움에 비길 수 있을 것인가?[19] 우리 자신이 마음의 주체자임을 자각하여 만물일체의 깨달음에 도달함으로써 어떤 것에도 비길 수 없는 즐거움을 누릴 수 있다는 것을 설명한 것이다. 곧 유가철학에서는 능동적 주체자로서의 양지를 통한 가치인식의 행위와 가치 실현의 행위 속에서 무한한 기쁨을 느끼면서 심리적 갈등이나 신경증적인 여러 증상들을 사라지게 할 수 있다는 것을 설명하고 있는 것이다.

자신과 타인 그리고 자신과 공동체 혹은 공동체와 공동체의 대립을 지양하고 상호 조화를 도모할 수 있는 궁극적 바탕의 덕목이 어짊이고 상호 조화의 객관적 형식이 예의로움이다. 그러므로 공자는 자기의 건강과 사회의 안녕을 도모하기 위하여 어짊을 실천하는 대표적인 방도를 사사로운 개

---

19) 『王心齋全集』, 권4, 「樂學歌」, "心本自樂, 自將私欲縛. 私欲一萌時, 良知還自覺. 一覺便消除, 人心依舊樂. 樂是樂此學. 不樂不是學, 不學不是樂. 樂便然後學, 學便然後樂. 樂是學, 學是樂. 嗚呼! 天下之樂, 何如此學, 天下之學, 何如此樂?"

인의 욕망을 극복하여 예의로움을 회복하는 극기복례克己復禮라고 하였다. 공자는 간이 맞지 않으면 먹지 않았으니 이것은 음식물의 제맛을 살려 먹고자 함을 말한 것이고, 고기가 많을지라도 주식보다 많이 먹지 않았으니 이것은 균형 있는 음식습관을 말한 것이며, 술 마실 때는 양을 한정하는 일이 없지만 정신을 잃을 때까지 마시지 않았으니 이것은 음주의 태도를 말한 것이다.[20] 그리고 공자는 부유함과 높은 지위는 누구나 원하는 바이지만 정당한 방법으로 얻은 것이 아니면 거기에 머물지 않는다고 하였다.[21] 이처럼 공자는 음식과 부귀에 대하여 필요와 추구를 인정하면서도 절제와 정도正道를 따라야 함을 강조하고 있다.

또한 맹자도 욕망 자체의 선천성과 그 작용의 일반성을 긍정하면서도 어짊 · 의로움 · 예의로움 · 지혜로움이라는 도덕이성을 대체大體 즉 본本으로 삼았고 이목구비의 생리적 욕망을 소체小體 즉 말末로 취급하였다.[22] 필요와 추구의 정당성을 본성과의 일치에서 찾고 있는 것이다. 맹자는 사람과 금수의 차이는 사람에게 측은히 여기는 마음, 자신의 잘못을 부끄러워하고 남의 잘못을 미워하는 마음, 사양하는 마음, 옳고 그름을 가리는 마음이 있기 때문이라고 하여[23] 필요와 추구에 대한 합리성을 내세우고 있다. 즉 이목구비와 같은 감각 본능이나 부귀와 권세 같은 외물을 눈앞에 두더라도 본성을 담고 있는 마음의 반성적 자각을 통해 맹목적으로 욕구나 본능에 이끌리지 않고 마음의 주체자로서 바로 설 수 있어야 한다는 것이다. 이것은 욕망의 추구 대상인 외물을 접할 때 반드시 마음의 본성을 표준으로 삼아야 한다는

---

20) 『論語』, 「鄕黨」, "肉雖多, 不使勝食氣, 唯酒無量, 不及亂."
21) 『論語』, 「里仁」, "不義富且貴, 於我如浮雲."
22) 『孟子』, 「告子下」.
23) 『孟子』, 「公孫丑上」.

것이다.

마음을 배양함에 있어 욕심을 적게 하는 것보다 좋은 것은 없다. 그 사람됨이 욕심이 적으면 마음을 배양하지 않으려 해도 저절로 배양되고 그 사람됨이 욕심이 많으면 마음을 배양하려고 해도 자연적으로 배양될 수가 없다.[24] 맹자는 사람이 감각기관과 같은 몸을 지닌 자연생명체라는 것을 인정하면서도 동시에 마음의 본성을 담지하고 있는 도덕생명체라는 것을 강조하여 자연생명을 통하여 도덕생명이 구현될 것을 요구하고 있다. 그러나 마음을 기르는 데 있어서 단지 욕망을 줄이는 것에 그쳐서는 안 될 것이다. 욕망을 줄여서 완전히 없는 상태에 이르러야 한다. 주돈이도 사욕이 없는 공평한 마음을 무욕無欲으로 설명하고 있으며, 무욕으로써 지혜와 밝음의 경지로 나아갈 수 있음을 설명하고 있다. 욕망이 없으면 진실됨(誠)이 확립되고 지혜로움(明)이 두루 통하면 성인이 된다. 성인과 현인은 특별하게 그 본성을 타고 나는 것이 아니라 인간의 마음을 길러서 그렇게 되는 것이다.

마음을 기르는 데는 욕망을 줄이는 것보다 더 좋은 것이 없다. 그러나 과욕寡慾이 반드시 도덕적으로 바르고 선한 마음을 보장하는 것은 아니다. 그러므로 정이는 도심 즉 마음의 본성에 기초한 사유와 판단을 강조한 것이다. 사사로운 마음의 인심을 제거하여 천리의 도심道心을 온전히 드러낼 수 있어야 한다. 주희가 경계한 것은 이기적인 생각에서 비롯한 욕구 즉 사욕私欲의 부분이다. 천리와 인욕의 문제는 의로움(義)과 이로움(利)의 대립으로 나타난다. 도심은 의리義理의 차원에서 나온 것이고 인심은 사욕의 차원에서 나온 것이다. 사려와 판단 그리고 정감이 마음의 본성에 의한 발로인가

24) 『孟子』, 「盡心下」.

아니면 사사로운 욕망에 입각한 이기적인 산물인가에 따라 의로움과 이로움의 문제는 공과 사의 문제로 드러난다. 욕망이 지나쳐서 심각해지면 해로움이 생기게 된다. 그러므로 반드시 욕망을 덜어내고 천리를 회복해야만 한다.[25] 천리는 단순히 개인의 도덕원칙이란 의미에 국한되지 않는 사회적인 공평한 기제이다. 그러므로 정이는 천리와 인욕의 구분을 사회적인 정황 속에서 엄격하게 적용해야 할 원칙으로 보았다. 모든 사람이 담지하고 있는 도덕이성에 근거를 둔 공공의 도리가 천리이며 한 개인의 사사로운 욕구는 인욕이다.

이상을 종합해 보면 유가철학에서 정신건강은 개인의 사사로운 욕구를 없애고 사회공동체 안에서 천리에 따라 인간의 선천적 도덕능력인 양지와 양능을 실현함으로써 내적 갈등을 해결할 수 있는 상태를 의미한다고 볼 수 있다. 또한 자신의 도덕의지로 인간의 본성을 자각함으로써 참된 자기의 내적 기쁨을 누리고 사회적 관계 안에서 능동적이고 주체적으로 인간의 본성을 실현할 수 있는 자기충족적인 상태를 의미한다고 볼 수 있다. 그리고 정신건강은 인간의 위태로운 마음을 본성에 기초하여 자율적으로 잘 다스림으로써 스스로 만족할 줄 아는 상태를 의미한다고 볼 수 있다.

3. 덕성자각모형

유가철학은 인간의 도덕적 근거를 선천적으로 가지고 태어난 본성의 마

25)『程氏易傳』, 損卦.

음현상 즉 순수도덕정감에 기초를 두고 있으며 바로 이 부분이 인간을 짐승과 구별짓는 본질적인 특성이라고 보고 있다. 그러므로 유가철학이 치유로 나아가는 과정은 무엇이 선인가라는 인식론적 물음이 아니라 이미 주어진 마음의 본성을 어떻게 자각하고 보존하며 실천으로 확충할 수 있는가에 대한 탐구의 과정이라고 할 수 있다. 따라서 유가철학에서 치유의 핵심은 본성이 마음현상으로 드러나는 도덕적 정감 또는 본성과 이를 담고 있는 마음에 대한 공부 즉 수양에 있다. 이것은 곧 순수도덕정감을 자각하여 덕을 밝히고 덕성으로써 자기를 치유해 나아가는 것이다.

유가철학에서 덕성치유의 초점은 몸을 구성하는 기氣를 마음과 유기적으로 통합시키는 정감체험情感體驗에 있다고 할 수 있다. 도리의 실천은 덕성의 발로인 순수도덕정감으로부터 시작되기 때문이다.[26)]

맹자의 도덕철학에서 기는 몸과 마음 나아가 우주자연까지 연결하는 통로이며 도덕성 함양에 있어 실질적인 토대라는 중요한 의미를 담고 있다. 정감의 성향들은 심리적인 것이지만 그것은 신체적 에너지의 주체로서 기의 범주에 속한다. 이러한 기는 몸과 마음의 존재와 작용을 결정하는 실재적인 자료이기 때문이다. 그러므로 우리 몸을 가득 채우고 있는 기[27)]는 감정·격정·욕구·욕망들과 관계하는 모든 생명력을 포괄하는 일종의 에너지로서[28)] 몸과 마음과 하늘을 하나의 유기체로 연결하는 실질적인 중요한 요소이다.

맹자는 "마음을 다하는 사람은 그 본성을 알고 그 본성을 알면 하늘을

26) 정상봉, 「유가의 정감윤리학」, 『중국학보』 제56집(2007), 473쪽.
27) 『孟子』, 「公孫丑上」, "氣, 體之充也."
28) 벤자민 슈워츠, 나성 역, 『중국 고대 사상의 세계』(살림, 2004), 415쪽.

알게 된다. 그러므로 마음을 보존하고 본성을 기르는 것은 하늘을 섬기는 것이다"라고 하였다.29) 이것은 마음의 본성과 하늘이 하나로 연결되어 작용하고 있음을 말하고 있는 것이며 사람의 선한 본성 또는 도덕정감은 마음에 뿌리를 두고 있음을 설명한 것이다. 따라서 마음의 본성을 자각하고 보존하며 확충시켜 나아가는 것은 마음의 통로인 기를 어떻게 조절하며 다스려 나아가느냐 하는 문제와 직결된다고 할 수 있다. 기를 움직이는 것은 도덕의지이며 이 의지는 마음의 작용과 관련이 있다.

맹자는 말하기를 "의지는 기氣의 장수이며 기는 사람의 몸에 꽉 차 있는 것이니 의지가 최고이며 기가 그다음이다. 그러므로 그 의지를 확고하게 견지하여야 하고 그 기를 함부로 어지럽게 하지 않아야 한다. 의지가 한결같으면 기를 움직이고 기가 한결 같으면 의지를 움직인다"라고 하였다.30) 이것은 인간이 생명을 유지하는 기운과 마음의 작용인 의지의 결합으로 이루어졌으며 마음이 으뜸이고 기가 마음에 따른다는 것을 말한 것이다. 그리고 몸과 마음은 주재하고 주재 받는 관계이기도 하지만 동시에 긴밀히 연결되어 있어 상호작용하는 관계이기도 하다는 것을 의미한 것이다.

그렇다면 우리가 일상적 삶 속에서 건강을 유지해 나아가기 위해서 구체적으로 어떻게 몸과 마음을 다스릴 것인가? 이에 대하여 맹자는 먼저 부동심에 대하여 말하고 난 뒤 호연지기를 말하고 있다. 맹자의 도덕철학에서 가장 중요한 문제는 작은 몸(본능)이 아니라 큰 몸(마음)을 지키는 문제이므로, 마음을 보존한다(存心)거나 본성을 기른다(養性)는 것을 우선시하고 있다.

---

29) 『孟子』, 「盡心上」, "盡其心者, 知其性也, 知其性, 則知天矣. 存其心, 養其性, 所以事天也."
30) 『孟子』, 「公孫丑上」, "夫志, 氣之帥也, 氣, 體之充也, 夫志至焉, 氣次焉. 故曰, 持其志, 無暴其氣……曰志壹則動氣, 氣壹則動志也."

그리고 맹자는 마음을 제대로 지키지 못하거나 본성을 제대로 기르지 못하는 것은 할 수 없는(不能) 문제로 보지 않고 하지 않으려 하는(不爲) 의지의 문제로 보고 있다. 그러므로 맹자는 흔들리지 않는 마음(不動心) 혹은 잃어버린 마음을 되찾아야 한다는 것(求放心)을 강조하고 있다. 따라서 맹자의 부동심은 마음의 본성을 확고하게 세우는 일이며 도덕의지를 함양하는 일이다.

공자는 일찍 예의로움이 아니면 보지 말며 예의로움이 아니면 듣지 말며 예의로움이 아니면 말하지 말며 예의로움이 아니면 움직이지 말라고 말한 바 있다.[31] 일상생활 속에서 예의로움을 향한 부동심을 가질 것을 요구한 것이다. 부동심은 외적인 유혹에 흔들리지 않는 본래 마음의 본성을 확고하게 지키는 것을 의미한다. 그리고 아울러 지적으로 혼동되지 않는다는 의미와 정서적으로 압도당하지 않는다는 의미를 함께 포함하고 있다. 그러므로 부동심은 어떤 내외적인 어려움과 유혹이 있더라도 본심을 잃어버리지 않고 본래의 마음을 굳건히 지키는 것을 의미한다.

마음을 기르는 방법이 있느냐는 질문에 맹자는 있다고 대답하면서 부동심을 제시하였다.[32] 맹자는 "부동심이란 용기와 밀접한 관련이 있다. 용기는 두려움이 없는 상태인데 마음에 두려움이 없기 위해서는 스스로 돌이켜 곧음 즉 정직함이 있어야 한다"라고 하였다. 증자가 자양에게 이르기를 "그대는 용기를 좋아하는가? 내가 일찍이 큰 용기를 선생님에게 들었으니 스스로 돌이켜 정직하지 못하면 비록 미천한 사람이라도 내가 두려워하지 않겠는가? 그러나 스스로 돌이켜서 정직하다면 비록 천 명이나 만 명의 사람이라도 내가 나가서 대적할 것이다"라고 하였다.[33]

31) 『論語』, 「顔淵」, "非禮勿視, 非禮勿聽, 非禮勿言, 非禮勿動."
32) 『孟子』, 「公孫丑上」.

부동심이란 용기를 기르는 것과 용기를 좋아하는 것에 있는 것이며, 용기란 두려움이 없는 것을 의미한 것이고, 두려움이 없는 것이란 스스로 돌이켜 보아 정직함에 있다는 것을 의미한다. 두려움은 모든 감정 중에서 가장 절제하기 어려운 것이므로 맹자는 부동심을 위하여 두려움이 없는 것을 으뜸으로 삼는다.[34] 부동심은 용기 또는 두려움이 없는 것에서 그치는 것이 아니라 용기를 좋아하고 두려움이 없는 것을 넘어서는 것이다. 스스로 돌이켜 보아 옳다는 확신이 있다면 두려움을 넘어설 수 있을 것이며, 스스로 옳지 못하다고 생각한다면 보잘 것 없는 사람에게도 두려움을 느끼게 될 것이다.

그러므로 증자는 용기나 부동심을 기르는 방법으로 도덕적 의지를 갖는 것 또는 뜻을 지키는 것이라고 설명하고 있다. 뜻을 지키는 것이란 결국 본래의 마음을 지킨다는 의미이다. 뜻(志)은 기의 장수이며 기는 몸에 가득 차 있는 것이므로 뜻이 최고이고 기가 그다음이다. 그러므로 뜻을 지키고 그 기를 포악하게 하지 말라고 한 것이다. 뜻 또는 의지는 마음이 가는 바로서 기를 이끌어 가는 장수가 된다. 이처럼 사람이 뜻을 지키는 것이 중요하지만, 기를 기르는 일 또한 중요하다. 이는 안과 밖, 근본과 말단이 상호 영향 관계에 있기 때문이다. 뜻이 향하는 바가 한결같으면 기가 그 뜻을 따르지만, 기가 한결같지 않으면 뜻도 흔들리는 것이다.[35] 뛰고 달리는 사람은 그 마음이 편안하게 안정될 수 없으므로 마음이 또한 따라 움직이게 된다.[36] 그러므로 마땅히 뜻을 먼저 견고하게 하여 마음을 편안하고 고요하

---

33) 『孟子』, 「公孫丑上」, "昔者, 曾子謂子襄曰, 子好勇乎. 吾嘗聞大勇於夫子矣, 自反而不縮, 雖褐寬博, 吾不惴焉. 自反而縮, 雖千萬人, 吾往矣."

34) 丁若鏞, 李篪衡 譯註, 『茶山孟子要義』(現代實學社, 1994), 69쪽.

35) 『孟子』, 「公孫丑章句上」 二.

게 하면서 기운을 자제해야만 성공이나 실패 또는 기쁨이나 분노 등으로 마음을 움직이지 않게 되는 것이다.

의로움을 모은(集義) 결과 호연지기浩然之氣가 생겨난다는 것은 선천적인 덕성의 어짊·의로움·예의로움·지혜로움 등을 올곧게 기름으로써 도달한 경지를 의미한다. 왜냐하면 사람으로서 마땅한 행위를 하는 것은 외부의 대상에 의해서가 아니라 자신의 마음에 내재되어 있는 덕성이 발현된 것이기 때문이다. 그러므로 호연지기를 기르는 것은 마음을 지키고 기르는 적극적 방법으로서 일상생활에서 꾸준히 마음의 본성에 따르는 행위를 하는 집의集義에 의해서 가능하다. 의로움을 축적한다는 것은 마음속에 본래 있는 의로움을 기르고 실천하는 공부이기 때문이다.

맹자는 호연지기의 배양과정이 의로움을 쌓는 것(集義)이라고 하였다. 기는 의로움과 도道에 부합하니 의로움과 도가 없으면 약해진다. 이 기는 의로움을 축적해서 생긴 것이며 의로움이 엄습해 와서 취해진 것이 아니다.[37] 어짊과 의로움의 뿌리는 마음에 본래 내재되어 있는 것이므로 마음 밖의 어떤 행위를 통해 의로움을 축적할 수 있는 것이 아니다. 마음속에 본래 있는 의로움을 기르고 실천함으로써 본래의 성품이 외부의 유혹이나 욕망에 넘어가지 않도록 힘을 기르는 것이다.

그러나 인간의 마음은 위태로워 욕망에 유혹되기 쉬우므로 본래의 마음을 잃어버리기가 쉽다. 사람의 마음에 어찌 어짊과 의로움(仁義)의 마음이 없겠는가? 그러나 그 양심을 잃어버림이 또한 아침마다 도끼로 나무를 베는 것과 같으니 이렇게 하고서도 산이 아름다울 수 있겠는가? 그것이 밤낮

36) 丁若鏞, 李篪衡 譯註, 『茶山孟子要義』(現代實學社, 1994), 76~77쪽.
37) 『孟子』, 「公孫丑上」, "其爲氣也, 配義與道, 無是餒也. 是集義所生者, 非義襲而取之也."

으로 자라나는 것과 새벽의 맑은 기를 좋아하고 싫어하는 것이 다른 사람과 서로 비슷하다 해도 그를 유지하기가 쉽지 않다. 낮에 하는 소행은 이것을 짓밟아 없애니 없애기를 반복하면 야기夜氣가 족히 보존될 수 없고 야기가 보존될 수 없으면 금수와 가깝게 된다. 사람들은 그 금수와 같은 행실만 보고는 일찍이 훌륭한 재질이 있지 않다고 여기니 이것이 어찌 사람의 실정實情이겠는가? 그러므로 만일 잘 길러지면 사물마다 자라지 못함이 없고 만일 잘 길러지지 않으면 사물마다 사라지지 않음이 없는 것이다.[38] 맹자의 이 말은 일상생활 속에서 외부사물과 접하면서 욕망이 생겨 양심이 손상될 수 있으나 고요하게 잠자는 동안 기가 갖는 본래의 정화능력으로 본성을 회복할 수 있음을 설명하고 있는 것이다. 그러므로 맹자는 본래의 마음을 함양하기 위한 방법으로 욕심을 적게 해야 한다는 것을 밝히고 있는 것이다.[39]

그러나 인심과 인욕이 곧바로 사욕과 일치관계에 있다고 볼 수는 없다. 왜냐하면 인심과 인욕 가운데 어떤 것은 사회적 공평성에 합치하기 때문이다. 그렇지만 인심과 인욕은 사람의 생리적 욕구를 담고 있으므로 위태로운 성격을 띠는 것이다. 하지만 도심은 마음의 본성에 기초하고 있어 사회적 공평성과 보편성을 갖는다. 그러므로 욕구나 욕망을 지나치게 가져서는 안 된다.

---

38) 『孟子』, 「告子上」, "雖存乎人者, 豈無仁義之心哉? 其所以放其良心者, 亦猶斧斤之於木也, 旦旦而伐之, 可以爲美乎? 其日夜之所息, 平旦之氣, 其好惡與人相近也者幾希. 則其旦晝之所爲, 有梏亡之矣, 梏之反覆, 則其夜氣不足以存, 夜氣不足以存, 則其違禽獸不遠矣. 人見其禽獸也, 而以爲未嘗有才焉者, 是豈人之情也哉? 故苟得其養, 無物不長, 苟失其養, 無物不消."

39) 『孟子』, 「盡心下」, "養心莫善於寡欲, 其爲人也寡欲, 雖有不存焉者寡矣. 其爲人也多欲, 雖有存焉者寡矣."

그렇다면 인욕 가운데 사욕을 없애기 위하여 우리는 어떻게 해야 할 것인가? 맹자는 "눈과 귀 같은 감각기관은 생각하지 못하여 외부의 사물에 가려진다. 감각기관이 외부의 사물과 만나면 거기에 끌려갈 뿐이다. 마음의 기능은 생각할 수 있으니 생각하면 얻고 생각하지 않으면 얻지 못한다. 이는 하늘이 나에게 준 것이니 먼저 그 큰 몸인 마음을 확립한다면 그 작은 몸인 본능이 빼앗지 못할 것이다. 이것이 대인이 되는 까닭이다"라고 하였다.[40] 마음의 중요한 기능 중의 하나가 생각하고 판단하는 것이기 때문에 마음의 본성을 실천하는 능동적 주체자로서 자율적 사유능력을 발휘할 수 있다는 것을 의미한 것이다. 이것은 곧 욕망을 적게 하고 선천적 자연정감을 드러낼 것을 요구하고 있는 것이다.

도심인 천리를 온전히 드러낼 수 있게 하기 위해서는 인심과 도심, 사욕과 천리의 경계를 자세히 살피는 것(精)과 마음을 한곳으로 모으는 것(一)이 필요하다. 이것은 주희가 제시하고 있는 거경공부와 일치된 내용이다. 주돈이는 전일함에 대하여 제자와의 토의에서 다음과 같이 밝히고 있다. "'성인은 배워서 될 수 있습니까?' '그럴 수 있다.' '요체가 있습니까?' '있다.' '그것에 대하여 듣고자 합니다.' '전일함이 요체이다. 전일함은 욕망이 없는 상태이다. 욕망이 없으면 고요하면서 텅 비고 움직이면서 곧게 된다(靜虛動直). 고요하면서 텅 비면 밝게 되고 밝으면 통하게 된다. 밝아서 통하며 공평하여 넓어진다면 성인에 가까울 것이다.'"[41]

그러나 정신적 · 사회적 · 영적으로 건강하기 위해서는 전일함의 요체만

40) 『孟子』, 「告子上」, "耳目之官不思, 而蔽於物. 物交物, 則引之而已矣. 心之官則思, 思則得之, 不思則不得也. 此天之所與我者, 先立乎其大者, 則其小者弗能奪也. 此爲大人而已矣."

41) 『周子全書』, 권9, 「通書」, '聖學'.

으로는 부족하며 사물의 이치에도 밝아야 한다. 그러므로 주관적인 치유방법인 거경공부 외에도 객관적인 치유방법인 궁리의 방법이 필요하다. 거경공부는 마음함양의 방법이며 궁리공부는 도리를 궁구하여 마음의 본성을 자각하는 것이다. 그러므로 이 두 가지가 병진될 때 천리를 따라 건강한 삶의 지평이 열리게 되는 것이다.

격물格物은 『맹자孟子』에서 대인이 군왕의 마음을 바로잡는다는 격格과 같은 것으로 마음의 잘못을 제거함으로써 본체本體의 마음을 온전히 하는 것이다.[42] 의념意念의 소재가 사물事物이다. 의념이 부모를 섬김에 있으면 부모를 섬기는 것이 하나의 사물이 되고, 의념이 임금을 섬김에 있으면 임금을 섬기는 것이 하나의 사물이 된다.[43] 부모를 섬김에 있어서도 지성至誠한 마음으로 자신의 의념을 반성하여 바르지 않은 의념을 바로잡는 것이 격물임을 설명한 것이다.

왕수인은 격格을 정正 즉 옳지 못한 것을 바로잡아 옳게 하는 것으로 해석하였으며 물物을 사事 혹은 본성의 의념과 연결하여 의념이 향하는 것으로 정의를 내렸다. 곧 왕수인은 의념이 바르지 않으면 밖으로 드러나는 행위도 반드시 바르지 않게 되므로 격물은 의념을 바르게 하는 데에 있다고 본 것이다. 그리고 그는 의념의 선악을 분별하는 내재적인 가치판단의 준거를 양지에 두었다. 양지의 작용은 선한 의념을 발생하게 할 뿐만 아니라 의념의 선악을 분별하는 내재적인 가치판단의 능력을 발휘함으로써 자기 자신의 의지에 대한 자기비판의 작용을 한다.[44] 이러한 양지의 판단에 의거

---

42) 『傳習錄』 上, 「徐愛錄」.
43) 『傳習錄』 上, 「徐愛錄」.
44) 耿寧, 「從自知的概念來了解王陽明的良知說」, 『中國文哲硏究通訊』 第四卷 第一期, 19쪽.

하여 행동하는 것이 치양지致良知이다. 또한 왕수인은 정좌를 통하여 본체에 대한 깨달음을 얻어 존천리尊天理가 가능하다 할지라도 이를 실천으로 옮기기 위해서는 거인욕去人欲이라는 극기공부가 필요하다고 여겨 일에 나아가 연마한다는 사상마련事上磨錬을 강조하고 있다.[45] 그러므로 바른 의념을 행동으로 옮기기 위해서는 존천리와 거인욕의 공부가 함께 이루어져야 할 것이다.

유가철학은 자기 자신에서부터 비롯되는 자신의 인격을 닦는 공부(爲己之學)를 위하여 마음의 본성을 지키는 공부와 자신의 잃어버린 마음을 찾는(求放心) 공부를 중요시하고 있다. "어짊은 사람의 마음이고 의로움은 사람이 가야 할 길이다. 그런데도 그 길을 버리고 가지 않으며 그 마음을 잃어버리고도 구할 줄 모른다. 애처롭구나! 사람이 닭이나 개를 잃으면 찾아다니면서도 그 마음을 잃어버리고서는 찾을 줄 모른다. 학문하는 방법은 다른 것이 아니다. 그 잃어버린 마음을 찾는 것일 뿐이다."[46] 어짊은 사람의 마음이고 의로움은 사람이 당연히 지켜야 할 길이므로 어짊과 의로움은 세상을 살아가는 데 꼭 필요한 도리이나 도심은 미미하고 인심은 위태로운 것이어서 유지하고 확장시켜 나아가기가 그리 쉽지 않다. 그러므로 사람다운 사람으로서 건강한 자아를 실현해 나아가기 위해서는 자신이 말하고 행하는 것에 항상 주의하고 반성하여 잃어버린 본심을 구하여야 한다. 자신의 본심을 자각하는 것은 자기실현을 위한 가장 기본적인 일이며, 자신의 마음을 지키고 배양하는 것은 하늘과 인간이 합일되는 토대이다. 그러므로 맹자는 마음

45) 『傳習錄』 上, "問靜時亦覺意思好, 才遇事, 便不同, 如何? 先生曰, 是徒知養靜, 而不用克己工夫也, 如此, 臨事便要顚倒, 人須在事上磨鍊, 方立得住, 方能靜亦定, 動亦定."

46) 『孟子』, 「告子上」, "孟子曰, 仁, 人心也, 義, 人路也. 舍其路而不由, 放其心而不知求. 哀哉, 人有雞雞犬放, 則知求之, 有放心而不知求. 學問之道無他. 求其放心而已矣."

을 지키고 성품을 기르는 것은 곧 하늘을 섬기는 방법이라고 하였던 것이다.[47] 따라서 우리는 마음을 지키고 기르기 위한 방법으로 마음 자체를 안정시켜 외부로부터 오는 유혹이나 욕망을 줄이는 소극적 방법과 마음이 나아가야 할 방향을 밝혀 마음의 배양을 돕는 적극적 방법을 활용하여 덕성을 적극적으로 키워 나아가야 한다.

마음(心)에는 주체(體)로서의 본성(性)과 작용(用)으로서의 정감(情)이 있다. 정감은 선할 수도 있고 악할 수도 있다. 사람의 마음에는 리理에 의한 본성이 있고 기氣의 제한을 받음으로써 여러 가지의 선과 악으로 나타나는 정감이 있다. 그러므로 호연지기로써 본성을 그대로 드러낸 자는 순수도덕정감을 발휘할 수 있으나 사욕지기私欲之氣로써 본성이 가려진 자는 본성에 어긋난 사욕정감을 드러낸다. 순수도덕정감으로 사는 자는 성리性理를 그대로 발휘하여 본성에 정직한 덕행위(天人合一, 仁義禮智)를 함으로써 비록 지금 가난하거나 신체적으로 질병이 있어 죽음을 앞두고 있다 할지라도 스스로 떳떳하고 가치 있는 초월적 삶 혹은 도덕적 삶을 살아 낼 수 있다. 하지만 사욕정감으로 사는 자는 본성에 어긋난 부덕행위(天人分二, 詖淫邪遁)를 함으로써 비록 지금 부유하거나 신체적으로 건강하다고 할지라도 스스로 양심의 부끄러움을 느껴 괴로운 삶을 살 수밖에 없다. 괴로움은 내적 갈등과 불안·두려움 등으로 인한 신경증적인 증상과 공포·죄의식·분노·우울·자살 등의 병적인 현상으로 드러난다. 그러므로 선우善友[48]는 비도덕적인 병적 증상을 해결하기 위하여 일상생활 가운데에서 기의 작용으로 발생되는 말과

47) 『孟子』, 「盡心上」, "存其心, 養其性, 所以事天也."

48) 본래 지니고 있는 善性을 자각하여 고통과 괴로움에서부터 벗어나 이치에 맞게 살아가고자 하는 '착한 벗'의 의미로 내담자를 지칭한다.

행동을 성찰하여 마음현상을 자각할 수 있어야 한다. 자각은 의식의 내적 반추과정을 거쳐 이루어지는데, 마음속의 마음 즉 본성을 이해하기 위하여서는 밖으로 드러난 말과 행동을 성찰하여 마음을 아는 지언의 방법으로 가능하다.

이상을 토대로 호연지기를 길러 정신건강을 증진시켜 나아가기 위한 덕성자각모형(Virtue Awareness Model. 이하 VA모형이라고 한다)을 제시해 보았다.〈그림 1〉

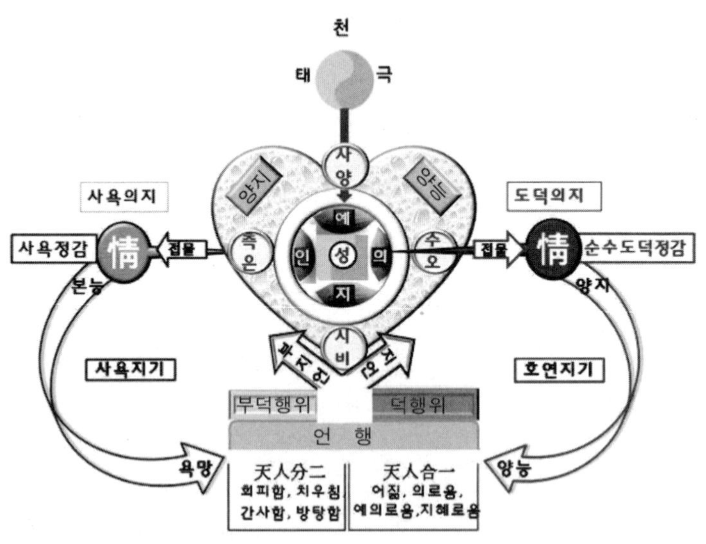

〈그림 1〉 덕성자각모형(Virtue Awareness Model)

VA모형[49]은 태극이라는 총체적 생명원리(理一)로서 모든 인간의 마음에는 본성이 있으나 어떤 사람은 도덕의지에 따라 본성을 실현함으로써 천인

49) 덕성과 본성은 같은 의미를 담고 있으므로 덕성자각(Virtue Awareness, VA)모형을 본성자각(Nature Awareness, NA)모형과 같은 의미로 사용한다.

합일된 삶을 살 수 있는가 하면 어떤 사람은 사욕의지에 따라 본성이 가리어짐으로써 천인분이天人分二된 삶을 살 수 있다는 것을 나타내는 모형이다. 또한 VA모형은 모든 인간에게는 배우지 않아도 선성을 능히 알아 행할 수 있는 양지와 양능이 있어 자신의 마음의 작용에 대한 자기비판의 능력이 있음을 설명해 주고 있다.

VA모형에서 우측은 도덕의지로 마음의 본성을 자각하여 본래의 마음을 보존·확충시켜 나아가는 건강한 삶이며, 좌측은 사욕의지로 마음의 본성이 가리어져 사사로운 욕구에 따라 살아가는 병적인 삶이다. 그러므로 VA모형은 자신과 타인과의 관계 그리고 자신과 세계와의 관계에서 자신이 능동적 주체자가 되어 자신의 삶을 책임져야 한다는 책임감을 내포하고 있음과 동시에 의지에 따라 언제든지 어떤 방향으로도 변화될 수 있는 가능성이 있음을 시사해 주고 있다. 호연지기와 사욕지기의 방향은 고정된 것이 아니라 마음의 작용 즉 의지에 따라 얼마든지 환치 가능하며 언제든지 다른 방향으로도 전환될 수 있기 때문이다. 이것은 인간의 마음은 가변성이 있으므로 의지에 따라 변화될 수 있는 가능성이 열려 있음을 의미한다. 따라서 VA모형은 자기 자신을 치유하기 위하여 끊임없는 자기수양이 필요함을 보여 주고 있다.

VA모형은 마음의 건강을 설명한 것이므로 마음 심心 자와 연관시켜 이해해 볼 수 있으며 마음 심心 자는 심장을 본떠 만들었으므로 심장과 연관시켜 이해해 볼 수 있다.〈그림 2〉

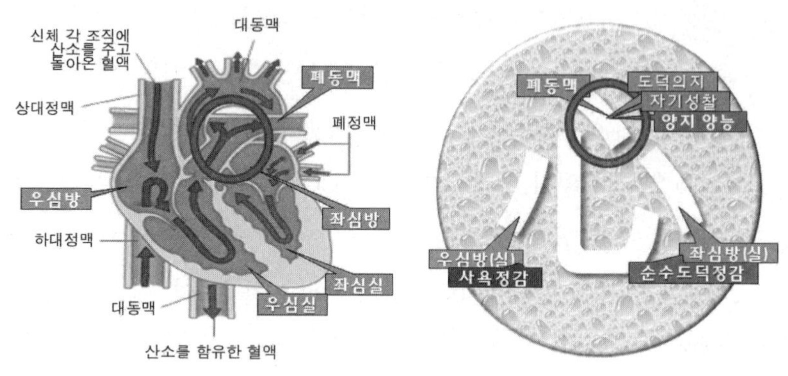

〈그림 2〉 심장과 마음의 작용

마음 심心 자가 심장을 본떠 만들어진 것은 마음의 작용이 심장의 작용과 같은 역할을 할 때 건강할 수 있기 때문이다. 곧 몸의 건강을 위해서는 심장이 신선한 혈액을 전신에 계속 공급해야 하는 것처럼, 마음의 건강을 위해서는 도덕의지로 본성을 자각하여 호연지기를 계속 길러 낼 수 있어야 한다. 이를 구체적으로 살펴보면 마음 심心 자 가운데의 ㄴ은 심장의 모습을 의미하며 좌측의 점(′)은 우심방과 우심실을 의미한다. 우심방은 전신을 돌고 돌아온 탈산화된 혈액을 받아들이며 우심실은 탈산화된 혈액을 폐동맥으로 보내는 기능을 한다. 그러므로 심心 자 가운데 좌측의 점(′)은 하루를 살면서 사욕으로 오염된 마음을 의미한다. 다음으로 심心 자 가운데 우측 위의 점(丶)은 폐동맥을 의미한다. 폐동맥은 우심실로부터 공급받은 탈산화된 혈액에 산소를 공급해 주는 기능을 한다. 그러므로 심心 자 가운데 우측 위의 점(丶)은 사욕의지로 가리어진 본성을 도덕의지로 자각하여 양지양능을 실현하는 도덕적 계기의 순간이다. 곧 폐동맥이 탈산화된 혈액에 신선한 산소를 공급하여 생명을 살려 내고 있는 것처럼, 도덕의지가 사욕으로 가리어진 본성을 자각하여 순수지선한 도덕적 가치생명을 살려 내고 있는 것이다. 마지막으로 심心 자 가운데 우측 아래의 점(丶)은 좌심방과 좌심실을 의미한다. 좌심방은 폐동맥으로부터 산소가 풍부한 혈액을 공급받으며 좌심실은 산소가 풍부한 혈액을 전신으로 내보내는 기능을 한다. 그러므로 심心 자 가운데 우측 아래의 점(丶)은 호연지기로 양지와 양능을 실현하는 건강한 삶을 의미한다. 곧 호연지기로 양지와 양능을 실현할 때 정신적·사회적·영적으로 건강한 삶을 살 수 있는 것이다. 이상을 종합하여 VA 모형을 살펴보면, 좌측은 사욕지기로 오염된 삶이므로 탈산화된 우심방과 우심실에 해당된다고 할 수 있다. 그리고 우측은 도덕의지로 양지와 양능을 실현하는 호연지기의 건강한 삶이므로 폐동맥과 좌심방 그리고 좌심실에 해당된다고 할 수 있다.

우리가 육체적으로 건강한 삶을 살기 위하여서는 심장으로부터 산소가 풍부한 혈액을 끊임없이 공급받아야 한다. 심장은 우리 몸에 산소가 풍부한 혈액을 공급하기 위해서 끊임없이 폐동맥으로부터 산소를 공급받는다. 이것은 곧 우리가 정신적·사회적·영적으로 건강한 삶을 살기 위하여서는 도덕의지로 끊임없이 마음의 본성을 자각하여 '참자기'를 회복해야 하는 것과도 같다. 우리의 몸이 건강하기 위하여서는 신선한 혈액이 끊임없이 순환해야 하는 것처럼, 우리의 정신이 건강하기 위하여서는 끊임없이 도덕의지로 순수도덕정감을 자각하여 호연지기를 발휘해 나아갈 수 있어야 한다. 심장이 탈산화된 혈액과 산화된 혈액을 동시에 받아들이면서 끊임없이 탈산화된 혈액을 산화된 혈액으로 바꾸어 순환시킬 때 우리의 몸이 건강할 수 있는 것처럼, 우리의 마음도 사욕정감과 순수도덕정감을 모두 아우르면서 도덕의지로 양지와 양능에 따라 끊임없이 순수도덕정감을 실현할 수 있을 때 호연지기로 순수지선한 삶을 살 수 있다.

우리가 인간으로서 가치 있게 살기 위해서는 사욕으로 오염된 기를 도덕의지로 다스려 순수한 마음의 현상인 순수도덕정감을 발현할 수 있도록 해야 한다. 그러기 위해서는 도덕의지로 양지와 양능의 도덕적 명령에 귀 기울여 이를 민첩하게 자각할 수 있어야 한다. 마음의 본성은 곧 도심이므로 선우로 하여금 본성을 자각하게 한다는 것은 우주적 차원에서 인간과 인간 그리고 인간과 세계를 순수하게 통찰할 수 있도록 하는 것이다. 이때 우리는 일상생활에서 발생할 수 있는 각종 불안이나 죄의식 혹은 공포나 두려움 등과 같은 병적인 현상 등을 근원적이고 본질적으로 치유해 나아갈 수 있을 것이다.

일상생활에서 정신건강을 위한 덕성치유의 방법은 선우로 하여금 자신의 말과 행동을 성찰하게 하고(知言) 사욕지기로 덮인 본성을 자각하게 하여 마음현상을 진단하게 함으로써 지성至誠한 마음으로 자신의 의념을 바로잡아 가도록 하는 것이다. 또한 선우가 일상생활 속에서 부동심으로 의로움을 축적하고 길러(集義) 호연지기를 발휘해 나아가도록 하는 것이다. 그러나 정신건강증진을 위해서는 사욕지기로 가려진 마음을 진단하게 하는 것에 앞서 자연의 이치를 관찰하는 것으로부터 시작해야 한다.〈그림 3〉 인간은 천지자연의 소산물로서 모든 만물의 생성변화와 유기적으로 관계하고 있으므로 자연의 도를 계승하여 선한 본성을 다할 수 있을 때 영적으로 건강한 삶을 살 수 있기 때문이다. 따라서 유가철학에서의 정신건강증진을 위한 덕성치유의 단계는 거대한 유기체적 자연의 섭리를 관찰하는 것으로부터 시작하여 개체생명에 이미 내재되어 있는 보편적인 본질을 자각하여 마음의 본성을 실현하는 데까지 나아간다.

〈그림 3〉 정신건강증진 단계

1단계, 모든 만물은 생의를 지닌 천지자연의 유기체로서 생성적 역량을 지니고 있음을 깨닫는다.

·· 모든 만물은 끊임없이 일음일양하고 원형이정하며 생장쇠멸하는 유기체적 관계임을 깨닫는다.

·· 모든 만물이 보편적인 본질 속에서도 각자의 개별적인 특수성을 잃지 않고 개별적인 특수성 속에서도 보편적인 본질을 지니고 있음을 깨닫는다. 각 사물들은 자연의 생성원리를 개별화하고 자기화하여 제각각의 방식대로 자연의 생성에 참여하고 있음을 깨닫는다. 개체의 생장쇠멸이나 생로병사는 거대한 자연의 섭리임을 깨닫는다.

2단계, 인간이 본성과 양지와 양능을 지니고 있는 능동적이고 주체적인 실천자임을 체증한다.

·· 인간은 본성과 천도를 실행하는 능동적이며 주체적인 생명체임을 체증한다.

·· 인간은 천지의 소산물로서 이미 천지가 만물을 낳는 절대사랑의 덕인

어짊을 지니고 있음을 체증한다.

·· 인간은 어떤 일을 행하거나 아는 데 있어서 사변을 필요로 하지 않고 직접적으로 알 수 있는 측은지심·수오지심·사양지심·시비지심의 직각지인 양지와 도덕의지를 실현시켜 나아갈 수 있는 양능을 지닌 존재임을 체증한다.

3단계, 지언을 통하여 마음현상을 진단하고 본성을 자각하여 부동심으로 순수도덕정감을 실천함으로써 호연지기를 기른다.

·· 말과 행동을 성찰하여 마음현상을 진단한다.

·· 의념을 바르게 하여 마음의 본성을 자각한다.

·· 순수도덕정감에 의한 덕행위를 궁리한다.

·· 순수도덕정감에 의한 덕행위에 대해 확신을 갖는다.

·· 순수도덕정감에 의한 덕행위를 행하는 데 두려움이 없다.

·· 순수도덕정감에 의한 덕행위를 용기 있게 행한다.

·· 순수도덕정감에 의한 덕행위를 부동심으로 행한다.

·· 순수도덕정감에 의한 덕행위를 실현한다.

·· 호연지기를 기른다.

이상에서와 같이 선우는 보편적인 자연의 이치를 관찰하는 것으로부터 시작하여 자신에게 이미 내재되어 있는 마음의 본성을 체증하고 이를 함양시켜 나아갈 수 있다. 거경과 궁리는 서로 상보적인 관계로서 선후를 정할 수는 없다. 그러나 정신건강을 증진함에 있어서는 객관성이 주관성에 앞서야 한다. 특히 사회적 관계를 중요시한 유가철학에서는 개인의 특수가 우주자연의 보편에 앞설 수가 없다. 개인의 정당성은 개인을 넘어선 사회와 우주자연의 보편적인 원리에 부합되어야 비로소 성립되기 때문이다. 그러므로 정신건강증진을 위해서는 궁리의 단계에서부터 사유를 시작하는 것이다. 궁리를 통하여 우주자연의 이치와 자기의 본성이 동일함을 깨달은 후에 구체적으로 선우는 일상생활 속에서 드러나는 자신의 말과 행동을 성찰하여 사욕에 가리어진 마음현상을 진단하고 잃어버린 본래 마음을 자각하여 호연지기를 길러 나아감으로써 정신건강을 증진시켜 나아갈 수 있다.

2장 덕성치유프로그램

주희는 인심人心에 인욕人欲이 생겨 '참자기'로 살아가지 못하는 중요한 원인을 두 가지로 보았다. 그 하나는 마음의 수양이 부족한 탓으로 외계의 사물에 유혹되기 때문이며, 또 다른 하나는 사리事理에 대한 이해가 투철하지 못한 탓으로 외계의 사물에 유혹되어 천리를 잃어버리기 때문이다. 그러므로 먼저 인욕을 제거하여 '참자기'로 살아가고자 한다면 반드시 내심內心의 거경에서부터 이루어 나아가야 하며, 천리를 보존하여 사리에 맞게 살아가고자 하면 반드시 먼저 천지만물의 이치(理)를 투철하게 궁구하여야 한다. 따라서 거경居敬과 궁리窮理는 도덕실천상에 있어서 가장 큰 양면의 치유방법이다.[1)]

양면의 치유방법은 경敬으로써 함양하는 주관적 치유방법과 치지致知로써 진학進學하는 궁리의 객관적 치유방법이다. 내외의 두 가지 치유방법은 도덕실천의 주체와 대상 세계 사이의 관계 문제로서 천인합일사상의 범주 내에서 입론되고 성립되는 도덕실천의 방법론이다.[2)] 내적인 존심양성설과

---

1) 최영찬, 「주자철학에 있어서 孔孟 天人觀의 承受와 展開」(충남대학교 대학원 박사학위논문, 1991), 202쪽.

2) 최연자 · 최영찬 · 정춘화, 「유가수양론의 철학상담치료 방법」, 『동서철학회연구』 제61호(2011).

외적인 격물치지설의 입론이 가능한 것은 도덕주체성의 특수特殊가 가치의 원천인 보편의 이치(理)에 일치되는 것이기 때문이다.[3] 따라서 유가 덕철학 치유의 실천방법으로 개발된 덕성치유프로그램은 천리본성天理本性을 잘 보존하여 사욕이 끼어들지 못하게 하는 존심存心의 주관적 치유방법과 격물치지를 통하여 보편의 이치(理)를 깨달아 가는 객관적 치유방법으로 구성되어 있다. 주관적 치유방법은 존심을 위한 '함양성찰법'이고 객관적 치유방법은 치지를 위한 '성찰궁리법'이다. 그리고 '함양성찰법'은 'COSMOS 덕성명상법'[4]으로 실행하였다.

'COSMOS 덕성명상법'은 천리를 보존하고 마음의 본성인 덕성을 함양해 나아갈 수 있도록 구성되어 있다. 그러므로 이를 '우주자연과 하나 되는 덕성명상'이라고도 할 수 있다. '성찰궁리법'은 정서나 말과 행동을 성찰하여 사욕지기로 가려진 덕성을 자각하고 순수도덕정감을 실천할 수 있도록 구성되어 있다. 곧 정감체험을 통해 덕성을 실현할 수 있도록 구성된 덕성치유프로그램은 어짊 · 의로움 · 예의로움 · 지혜로움(仁義禮智)의 덕성을 보존 · 함양하고 일마다 측은지심 · 수오지심 · 사양지심 · 시비지심의 순수도덕정감을 자각하여 덕행위를 실천해 나아갈 수 있도록 하는 내외의 치유방법이다.

---

3) 최영찬, 「주자철학에 있어서 孔孟 天人觀의 承受와 展開」(충남대학교 대학원 박사학위 논문, 1991), 192~193쪽.

4) Calm & Concentration(C)은 고요와 집중.
Object observe(O)는 대상을 관찰하여 생의를 사유.
Self observe(S)는 자기를 관찰하여 생의를 각성.
Matching Cosmos(M)는 대상과 자기가 모두 생의로써 하나의 우주자연의 이치에 따르고 있음을 인지.
One step beyond(O)는 우주자연의 이치가 인간에게 초월성으로 내재되어 있음을 체증.
Self-transcendence(S)는 자기 안에 내재되어 있는 덕성으로 우주자연과 하나 되는 자기초월.

1. COSMOS 덕성명상법

함양을 위한 여러 방법 중 하나가 정좌명상이다. 유가철학의 정좌명상은 좌선입정坐禪入定을 의도하는 것이 아니다. 유가철학의 정좌명상은 일상생활에서 흐트러지고 동요하기 쉬운 의식을 조용히 가라앉혀 집중통일하고 지향을 정하여 존양성찰存養省察하는 것을 의미한다. 그러므로 유가철학의 정좌명상은 일상생활의 인간관계(人倫)에서 인간을 얽매고 있는 상대적인 세계와 결연을 끊고 적멸寂滅의 절대적인 무아지경無我之境에 들어가는 불교의 좌선坐禪이나 명상과는 전혀 다르다.[5] 불교의 수행과정은 계戒→정定→혜慧의 3단계를 거쳐 이상적인 인간상인 붓다가 되기 위함이며 유가의 수행과정은 거경居敬→궁리窮理→명명덕明明德의 수행과정을 거쳐 수기치인의 현실적인 인간성이 완성된 대인大人(聖人, 君子)이 되기 위함이기 때문이다. 그러므로 함양성찰법으로 제시된 'COSMOS 덕성명상법'은 천리와 인간의 본성에 대하여 명상함으로써 천리를 보존하고 생의를 체증하여 선천적으로 담지되어 있는 도덕본성을 인식하고 덕성을 밝혀 이를 함양시켜 나아갈 수 있도록 구성되어 있다.

유가철학은 자연질서를 인간질서로 바꾸어 인간 속에서 자연적인 실체를 구하려 하였고 현실 속에서 도덕주체성의 근거를 찾아 밝히려고 하였다. 유가철학은 만물을 낳는 천지의 마음과 자연의 섭리를 깨달아 이를 인간의 마음과 일체화시켜 현실 속에서 천지의 이치를 구현하고자 하였다. 천지는 만물을 낳고 낳는 것을 마음으로 삼는다. 그러므로 인간이나 사물은 생성될

5) 姜浩錫, 「中國과 日本의 儒學 靜坐法에 比較해 본 退溪의 靜坐法의 座標」(西獨 함부르크大學 召開 제7차 퇴계한국 국제학술회의 주제논문, 1984), 78쪽 참조.

때 각각 천지의 마음을 얻어 마음으로 삼는다. 따라서 마음의 덕은 모든 덕을 통섭 관통하여 갖추지 않는 바가 없다. 이를 한마디로 말한다면 곧 어짊일 따름이다.[6] 어짊은 생성을 내용으로 하는 마음의 덕(心德)이므로 천지의 큰 덕에 근원한 것이다. 천지의 대덕은 생성이다. 사람은 천지의 마음과 기운을 받아 태어났으므로 이 마음은 반드시 어짊인 것이다.[7]

공자는 부모형제에 대한 사랑이 어짊을 실현하는 근본이라고 하였다. 그리고 맹자는 이러한 어짊의 의미를 부모에게서 이웃과 인류 전체에 대한 사랑, 더 나아가 인류로부터 만물에 대한 사랑으로 확충시켰다. 송대에 이르러서는 어짊의 사상을 천지만물을 생성하는 우주적인 마음으로 확대시켜 사람과 사물이 일체를 이루는 합일의 경지로 발전시킴으로써 인간을 천지의 화육에 직접 참여시킬 수 있는 기틀을 마련하였다.[8]

어짊은 하나의 혼연하고 온화한 사랑의 기운이다. 그 기운(氣)은 천지의 따뜻한 봄기운이며 그 이치(理)는 천지가 만물을 낳아 성장시키는 사랑의 마음이다.[9] 어짊이란 본래 마음의 온전한 덕이다. 그러므로 만일 본래 그대로인 천리의 양심을 보존하고 잃지 않는다면 우리가 의도하는 모든 것은 스스로 질서와 조화 속에서 원만하게 이루어지게 된다.[10] 또한 어짊은 마음 속에 있는 생명적 돌봄의 원리로서 늘 유행하여 낳고 낳는 일을 멈추지 않

6) 『朱子大全』, 권67, "天地以生物爲心者也, 而人物之生又各得夫, 天地之心以爲心者也. 故語心之德. 雖其總攝貫通, 無所不備, 然一言以蔽之. 則曰仁而已矣."
7) 『朱子語類』, 권5, "發明心字 , 曰, 一言以蔽之曰生而已. 天地之大德曰生. 人受天地之氣以生, 故此心必仁, 仁則生矣."
8) 梁權錫 · 李乙相, 「동양의 자연관과 생태철학의 이념—유가사상을 중심으로—」, 『국민윤리연구』 39호(1998), 248쪽 참조.
9) 『朱子語類』, 권6, "要識仁之意思, 是一箇渾然溫和之氣. 其氣則天地陽春之氣, 其理則天地生物之心."
10) 『朱子語類』, 권25, "仁者, 本心之全德. 人若本然天理之良心存而不失, 則所作爲自有序而和."

으므로 처음부터 끝까지 끊어짐이 없다.[11] 천지의 변화는 가고 오는 것이 이어져서 한 순간도 쉼이 없다. 이것이 바로 섭리의 본질이다. 해가 지면 달이 뜨고 달이 지면 해가 떠서 해와 달이 서로 추동하면서 빛의 세계를 만든다. 추위가 가면 더위가 오고 더위가 가면 추위가 와서 추위와 더위가 서로 추동하면서 사계절을 지어낸다.[12] 그러므로 천지는 만물을 생육하는 큰 사업을 행하면서도 그것을 일시로 끝내는 것이 아니라 부단히 날로 새롭게 펼쳐내는 위대한 역량을 갖고 있는 것이다.[13] 천지의 절대사랑으로 생성된 만물은 함께 생장하면서도 서로를 침해하지 않고 일월과 사계절은 순환 운행하면서도 서로 상충되지 않는다. 마치 냇물들이 천만갈래로 나뉘어 쉼 없이 흐르는 것과도 같이 자연의 섭리는 만물의 생성과 변화를 그침 없이 주재해 나간다. 자연의 위대한 소이가 여기에 있다.[14] 만물의 생성변화는 일정한 질서와 연속의 과정 즉 시작과 성장과 결실과 성숙인 원형이정元亨利貞의 과정을 거친다. 자연은 원형이정이라고 하는 섭리의 연속적 계기 속에서 만물을 영원히 생성·변화시켜 나아가는 하나의 거대한 유기체이기 때문이다. 천지마음의 작용은 어짊으로써 쉼 없이 만물을 낳고 낳으며 만물의 생육을 도와 함께 생장시키면서도 서로를 침해하지 않게 한다.

선우는 정좌하여 이러한 천지마음의 작용에 대해 명상하면서 천지의 마음인 어짊으로 태어난 인간 즉 자신의 태어남이 천지의 절대사랑의 덕이었음을 체증할 수 있어야 한다. 자신의 태어남이 천지의 절대사랑의 덕이었음

11) 『北溪字義』, "蓋仁是心中箇生理, 常行生生不息, 徹終始無間斷."
12) 『周易』, 「繫辭上傳」, "日往則月來, 月往則日來, 日月相推, 而明生焉. 寒往則暑來, 暑往則寒來, 寒暑相推, 而歲成焉."
13) 『周易』, 「繫辭上傳」, "富有之謂大業, 日新之謂盛德."
14) 『中庸』, "萬物竝育而不相害, 道竝行而不相悖. 小德川流, 大德敦化. 此天地之所以爲大也."

을 자각할 때 선우는 자신의 한계를 극복하여 끊임없이 덕성을 갖춘 인간으로 성장해 나아갈 수 있을 것이다. 선우가 우주적 절대사랑의 소산물임을 자각할 때 선우는 자기의 부정과 소외에서부터 벗어나 본래의 참된 자기로 돌아갈 수 있다. 이때 선우는 자기를 수용하고 긍정하면서 세계와 만물을 사랑하며 우주 질서에 동참하게 될 수 있을 것이다. 선우는 우주적 절대사랑으로 우주 질서에 동참하는 호연지기를 체증하고 이를 실천함으로써 천지의 마음과 짝할 수 있는 덕성을 보존·함양시켜 나아갈 수 있다.

맹자는 사람과 금수가 서로 다른 점이 얼마 안 되므로[15] 만일 사람이 고유한 도덕심을 지킬 수 없다면 금수와 다르지 않다고 하였다. 맹자는 금수와 인간의 차이점을 소체小體와 대체大體로 설명하였다. 금수와 인간의 서로 같은 본능적 속성은 소체이며, 금수와 다른 인간의 도덕적 속성은 대체이다. 대체는 본성을 이르는 것이고 소체는 본능을 이른 것이다.[16] 몸에는 귀천이 있고 대소가 있으므로 작은 것을 가지고 큰 것을 해치지 말아야 하며, 천한 것을 가지고 귀한 것을 해치지 말아야 한다. 작은 것을 기르는 자는 소인이 되고 큰 것을 기르는 자는 대인이 된다.[17]

맹자는 인간이 금수와 다른 까닭과 누구나 성인이 될 수 있다는 근거를 어짊과 의로움(仁義)이 갖추어 있기 때문이라고 보았다. 맹자는 어짊과 의로움을 사람이 사람인 까닭의 본질로 제시하고 있다. 맹자는 일반 사람들은 금수와 다른 점을 잃어버리고 군자는 금수와 다른 점을 보존한다고 하였다.[18] 그리고 마음속에 뿌리 박혀 있는 어짊·의로움·예의로움·지혜로움

15) 『孟子』, 「離婁下」, "人之所以異于禽獸者, 幾希."
16) 『諸子集成』, 「孟子正義」, "大謂心志, 小謂口腹."
17) 『孟子』, 「告子上」, "體有貴賤, 有大小, 無以小害大, 無以賤害貴. 養其小者爲小人, 養其大者爲大人."

을 인간의 본성이라고 하면서[19] 본성의 싹으로 선단善端을 설명하였다. 즉 측은해하는 마음이 없으면 사람이 아니고 부끄러워하고 미워하는 마음이 없으면 사람이 아니고 사양하는 마음이 없으면 사람이 아니고 옳고 그름을 분별하는 마음이 없으면 사람이 아니라고 하였다.[20] 맹자는 사단을 인간다운 마음으로 보았으며 이 네 가지의 마음을 네 가지 덕의 실마리로 보았다. 측은한 마음은 어짊의 실마리이고(仁) 부끄러워하고 미워하는 마음은 의로움의 실마리이며(義) 사양하는 마음은 예의로움의 실마리이고(禮) 옳고 그른 것을 가리는 마음은 지혜로움의 실마리이다(智). 인간이 사단을 가진 것은 마치 몸에 사지四肢를 가진 것과 같다. 그러므로 인간은 사단이 자기에게 있다는 것을 알고 확충해 간다면 마치 불씨가 처음 타오르는 것과 같고 샘물이 처음 흘러나오는 것과 같이 될 것이다. 인간이 이 마음을 확충시킬 수 있다면 천하라도 보전保全할 수 있지만 이 마음을 확충하지 못하면 부모조차 섬길 수 없게 된다.[21] 인간에게는 인간의 본성에 의한 네 가지의 보편적인 순수도덕정감이 있으므로 이를 자각하고 확충시켜 나아가면 덕으로써 천하를 보전할 수 있는 것이다.

우주는 하나의 태극(統體一太極)이고 우주 내의 사물마다 하나의 태극을

---

18) 『孟子』, 「離婁下」, "人之所以異于禽獸者, 幾希, 庶民去之, 君子存之, 舜明於庶物, 察於人倫, 由仁義行, 非行仁義也."

19) 『孟子』, 「盡心上」, "君子所性, 仁義禮智根于心."

20) 『孟子』, 「公孫丑上」, "無惻隱之心, 非人也, 無羞惡之心, 非人也, 無辭讓之心, 非人也, 無是非之心, 非人也."

21) 『孟子』, 「公孫丑章句上」, "所以謂人皆有不忍之心者, 今人乍見孺子將入於井, 皆有怵惕惻隱之心……由是觀之, 無惻隱之心, 非人也, 無羞惡之心, 非人也, 無辭讓之心, 非人也, 無是非之心, 非人也. 惻隱之心, 仁之端也, 羞惡之心, 義之端也, 辭讓之心, 禮之端也, 是非之心, 智之端也. 人之有是四端也, 猶其有四體也.……凡有四端於我者, 知皆擴而充之矣, 若火之始然, 泉之始達. 苟能充之, 足以保四海, 苟不充之, 不足以事父母."

갖추고 있다(各具一太極).[22] 이치(理)는 하나이면서 나누어져 모든 사물에 내재되어 있다(理一而分殊). 그러므로 만물이 보편적인 본질을 갖고 있으면서 각자의 개별적 특수성을 잃지 않는다(一統而萬殊……萬殊而一貫).[23] 이와 같이 모든 사물은 보편성과 특수성을 함께 갖추고 있는 존재이다. 자연의 섭리는 현상 사물들을 떠나서 존재하지 않는다는 점에서 내재적이며 내재하고 있는 자연의 이치는 우주자연의 이치인 태극이라는 점에서 초월적이다. 그러므로 선우는 내재적으로 우주적 본성을 지니고 있는 가치 충만한 진실체로서 내재적 초월자라고 볼 수 있다. 따라서 선우는 우주자연 속에서 우주의 본성과 가치를 실현해 나아가야 할 도덕주체자임을 깨닫고 자신의 직분과 의무를 다하지 않으면 안 된다는 사명감을 가져야 한다. 바로 선우 자신이 천지를 구성하는 주요소로서 자연의 운행에 동참할 수 있는 천지인天地人 삼재三才 가운데 하나이기 때문이다. 존재하는 모든 것은 서로 감응하는 관계에 있고 천지만물은 신비로운 감응의 힘으로 가득 차 있다. 이러한 상호 감응 관계의 중심에 위치해 있는 것이 바로 인간이다. 그러므로 선우는 우주자연 속에서 독립된 개체 존재로만 머무르지 말고 개체를 초월하여 리일理一의 차원으로 나아가 천인합일의 경지를 체험할 수 있어야 한다.

주희는 천리가 인간에게 내재된 것을 본연의 성이라고 하였으며 인간이라면 누구나 태어나면서 본연의 성인 어짊 · 의로움 · 예의로움 · 지혜로움을 내면적으로 구비하고 있다고 하였다. 어짊 · 의로움 · 예의로움 · 지혜로움은 밖으로부터 들어오는 것이 아니라 나에게 고유한 것이지만 사람들이 생각하지 못할 뿐이다.[24] 어짊 · 의로움 · 예의로움 · 지혜로움의 도덕적 본성은

22) 『退溪全書』 2, 「答李宏仲」.
23) 『退溪全書』 1, 「聖學十圖」.

자신에게 있는 고유한 선천적 본성이므로 배우지 않아도 능히 알아 실천할 수 있는 것이다. 사람의 마음에는 이처럼 생각하지 않아도 능히 아는 도덕적 판단능력인 양지와 배우지 않아도 능히 실천할 수 있는 도덕적 실천능력인 양능이 있다.[25)]

선우는 정좌하여 모든 생명체가 개개의 성품대로 생장쇠멸하고 있는 모습을 사유하면서 그 안에서 금수와 다른 인간의 본성을 인식할 수 있어야 한다. 선우는 정좌하여 양지와 양능의 도덕적 판단능력과 실천능력이 이미 자신에게 갖추어져 있어 선을 판단하고 행할 수 있는 잠재 능력과 가능성이 자신에게 내재되어 있음을 깨달을 수 있어야 한다. 사람이 도道를 넓히는 것이지 도가 사람을 넓히는 것이 아니기 때문이다.[26)] 그리고 어짊이 멀리 있지 않으므로 어짊을 행하고자 하면 이에 어짊이 저절로 이를 수 있으며[27)] 어짊을 행하는 것은 자기로부터 말미암은 것이기 때문이다.[28)] 그러므로 선우는 정좌하여 도를 행하거나 어짊을 행하는 것은 자신의 의지에 따라 가능한 일임을 깨달아 선우 스스로 도덕의지를 지닌 능동적 주체자가 될 수 있어야 한다. 인간은 선한 본성을 가지고 있다 할지라도 항상 외부의 사물과 자신의 욕망에 노출되어 있으므로 위태로운 존재이다. 사람의 마음은 위태로우며 도를 따르려는 마음은 미미(人心惟危, 道心惟微)하여 붙잡으면 남아 있고 놓아두면 없어지며 때 없이 드나들어 돌아올 곳을 모르기 때문이다.[29)] 사람

---

24) 『孟子』, 「告子上」, "惻隱之心, 人皆有之, 羞惡之心, 人皆有之, 恭敬之心, 人皆有之, 是非之心, 人皆有之. 惻隱之心, 仁也, 羞惡之心, 義也, 恭敬之心, 禮也, 是非之心, 智也. 仁義禮智, 非由外鑠我也. 我固有之也, 弗思耳矣."

25) 『孟子』, 「盡心上」, "人之所不學而能者, 其良能也, 所不慮而知者, 其良知也."

26) 『論語』, 「衛靈公」, "人能弘道, 非道弘人."

27) 『論語』, 「述而」, "子曰, 仁遠乎哉. 我欲仁, 斯仁至矣."

28) 『論語』, 「顔淵」, "爲仁由己而由人乎哉."

의 마음은 저절로 즐거운데 사욕 때문에 속박된다. 그러나 사욕이 싹트기 시작하면 양지로써 바로 자각할 수 있다. 자각하기만 하면 그 사욕을 없앨 수 있으므로 마음이 이전의 즐거움에 의거할 수 있다.30) 그러므로 아무리 사욕이 일어났다 할지라도 선우는 양지와 양능으로써 언제든지 참다운 자기를 발견할 수 있으며 언제든지 의로움을 실천할 수 있는 가능성이 있는 것이다. 따라서 선우는 도덕의지를 지닌 능동적 주체자가 되어 끊임없이 자신의 본성을 보존하고 함양시켜 나아갈 수 있어야 한다.

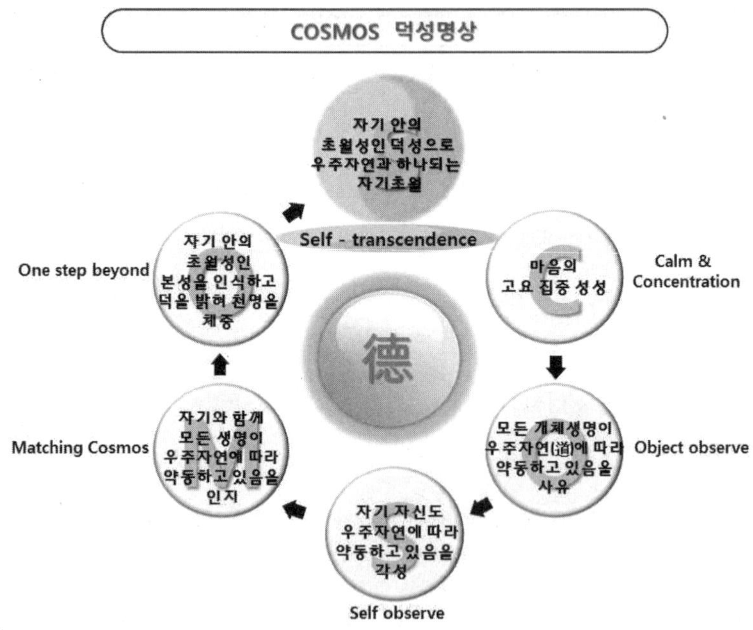

29) 『孟子』, 「告子上」, "孔子曰操則存, 舍則亡, 出入無時, 莫知其鄕, 惟其心之謂與."
30) 『王心齋全集』, 권4, 「樂學歌」, "心本自樂, 自將私欲縛. 私欲一萌時, 良知還自覺. 一覺便消除, 人心依舊樂."

'COSMOS 덕성명상'의 용어는 'Calm & Concentration'(C), 'Object observe'(O), 'Self observe'(S), 'Matching Cosmos'(M), 'One step beyond'(O), 'Self-transcendence'(S)의 약어이기도 하면서 동시에 우주자연과 하나 됨의 의미로도 사용하였다. COSMOS 덕성명상은 먼저 몸과 마음을 수렴하여 의식을 성성惺惺하게 한 뒤 전체생명성이 도道에 따르고 있음을 인지하고 인간의 본성(性)을 인식하여 덕德을 밝히고 천명을 깨달아 이를 함양시켜 나아간다. 덕성명상 도중에 마음이 동動할 때는 경敬으로써 동한 마음을 성찰하여 덕성을 함양시켜 나아간다.

COSMOS 덕성명상법
Calm & Concentration(C): 마음의 고요와 집중 그리고 성성
마음을 고요하게 하고 정신을 하나로 모아 의식을 성성하게 한다.
Object observe(O): 대상을 관찰하며 생의를 사유
자연 속에서 각 개체생명의 약동성과 생의를 발견하고 각 개체생명이 우주자연(道)에 따르고 있음을 명상한다. 모든 개체생명이 우주자연의 이치에 따라 생의(仁)로써 정직하고(義) 조화롭고(禮) 지혜롭고(智) 성실하게(信) 약동하고 있음을 명상한다.
Self observe(S): 자기를 관찰하며 생의를 각성
자기 자신의 자연적 생명의 약동성과 생의를 체험하고 자기의 생명도 우주자연에 따르고 있음을 명상한다. 자기 자신도 우주자연의 이치에 따라 생의로써 정직하고 조화롭고 지혜롭고 성실하게 약동하고 있음을 명상한다.
Matching Cosmos(M): 자기와 대상이 모두 생의로써 하나의 우주자연의 이치에 따라 약동하고 있음을 인지
자기 자신의 생명의 약동성과 우주자연의 모든 생명이 모두 생의로써 하나의 우주자연의 이치에 따르고 있음을 명상한다. 자기 자신과 함께 모든 생명이 하나의 우주자연의 이치에 따라 생의로써 정직하고 조화롭고 지혜롭고 성실하게 약동하고 있음을 명상한다. 자기 자신을 포함한 모든 사물은 어짊을 실현하고 있음을 명상한다. 우주생명의 본질은 어짊(仁)임을 명상한다.
One step beyond(O): 우주자연의 이치가 자기 자신에게 초월성으로 내재되어 있음을 체증

이미 자기 안에 초월성으로 내재되어 있는 도덕적 가치생명인 어짊 · 의로움 · 예의로움 · 지혜로움을 명상한다. 자기 안에 초월성으로 내재되어 있는 어짊 · 의로움 · 예의로움 · 지혜로움의 본성(性)을 인식하고 덕을 밝혀 그것이 천명天命임을 명상한다.
Self-transcendence(S): 자기 안에 내재되어 있는 초월성의 어짊으로 모든 만물과 하나 되는 자기초월
자기에게 초월성으로 내재되어 있는 어짊으로 우주자연의 모든 사물과 하나 되어 우주 전체의 생명성에 동참한다.

COSMOS 덕성명상을 위한 첫 번째 과정인 Calm & Concentration(C)은 마음을 고요하게 하고 정신을 하나로 모아 마음을 성성하게 한다. 두 번째 과정인 Object observe(O)는 자연 속에서 살아 움직이는 모든 개체생명의 생명력에 집중하여 각 개체생명이 우주생명의 원리에 따라 생의로써 끊임없이 정직하고 조화롭고 지혜롭고 성실하게 약동하고 있음을 사유한다. 세 번째 과정인 Self observe(S)는 약동하고 있는 자기 자신의 생명력에 집중하여 자기 자신도 우주생명의 원리에 따라 생의로써 끊임없이 정직하고 조화롭고 지혜롭고 성실하게 약동하고 있음을 각성한다. 네 번째 과정인 Matching Cosmos(M)는 자신을 포함한 모든 사물의 생명력에 집중하여 자신과 모든 사물은 우주생명성의 법칙에 따라 생의로써 정직하고 조화롭고 지혜롭고 성실하게 생명성을 발현하고 있음을 인지한다. 이미 자신을 포함한 모든 사물은 우주자연의 생명원리인 어짊을 실현하고 있음을 인지한다. 다섯 번째 과정인 One step beyond(O)는 이미 자기 안에 어짊 · 의로움 · 예의로움 · 지혜로움의 초월성이 내재되어 있음을 체증한다. 자기 자신에게는 초목금수에 비해 더 온전한 도덕적 가치 생명성인 어짊 · 의로움 · 예의로움 · 지혜로움의 본성이 있어 모든 만물의 생명성을 키워 나아갈 수 있는 덕성이 있음을 밝히고 이를 실현해 나아가야 하는 것이 천명임을 체증한다. 여섯 번

째 과정인 Self-transcendence(S)는 자기 안에 내재되어 있는 초월성의 어젊으로 자기를 초월하여 모든 사물과 하나 되어 우주 전체의 생명성에 동참한다.

COSMOS 덕성명상 과정 동안 앎의 내용이나 깨달음은 다양하여 이루 다 설명할 수 없다. 오직 정좌하여 스스로 체증함으로써 선우 스스로 본성을 인식하고 덕을 밝혀 천명을 깨달아 가는 함양성찰의 과정이라고 할 수 있다.

각 단계를 구체적으로 살펴보면 다음과 같다.

㉮ Calm & Concentration(C): 마음을 고요하게 하고 정신을 하나로 모아 의식을 성성하게 한다.

C: 마음을 고요하게 하고 정신을 하나로 모아 의식을 성성하게 한다.	
몸 수렴	1. 조신調身한다.
	■흩어져 있는 몸을 바르게 하여 엄숙하게 위자危坐나 반좌盤坐 혹은 평좌平坐를 한다.
	2. 조식調息한다.
	■심안心眼과 비단鼻端과 단전丹田이 일직선에 놓이도록 한다. ■조용히 눈을 감고 뱃속의 탁한 기를 2~3회 내보낸다. ■혀를 입천장에 가볍게 댄다. ■세균심장細均深長의 심호흡 및 단전호흡을 한다.
마음 수렴	3. 조심調心한다.
	■흩어져 있던 마음을 거두어들여서 제자리에 놓는다. ■모든 만물은 존재성 그대로 마땅히 그렇게 생성변화하면서 순수하고 정직하게 우주자연의 원리에 따르고 있음을 유추하면서 자기의 사사로운 마음을 텅 비우고 순수하고 정직한 본래의 마음자리로 돌아간다.
	4. 의식을 각성覺醒하여 마음을 성성하게 한다.
	■정신을 하나로 모아 의식을 성성惺惺하게 한다.

㉯ Object observe(O): 자연의 사물을 관찰대상으로 하여 자연 속에서 살아 움직이는 각 개체생명의 존재성과 당위성을 사유한다. 모든 사물은 우주자연으로부터 그러한 성품을 부여 받아 마땅히 그렇게 살아가고 있음을 사유한다. 모든 사물을 낳고 낳는 우주자연의 생명원리는 어짊임을 사유한다.

O: 생의로써 약동하고 있는 모든 개체생명의 고유한 생명성에 집중한다.	
主一無適	▪각 개체생명이 원형이정하고 생장쇠장生長衰藏하면서 각각의 성품대로 생명성을 발현하고 있음을 사유한다.
	▪각 개체생명은 주어진 존재 그대로 생의로써 정직하고 조화롭고 지혜롭고 성실하게 약동하고 있음을 사유한다.
	▪각 개체생명은 태어날 때 우주자연으로부터 부여 받은 성품대로 마땅히 그렇게 살아가고 있음을 사유한다.
	▪우주자연은 각 개체생명에게 존재성과 가치성을 부여했음을 사유한다.
	▪우주자연으로부터 부여 받은 성품대로 살아가는 것이 생명성을 발현하는 것임을 사유한다.
	▪각 개체생명이 생명성을 다 발현한 다음 자연으로 환원하여 우주자연의 전체생명성에 동참하고 있음을 사유한다.
	▪각 개체생명은 우주자연의 질서에 따르고 있음을 사유한다.
	▪각 개체생명은 생명성을 발현하면서 어짊을 실현하고 있음을 사유한다.

㉰ Self observe(S): 자기 자신을 관찰대상으로 하여 자기 자신도 자신의 의지와 상관없이 이미 우주자연의 이치대로 생의로써 마땅히 그렇게 약동하고 있음을 각성한다. 자기 자신은 이미 우주자연의 질서에 따라 어짊을 실현하고 있음을 각성한다.

S: 생의로써 약동하고 있는 자기 자신의 고유한 생명성에 집중한다.	
主一無適	▪자신의 의지와 상관없이 저절로 숨 쉬고 있는 호흡을 바라본다. ▪자신은 주어진 존재 그대로 생의로써 정직하고 조화롭고 지혜롭고 성실하게 숨 쉬며 약동하고 있음을 각성한다. ▪자신은 우주자연의 생명원리에 따라 생의生意로써 약동하고 있음을 각성한다. ▪자신은 우주자연의 이치에 따라 약동하고 있는 소우주임을 각성한다. ▪우주자연은 이미 자신에게 생명성을 부여했음을 각성한다. ▪자신은 이미 우주자연으로부터 부여받은 어짊(仁)의 생명성으로 약동하고 있음을 각성한다. ▪이미 자신도 생명을 살려내는 우주자연의 생명원리에 따라 어짊을 실현하고 있음을 각성한다.

㉣ Matching Cosmos(M): 자신을 포함한 모든 사물을 관찰대상으로 하여 모든 사물은 모두 우주생성의 법칙과 이치에 따라 생의로써 생생의 어짊을 실현하고 있음을 인지한다.

M: 자신과 모든 사물이 총체리(普遍理)에 따라 약동하고 있는 전체생명성에 집중한다.	
主一無適	▪자신을 포함한 우주자연의 모든 만물은 우주자연으로부터 각각의 본연지성을 부여받아 자신의 생명성을 발현하며 우주자연의 생명원리인 어짊을 실현하고 있음을 인지한다. ▪우주자연의 이치는 모든 만물을 낳고 낳는 생성을 본질로 하고 있음을 인지한다. ▪모든 만물을 낳고 낳는 우주자연의 마음은 어짊임을 인지한다. ▪자신을 포함한 우주자연의 모든 만물은 생명성을 발현하면서 어짊을 실현하고 있음을 인지한다. ▪자신과 모든 사물은 생의(仁)로써 정직하고(義) 조화롭고(禮) 지혜롭고(智) 성실하게(信) 약동하며 생명을 창출해 내고 있음을 인지한다. ▪자신을 포함한 모든 만물은 우주자연의 질서에 따르고 있음을 인지한다. ▪우주자연의 생명원리인 어짊은 자신을 포함한 모든 사물 안에 내재되어 있음을 인지한다.

㉮ One step beyond(O): 우주자연의 생명원리인 어짊의 초월성이 자기에게 내재되어 있음을 체중하면서 자기 자신은 초목금수에 비해 우주자연으로부터 더 온전한 도덕적 가치생명성인 어짊 · 의로움 · 예의로움 · 지혜로움을 부여 받았음을 체중한다. 자기에게 내재되어 있는 초월성의 본성을 인식하고 덕을 밝혀 천명을 깨닫는다.

O: 자기에게 내재되어 있는 우주자연의 초월성인 도덕적 가치생명성에 집중한다.	
	■ 우주자연의 생명원리가 이미 자기 안에 초월성으로 내재되어 있음을 체중한다. ■ 자기 자신에게는 초월성으로 어짊 · 의로움 · 예의로움 · 지혜로움의 본연지성이 구비되어 있음을 체중한다. ■ 이미 자기 자신은 어짊 · 의로움 · 예의로움 · 지혜로움을 실현하고 있음을 체중한다. ■ 자기 자신은 초목금수보다 더 온전한 어짊 · 의로움 · 예의로움 · 지혜로움의 가치생명성을 발현할 수 있음을 체중한다.
主一無適	• 자기 자신에게는 초목금수에 비해 주변의 아픈 일을 차마 눈 뜨고 바라볼 수 없는 측은한 마음(惻隱之心)이 더 온전하게 갖추어져 있어 이 땅의 모든 만물을 온전하게 키워 낼 수 있는 어짊(仁)의 성품이 있음을 체중한다. • 자기 자신에게는 초목금수에 비해 양심에 어긋난 일을 스스로 부끄러워하고 미워할 줄 아는 마음(羞惡之心)이 더 온전하게 갖추어져 있어 스스로 정직하고 떳떳하고 올바르게 행할 수 있는 의로움(義)의 성품이 있음을 체중한다. • 자기 자신에게는 초목금수에 비해 윗사람을 공경할 줄 알고 겸손하게 자신의 분수를 지킬 줄 알며 사양할 줄 아는 마음(辭讓之心)이 더 온전하게 갖추어져 있어 모든 일을 격식에 맞게 처리할 수 있는 조화로움과 예의로움(禮)의 성품이 있음을 체중한다. • 자기 자신에게는 초목금수에 비해 도덕상의 옳고 그름을 판단할 수 있는 마음(是非之心)이 더 온전하게 갖추어져 있어 모든 일을 슬기롭고 지혜롭게 해결해 나아갈 수 있는 지혜로움(智)의 성품이 있음을 체중한다. ■ 어짊 · 의로움 · 예의로움 · 지혜로움이 자기 자신의 덕성임을 체중한다.

主一無適	▪자기 자신에게는 덕성을 발현하여 모든 만물의 생명을 키워 나아가야 하는 사명감이 천명으로 주어져 있음을 체중한다. ▪자기 자신의 덕성은 기질을 통하여 발현(氣質之性)된다는 것을 체중한다. ▪그러나 자기 자신에게는 사욕지기가 있어 어짊 · 의로움 · 예의로움 · 지혜로움을 온전히 발현하지 못하는 한계성이 있음을 체중한다. ▪하지만 자기 자신에게는 선악을 구별할 수 있는 양지와 선을 행할 수 있는 양능이 이미 구비되어 있음을 체중한다. ▪자기 자신에게는 선악을 선택할 수 있는 자유의지가 부여되어 있음을 체중한다. ▪자기 자신이 선의지를 선택할 수 있는 능동적 주체자임을 체중한다. ▪자기 자신이 선의지를 지닌 능동적 주체자가 되어 순수도덕정감을 자각하여 실천함으로써 사욕지기의 기질적 한계를 극복할 수 있음을 체중한다. ▪자기 자신이 순수도덕정감을 자각하여 호연지기로써 어짊 · 의로움 · 예의로움 · 지혜로움을 온전히 실현할 수 있음을 체중한다.

㉥ Self-transcendence(S): 자기를 초월하여 어짊으로 우주자연과 하나 된다.

S: 자기 안에 내재되어 있는 초월성으로 우주자연과 하나 되어 전체생명성에 동참한다.	
主一無適	▪자기를 초월하여 도덕적 가치생명으로 우주자연과 하나 되어 약동한다. ▪천인합일 단계에 이른다. ▪생의로써 우주자연과 하나 된다.

이상의 COSMOS 덕성명상을 통하여 선우는 전체생명 속에서 각각의 고유한 개체생명의 특수성을 성찰하고 개별적 특수성 속에서도 보편적인 본질[31)]이 있음을 깨달아 천인합일을 체중한다. COSMOS 덕성명상을 통하여 선우는 천리로써 인간에게 내재되어 있는 본성을 보존하고 함양시켜 나아

31) 『退溪全書』 1, 「聖學十圖」, "一統而萬殊……萬殊而一貫."

간다. 선우가 덕성명상을 하는 동안 관찰의 대상이나 앎의 내용 그리고 깨달음의 내용이나 지혜의 내용 등은 각각 다르지만 다음과 같은 명상을 통하여 덕성을 더욱 함양시켜 나아갈 수 있다.

우주자연은 거대한 유기체적 생명체이며 생生을 본질적 속성으로 삼아 끊임없이 모든 만물을 낳고 또 낳고 있음을 명상한다. 우주와 우주의 모든 만물은 생生[32]이라는 고리를 매개로 하여 유기적으로 연결되어 있음을 명상한다. 우주자연으로부터 생성된 모든 만물은 우주자연이 지니는 생의 본질을 그대로 부여받아 자신의 생명력을 발현해 나아가고 있음을 명상한다. 풀 한 포기, 나무 한 그루에서 볼 수 있는 생명 현상을 비롯해서 금수와 인간에 이르기까지 모든 개체들의 생명 현상을 관찰하면서 모든 생명들은 우주자연이 지니는 생의 본질을 실천해 나아가고 있음을 명상한다. 우주만물의 생생生生의 작용을 가능하게 하고 우주만물의 질서를 성립시켜 주는 중심축(樞極)인 근원(根)을 명상한다. 그것은 우주만물의 리理로서 모든 만물 하나하나에 내재해 있는 태극太極임을 명상한다.[33] 모든 만물은 형체가 없는 태극(理)이라는 근원을 매개로 음양오행(氣)의 분화를 거쳐 끊임없이 생성변화하면서[34] 유기적으로 관계하고 있음을 명상한다. 천도天道가 유행流行하면서 만물을 낳고 길러 주는데 그 조화를 이루는 바탕은 음양오행이라는

32) 여기에서 말하는 生이란 생물학적 생명은 물론 윤리적 · 심미적 · 사회적 생명성까지를 포괄한다. 그러므로 모든 생명체의 생성현상을 비롯해서 인간의 몸과 마음의 건강한 작용 및 사회의 공동체적 질서 그리고 우주자연의 모든 조화와 생동감을 의미한다. 특히 인간에게서 드러나는 덕성은 생의 가장 고차원적인 발현양상이라고 할 수 있다.

33) 『朱子語類』, 권1, "太極只是一箇理字, 太極只是天地萬物之理."

34) 『太極圖說』, "無極而太極. 太極動而生陽, 動極而靜, 靜而生陰, 靜極復動. 一動一靜, 互爲其根, 分陰分陽, 兩儀立焉. 陽變陰合, 而生水火木金土, 五氣順布, 四時行焉. 五行一陰陽也. 陰陽一太極也. 太極本無極也. 五行之生也, 各一其性, 無極之眞, 二五之精, 妙合而凝, 乾道成男, 坤道成女, 二氣交感, 化生萬物, 萬物生生而變化無窮焉."

기氣가 있어 만물을 낳으므로 기의 취합으로 형체가 있게 됨을 명상한다. 그러나 반드시 이치(理)가 있은 뒤에 음양오행의 조화가 이루어져 만물의 형체가 있음을 명상한다. 그러므로 사람과 만물이 태어남에는 반드시 이치(理)를 얻은 다음에 어짊 · 의로움 · 예의로움 · 지혜로움의 본성(性)이 있게 되고 반드시 기氣를 얻은 다음에 혼백 · 오장 · 백해百骸의 몸이 있게 됨을 명상한다.[35]

이치(太極)는 형체와 방소方所 · 지위地位가 없으므로[36] 별개의 사물이 될 수 없고 또한 정의情意 · 계탁計度 · 조작造作도 없으므로 그 자체만으로는 어떠한 기능도 할 수 없음을 명상한다. 오직 기氣를 통하여서만 이치는 스스로를 드러낼 수 있을 뿐임을 명상한다.[37] 그러나 기氣는 이미 존재하는 이치에 따라서 응취凝聚하면서 그 유행의 질서를 갖추고 있음을 명상한다. 이치는 일음일양의 질서를 가능하게 하는 근거와 원리임을 명상한다.[38] 이치(太極)는 작용성을 지닌 특정한 실체로서가 아니라 오직 음양오행 만물 속에 내재한 원리로서 존재할 뿐임을 명상한다.[39] 이치는 기氣의 세계가 혼돈과 무질서로 빠져들지 않도록 이끌어 주는 중심축의 역할을 하고 있음을 명상한다. 이치가 생명성 발현을 근거 짓는 생명원리로 모든 만물에 내재해 있

---

35) 『大學或問』, 經文, "天道流行, 發育萬物, 其所以爲造化者, 陰陽五行而已, 而所謂陰陽五行者, 又必有是理而後有是氣, 及其生物. 則又必因是氣之聚而後有是形. 故人物之生, 必得是理然後, 有以爲健順仁義禮智之性, 必得是氣然後, 有以爲魂魄五臟百骸之身."

36) 『朱子語類』, 권94, "太極無方所, 無形體, 無地位可頓放."

37) 『朱子語類』, 권1, "蓋氣則能凝結造作, 理却無情意, 無計度, 無造作, 只此氣凝聚處, 理便在其中, 且如天地間人物草木禽獸, 其生也. 莫不有種, 定不會無種子白地生出一箇物事, 這箇都是氣, 若理則只是箇淨潔空闊底世界, 無形迹, 他却不會造作, 氣則能醞釀凝聚生物也. 但有此氣, 則理便在其中."

38) 『朱子語類』, 권1, "有是理後生是氣, 自一陰一陽之謂道推來."

39) 『朱子語類』, 권94, "太極非是別爲一物, 卽陰陽而在陰陽, 卽五行而在五行, 卽萬物而在萬物."

으므로 예나 지금이나 모든 만물은 그 자체의 생명성을 발현하고 있음을 명상한다.[40]

생명에너지로서의 기氣의 유행流行과 더불어 생겨난 온갖 사물들은 각각 독특한 생명력 발현의 현상으로 드러나는 분수리分殊理임을 명상한다. 태극이라는 총체적 생명원리(理一)는 각각의 분화된 만물에 내재함으로써 개별적 생명원리(分殊理)로 드러나게 됨을 명상한다. 이치(分殊理)와 기氣의 작용으로 생겨난 모든 사물들은 바로 우주자연의 마음을 자신의 마음으로 삼아 우주자연의 생명력 발현에 동참하고 있음을 명상한다.[41]

인간과 만물에 내재된 태극(理)이 곧 성性임을 명상한다. 모든 만물에는 이치(理)가 내재되어 있으므로 모든 만물은 성性을 갖추고 있음을 명상한다.[42] 인간과 모든 만물은 우주자연이 만물을 낳는 원리를 자신의 성性으로 삼고 있음을 명상한다. 봄에 생의가 싹터 여름에 자라고 가을에 열매 맺어 겨울에 씨를 저장하는 우주자연의 원리는 근본적으로 만물을 낳는 마음 곧 어짊의 마음임을 명상한다. 만물을 낳는 근원적인 어짊의 마음은 봄뿐만 아니라 여름과 가을 그리고 겨울에도 늘 간직되어 또 다른 생을 준비하고 있는 마음(生意)임을 명상한다.[43] 우주자연의 낳고 낳는 마음으로 생겨난 만물은 천지의 어짊의 마음을 자신의 마음으로 삼아[44] 생명력 발현 활동에

40) 『朱子語類』, 권1, "只是都有此理, 天地生物千萬年, 古今只不離許多物."

41) 『朱子語類』, 권1, "天地以此心普及萬物, 人得之遂爲人之心, 物得之遂爲物之心, 草木禽獸接着遂爲草木禽獸之心, 只是一箇天地之心爾."

42) 『朱子語類』, 권4, "天下無無性之物, 蓋有此物, 則有此性, 無此物, 則無此性."

43) 『朱子語類』, 권68, "元者, 天地生物之端倪也. 元者生意, 在亨則生意之長, 在利則生意之遂, 在貞則生意之成, 若言仁, 便是這意思, 仁本生意, 乃惻隱之心也. 若傷着這生意, 則惻隱之心便發, 若羞惡, 也是仁去那義上發, 若辭孫, 也是仁去那禮上發, 若是非, 也是仁去那智上發, 若不仁之人, 安得更有義禮智!"

44) 『朱子語類』, 권53, "天地以生物爲心, 天包著地, 別無所作爲, 只是生物而已. 亘古亘今, 生生不

동참하고 있음을 명상한다.

생의를 실현하려는 우주전체의 생생의 작용에 직간접적으로 기여하는 모든 만물의 본성(性)은 선한 것임을 명상한다. 사람과 만물은 근원적으로 우주자연의 선한 뜻이 발현한 결과이므로 그 성은 선할 수밖에 없음을 명상한다. 선으로서의 성은 모든 만물이 그 나름의 생을 위하여 마땅히 그러하고 또한 그러해야 할 자연이며 필연임을 명상한다.[45] 그러나 현재의 삶의 모습 속에는 성이 그대로 드러나 선의 모습으로 나타나기도 하며 기질에 성이 가리어져 악의 모습으로 나타나기도 함을 명상한다. 본연지성이 기질氣質과 결합되어 있어 기질을 따라 기질지성으로 표현되기 때문임을 명상한다.[46] 기질의 차이에 따라 본연지성의 발현 정도나 특성이 다름을 명상한다. 만물에게 공통적이고 온전하게 갖추어진 본연지성은 기질의 차이에 따라서 각각 다른 기질지성으로 드러나고 있음을 명상한다. 모든 만물을 생성하는 근거는 이치(理)이지만 그 실질적 생성은 기의 작용 즉 기의 운동과 응취凝聚의 작용으로 이루어짐을 명상한다.[47] 기질의 기능에는 이미 이치(理)가 관여되어 있지만 실질적 작용의 주체는 기氣임을 명상한다. 그러므로 어느 쪽으로든지 기질이 치우치게 되면 본연지성이 올바로 표현될 수 없음을 명상한다. 성性은 결국 정情으로 표현되므로 기질이 어느 쪽으로든지 치우치면 성性이 온전하게 발현되지 못하게 됨을 명상한다. 사람에게 이치(理)

窮, 人物則得此生物之心以爲心."

45) 황금중, 「주자의 공부론 연구」(연세대학교 대학원 교육학과 박사학위논문, 2000), 79쪽.

46) 『朱子語類』, 권4, "氣質之性, 便只是天地之性, 只是這箇天地之性却從那裡過."

47) 『朱子語類』, 권1, "氣則能醞釀凝聚生物也. 但有此氣, 則理便在其中. 然而二氣五行, 交感萬變, 故人物之生, 有精粗之不同."
『朱子語類』, 권4, "自一氣而言之, 則人物皆受是氣而生."

는 존재하나 언어·동작·사려 등은 모두 기에 속하므로 기질에 의해 성이 온전히 발현될 수 없음을 명상한다.[48] 인간뿐 아니라 만물은 이치(理) 혹은 태극으로서의 천도天道와 기로서의 음양오행이 함께 작용하여 생성된 것임을 명상한다. 이치(理)로 말하면 만물은 하나의 근원을 지니므로 진실로 사람과 만물, 귀한 것과 천한 것의 차이가 없음을 명상한다. 그러나 기氣로 말하면 어느 것은 귀하고 어느 것은 천하여 고르지가 않음을 명상한다. 바르고 통한 것(正通)을 얻은 것은 사람이 되고 치우치고 막힘(偏塞)을 얻은 것은 만물이 됨을 명상한다. 인간과 만물은 기질의 차이에 따라 성性의 실현에 질적인 차이가 있음을 명상한다. 인간은 태어날 때 바르고 통한 기(正通)를 얻었으므로 그 마음이 텅 비고 신령스럽고 밝아서(虛靈洞徹) 갖추고 있는 성性을 온전히 발현할 수 있는 바탕을 지니고 있음을 명상한다. 반면 만물은 기의 치우치고 막힘(偏塞)이 있으므로 기의 치우치고 막힘에 질곡梏梏되어 그 본체 즉 성性의 온전함을 실현할 수 없음을 명상한다.[49] 그러므로 모든 존재 중에서 오직 인간만이 천지와 더불어 천지의 생성(化育) 작업을 함께할 수 있는 지위를 얻게 되었음을 명상한다. 사람이 금수와 다른 까닭도 바로 여기에 있음을 명상한다.

인간의 본성이 현실화되지 못하는 이유는 기질과 인욕의 제약에 의한 것임을 명상한다. 모든 인간은 근본적으로 바른 기운과 통한 것(正通)을 얻

48) 『朱子語類』, 권4, “凡人之能言語動作, 思慮營爲, 皆氣也, 而理存焉.”

49) 『大學或問』, “然以其理而言之, 則萬物一原, 固無人物貴賤之殊, 以其氣而言之, 則得其正且通者, 爲人, 得其偏且塞者, 爲物, 是以或貴或賤而不能齊也. 彼賤而爲物者, 旣梏於形氣之偏塞, 而無以充其本體之全矣. 唯人之生, 乃得其氣之正且通者, 而其性爲最貴, 故其方寸之間, 虛靈洞徹, 萬理咸備, 蓋其所以異於禽獸者, 正在於此, 而其所以可爲堯舜, 而能參天地而贊化育者, 亦不外焉, 是則所謂明德者也.”

어서 성性의 온전함을 실현할 수 있는 바탕이 있으나 기질의 맑고 흐림(淸濁)과 좋고 나쁨(美惡)의 차이가 있어서 그 실현 정도는 현저한 차이가 있게 됨을 명상한다.[50] 기의 통함(通)도 간혹 밝고 흐림(淸濁)의 차이가 없을 수 없고 그 기운의 바름(正)도 간혹 좋고 나쁨(美惡)의 차이가 없을 수 없음을 명상한다. 부여받은 기질이 맑은 사람은 지혜롭고 흐린 사람은 어리석으며 기질이 좋은 사람은 현명하고 나쁜 사람은 불초하여 같지 않은 점이 있게 됨을 명상한다. 그러므로 반드시 상지上智와 대현大賢의 자질이 있어야 그 본체를 온전히 해서 조금도 밝지 않음이 없게 됨을 명상한다. 여기에 미치지 못하는 자는 그 밝은 덕이라는 것이 이미 가리어지지 않을 수 없어 그 온전함을 잃게 됨을 명상한다. 하물며 오장 · 백해百骸 등의 신체적 구성물 즉 보고 듣고 숨 쉬는 등의 신체적 · 감각적 기능 그리고 언어 · 사려 · 기억 · 판단 등의 정신과 지각 기능 등의 기질[51]로 가려진 마음은 사물의 끊임없는 변화에 접하여 눈은 색을 욕망하고 귀는 소리를 욕망하고 입은 맛을 욕망하고 코는 냄새를 욕망하고 사지는 안일을 욕망함으로써 덕을 해치고 있음을 명상한다. 이 두 가지가 서로 원인이 되어 덕의 밝음은 날이 갈수록 더욱 혼매昏昧해져 정욕情欲과 이해利害의 사사로움에 집착하고 있음을 명상한다. 이러한 삶은 인간의 형체를 가지고 있으나 금수와 다를 바 없음을 명상한다.[52]

---

50) 황금중, 「주자의 공부론 연구」(연세대학교 대학원 교육학과 박사학위논문, 2000), 65쪽.

51) 『朱子語類』, 권3, "人生初間是先有氣, 旣成形, 是魄在先, 形旣生矣, 神發知矣, 旣有形後, 方有精神知覺."

52) 『大學或問』, "然其通也. 或不能無淸濁之異, 其正也. 或不能無美惡之殊, 故其所賦之質, 淸者智, 而濁者愚, 美者賢, 而惡者不肖, 又有不能同者, 必有上智大賢之資, 乃能全其本體, 而無少不明, 其有不及乎此, 則其所謂明德者, 已不能無蔽而失其全矣. 況乎又以氣質有蔽之心, 接乎事物無窮之變, 則其目之欲色, 耳之欲聲, 口之欲味, 鼻之欲臭, 四肢之欲安佚, 所以害乎其德者, 又豈可勝言也哉. 二者相因, 反覆深固, 是以, 此德之明, 日益昏昧, 而此心之靈, 其所知者, 不過情欲利害之私而已. 是則, 雖曰有人之形, 而實何以遠於禽獸, 雖曰可以爲堯舜而參天地, 而亦不能有以自

그러나 본디 밝음이 있는 본체는 하늘에서 얻은 것이므로 영원히 어두워질 수 없음을 명상한다. 비록 어둠에 가려진 것이 극에 달할지라도 잠깐 사이에 한 번의 깨우침이 있으면 그 빈틈 사이에서 그 본체는 이미 밝게 빛나고 있음을 명상한다.[53] 먼저 밝음의 실마리를 열어 주고 거기에 그 밝음의 실질을 지극히 하면 하늘에서 얻은 밝음으로 기질과 물욕의 가림을 제거해서 그 본체의 온전함을 회복할 수 있음을 명상한다. 이것이 곧 명덕을 밝힌(明明德) 것임을 명상한다.[54]

2. 성찰궁리법

객관적 치유방법인 궁리는 격물格物과 치지致知를 내용으로 하고 있다. 그러므로 객관적 치유방법은 개별 사물들에 대한 인식을 넓혀 보편의 이치(理)를 획득하여 치지의 극처인 활연관통의 경지까지 나아갈 수 있도록 해야 한다. 격물치지를 통하여 도달된 궁극의 관통처는 어짊의 경지이다. 이 어짊의 경지가 바로 천리의 실제 내용이다.[55] 그러므로 주희는 궁리의 치유방법을 지적 작업의 역할만으로서가 아니라 실제 인생의 도덕실천방법으로 중요시하고 있다. 일반적으로 선우는 일상생활에서 사사로운 개인의 욕망

充矣."

53) 『大學或問』, "然而, 本明之體, 得之於天, 終有不可得而昧者, 是以. 雖其昏蔽之極, 而介然之頃, 一有覺焉, 則卽此空隙之中, 而其本體, 已洞然矣."

54) 『大學或問』, "夫旣有以啓其明之之端, 而又有以致其明之之實, 則吾之所得於天, 而未嘗不明者, 豈不超然無有氣質物欲之累, 而復得其本體之全哉. 是則所謂明明德者, 而非有所作爲於性分之外也."

55) 최영찬, 「주자철학에 있어서 孔孟 天人觀의 承受와 展開」(충남대학교 대학원 박사학위논문, 1991), 213쪽.

에 사로잡혀 보편리普遍理인 어짊의 경지에 도달하지 못하는 경우가 많다. 그러므로 선우는 도덕의지로 자신의 행위를 반성하여 개별 사물들에 대한 인식을 넓혀 어짊의 경지로 나아가야 할 필요가 있다.

성찰궁리법省察窮理法은 어떤 대상이나 상황을 접하여 마음에 구체적인 의념이나 정감이 일어나는 이발已發의 때에 실천할 수 있는 정감체험의 덕성치유 실천방법이다. 성찰궁리법은 정황마다 마음현상을 진단하여 순수도덕정감을 자각하고 덕행위를 실천할 수 있도록 한다. 성찰궁리법은 '행위 전 성찰궁리법'과 '행위 후 성찰궁리법'이 있다. '행위 전 성찰궁리법'은 유사시 말과 행동을 하기 전에 그 당시의 정서를 명확하게 인식하고 순수도덕정감을 자각하여 덕행위를 궁리해 나아가는 방법이다. '행위 후 성찰궁리법'은 유사시 이미 실천해 버린 말과 행동을 성찰하여 그 당시의 행위와 정서를 명확하게 인식하고 순수도덕정감을 자각하여 덕행위를 궁리해 나아가는 방법이다.

성찰궁리법은 3단계 즉 '도덕의지의 반성적 자각'의 단계와 '본성 회복의 덕행위 모색'의 단계 그리고 '덕행위의 주체적 실천과 체질화'의 단계로 구성되어 있다. '행위 전 성찰궁리법'과 '행위 후 성찰궁리법'의 차이점은 성찰궁리법의 첫 번째 단계인 '도덕의지의 반성적 자각'의 단계에서만 차이가 있을 뿐이다. '도덕의지의 반성적 자각'의 단계에서 '행위 전 성찰궁리법'은 그 당시의 정서를 먼저 성찰하고, '행위 후 성찰궁리법'은 그 당시의 행위를 먼저 성찰하여 마음현상을 진단함으로써 도덕적 계기를 마련해 나아간다.

맹자는 "귀와 눈이라는 기관은 생각하여 판단(思)하지 못하므로 사물에 가려진다. 그러므로 사물과 사물이 만나면 끌리게 될 뿐이다. 그러나 마음이라는 기관은 생각하여 판단한다. 그러므로 생각하여 판단하면 얻고 생각하여 판단하지 못하면 얻지 못한다. 이것은 하늘이 인간에게 준 것이다. 그러므로 먼저 그 큰 것을 세운다면 작은 것이 빼앗지 못할 것이다"라고 하였다.[56] 한 사람의 몸에는 귀하고 큰 것 즉 생각하고 판단하는 마음이 있고(합리적 인지능력) 작고 천한 것 즉 생각하고 판단하지 못하는 감각기관이 있다(비합리적 본능).[57] 사람들이 대체大體를 보지 않고 소체小體를 따르는 것은 생각하여 집중하지 못하기 때문이다. 그러므로 선우는 생각하여 집중함으로써 자신의 도덕성을 구현하는 기능을 활성화시켜 먼저 그 큰 것을 세울 수 있어야 한다. 먼저 그 큰 것을 세울 수 있도록 하기 위해서는 선우의 도덕의지가 중요하다. 도덕의지는 도덕적으로 행하고자 하는 도덕적 동기로부터 형성된다. 도덕적 동기는 비도덕적 정황을 도덕적 계기로 전환시킬 때 형성된다. 인간에게는 양지가 선천적으로 내재되어 있으므로 생각하여 집중한다면 마음의 작용을 바로 알아 비도덕적 정황을 도덕적 계기로 전환시킬 수 있다.

마음에는 사유능력이 있어 마음을 다하는 사람(盡心)은 마음속에 내재해 있는 본성을 알게 된다. 그러므로 맹자는 잃어버린 마음을 찾는 방법으로 진심盡心 즉 마음의 다함을 말하고 있는 것이다. 맹자는 자신의 순수도덕정감을 잃어버리고도 찾으려 하지 않는 사람을 스스로 해치는 사람이라고 하

56) 『孟子』, 「告子上」, "公都子問曰, 鈞是人也. 惑爲大人, 惑爲小人, 何也. 孟子曰, 從其大體爲大人, 從其小體爲小人. 曰, 鈞是人也. 惑從其大體, 惑從其小體, 何也. 曰, 耳目之官不思而蔽於物. 物交物則引之而已矣. 心之官則思. 思則得之, 不思則不得也. 此天之所與我者. 先立乎其大者則小者不能奪也. 此爲大人而已矣."

57) 박재주, 「맹자에 있어서의 감정과 도덕이성」, 『초등도덕교육』 Vol. 5(1999), 176~177쪽 참조.

였다.[58] 맹자는 비도덕적 행위를 할 수 없는(不能) 문제로 보는 것이 아니라 누구나 할 수 있는 일을 하지 않으려 하는 데에서(不爲) 기인하는 문제로 보기 때문이다. 맹자는 천천히 어른 뒤에 가는 것을 공손하다 하고 빨리 어른을 앞서는 것을 공손하지 않다고 하면서 천천히 가는 것은 사람이 할 수 없는 일이 아니라 하지 않은 것일 뿐이라고 말하였다.[59] 유가철학에서는 선하지 못한 행동은 선행을 하지 않으려 함에서 기인한다고 보고 있기 때문에 선우에게 도덕의지를 지닌 능동적 주체자로서 자신의 잃어버린 마음을 자각해 나아갈 것을 권장한 것이다.

사람이 태어나서 고요함은 천성이다. 사물에 감촉하여 움직임은 타고난 경향이다. 사물이 이르게 되면 지각을 통하여 인식하게 되고 그런 뒤에 좋아함과 싫어함이 생긴다. 좋아함과 싫어함에 대해 안으로 절제함이 없고 지각이 외부 대상에 이끌려 자신을 돌아볼 수 없게 되면 천리가 없어질 것이다. 사물이 끝없이 사람을 감촉하는데 사람이 좋아함과 싫어함을 절제하지 않으면 사람이 사물에 의해 변화해 버린다. 사람이 사물에 의해 변화해 버리면 천리를 멀리하고 인욕을 따르게 된다는 것이다. 그러므로 도리에 어긋나고 거슬리며 속이는 마음이 생겨나고 음일하게 난을 일으키는 일이 있게 된다.[60] 보통 사람들은 지각의 능력이 있지만 희노애락의 기준이 없어 사물에 의해 감응이 일어나고 그 뒤 여러 가지 심술心術들이 드러나게 된

58) 『孟子』, 「離婁上」, "自暴者, 不可與有言也. 自棄者, 不可與有爲也. 言非禮義, 謂之自暴也. 吾身不能居仁由義, 謂之自棄也."

59) 『孟子』, 「告子下」, "徐行後長者, 謂之弟, 疾行先長者, 謂之不弟, 夫徐行者, 豈人所不能哉, 所不爲也."

60) 『禮記』, 「樂記」, "人生而靜, 天之性也. 感於物而動, 性之欲也. 物至知知, 然後好惡形焉. 好惡無節於內, 知誘於外, 不能反躬, 天理滅矣. 夫物之感人無窮而人之好惡無節, 則是物至而人化物也. 人化物也者滅天理而窮人欲者也. 於是有悖逆詐僞之心, 有淫泆作亂之事."

다.[61]

이렇듯 사람은 본래 선한 성품을 가지고 태어났으나 사물에 대한 인욕으로 말미암아 자신의 본래 마음을 잃어버릴 수 있다. 그러므로 선우는 일마다 혹은 스트레스 상황마다 사욕지기로 가려진 마음을 진단하여 자신의 본래 마음을 스스로 구할 수 있어야 한다. 사람의 마음은 사사로운 경향으로 흐르기 쉬워 항상 위태롭기 때문이다. 인심은 위태롭고 도심은 은미하므로 선우는 오로지 정밀하고 전일하게 그 중심을 잡아야 한다. 인심은 사욕이므로 위태롭고 도심은 천리이므로 은미하여 사욕을 멸하면 천리가 밝아진다.[62] 인심은 사사로운 욕망으로 가득 차 있어 불안하고 위태로울 수밖에 없다. 욕망은 모든 감각기관을 통하여서 발동하므로 온 몸을 통하여서 한시도 끊이지 않고 발산되고 있다. 욕망은 감각적인 것뿐만 아니라 인간사에서 벌어지는 모든 이기적인 마음까지를 포함하며 인간이면 누구나 지니고 있는 것이다. 그러나 순수도덕정감 또한 인간이면 누구나 지니고 있으므로 지극히 자연스럽게 일어난다. 그러므로 선우가 다만 잃어버린 그 마음을 되찾고자 한다면 순수도덕정감을 회복하기란 그다지 어렵지 않다. 따라서 선우는 '도덕의지의 반성적 자각'을 통하여 욕망으로 가려진 현재의 마음현상을 진단함으로써 잃어버린 마음을 되찾을 수 있다. 욕망을 조절하는 방법은 수시로 자신을 반성하는 이성적인 사려의 방법을 통하여 가능하기 때문이다.[63]

---

61) 『禮記』, 「樂記」, "夫民有血氣心知之性, 而無哀樂喜怒之常, 應感起物而動, 然後心術形焉."

62) 『二程遺書』, 권24, "人心私欲, 故危殆, 道心天理, 故精微, 滅私欲則天理明矣."

63) 『二程遺書』, 권25, "孔子曰, 棖也慾, 焉得剛? 甚矣慾之害人也. 人之爲不善, 欲誘之也. 誘之而弗知, 則至於天理滅而不知反, 故目則欲色, 耳則欲聲, 以到鼻則欲香, 口則欲味, 體則欲安, 此皆有以使之也. 然則何以窒其欲, 曰思而已矣. 學莫貴于思, 唯思爲能窒欲, 曾子之三省, 窒欲之道也."

선우는 유사시에 도덕의지로 자신의 마음현상을 성찰해 봄으로써 사욕으로 가려진 도덕성을 자각하고 철학적 치유의 큰 기회를 가질 수 있다. 선우가 사욕정감이 일어난 마음현상을 진단하고 사욕으로 가려진 순수도덕정감을 자각하여 치유목표를 세운다는 것은 결단의 과정을 거쳐 도덕성을 실천하겠다는 최초의 도덕적 동기를 스스로에게 부여하는 것이다. 하지만 선우가 비도덕적 정황에서도 본래의 순수도덕정감을 자각하지 못한다면 선우는 도덕적 실천의 결단을 내리지 못하는 자포자기自暴自棄 혹은 도덕의지가 나약한 상태에 놓여 있다는 것을 의미한다. 그러나 언제든 선우가 비도덕적 정황에서 자신의 마음현상을 진단할 수 있게 된다면 선우는 비도덕적 정황에서 도덕적 실천으로 나아갈 수 있는 도덕적 계기를 갖게 된다. 따라서 선우가 자신의 마음현상을 스스로 진단하고 치유목표를 설정해 나아간다는 것은 먼저 그 큰 것을 세우는 것과 같다. 이것은 선우가 도덕의지를 더욱 강화시켜 나아갈 수 있는 최초의 도덕적 동기를 마련하는 것이기 때문이다. 따라서 '도덕의지의 반성적 자각'의 단계에서 마음현상을 진단하고 치유목표를 설정한다는 것은 철학적 치유의 큰 기회와 동기를 마련하는 출발점이 된다. 그러므로 이 단계는 도덕의지의 생성을 위한 필수적인 과정이라고 할 수 있다.

비도덕적 정황을 도덕적 계기로 삼아 최초의 도덕적 동기를 형성할 수 있도록 작용하는 마음은 바로 측은지심이다. 측은지심은 감정의 형태로서 자연발생적인 도덕적 심정으로 드러난다. 『맹자孟子』의 '곡속장觳觫章'에서 제선왕齊宣王이 죽을 곳으로 가는 소를 보고 자연발생적으로 측은지심을 느껴 소를 대신하여 양을 쓰라고 명령한 것은 측은지심이 도덕행위를 위하여 매우 중요한 역할을 한다는 것을 보여 준 것이다. 곧 우연하게 소에 대한 연민의 감정을 느꼈다는 것은 도덕적인 의지가 우리에게 선천적으로 내재되어 있다는 것을 설명한 것이기 때문이다.

어짊 · 의로움 · 예의로움 · 지혜로움은 아직 드러나지 않은 도리이며 측은지심 · 수오지심 · 사양지심 · 시비지심은 드러난 단서이다.[64] 측은지심을 비롯하여 드러난 단서인 수오지심 · 사양지심 · 시비지심에 대한 자각은 비도덕적 행위와 관행 그리고 제도 등을 바로잡아 도덕적 행동을 하게 할 수 있는 단초가 될 수 있기 때문이다. 그러므로 철학상담치료사가 선우로 하여금 '도덕의지의 반성적 자각'을 하게 함으로써 측은지심 · 수오지심 · 사양지심 · 시비지심의 순수도덕정감을 자각하여 치유목표를 설정할 수 있도록 돕는다는 것은 도덕의지로 먼저 그 큰 것을 세우게 하는 것이라고 할 수 있다.

이를 위해 철학상담치료사는 만일 선우가 말과 행동을 하기 전이라면 '행위 전 도덕의지의 반성적 자각'을 통해 도덕의지로 먼저 그 큰 것을 세울 수 있도록 안내할 수 있다. 그리고 만일 선우가 말과 행동을 실천해 버린 후라면 '행위 후 도덕의지의 반성적 자각'을 통해 도덕의지로 먼저 그 큰 것을 세울 수 있도록 안내할 수 있다. '행위 전 도덕의지의 반성적 자각'의 단계는 먼저 그 당시의 정서를 성찰하고 순수도덕정감을 자각하여 도덕적 계기를 마련해 나아간다. 그리고 '행위 후 도덕의지의 반성적 자각'은 이미 실천한 말과 행동을 성찰하고 순수도덕정감을 자각하여 도덕적 계기를 마련해 나아간다.

먼저 '행위 전 도덕의지의 반성적 자각'의 순서는 '첫째, 마음현상을 성찰한다', '둘째, 마음현상을 진단한다', '셋째, 치유목표를 세운다'이다.

---

64) 『朱子語類』, 권1, "仁義禮智, 是未發底道理, 惻隱羞惡辭讓是非, 是已發底端倪."

이를 구체적으로 살펴보면 첫째, 마음현상을 성찰하기 위하여 선우는 기氣→심心(그 당시의 정서와 드러나거나 가려진 순수도덕정감)의 순서로 성찰한다. 곧 선우는 먼저 유사시 그 당시의 심기(氣) 즉 심기가 불편한지 불편하지 않은지를 살펴보고, 그다음으로 그 당시의 정서를 명확하게 인식한 후 마지막으로 드러나거나 가려진 순수도덕정감(心)을 자각하여야 한다.

맹자는 행동하는 것이 마음에 흐뭇하지 않으면 스스로 만족할 수 없다고 하였다.[65] 곧 선우의 양지와 양능은 옳고 그른 것이 무엇인지 훤히 알고 있으므로 선우가 도덕의지로 양지와 양능에 따랐다면 심기는 편안할 것이며 사욕의지로 본능과 욕망에 따랐다면 심기는 불편할 것이다. 그러므로 유사시에 만일 선우의 심기가 불편하다면 선우는 사욕지기로 마음이 발동하여 일어난 정서임을 알고 그 정서를 언어로 명확하게 표현할 수 있어야 한다. 그리고 만일 선우의 심기가 편안하다면 선우는 호연지기로 마음이 발동하여 일어난 정서임을 알고 그 정서를 언어로 명확하게 표현할 수 있어야 한다. 선우가 느낄 수 있는 정서는 애증과 호오의 감정을 포함하여 다양한 형태로 표현되어질 수 있다. 정서를 조절하기 위하여서는 정서에 대한 명확한 인식이 가장 기본적인 구성 요소이다.[66] 사회적 상호작용을 통한 건강한 인간관계를 맺어가기 위하여서는 자신의 감정을 인식하고 조절할 수 있는 능력과 타인의 감정을 이해하는 능력 등이 중요하다.[67] 정서인식의 명확성이 낮으면서 정서강도가 높은 사람은 좌절감이나 분노감 같은 부정

---

65) 『孟子』, 「公孫丑上」, "行有不慊於心, 則餒矣."

66) J. D. Mayer & P. Salovey, "Emotional Intelligence", *Imagination, Cognition, and Personality* 9(1990), pp.185~211.

67) A. Honing & D. Wittmer, "Encouraging Positive Social Development in Young Children", *Young Children* 49(5)(1994), pp.4~12 참조.

적 정서를 공격적인 행동으로 드러내어 즉각적으로 공격적이고 파괴적인 행동을 하거나[68] 중독에 쉽게 빠지는 경향이 있다. 그러므로 철학상담치료사가 선우로 하여금 기와 정서를 명확하게 인식하게 하여 이를 언어로 적절하게 표현하도록 하는 것 등은 선우의 정서조절 능력을 향상시키는 데 중요한 역할을 한다.

선우가 유사시 그 당시의 기와 정서를 명확하게 인식하고 나면, 마지막으로 마음현상을 정밀하게 살펴 드러나거나 가려진 순수도덕정감(心)을 자각할 수 있어야 한다. 선우는 마음현상을 정밀하게 살피면 양지가 실현된 본성의 순수도덕정감을 자각할 수 있다. 선우는 배우지 않아도 능히 알 수 있는 도덕적 판단능력인 양지와 배우지 않아도 능히 행할 수 있는 도덕적 실천능력인 양능을 지니고 있으므로 생각하고 판단하여 마음의 본래상태를 회복한다면 순수도덕정감을 자각하여 마음현상을 진단할 수 있다.

둘째, 마음현상을 진단하기 위하여 선우는 마음현상의 성찰내용을 종합하여 기氣→심心(순수도덕정감이 드러나거나 가려진 그 당시의 정서)의 순서로 진단한다. 즉 '호연지기나 사욕지기로(氣) 측은지심 · 수오지심 · 사양지심 · 시비지심 등이 드러나거나 가려진 그 당시의 정서(心)'의 순서로 한다. 선우가 만일 불편한 심기의 정서를 가지고 있다면 '사욕지기로(氣) 측은지심 · 수오지심 · 사양지심 · 시비지심 등이 가려진 그 당시의 정서(心)'의 순서로 진단한다. 선우가 만일 편안한 심기의 정서를 가지고 있다면 '호연지기로(氣) 측은지심 · 수오지심 · 사양지심 · 시비지심 등이 드러난 그 당시의 정서(心)'의 순서로 진단한다.

68) M. Gottman, "Parental meta-emotion philosophy and the emotional life of families, Theoretical madells and prliminary data", *Journal of Family Psychology* 10(3)(1996).

성찰과 진단의 과정을 사례를 들어 구체적으로 살펴보면 다음과 같다. 예를 들어 선우가 버스에 앉아 있는데 허리가 구부러진 80세의 노약자가 무거운 가방을 들고 선우 앞에 서 있을 때 선우 a는 '왜 하필이면 내 앞에 서 있는 거야, 나도 피곤해 죽겠는데'라는 생각을 하면서 '짜증스러워'하고, 선우 b는 '양보해야겠다'는 생각이 들면서 '즐거운 마음'을 느꼈다고 하자. 이때 마음현상을 성찰하기 위해 ① 선우 a는 심기가 불편하므로 '사욕지기'에 의한 정서임을 알아야 하며, 선우 b는 심기가 편안하므로 '호연지기'에 의한 정서임을 알아야 한다. 그다음 ② 선우 a는 먼저 '짜증스러움'이라고 그 당시의 정서를 명확하게 인식하여야 하며, 선우 b는 '즐거움'이라고 그 당시의 정서를 명확하게 인식하여야 한다. 마지막으로 ③ 선우 a는 짜증스러움의 원인이 양지에 의한 '측은지심'의 도덕적 명령(良心)에 따르고 싶지 않은 사욕의지 때문이라는 것을 성찰할 수 있어야 한다. 곧 선우 a는 짜증스러움의 원인이 '측은지심이 가려져' 냉정하게 나타난 사욕정감의 발로임을 자각하여야 한다. 마찬가지로 선우 b는 즐거움의 원인이 양지에 의한 '측은지심'의 도덕적 명령(良心)에 그대로 따르고자 하는 도덕의지 때문이라는 것을 성찰할 수 있어야 한다. 곧 선우 b는 즐거움의 원인이 '측은지심이 드러나' 측은하게 나타난 순수도덕정감의 발로임을 자각하여야 한다.

이상의 성찰을 종합하여 선우 a는 '사욕지기로(氣) 측은지심이 가려진 짜증스러움(心)'이라고 마음현상을 진단할 수 있어야 한다. 그리고 선우 b는 '호연지기로(氣) 측은지심이 드러난 즐거움(心)'이라고 마음현상을 진단할 수 있어야 한다.

'짜증스러움'은 양지에 의한 측은지심의 순수도덕정감과 일어나지 않고 편히 쉬고 싶다는 사욕의지의 충돌에서 나타나는 사욕정감이다. 곧 짜증스러움은 자기 안에서 순수하게 들리는 양지와 양능의 도덕적 명령과 비도덕적 욕구가 충돌하여 나타난 심기心氣의 불편함이다. 그러므로 우리가 흔히 심기의 불편함을 느낄 때는 본래적인 '참자기'와 '비본래적인 자기'가 충돌하여 나타나는 갈등의 현상이라고 할 수 있다. 양지의 순수도덕정감은 도덕주체의 본래적인 '참자기'의 모습이며 사욕정감은 '비본래적인 자기'의 모습이다. 그러므로 우리가 스스로를 평안하게 하기 위해서는 자신의 내면에서 일어나고 있는 직심直心이 무엇인지 성찰하고 이를 자각하여 행할 수 있어야 한다. 이것이 잃어버린 마음을 스스로 구하여 '참자기'의 본래적인 삶을 사는 평안함이다.

'즐거움'은 직각지인 양지의 순수도덕정감인 측은지심을 그대로 발휘하고자 하는 도덕의지에서 나온 도덕정감이다. 곧 즐거움은 자기 안에서 순수하게 들리는 양지와 양능의 도덕적 명령에 따라 '참자기'와 만나고 있는 만족스러움에서 나온 것이다. 그러므로 이때는 주변의 평가와 관계없이 스스로 만족하며 자존감 있는 삶을 살아갈 수 있는 것이다.

셋째, 치유목표를 세워 도덕적 계기를 마련해 나아가기 위하여 선우는 기氣→심心(순수도덕정감이 드러난 정서)의 순서로 목표를 설정한다. 앞에서 선우 a는 '사욕지기로(氣) 측은지심이 가려진 짜증스러움(心)'이라고 진단하였으므로, 선우 a는 '호연지기로(氣) 측은지심이 드러난 평안함(心)'이라고 목표를 설정한다. 마찬가지로 앞에서 선우 b는 '호연지기로(氣) 측은지심이 드러난 즐거움(心)'이라고 진단하였으므로, 선우 b는 어짊을 더욱 확충시켜 나아가기 위하여 '호연지기로(氣) 측은지심이 드러난 즐거움(心)의 확충'이라고 목표를 설정한다. 이는 어짊을 집의해 나아감으로써 계속 호연지기를 길러 나아가기 위함이다.

다음으로 '행위 후 도덕의지의 반성적 자각'의 순서는 '첫째, 마음현상을 성찰한다', '둘째, 마음현상을 진단한다', '셋째, 치유목표를 세운다'이다.

이를 구체적으로 살펴보면 첫째, 마음현상을 성찰하기 위하여 선우는 기氣→언言(그 당시의 행위)→심心(그 당시의 정서와 드러나거나 가려진 순수도덕정감)의 순서로 성찰한다. 곧 선우는 먼저 그 당시의 심기(氣)와 행위(言)를 성찰하고, 그다음으로 그 당시의 정서를 명확하게 인식한 후 마지막으로 마음현상을 정밀하게 살펴 드러나거나 가려진 순수도덕정감(心)을 자각하여야 한다. 먼저 기와 행위를 명확하게 인식하기 위하여 선우는 심기가 불편한지 불편하지 않은지를 살펴보아야 한다. 심기가 불편하다면 사욕의지로 양지가 실현된 순수도덕정감을 그대로 따르지 않은 행위에 대한 스스로의 불만족이며, 심기가 편안하다면 도덕의지로 양지가 실현된 순수도덕정감을 그대로 따르고 있는 행위에 대한 스스로의 흐뭇함이다. 그러므로 심기가 불편하다면 사욕지기로 부덕한 행위를 한 것이며 심기가 편안하다면 호연지기로 덕행위를 한 것이라고 할 수 있다.

부덕한 행위에는 치우침·방탕함·간사함·회피함(詖淫邪遁)의 행위가 있다. 심기가 불편하다면 선우는 자신이 실천한 말과 행동의 부덕한 행위가 치우침·방탕함·간사함·회피함 중 어떤 행위에 속한 것인지를 명확하게 인식하여야 한다. 치우침(詖)은 한쪽에 가려져서 전체를 보지 못하는 행위를 의미한다. 방탕함(淫)은 다른 사람이 나쁜 행위를 할 수 있도록 말하거나 자신과 타인의 마음을 사악하게 만드는 행위 등을 의미한다. 간사함(邪)은 거짓말이나 위장된 행위, 비밀을 폭로하는 행위, 사람들을 속이는 행위 등을 의미한다. 회피함(遁)은 좌우를 살피면서 잘못을 감추거나 얼버무려 둘러대는 행위 등을 의미한다. 반대로 덕행위에는 어짊·의로움·예의로움·지혜로움(仁義禮智)의 행위가 있다. 만일 심기가 편안하다면 선우는 자신이 실천한 말과 행동의 덕행위가 어짊 · 의로움 · 예의로움 · 지혜로움 중 어떤 행위에 속한 것인지를 명확하게 인식하여야 한다.

다음으로 그 당시의 정서를 명확하게 인식하기 위하여 선우는 말과 행동을 하게 된 그때의 상황으로 돌아가 그때의 정서를 다시 체험하여 그 정서를 언어로 표현해 볼 수 있어야 한다. 정서를 명확하게 인식한다는 것은 정서를 조절할 수 있는 능력을 향상시키므로 중요하다. 그리고 정서를 조절할 수 있다는 것은 수기치인해 갈 수 있는 시초이므로 중요하다. 정서는 사욕지기에 의한 부정적 정서일 수도 있고 호연지기에 의한 긍정적 정서일 수도 있다.

마지막으로 마음현상을 성찰하기 위하여 선우는 생각하여 마음에 집중함으로써 양지와 양능의 도덕적 명령을 들을 수 있어야 한다. 선우는 양지와 양능을 지니고 있으므로 생각하고 판단하여 마음의 본래상태를 회복한다면 순수도덕정감을 자각하여 마음현상을 진단할 수 있다. 선우는 마음의 현상을 정밀하게 살핌으로써 양지가 실현된 순수도덕정감을 자각할 수 있기 때문이다.

둘째, 마음현상을 진단하기 위하여 선우는 마음현상의 성찰내용을 종합하여 기氣→심心(순수도덕정감이 드러나거나 가려진 그 당시의 정서)→언言(그 당시의 행위)의 순서로 진단한다. 즉 '호연지기나 사욕지기로(氣) 측은지심 · 수오지심 · 사양지심 · 시비지심 등이 드러나거나 가려진 그 당시의 정서(心)와 행위(言)' 순서로 한다. 선우가 만일 심기가 편안하지 않은 부덕한 행위를 했다면 '사욕지기로(氣) 측은지심 · 수오지심 · 사양지심 · 시비지심 등이 가려진 그 당시의 정서(心)와 행위(言)' 순서로 진단한다. 선우가 만일 마음이 편안한 덕행위를 했다면 '호연지기로(氣) 측은지심·수오지심·사양지심·시비지심 등이 드러난 그 당시의 정서(心)와 행위(言)' 순서로 진단한다.

진단하는 과정을 사례를 통해 구체적으로 살펴보면 다음과 같다. 예를 들어 선우가 식당에서 밥과 음료수를 먹었는데 식당 주인이 실수로 음료수 값을 계산하지 않았을 때, 선우 c는 '황급히 밥값만을 계산'하고 식당을 빠져나갔고, 선우 d는 즉각 '음료수 값을 계산하지 않았다'고 주인에게 말하였다고 가정하자. 이때 ① 선우 c는 심기가 불편하므로 '사욕지기'에 의한 행위임을 알아야 하며, 선우 d는 심기가 편안하므로 '호연지기'에 의한 행위임을 알아야 한다. 그다음 ② 선우 c는 밥값만 계산하고 황급히 식당을 빠져나갔으므로 '회피행위'를 한 것이며, 선우 d는 음료수 값을 계산하지 않았다고 주인에게 즉각 말했으므로 '의로움의 행위'를 한 것이다. ③ 선우 c는 스스로 '부끄러워 불안' 속에 있으며, 선우 d는 스스로 '떳떳하여 자신감' 있는 정서를 가지고 있다. ④ 선우 c는 부끄럽고 불안한 원인이 '수오지심'의 도덕적 명령에 따르지 않고 있다는 양지의 비판작용의 결과임을 성찰할 수 있어야 한다. 곧 선우 c는 부끄럽고 불안한 원인이 사욕의지에 의해 '수오지심이 가려져' 뻔뻔스러운 회피행위를 한 것에 대한 양지의 비판작용임을 자각하여야 한다. 마찬가지로 선우 d는 떳떳한 자신감의 원인이 '수오지심'의 도덕적 명령에 따르고 있다는 양지의 비판작용의 결과임을 성찰할 수 있어야 한다. 곧 선우 d는 떳떳한 자신감의 원인이 도덕의지에 의해 '수오지심이 드러나' 마땅히 해야 할 의로움의 행위를 한 것에 대한 양지의 비판작용임을 자각하여야 한다.

이상의 성찰을 종합하여 선우 c는 '사욕지기로(氣) 수오지심이 가려진 부끄럽고 불안한(心) 회피행위(言)'라고 진단할 수 있어야 하며, 선우 d는 '호연지기로(氣) 수오지심이 드러난 떳떳하고 자신감(心) 있는 의로움의 행위(言)' 라고 진단할 수 있어야 한다.

셋째, 치유목표를 세워 도덕적 계기를 마련하기 위하여 선우는 기氣→심心(순수도덕정감이 드러난 정서)→언言(순수도덕정감에 의한 행위)의 순서로 목표를 설정한다. 즉 '호연지기로(氣) 측은지심 · 수오지심 · 사양지심 · 시비지심 등이 드러난 정서(心)와 행위(言)' 순서로 한다. 앞에서 선우 c는 '사욕지기로(氣) 수오지심이 가려진 부끄럽고 불안한(心) 회피행위(言)'라고 진단을 하였으므로, 선우 c는 '호연지기로(氣) 수오지심이 드러난 떳떳한(心) 의로움의 행위(言)'라고 치유목표를 세운다. 그리고 앞에서 선우 d는 '호연지기로(氣) 수오지심이 드러난 떳떳하고 자신감(心) 있는 의로움의 행위(言)'라고 진단을 하였으므로, 의로움을 더욱 보존 · 확충시켜 나아가기 위하여 선우 d는 '호연지기로(氣) 수오지심이 드러난 떳떳하고 자신감(心) 있는 의로움의 확충'이라고 치유목표를 세워 계속 호연지기를 길러 나아가야 한다. 선우 d가 비록 자신의 본성에 의한 의로움의 행위를 실천했다 할지라도 선우 d의 행위는 계속해서 보존 · 확충되어야 한다. 선성을 자각하지 못한 채 우발적으로 행한 의로움의 행위는 한순간의 행위에 불과하기 때문이다. 그리고 선성을 분명히 자각하여 발현된 행위이었다 할지라도 호연지기는 의로움을 쌓아 감으로써(集義) 길러지기 때문이다. 이것은 우주운행이 끊임없이 자강불식自强不息하는 것과도 같다. 그러므로 선우 c뿐만 아니라 선우 d도 끊임없이 스스로를 확충시켜 나아가기 위하여 치유목표를 설정하여야 한다.

선우는 일상생활 속에서 일마다 혹은 스트레스 상황마다 이상에서와 같은 성찰을 통해 마음현상을 진단하고 치유목표를 설정하여 도덕적 계기의 전환점을 마련할 수 있다. 곧 일상생활에서 마음현상을 진단하고 치유목표를 설정한다는 것은 매 상황을 철학적 치유의 큰 기회로 삼게 될 수 있기 때문이다. 일상생활에서 일마다 이러한 도덕적 계기를 마련할 때 선우는 의로운 행위를 쌓아 호연지기를 계속 길러 나아갈 수 있다.

자각은 의식의 내적 반추과정을 거쳐 이루어지는데 마음속의 마음을 이해하기 위하여서는 소리가 되고 말이 되어 나타나는 것을 인지하는 지언을 통하여 가능하다. 말을 알아들으면 의리가 정밀하고 이치가 밝아서 호연지기를 잘 기를 수 있다. 그러므로 모름지기 먼저 지언을 해야 한다.[69] 철학상담치료사가 선우로 하여금 일상생활에서 관찰 가능한 말과 행동을 성찰하여 스스로의 마음을 진단하게 하는 것은 지언을 통하여 선우의 마음현상을 자각할 수 있도록 하는 것이다. 사람의 말은 모두 마음에서 나오기 때문에 말을 성찰하여 마음을 알 수 있다.[70] 마음이 바른 이치에 밝아서 가리어짐이 없는 뒤에야 말이 공평하고 올바르며 통달하여 병통이 없다. 만일 그렇지 못하다면 반드시 치우침과 방탕함과 간사함과 회피함의 네 가지 병통이 있게 된다.[71]

『대학大學』의 "마음에서 정성스러운 것은 밖으로 드러난다"(誠于中, 形于外)라는 말이나 「악기樂記」의 "화합하고 따름이 마음에 쌓이면 영화가 겉으로 드러난다"(和順積中而英華發外)라는 말 그리고 『맹자』의 "안에 가지고 있으면 반드시 밖으로 나타난다"(有諸內, 必形諸外)라는 말 등은 모두 인간의 내적 정

---

69) 『朱子語類』, 권52, "問浩然之氣, 集義是用功夫處否. 曰, 須是先知言, 知言則義精而理明, 所以能養浩然之氣, 知言正是格物致知."

70) 『孟子』, 「公孫丑章句上」, 程子 註, "心通乎道然後, 能辨是非, 如持權衡, 以較輕重, 孟子所謂知言, 是也."

71) 『孟子』, 「公孫丑章句上」, 朱子 註, "人之有言, 皆出於心, 其心明乎正理而無蔽, 然後其言平正通, 達而無病, 苟爲不然, 則必有是四者之病矣. 則其言之病而知其心之失, 又知其害於政事之決然而不可易者如此, 非心通於道而無疑於天下之理, 其孰能之."

감과 외적 표현 사이에 서로 관계가 있음을 지적한 것이다. 그러므로 치우친 말에 의해서 그 가려진 바를 알며 방탕한 말에 의해서 그 빠진 바를 알며 간사한 말에 의해서 그 떠난 바를 알며 회피하는 말에 의해서 그 논리가 궁함을 알 수 있다.[72] 말은 밖으로 표출된 인간의 행위를 대표한 것이라고 할 수 있다. 그러므로 말을 안다(知言)는 것은 곧 인간이 행한 행위로 그 마음의 상태를 알 수 있다는 것이다. 말을 안다는 것은 그 말이 나온 그 사람의 마음을 안다는 것이고 마음을 안다는 것은 그 마음의 뿌리인 도道와 의義와 리理를 안다는 것이다.

맹자는 마음과 기운과 말이 모두 자기에게 있는 것으로 서로 연결되어 있다고 보고 있다. 즉 마음은 자기 마음의 뜻(心志)이고 기는 자기 몸이나 뜻의 기운(意氣)이며 말은 자기의 행위라고 보고 있기 때문이다. 그러므로 마음이 곧지 못하면 기가 왕성하지 못하고 기가 왕성하지 못하면 말이 씩씩하지 못한 것은 당연한 이치이다. 기氣는 몸과 감정, 마음과 본성, 나아가 하늘까지 연결하는 실질적인 통로이자 도덕성 함양의 중요한 토대이다. 그러므로 유가철학에서 마음을 어떻게 보존하고 함양할 것인가의 문제는 기氣를 어떻게 조절하고 다스리고 기를 것인가의 문제와 직결된다. 하지만 기를 움직이는 것은 의지이며 이 의지는 마음의 움직임과 관련된다. 그러므로 의지가 밖으로 표출되는 기를 통하여 마음을 진단할 수 있다. 따라서 마음현상을 진단하는 과정은 기氣 · 심心 · 언言의 삼위일체의 구조를 갖추고 있다.

큰 원칙은 하나인데 사심私心은 만 갈래로 흩어져 있다. 지극한 당위는 하나로 귀속되고 의리는 둘이 아니다. 사람의 마음이 제각기 다른 모양을

---

72) 『孟子』, 「公孫丑章句上」, "詖辭知其所蔽, 淫辭知其所陷, 邪辭知其所離, 遁辭知其所窮."

한 것은 사심일 뿐이다.[73] 사람에게 있어서 천리가 혼미함은 탐하고자 하는 욕망이 도덕적 본성을 가려 어지럽히기 때문이다. 욕망은 단순히 감각적인 충동이나 쏠림에만 국한되지 않는다. 욕망은 감각적인 것뿐만 아니라 인간사에서 벌어지는 모든 이기적인 마음까지 포함하므로, 이것은 인간이면 누구나 지닐 수 있는 것이다.[74] 그러므로 철학상담치료사는 선우로 하여금 천 갈래 만 갈래로 흩어져 사리사욕으로 가려져 있는 마음을 자각할 수 있도록 도와야 한다. 사욕으로 인해 측은지심 · 수오지심 · 사양지심 · 시비지심의 본래 마음이 가려진 채 드러난 말은 피음사둔詖淫邪遁의 행위양태이다.[75] 기氣는 감정 · 격정 · 욕구 · 욕망들과 관계하는 모든 생명력을 포괄하는 일종의 에너지이므로, 기에 의해 드러난 것은 말뿐만 아니라 말 밖의(言外) 음성이나 모습 그리고 행동을 통하여서도 나타난다. 사람에게 보존되어 있는 것은 눈동자보다 더 잘 드러내는 것이 없다. 눈동자는 그의 악을 가리지 못한다. 가슴 속(마음)이 바르면 눈동자가 밝고 가슴 속이 바르지 못하면 눈동자가 흐리다. 그 말을 듣고 그 눈동자를 보면 사람들이 어떻게 자신의 마음을 숨기겠는가?[76] 또한 군자의 본성은 어짊 · 의로움 · 예의로움 · 지혜로움이 마음에 뿌리하여 그 얼굴빛에 나타남이 밝고 맑게 드러나며 등에 가득하고 사체四體에 베풀어져 사체가 굳이 말하지 않아도 저절로 깨달아

73) 『二程遺書』, 권15, "公則一, 私則萬殊. 至當歸一, 精義無二. 人心不同如面, 只是私心."
74) 『二程遺書』, 권17, "孟子辨舜跖之分, 只在義利之間, 言間者, 謂相去不甚遠, 所爭毫末爾, 義與利, 只是箇公與私也. 纔出義, 便以利言了, 只那計較, 便是爲有利害, 若無利害, 何用計較? 利害者, 天下之常情也."
75) 최연자 · 최영찬 · 정춘화, 「유가 수양론의 철학상담치료방법」, 『동서철학연구』 제61호 (2011).
76) 『孟子』, 「離婁章句上」, "存乎人者, 莫良於眸子. 眸子不能掩其惡. 胸中正, 則眸子瞭焉, 胸中不正, 則眸子眊焉. 聽其言也, 觀其眸子, 人焉廋哉."

행해진다.[77] 곧 마음의 상태는 말 밖의 행위에서도 드러나고 있는 것이다. 그러므로 철학상담치료사는 선우로 하여금 비도덕적 정황에서 드러낸 선우의 말과 행동을 총괄적으로 성찰하게 하여 선우의 기와 마음의 상태를 스스로 진단할 수 있도록 도울 수 있다.[78] 이 단계에서 선우가 마음현상을 진단하고 치유목표를 설정하면 철학상담치료사는 선우로 하여금 본성 회복의 덕행위를 모색해 나아갈 수 있도록 도와야 한다.

성찰궁리법의 두 번째 단계인 '본성 회복의 덕행위 모색'의 단계는 본성에 의한 순수도덕정감의 덕행위를 구체적으로 모색해 나아가는 단계이다. 도덕적 성향은 도덕성의 실마리로 존재하고 있을 뿐 선천적으로 완성된 도덕성을 실천한다는 것을 의미하는 것은 아니다. 측은지심·수오지심·사양지심·시비지심의 네 가지 마음은 어떤 상황에 대한 인간의 정서적 반응으로서 인간에게 나타나는 보편적 도덕 현상이다. 하지만 이 감정은 도덕적 행위를 가능하게 하는 실마리로서 모든 사람에게 갖추어져 있는 잠재적 능력일 뿐이다. 그러므로 도덕 실현에 있어서의 차이는 도덕능력의 차이가 아니라 잠재적 능력을 배양하고 실천하는 정도에 달려 있다. 따라서 철학상담치료사는 선우로 하여금 잠재적으로 지니고 있는 도덕성향을 자각하게 하여 본성을 회복하게 한 후에 어떻게 하면 본성을 실천하게 할 것인가에 초점을 맞추어야 한다.

밤에 불어난 평탄지기로 인해 좋아하고 싫어하는 것은 모든 사람들이 거의 같지만, 낮에 하는 소위로 야기夜氣를 묶어 버리게 된다. 묶어 버리는

77) 『孟子』, 「盡心章句上」, "君子所性, 仁義禮智根於心, 其生色也睟然見於面, 盎於背施於四體, 四體不言而喩."

78) 최연자·최영찬·정춘화, 「유가 수양론의 철학상담치료방법」, 『동서철학연구』 제61호(2011).

것이 반복되면 곧 야기를 보존할 수 없게 된다. 야기를 보존할 수 없다면 곧 금수와 다를 바가 거의 없게 된다.[79] 비록 선우가 자신의 본성인 순수도덕정감을 자각했다고 할지라도 그것을 보존·확충시켜 나가지 않으면 그 순수도덕정감은 바로 훼손되어 인간으로서의 가치를 실현시키지 못하게 된다. 잡으면 보존되고 놓으면 잃어서 나가고 들어옴이 일정한 때가 없다. 그 방향을 알 수 없는 것은 오직 사람의 마음이기 때문이다.[80] 마음은 잃기 쉬울 뿐만 아니라 보존하고 지키기가 어려우므로 선우는 더욱더 자신의 마음을 보존하고 확충시키기 위한 노력을 계속해야 한다.

희노애락의 정감은 인간의 가장 기본적인 정감으로서 자연정감이다. 희노애락의 정감이 아직 발하지 않은 것을 중中이라고 하고 정감이 발하여 절도에 맞는 것을 화和라고 한다.[81] 곧 희노애락의 정감이 아직 발하지 않아 정적하고 치우침이 없을 때의 마음은 중中이며, 정감이 발하여 지나치거나 모자람 없이 절도에 맞는 것은 화和인 것이다. 여기서 중中은 치우치지 않는 정신을 나타내고 화和는 서로 감응하는 관계를 나타낸다.[82] 그러므로 덕행위는 중화원칙에 따라 도에 넘치지도 않고 모자라지도 않는 합당한 것이어야 한다. 곧 즐거우면서도 도리에 어긋남이 없고 슬퍼하면서도 심신을 상하게 하지 않는 것이어야 한다.[83]

중화는 원래 천도운행의 원칙을 가리키는 것으로서 천지만물의 화해롭

79) 『孟子』, 「告子上」, "其日夜之所息, 平旦之氣, 其好惡與人相近也者幾希, 則其旦晝之所爲, 有梏亡之矣. 梏之反覆, 則其夜氣不足以存. 夜氣不足以存, 則其違禽獸, 不遠矣."
80) 『孟子』, 「告子上」, "操則存, 舍則亡, 出入無時, 莫知其鄕, 惟心之謂與."
81) 『中庸』, 第一章, "喜怒哀樂之未發, 謂之中, 發而皆中節, 謂之和."
82) 팡둥메이 지음, 정인재 옮김, 『중국인이 보는 삶의 세계』(이제이북스, 2004), 77쪽 참조.
83) 『論語』, 「八佾」, "樂而不淫, 哀而不傷."

고 질서 있는 과정 속에서 체현되지만 그것은 사람의 정감을 통하여 실현되어 사람의 주체성의 원칙을 이룬다.[84] 그러므로 본성의 실천행위는 중화의 원칙에 따라 도에 넘치지도 부족하지도 않은 말과 행동으로 구성되어야 한다. 이때에도 모든 인간에게는 선천적으로 능히 알아(良知) 행할 수 있는 능력(良能)이 갖추어져 있으므로 선우는 스스로 생각하여 마음에 집중함으로써 어떻게 말하고 행동하는 것이 그 상황의 예의로움에 맞는 행위인지를 스스로 찾아낼 수 있다. 그러므로 이때 철학상담치료사는 선우로 하여금 선우의 양지와 양능을 실현할 수 있도록 도와야 한다. 선우가 덕행위를 말과 행동으로 모색하여 표현할 때 철학상담치료사는 선우로 하여금 부덕한 행위를 하게 된 그 당시의 생각과 감정도 솔직하게 표현할 수 있도록 하는 것이 좋다. 이것은 선우가 인간이 되어져 가는 과정을 솔직하고 진실하게 개방하는 것이다. 자기를 개방한다는 것은 선우 자신과 상대방을 동시에 존중하는 것이다. 사욕의지로 행했던 선우의 행위도 선우의 모습이며 도덕의지로 성찰한 후에 자각한 순수도덕정감도 선우의 모습이다. 그러므로 선우는 사욕의지로 행하게 된 자신의 생각이나 감정을 간략하게 표현하고 도덕의지로 반성되어진 본래적인 '참자기'를 솔직하고 진실하게 표현할 수 있어야 한다. 이러할 때에 선우는 자기를 긍정하고 수용하며 사랑하게 된다.

선우는 자기의 선성을 발견하게 되면서 자기를 긍정하게 되고 나아가 세계를 긍정하게 된다. 그리고 있는 그대로의 자기를 수용하게 되면서 세계와 진실하게 소통하기 시작한다. 이러할 때에 선우는 인정하고 싶지 않았던 비본래적인 자기의 모습에서 오히려 참된 본래적인 자기의 모습을 회복하

84) 이상선, 「맹자의 정감과 동중서의 기」, 『동서철학연구』 제34호(2004), 174쪽.

게 되어 스스로를 치유해 나아갈 수 있는 정신 내적 힘을 갖게 된다. 그러나 만일 선우가 덕행위를 모색한다고 하면서 치우치거나 부족하게 모색했다면 선우는 스스로 힘을 잃게 되어 다음 단계에서 덕행위를 주체적으로 체질화시켜 나아갈 수 없다. 선우의 양지와 양능은 모색해 놓은 덕행위가 중화의 원칙에 어긋났다는 것을 이미 알아버리기 때문이다. 그러므로 철학상담치료사는 선우로 하여금 모색해 놓은 덕행위를 진지하게 다시 한 번 평가해 볼 수 있도록 해야 한다. 만일 선우의 양지가 자신이 모색해 놓은 덕행위를 중화원칙에 어긋난 것이라고 판단하였다면 타인이 보기에 아무리 훌륭한 덕행위라 할지라도 선우는 스스로 자기의 덕행위에 대해 평가점수를 좋게 줄 수 없게 된다. 그러므로 철학상담치료사는 선우로 하여금 모색해 놓은 덕행위를 평가해 볼 수 있도록 하여야 한다. 만일 선우가 스스로 흡족하여 심기가 평안하다고 평가한다면 선우는 다음 단계인 '덕행위의 주체적 실천과 체질화'의 단계로 넘어가면 된다. 하지만 만일 선우가 스스로 떳떳하지 못하여 심기가 불편하다면 덕행위를 다시 모색할 수 있도록 하여야 한다. 선우는 양지와 양능으로써 치우치고 방탕하고 간사하고 회피한 행위의 부분을 스스로 찾아내어 수정시켜 나아갈 수 있기 때문이다. 이때 철학상담치료사는 선우의 양지와 양능을 믿고 신뢰하면서 사랑으로 그의 성장과정을 수용할 수 있어야 한다. 곧 철학상담치료사는 선우가 스스로 성선性善을 실천할 수 있도록 '절대사랑으로 만물을 낳는 조력자'의 역할을 해야 하는 것이다.

보통 선우는 덕성치유프로그램에 참여함으로써 마음현상을 진단하고 치유목표를 잘 설정할 수 있다. 그러나 여기에서 철학상담치료사는 선우가 마음현상을 진단하고 치유목표를 잘 설정하여 도덕적 계기를 마련했다 할지라도 덕행위를 구체적인 말과 행동으로 표현하는 데에는 어려움이 있을 수 있다는 것을 알고 주의를 기울여야 한다. 선우는 자신의 한계 즉 지금까지 선우가 살아왔던 의사소통의 습관이나 개인의 기질 혹은 선우에게 반영되어 있는 문화 등에 의해 치우치거나 부족한 말과 행동을 덕행위라고 잘못 표현할 수 있기 때문이다. 그러므로 이때 철학상담치료사는 선우로 하여금 그 개인을 뛰어넘는 천지의 마음으로 거경하게 하여 순수도덕정감에 의한 정직한 말과 행동을 그 상황에 맞게 다시 궁리해 갈 수 있도록 도와야 한다. 곧 철학상담치료사는 선우로 하여금 격물치지의 극처인 어짊의 경지로 나아가게 함으로써 양지와 양능에 의한 정직한 말과 행동을 중화원칙에 의해 표현할 수 있도록 해야 한다. 만일 철학상담치료사가 선우의 부족하거나 치우친 말과 행동을 바로잡아 주지 않는다면 선우는 중화원칙에 어긋난 말과 행동을 덕행위로 잘못 알고 확충하여 나아감으로써 오히려 더 큰 병을 얇게 될 수도 있을 것이다.

예를 들면 선우가 '사욕지기로(氣) 측은지심이 가려진 화남(心)의 회피행위'라는 마음현상을 진단하고 '호연지기로(氣) 측은지심이 드러난 너그러움(心)의 어짊행위'라는 치유목표를 설정하였다고 가정하자. 선우가 치유목표에 맞는 어짊의 덕행위를 하기 위하여 지나치게 자기를 희생하면서 너그러운 행동을 한다면 이는 오히려 치우친 행위를 하고 있는 것이다. 치우치거나 부족한 덕행위는 선우뿐만 아니라 타인에게도 해를 입히게 되는 결과를 가져 오게 된다. 선우가 치우치거나 부족한 덕행위를 마음의 본래적 모습에 정직한 덕행위라고 잘못 믿고 계속 보존·확충시켜 나간다면 어느 순간 선우는 분노나 우울 등을 경험하게 될 수도 있다. 확신이 없는 덕행위는 스스로 힘을 잃어버려 더 이상 확충해 나아갈 수 없기 때문이다. 선우가 덕행위를 하면서 분노나 우울 등을 경험한다는 것은 이미 선우의 양지와 양능이 그 덕행위가 치우치거나 부족한 것이라는 것을 알고 있다는 것을 의미한다. 그러므로 철학상담치료사는 '선우가 궁리해 낸 덕행위의 말과 행동이 양지와 양능에 의한 정직한 것인가?'라는 질문을 선우 스스로에게 던지게 하면서 선우 스스로 정직하다는 확신을 가질 수 있을 때까지 몇 번이고 다시 점검할 수 있도록 도와야 한다. 이때 철학상담치료사는 '절대사랑으로 만물을 낳는 조력자의 역할'을 충실히 수행하게 되는 것이다.

이 과정은 거경과 궁리 그리고 진심과 존심 등을 적극적으로 활용하는 단계이다. 그러므로 이 단계에서 철학상담치료사는 적극적으로 선우에게 개입하여 선우가 자신의 본래 모습을 찾아 나아갈 수 있도록 도와야 한다. 이 단계에서 선우는 자신의 정감에 대한 민감성과 반성적 또는 분별적 사유능력의 향상 그리고 자기를 표현할 수 있는 언어적·비언어적 의사소통의 능력 등을 향상시키게 된다. 또한 선우는 이 단계에서 사회정보처리 능력이나 대인 간의 문제해결 능력 등을 활발하게 성장시켜 미래를 대비하고 예방할 수 있는 능력 등을 키워 나아갈 수 있게 된다. 그러므로 철학상담치료사는 선우로 하여금 스스로를 돌이켜 보게 하여 양지와 양능에 의한 정직한 덕행위를 모색해 나아갈 수 있도록 적극적으로 도와야 한다. 선우는 양지와 양능이 있어서 스스로 도덕적인 것이 무엇인지를 알아 스스로 순수도덕정감에 의한 정직한 말과 행동을 모색해 나아갈 수 있다. 그러므로 철학상담치료사가 선우로 하여금 양지와 양능의 도덕적 명령에 귀 기울일 수 있도록 돕는다면, 선우는 스스로 자신을 구할 수 있게 된다. 선우가 자신이 모색해 놓은 말과 행동이 스스로 자신을 구하는 행위라는 확신을 가지게 될 때, 철학상담치료사는 마지막 단계인 '덕행위의 주체적 실천과 체질화'의 단계로 선우를 이끌어 나아갈 수 있다. 확신이 있는 연후에야 두려움 없이 부동심으로써 옳은 것을 행할 수 있는 용기가 나오기 때문이다.

덕성자아(德性主體)의 부동심은 감각적 욕망을 통제하고 항상 본래의 마음을 따른다. 본래의 마음을 따른다는 것은 비인지적이고 비합리적인 감각기관의 감정인 단순한 느낌이나 욕망을 따른다는 것이 아니라 인지적이고 합리적인 측은지심·수오지심·사양지심·시비지심의 자연적인 순수도덕정감을 따른다는 것이다. 여기에서 부동심을 지닌 사람은 단순히 본능적 욕망이나 심리적 편견을 제거한 생명이 없는 무정無情의 상태가 아니라 도리와 정직함을 기뻐하는 생동적이면서 합리적인 감정으로 충만되어 있는 강한 도덕의지를 지닌 사람이다. 이러한 사람을 맹자는 호연지기를 지닌 사람 즉 넓고 큰 기운 혹은 천지에 가득 찬 기운을 지닌 사람이라고 하였다.

호연지기는 어떤 외부적인 것에도 유혹되지 않은 부동심이 자리 잡을 때 가능하다. 선우는 스스로 돌이켜 보아도 정직하다는 확신을 가질 때 어떠한 상황에서도 부동심으로써 두려움 없이 용기 있게 행할 수 있는 호연지기를 가질 수 있다.[85] 이것은 맹자가 "스스로 돌이켜 정직하지 못하면 비록 미천한 사람이라도 두려워하지 않겠는가? 그러나 스스로 돌이켜서 정직하다면 비록 천만의 사람이라도 가서 대적할 것이다"라고 한 말과 같다.[86] 부동심으로써 호연지기를 기르게 하기 위하여 철학상담치료사는 이 단계에서 선우로 하여금 자신의 곧음을 진심盡心으로 확인하게 하여 확신을 갖게 하는 작업을 거쳐야 한다. 선우가 스스로 돌이켜 보아 자신의 말과 행동이

85) 최연자·최영찬, 「유가철학상담치료를 위한 정신건강모형(Ⅰ)」, 『철학연구』 第112輯(2009), 375~376쪽.

86) 『孟子』, 「公孫丑上」, "昔者, 曾子謂, 子襄曰, 子好勇乎, 吾嘗聞大勇於夫子矣. 自反而不縮, 雖褐寬博, 吾不惴焉. 自反而縮, 雖千萬人, 吾往矣."

마음의 본래적 모습이라는 확신을 갖게 되었을 때, 철학상담치료사는 선우가 자신의 말과 행동을 일상생활에서 실천할 수 있도록 '덕행위의 주체적 실천과 체질화'의 단계로 나아가야 한다. 덕행위의 곧음을 확신한 선우의 도덕적 의지는 생명감 있는 자유의지가 되어 호연지기로 드러나게 될 것이기 때문이다.

성찰궁리법의 세 번째 단계인 '덕행위의 주체적 실천과 체질화'의 단계는 선우가 확신하고 있는 덕행위를 부동심으로 실천해 나아갈 수 있도록 행동을 강화시켜 나아가는 단계이다. 선우가 도덕적으로 자기를 구하여 스스로를 치유할 수 있다는 것은 측은지심 · 수오지심 · 사양지심 · 시비지심의 네 가지 마음을 일상생활에서 부동심으로 실현할 수 있다는 것을 의미한다. 이것은 본래적인 자기와 비본래적인 자기의 내적 갈등을 치유할 수 있다는 것을 의미한다. 인간의 본성은 근원적으로는 선한 것이지만 반드시 실현되어야 비로소 선이 될 수 있다. 그러므로 선우는 '덕행위의 주체적 실천과 체질화'의 단계를 거쳐 덕행위의 실천을 강화시켜 나아가야 한다.

'덕행위의 주체적 실천과 체질화'의 단계는 시각화의 방법을 통하여 덕행위를 강화시켜 나아가는 단계이다. 곧 철학상담치료사는 선우로 하여금 비도덕적 정황을 시각화하게 하여 그 정황 속에서 선우가 정직하다고 확신한 덕행위의 말과 행동을 부동심으로써 실천해 볼 수 있도록 하는 것이다. 이는 평소와 다른 자신의 행위에 대한 불안과 두려움을 제거할 수 있을 뿐만 아니라 의로운 행위를 쌓아(集義) 가게 함으로써 호연지기를 기를 수 있도록 할 것이다. 이 단계에서 선우는 스스로 돌이켜 보아 갖게 된 곧음의 확신으로 두려움 없이 용기 있게 부동심으로 나아가는 과정을 거쳐 호연지기를 체험하게 된다.

부동심으로 호연지기를 기르는 '덕행위의 주체적 실천과 체질화'의 과정을 구체적으로 살펴보면 다음과 같다.

첫째, 선우는 덕행위의 말과 행동이 참으로 순수도덕정감에 의한 정직한 모습이며 중화원칙에도 맞다는 굳은 확신을 가지고 대상자의 부정적인 태도 앞에서도 두려움 없이 덕행위의 말과 행동을 하고 있는 자신의 모습을 시각화한다.

둘째, 선우가 덕행위의 말과 행동을 하고 있는 동안 대상자가 더 강한 반항적인 태도를 보인다 할지라도 선우는 자신의 덕행위가 순수도덕정감에 의한 정직한 모습이며 중화원칙에도 맞다는 굳은 확신을 가지고 용기 있게 말과 행동을 하고 있는 자신의 모습을 시각화한다.

셋째, 선우가 용기 있게 덕행위의 말과 행동을 하고 있는 동안 대상자가 더욱더 강하게 부정적이고 반항적인 태도를 보인다 할지라도 선우는 자신의 덕행위가 순수도덕정감에 의한 정직한 모습이며 중화원칙에도 맞다는 굳은 확신을 가지고 부동심으로써 덕행위의 말과 행동을 하고 있는 자신의 모습을 시각화한다.

넷째, 선우는 부동심으로써 덕행위의 말과 행동을 한 결과 먼저 대상자가 어떻게 반응하고 있는지 시각화한다. 만일 대상자가 긍정적으로 반응하고 있다면 서로 어떻게 치유되고 있는지 시각화한다. 만일 대상자가 여전히 부정적으로 반응하고 있다면 자신의 행동은 자유의지에 의한 마음의 본래적 모습을 표현한 떳떳한 행동이므로 의연하게 감당하고 있는 자신의 모습을 시각화한다. 다음으로 선우는 부동심으로써 본성에 정직한 덕행위를 하고 있는 자신의 모습이 어떻게 보이는지 시각화한다. 마지막으로 부동심으로써 말과 행동을 한 자신을 스스로 평가해 본다.

이상의 성찰궁리법을 통하여 선우는 일상생활에서 본성을 자각하여 순수도덕정감에 의한 정직한 덕행위를 실천함으로써 호연지기를 길러 나아갈 수 있다. 그리고 선우는 천지의 마음이 인간에게 내재되어 있는 초월성으로 천인합일의 고양된 삶을 살아갈 수 있다.

3장 덕성치유 구조

유가철학의 이상은 인간존재의 고유특성인 도덕본성이 현실로 실현된 대동사회大同社會를 이룩하려는 데 있으며 도덕본성의 실현은 어짊·의로움·예의로움·지혜로움의 사덕을 드러내는 데에 있다. 사덕은 마음현상인 측은·수오·사양·시비 등의 선한 단서(善端)로 드러난다. 측은·수오·사양·시비는 정情이고, 어짊·의로움·예의로움·지혜로움은 성性이며, 성과 정을 통합한 것은 심心이다. 그러나 인간의 마음은 순수 리理인 본연지성이 기氣의 세계에 섞여 있는 기질지성을 실제 내용으로 하고 있다. 그러므로 가치론에서 선악의 문제나 이에 따른 실천의 문제는 곧 기질지성으로부터 발단되어진다고 할 수 있다.

기질지성이 사물에 접하여 표출된 마음의 표상이 정情이다. 그러므로 수양을 통해 호연지기를 연마한 자는 유사시에 본성을 그대로 드러내어 순수도덕정감純粹道德情感을 발휘할 수 있으나 수양이 부족하여 사욕지기로 본성이 가려진 자는 사욕정감私欲情感을 발휘하게 된다. 순수도덕정감을 발휘한 자는 성리性理를 그대로 발휘하는 행위(天人合一, 仁義禮智)를 함으로써 비록 지금 가난하거나 질병이 있어 죽음을 앞두고 있다고 할지라도 스스로 떳떳하여 정신적으로 건강하고 안락安樂한 삶을 살아 낼 수 있다. 하지만 사욕정감을 발휘한 자는 본성에 어긋난 행위(天人分二, 詖淫邪遁)를 함으로써 경제적으로 풍족하거나 신체적으로 건강하다 할지라도 스스로 양심과의 괴리 속에서 부유浮游하거나 괴로운 삶을 살 수밖에 없다.[1] 그러므로 유가철학에서 치유의 목표는 선우로 하여금 먼저 자신의 기질지성에서 비롯된 정감을 자각하게 하여 순수지선한 본연지성을 회복하게 한 후 삶의 현장에서 그 선한 마음의 단서를 구김 없이 펼쳐 낼 수 있도록 하는 데에 있다. 이것이 선우로 하여금 성性을 인식하게 하고 천명에 따라 초연한 삶을 영위할 수 있도록 하는 '참자기'(도덕주체)에로의 회귀이다.

이 장에서는 정감체험의 덕성치유프로그램을 선우에게 실시한 후 선우가 체험한 내용의 자료를 수집하여 분석함으로써 정감체험을 통한 덕성치유의 의미와 구조를 밝혔다. 자료 분석 방법은 선우의 개인적인 속성보다는 전체 선우의 공통적인 속성을 도출해 내어 철학상담치료의 이론 개발에 도움이 될 수 있는 Colaizzi[2]의 방법을 사용하였다. Colaizzi가 제시한 자료 분석 방법은 기술된 내용의 원자료에서 의미 있는 문장이나 문구를 추출하여 이를 기반으로 일반적이며 추상적인 진술을 만들어 의미를 구성하고 주제 모음으로 범주화한 후 체험의 본질적 구조를 기술하는 것이다.

현상학은 오늘날 질적 연구의 토대가 되고 있는 기술적 접근법과 해석학적 접근법에 결정적인 공헌을 해 왔다. 하지만 현상학적 질적 연구 방법이 아직도 튼튼한 철학적 토대 위에 정초되어 있지 않아[3] 현재 이에 대한

1) 최연자 · 최영찬 · 정춘화, 「유가 수양론의 철학치료방법」, 『동서철학연구』 제61호(2011), 402쪽.

2) P. F. Colaizzi, "Psychological Research as the Phenomenologist Views It", in R. Valle and M. King(Eds.), *Existential-Phenomenological Alternative for Psychology*(New York: Oxford University Press, 1978), pp.48~71.

논의가 다소 혼란스러운 상황에 처해 있다. 그럼에도 불구하고 현상학적인 연구 방법은 사회과학 · 행태과학 · 인류학 · 심리학 · 간호학 등에서 꾸준히 연구 발전되고 있으며, Colaizzi · Giorgi[4] · Spiegelberg[5] · Van Kaam[6] · Van Manen[7] 등에 의해 다양한 자료 분석 방법 등이 제시되고 있다.

현상학적 질적 연구의 진정한 실마리는 우리가 스스로 이끌려 간 내적 변화를 통해서 오래전에 감지되었음에도 불구하고 항상 은폐되었던 초월론적인 것의 차원을 실제로 대면하여 이를 직접적으로 경험하는 데에 있다.[8] 후기 후설에 있어서 질적 연구를 위한 현상학의 강점은 구체적인 생활세계의 수준에서 상대주의적 진리관을 포용하면서 보다 객관적인 진리를 지향하고 있다는 점이다. 그러므로 이러한 형태의 초월학문이야말로 엄밀학(a rigorous science)의 전형이 된다. 여기서 엄밀학 즉 진정으로 과학적(truly scientific)이라 함은 바닥에서부터 자명한 각 계단들을 밟아 위로 올라가 궁극적으로 정초하고 정초되는 것을 의미한다.[9] 이런 의미에서 현상학적 초월학문은 생생한 출발점이 될 수 있다.[10] 현상학적으로 가장 유망한 질적 연구 방법

---

3) 이남인, 『후설의 현상학과 현대철학』(풀빛미디어, 2006), 368쪽.
4) A. Giorgi, *Psychology as a Human Science*(New York: Harper & Row, 1970).
5) H. Spiegelberg, *The Phenomenological Movement* Vol. Ⅰ · Ⅱ(The Hague: Martinus Nijhoff, 1976).
6) A. Van Kaam, *Existential Foundations of Psychology*(New York: Doubleday, 1969).
7) Van Manen, *Doing Phenomenological Research and Writing, An Introduction*(Alberta, BC, Canada: University of Alberta Publication Services, 1984).
8) Edmund Husserl, *The Crisis of European Sciences and Transcendental Phenomenology* (Evanston: Northwestern University Press, 1970).
9) 신충식, 「질적연구방법과 현상학」, 『사회과학』 제42권 제1호 통권 제54호(2009), 87~98쪽.
10) Edmund Husserl, *The Crisis of European Sciences and Transcendental Phenomenology* (Evanston: Northwestern University Press, 1970).

들 가운데 하나는 체험 연구 방법이다.[11] 현상학적 체험 연구는 우리가 살아가면서 겪게 되는 다양한 체험의 의미 파악을 목표로 하고 있기 때문이다. 그러므로 이 장에서는 체험적 연구 방법을 통해 정감체험의 덕성치유프로그램에 대한 본질적인 의미를 파악하고 그 구조를 밝혔다.

덕성치유프로그램은 본성을 함양하기 위한 'COSMOS 덕성명상법'과 말과 행동을 성찰하여 마음현상을 진단하고 순수도덕정감에 의한 정직한 행위를 궁리해 나아가는 '성찰궁리법'으로 구성되어 있다. 'COSMOS 덕성명상법'은 자신을 포함한 모든 만물이 생장쇠장하면서 우주생명성인 어짊을 실현하고 있음을 체증하고 우주적인 절대사랑의 마음과 본성을 함양 · 성찰해 갈 수 있도록 구성되어 있다. '성찰궁리법'은 행위 전 성찰궁리법과 행위 후 성찰궁리법으로 구성되어 있다. 행위 전 성찰궁리법은 일상생활에서 말과 행동을 실천하기 전에 정감을 성찰하여 사욕지기로 가리어진 자신의 본성을 자각하고 순수도덕정감을 발휘해 나아가는 실천방법이다. 행위 후 성찰궁리법은 일상생활에서 이미 실천해 버린 말과 행동을 성찰하여 사욕지기로 가리어진 자신의 본성을 자각하고 순수도덕정감에 의한 정직하고 올바른 행위를 체질화시켜 나아가는 방법이다.

덕성치유프로그램은 3주 동안 제공되었으며, 철학상담치료사가 진행한 덕성치유프로그램의 진행 회기는 1주에 2회기, 3주 동안 총 6회기였다. 그리고 1주에 4회기, 3주 동안 총 12회기는 선우들 자체적으로 진행하였다. 선우들은 자체적으로 진행한 내용물을 과제물로 제출하였으며 철학상담치료사는 선우들이 제출한 과제물의 내용을 선우들과 함께 수정 · 보완하는

---

11) 신충식, 「질적연구방법과 현상학」, 『사회과학』 제42권 제1호 통권 제54호(2009), 109쪽.

시간을 가졌다. 진행시간은 'COSMOS 덕성명상법' 30분, '성찰궁리법' 1시간으로 회기별 총 1시간 30분이었다. 자료 수집은 프로그램에 참여한 대학생 22명(남학생 4명, 여학생 18명)의 선우들이 3주 동안 덕성치유프로그램에서 체험한 내용을 자유롭고 진솔하게 기술하여 제출한 내용을 수집한 것이다. 자료 분석 방법은 Colaizzi가 제시한 6단계의 방법을 이용하여 분석하였다. 1단계는 자료에서 느낌을 얻기 위해 선우의 원자료(protocols)를 주의 깊게 읽었다. 2단계는 선우의 원자료(protocol)에서 체험과 직접적으로 관련된 의미 있는 구절(句)이나 문장을 추출하였다. 3단계는 의미 있는 기술에서 좀 더 일반적인 형태로 재진술하였다. 4단계는 의미 있는 기술과 재진술로 부터 구성된 의미(formulated meaning)를 끌어내었다. 5단계는 도출된 의미를 주제(themes), 주제 모음(theme clusters), 범주(categories)로 조직화하였다. 6단계는 최종적인 기술을 하였다.

최종적인 기술의 신뢰도와 타당도를 평가하는 방법으로는 Lincoln & Guba[12]가 제시한 사실적 가치와 적용성 그리고 일관성과 중립성을 평가기준으로 적용하였다. 사실적 가치의 평가는 철학상담치료사의 지각과 체험의 진정성을 평가하는 것인데, 이를 위해서 철학상담치료사는 선우에게 분석결과를 알리고 이 분석결과가 선우의 체험과 일치된 결과인지를 확인받는 절차를 거쳤다. 적용성의 평가는 연구결과가 연구 상황 이외의 맥락에서도 적용될 수 있는 정도를 말하는 것인데, 이를 위해 철학상담치료사는 유가철학 전공교수와 함께 결과의 실제적이고 이론적인 적용 가능성을 탐색하였다. 또한 적용 가능성의 정도를 더욱 확실하게 점검하기 위해 새로운

---

12) Y. S. Lincoln & E. G. Guba, *Naturalistic Inquiry*(Newbury Park CA: Sage, 1985).

대학생 25명의 선수에게 위와 동일한 방법으로 덕성치유프로그램을 다시 실시하여 자료를 수집·분석한 결과 체험의 의미와 구조가 서로 일치함을 확인하였다. 일관성은 자료의 수집과 분석을 통한 결과가 일관성이 있는지를 평가하는 것인데, 이를 위해 질적 연구 교수 1인을 참여시켜 일관성을 유지하고자 하였다. 마지막으로 중립성은 모든 선입견과 편견으로부터 벗어나 과정과 결과에 임하는 것인데, 이를 위해 진행과정 내내 객관성을 유지하기 위한 반성적 고찰을 지속하였다. 또한 질적 연구자(1인 교수) 및 유가철학 전공자(1인 교수)와도 지속적인 토론을 거쳐 객관성을 유지하고자 하였다. 덕성치유프로그램에 대한 선수들의 체험 자료를 분석해 본 결과 정감체험의 원자료(protocol)로부터 141개의 의미 있는 진술이 도출되었으며, 이로부터 다시 37개의 구성된 의미(formulated meaning)가 도출되었다.(【표 1】)

【표 1】 구성된 의미

의미 있는 진술로부터 구성된 의미(formulated meaning)
1. 생소하여 어색하고 어렵고 막막하며 당황스럽다.
2. 어짊·의로움·예의로움·지혜로움의 본성에 대해 잘 몰라 혼란스럽다.
3. 이런 것으로 스트레스가 풀릴지 의문이다.
4. 왜 이런 것을 해야 하는지 모르겠다.
5. 매일매일 과제를 한다는 것이 스트레스이다.
6. 스트레스 상황을 떠올리는 그 자체가 또다시 옛날의 스트레스를 떠오르게 하여 스트레스이다.
7. 정감체험훈련의 틀이 마음속에 자리 잡힌다.
8. 시간이 지날수록 정감체험훈련이 수월해졌다.
9. 점차 마음이 편안해지고 즐기게 되었다.
10. 정감체험훈련을 왜 해야 하는지의 필요성과 중요성을 조금씩 알아갔다.
11. 정감체험훈련이 나의 스트레스를 해결하는 데 도움이 되겠다는 생각이 들었다.
12. 하기 싫다고 생각했던 모습이 부끄럽고 미안하다.

13. 자신을 되돌아보면서 올바르거나 올바르지 않았던 말과 행동을 살피게 되었다.
14. 자신을 돌아볼 수 있는 기회가 되었다.
15. 깊은 내면을 들여다보면서 올바른 삶을 살아갈 수 있는 시간이었다.
16. 행동을 하기 전 어짊 · 의로움 · 예의로움 · 지혜로움 등의 본성에 대해 생각하게 되었다.
17. 본성에 맞는 행동을 해야 한다는 것을 알았다.
18. 사욕지기로 살고 있는 자신의 모습을 깨달았다.
19. 어떻게 행동하는 것이 도덕의지에 맞는 옳은 행동인가에 대해 생각하게 되었다.
20. 이기적인 마음과 잘못된 행동들을 고쳐 나가고 있는 자신의 모습이 보이기 시작하였다.
21. 사욕지기로 인해 화를 내고 있음을 발견하고 도덕의지로 바라보니 좋은 방향으로 발전된 자신의 모습이 보였다.
22. 예전의 자신의 모습이 아니라 남을 먼저 생각하는 호연지기의 모습이 보이기 시작하였다.
23. 일상생활에서 어긋난 행동을 하게 될 상황에서도 정감체험훈련이 떠올라 올바른 행동을 하는 경우가 많아졌다.
24. 마음을 다스릴 수 있는 능력이 늘었다.
25. 일상생활에서 스트레스를 관리할 수 있는 능력이 생겨 스트레스 정도와 강도가 감소되었다.
26. 마음이 더욱더 너그러워지고 자신이 커다랗게 보여 호연지기를 느낀다.
27. 어짊 · 의로움 · 예의로움 · 지혜로움 등을 실천하며 살아갈 수 있는 자신이 자랑스럽고 당당하고 대단하며 뿌듯하다.
28. 깨닫게 되는 기회가 된 것 같아 뿌듯하고 기쁘다.
29. 스트레스를 받을 일도 줄어들었고 잘못된 행동을 하는 일도 줄어들어 후회하는 일이 없어졌다.
30. 일상생활의 스트레스를 관리해 나가는 성숙된 자신의 모습을 발견하였다.
31. 오늘 있었던 일을 되돌아보며 지혜롭게 해결하는 자신의 모습을 바라보면서 성숙되어 가는 자신의 모습을 발견하였다.
32. 인격이 수양되어 가는 모습이 신기하고 즐겁다.
33. 앞으로 힘든 일이 생길 때 마다 정감체험훈련을 통해 스트레스를 관리해 나아갈 수 있을 것 같다.
34. 앞으로도 꾸준히 정감체험훈련을 실천해 나가면서 자신을 통찰해 나가겠다.
35. 이제부터 호연지기로써 본성을 실천할 수 있는 사람이 될 수 있을 것 같다.

36. 왜 인생을 살아가야 하며 어떻게 살아가야 하는지를 알게 되었다.
37. 인생의 turning point로서 다시 태어날 수 있는 계기가 되었다.

37개로 구성된 의미는 다시 17개의 주제(themes)로 도출되었다. 17개의 주제는 다시 8개의 주제 모음(theme clusters)으로 설정되었고, 8개의 주제 모음은 최종적으로 6개의 범주(categories)로 구성되어 정감체험의 덕성치유 구조로 확정되었다.(【표 2】)

【표 2】 정감체험의 덕성치유 구조

체험의 의미와 구조		
주제 (themes)	주제 모음 (theme clusters)	범주 (categories)
1. 생소하고 어렵고 막막함 2. 무의미함과 문제해결 가능성에 대한 의구심	1. 생소함과 의구심	1. 학습 시작
3. 일일 과제에 대한 부담감 4. 과거 스트레스 회상으로 인한 이중 스트레스	2. 부담감	
5. 방법을 터득하여 수월해지고 마음 편안해짐 6. 필요성과 중요성 인식	3. 방법과 필요성 인식	
7. 자신의 삶을 뒤돌아보며 본성에 어긋난 말과 행동을 반성 8. 자신의 내면을 깊이 들여다봄	4. 도덕적 반성	2. 도덕적 성찰
9. 본성에 대한 자각 10. 옳은 행동에 대한 사색	5. 본성과 올바른 행위 자각	3. 깨달음
11. 이기적인 생각과 행동이 타인에 대한 배려로 바뀜 12. 일상생활에서 이기적인 마음을 다스려 바른 행동으로 스트레스 조절	6. 마음 다스림과 바른 행동	4. 수기치인
13. 마음의 크기가 커져 호연지기를 느낌 14. 자랑스럽고 당당하고 뿌듯한 기쁨을 느낌	7. 기쁨과 즐거움	5. 자유

15. 성숙되어 감에 대한 신기함과 즐거움을 느낌	7. 기쁨과 즐거움	5. 자유
16. 앞으로도 계속 본성을 자각하여 호연지기로 올바른 행위를 실천하고자 함	8. 가치 있는 존재로 거듭남	6. 초월
17. 존재의 가치를 깨달아 다시 태어남		

선우는 3주 동안 정감체험의 덕성치유프로그램을 훈련 받으면서 8개의 주제 모음 즉 '생소함과 의구심', '부담감', '방법과 필요성 인식', '도덕적 반성', '본성과 올바른 행위 자각', '마음 다스림과 바른 행동', '기쁨과 즐거움', '가치 있는 존재로 거듭남' 등을 체험하였다. 그리고 선우는 6개의 범주 즉 '학습 시작', '도덕적 성찰', '깨달음', '수기치인', '자유', '초월'의 과정을 거치며 치유되어 가고 있는 것으로 확인되었다.

1. 학습 시작

덕성치유프로그램을 시작하는 학습 시작의 단계에서는 선우들이 생소함과 의구심 그리고 과제에 대한 부담감과 과거 스트레스 회상으로 인한 이중 스트레스 등을 경험하게 된다. 하지만 실천방법을 익히고 학습의 필요성과 중요성을 인식하게 되면서 보다 수월하고 편안하게 학습해 나아가기 시작한다. 철학상담치료사가 교사로서의 역할을 담당해야 할 것인지 아닌지에 대한 논란은 남아 있으나 철학상담치료 과정 동안 선우로 하여금 직간접적으로 철학적 사려의 방법을 학습하게 한다는 점은 부인할 수 없다. 칼 파이퍼(Karl Pfeifer)는 대상자에게 철학의 방법을 사용하게 한 결과 치료 작용이 일어났다면 철학상담치료사는 대상자에게 교수법적인 역할을 수행해야만 한다고 주장한다.[13] 또한 보하나 피어리(Vaughana Feary)도 재소자들을 사회에 복귀시키기 위하여 합리적이고 도덕적으로 선택하고 책임질 수 있는 철학적 사려의 기술을 가르쳤다.[14] 그리고 라베(Peter Raabe)도 자유롭게 떠다니기와 직접적 문제해결 그리고 의도적 행위로서의 가르침과 초월이라는 네 단계의 방법을 제시함으로써[15] 의도적 행위로서의 가르침에 대한 필요성을 제시하고 있다.

유가철학은 가치 있는 삶을 살기 위하여 우주자연의 보편원리(天命)를 깨닫고 실천하는 데에 그 목적을 두고 있다. 그러므로 유가철학상담치료사는 선우로 하여금 가치 있는 삶을 살아갈 수 있는 방법과 앞으로 어떻게 살아가야 할 것인지에 대한 예비적 혹은 대비적 방법을 의도적으로 안내해야 한다. 또한 선우로 하여금 개개인의 사사로운 삶의 형식에서부터 벗어나 우주적 삶으로 초월되어 갈 수 있도록 의도적으로 안내해야 한다. 이를 위해 유가철학에서는 덕철학 치유의 실천방법으로 개발된 정감체험의 덕성치유프로그램을 적용하여 안내할 수 있다.

학습 시작의 단계는 선우들이 덕성치유프로그램에 대한 '생소함과 의구심' 그리고 '부담감'과 '방법과 필요성 인식' 등을 체험하는 주제 모음으로 구성되었다. '생소함과 의구심'의 주제 모음은 '생소하고 어렵고 막막함'과

13) Karl Pfeifer, "Philosophy Outside the Academy: The role of Philosophy in People-Oriented Professions and the Prospects for Philosophical Counseling", *Inquiry, Critical Thinking Across the Disciplines* Vol. 14, No. 2(1994, Autumn), p.66.

14) Feary, Vaughana Macy. A Right to (Re)Habilitation, Including Philosophical Counseling, for Incarcerated Populations. In van der Vlist, pp.259~278.

15) Peter Raabe, *Philosophical Counseling: Theory and Practice,* pp.119~202.

'무의미함과 문제해결 가능성에 대한 의구심'의 주제로 구성되었다. '부담감'의 주제 모음은 '일일 과제에 대한 부담감'과 '과거 스트레스 회상으로 인한 이중 스트레스'의 주제로 구성되었다. '방법과 필요성 인식'의 주제 모음은 '방법을 터득하여 수월해지고 마음 편안해짐'과 '필요성과 중요성 인식'의 주제로 구성되었다.

학습 시작의 단계에서 선우들은 정감체험에 대한 용어를 처음 접했으므로 덕성치유의 실천방법에 대해 전혀 모르고 있었다. 그러므로 선우들이 덕성치유프로그램에 대해 생소해하고 당황스러워하며 막막해하는 경험을 한 것은 당연한 결과라고 할 수 있다. 선우들은 처음 접한 새로운 용어에 대해 어색해했으며 무엇을 의미하는 것인지 혼란스러워하였다. 또한 선우들은 평소 익숙하지 않는 용어들을 사용하여 일상생활의 스트레스를 풀어나간다는 것에 대해 의아해하면서 어려워하였다. 특히 선우들은 자신의 행위가 4가지 선단인 측은지심 · 수오지심 · 사양지심 · 시비지심 중 어느 선단에 어긋난 것인지를 판단하는 데 어려움을 겪었다. 모든 용어나 의미 혹은 개념 등을 충분히 이해하지 못한 상태에서 과제를 수행해 나아가야 한다는 것은 더더욱 어려움과 막막함을 경험할 수 있게 하는 계기가 되었다. 선우들의 체험사례는 다음과 같다.[16)]

처음 하는 훈련이라 다소 생소하고 어색했다.(사례 3) 4가지 본성에 대한 이해도 부족하고 다른 것도 잘 알지도 못한 상태에서 정감체험훈련을 하는 것은 스트레스 상황을 해결하려 하지만 오히려 스트레스를 만드는 작업이

16) 체험사례는 선우 22명에게서 수집된 의미 있는 원자료들이다. 사례 번호는 22명의 선우에게 임의로 순번을 부여한 것이다.

었습니다.(사례 6) 4가지 본성에 대해 잘 모르겠고 혼란스러웠습니다. 뭔지 도 모르겠고 많이 당황스러웠습니다.(사례 8) 이게 대체 무슨 소리인가 감이 잡히지 않았다.(사례 10) 평소 익숙하지 않던 단어들이 너무 많아 뭐가 뭔지 모르겠고 이해도 잘 안 가고 스트레스를 받기만 했었습니다. 특히 4가지 본성을 내 스트레스에 맞추려니 말이 어려워서 계속 생각하느라 한두 시간 지나는 것은 일도 아니었습니다.(사례 11) 정감체험훈련을 처음 접했을 때는 무슨 말인지도 모르겠고 듣고 있으면서도 듣지 않은 것 같은 반응이 나왔었습니다. 너무 어려웠었고 스트레스 과정을 어떻게 풀어 나가야 할지 막막했었습니다. 두려움 · 부동심 · 호연지기를 느끼는 과정도 나에게는 와 닿지 못했었습니다.(사례 14) 직접 내 실생활에 적용해 보는 것은 처음이어서 막막했었다. 특히 내가 스트레스를 받고 있는 상황에서 측은지심 · 수오지심 · 사양지심 · 시비지심 중 어느 본성에 어긋난 것인지 판단하기도 애매해서 그걸 고민하는 것이 힘들었었다. 생소한 틀에 당황하기도 했다.(사례 15) 4가지 본성과 인의예지 같은 것은 생소한 단어들이었다.(사례 18) 생소한 단어에 또 어려운 과제구나라는 막연한 생각에 짜증도 나고 하기도 싫었다.(사례 19)

또한 선수들은 왜 덕성치유프로그램을 훈련 받아야 하는지에 대한 의문과 자신의 문제를 스스로도 해결하지 못하는데 덕성치유프로그램으로 어떻게 풀어갈 수 있을 것인지에 대한 회의를 가졌다. 그리고 선수들은 덕성치유프로그램으로 어떻게 자신을 변화시킬 수 있는 것인지의 의구심 등을 지니고 있었다. 선수들의 체험사례는 다음과 같다.

처음엔 정감체험훈련이라는 말에 생소하기만 하고 뭐 이런 것을 하나 싶었다.(사례 7) 과연 이런 걸로 나의 스트레스가 풀릴지 의문이었습니다.(사례 13) 내가 해결 못할 스트레스 상황을 생각으로 명상하며 어떻게 해결해 나간다는 것인지 그것은 가능하다고 상상해 보지 못한 일이었습니다.(사례 14) 처음 정감체험훈련을 접했을 때는 '이런 걸 왜 해야 하지?'라는 생각을 갖고 있었습니다. '이런 걸 해서 과연 나에게 어떤 변화가 생길까?'라는 의구심이 들었습니다.(사례 16) '이것을 왜 해야 하지?'라는 생각이 들기도 했고 '이런 것까지 해야 하나'라는 생각이 들었다.(사례 18)

철학상담치료사는 선우로 하여금 자신의 생각과 행동을 변화시켜 자신의 삶을 철학적 삶의 방향으로 이끌어 갈 수 있도록 도와야 한다. 그러기 위해 철학상담치료사는 선우로 하여금 끊임없이 자신의 한계를 극복해 갈 수 있도록 도와야 한다. 『논어論語』에 "선비는 도량이 넓고 뜻이 굳세지 않으면 안 된다. 짐이 무겁고 길이 멀기 때문이다. 어짊으로써 자기의 짐으로 삼으니 무겁지 아니한가? 죽은 뒤에야 끝나는 것이니 또한 멀지 아니한가?"[17] 라고 한 말 등은 어짊을 실천함에 있어 끝없이 굳센 마음을 갖고 노력해야 함을 설명한 것이다. 또한 『맹자孟子』에 "산골짜기 오솔길도 사람이 다니면 길이 나고 잠시라도 다니지 않으면 도로 묵어 버린다. 지금 너의 마음은 띠풀로 막혀 있느니라"[18]라고 한 말도 얼마 동안이라도 중단하면 마음은 다시 띠풀로 꽉 덮인 모양처럼 사악한 생각으로 뒤덮여지게 되기 때문에 학문을 닦는 데는 중단이 있어서는 안 됨을 말한 것이다. 그러므로 철학상담치료사는 선우로 하여금 일상생활에서 철학적 삶을 중단 없이 실천해 갈 수 있도록 도와야 한다. 그러기 위해 철학상담치료사는 선우로 하여금 일상

17) 『論語』, 「泰伯篇」, "曾子曰士不可以不弘毅. 任重而道遠. 仁以爲己任, 不亦重乎. 死而後已, 不亦遠乎."

18) 『孟子』, 「盡心章句下」, "孟子, 謂高子曰山徑之蹊間, 介然用之而成路, 爲間不用則茅塞之矣. 今茅塞子之心矣."

생활에서 철학적 삶을 연습해 나아갈 수 있는 과제를 반드시 제시해야 한다. 그러나 선우들은 과제를 수행하면서 매일매일 과제를 해야 한다는 것에 대한 부담감과 스트레스를 경험하고 있었음을 확인할 수 있었다. 선우들의 체험사례는 다음과 같다.

> 하루하루 정감훈련을 하는 것이 스트레스라고 생각했다.(사례 7) 매일 정감체험훈련을 하는 것이 너무 힘들다고 생각하였다.(사례 8) 가장 힘들었던 것은 daily로 하루하루 무엇을 해야 한다는 압박이었습니다. 매일매일 리포트를 쓰는 일은 정말 스트레스가 아닐 수 없었습니다.(사례 11) 주말까지 쉬지 않고 매일 해야 한다는 사실도 정말 싫었다.(사례 16) 매일매일 해야 한다는 것 그 자체가 부담감과 스트레스로 다가오기도 했다.(사례 18)

철학상담치료사는 성찰궁리법을 진행하면서 선우들로 하여금 지난날 마음이 상했던 일 또는 스트레스 상황 등을 떠올리게 하여 그때 선우가 행했던 말과 행동 등의 장면을 그대로 떠올릴 수 있도록 하였다. 이것은 선우들로 하여금 그 상황에서 행동했던 자신의 말과 행동을 성찰하게 하여 마음현상을 진단하게 하는 과정에 필요한 작업이다. 선우가 지금까지 상대방의 탓으로만 돌렸던 스트레스의 원인이 사실은 자신의 이기적인 생각 때문이었다는 것을 발견하고 사욕지기로 가리어진 본성의 순수도덕정감을 자각한다는 것은 바로 도덕적 전환의 계기를 마련하게 되는 중요한 순간이다. 그러므로 철학상담치료사가 선우에게 스트레스 상황을 떠올리게 하여 자신의 행위를 성찰해 보게 하는 과정은 정감체험을 통한 덕성치유의 과정에 반드시 필요한 작업이다. 과거의 정서적 경험을 해결하기 위하여서는 과거의 정서를 다시 마주하면서 그 정서를 해결하고 넘어갈 때 더 이상 과거의 그 정서에 얽매이지 않고 자유로워질 수 있다. 사건과 관련되어 남아 있는 정서적 경험은 논리로 풀어질 수 없는 언어 이전의 것이기 때문이다. 그러므로 철학상담치료사는 선우로 하여금 과거의 아픔을 회상하게 하여 그 정서를 다시 경험하게 하면서 그 정서의 내면에 순수도덕정감으로 자리 잡고 있는 본래적인 '참자기'의 모습을 자각할 수 있도록 도와야 한다. 이러한 과정에서 선우들은 예전의 스트레스 상황을 회상함으로써 예전과 똑같은 스트레스를 다시 받아야 하는 이중 스트레스를 경험하고 있음을 알 수 있었다. 선우들의 체험사례는 다음과 같다.

> 나의 스트레스 상황을 왜 생각하고 그 스트레스를 끌어내서 왜 또 스트레스를 받아야 하는지 알 수가 없었다. 스트레스 상황은 다시 생각하면 그때에 스트레스를 또 받기 때문에 스트레스 상황을 생각해도 스트레스를 받고 스트레스 상황이 안 떠올라도 스트레스를 받았다.(사례 4) 스트레스 상황을 쓰는데 나중엔 스트레스 상황이 없는 게 스트레스가 되었다.(사례 8) 스트레스 상황을 떠올리는 것이 때때로 힘들고 오히려 더 스트레스가 되기도 했다.(사례 10) 예전에 스트레스를 받았던 것들까지 생각해 내야 해서 기억이 안 나는 그 상황 때문에 스트레스를 받는다고 느낀 적도 있었던 것 같다.(사례 15) 한 번 과제를 할 때마다 측은·수오·사양·시비 그리고 스트레스까지 많은 상황을 생각해야 한다는 것 또한 싫고 힘들었습니다.(사례 16)

대부분의 선우들은 덕성치유프로그램이 진행된 지 1주 후반에서 2주 초쯤 되었을 때 프로그램의 방법을 터득하여 수월하게 과제를 수행하게 되었다. 특히 선우들은 마음현상을 진단할 수 있는 능력을 갖게 되면서 일상생활에 덕성치유프로그램을 더 수월하게 적용하게 되었고 스트레스 상황이나 당면의 문제들도 더 잘 해결해 나아가고 있는 것을 볼 수 있었다. 선우들의 체험사례는 다음과 같다.

> 하루 이틀이 지나고 일주일쯤이 되었을 때 일상생활에서도 명상을 할 수 있었다.(사례 3) 어느덧 정감체험훈련의 틀이 제 마음속에 자리 잡게 되었습니다. 진단을 내릴 수 있도록 자세히 설명해 준 것이 제일 제 머릿속에 확실하게 정감체험훈련을 자리 잡게 한 것 같습니다. 스스로 마음을 잡고 스트레스 상황을 해결하기가 수월해졌습니다.(사례 11) 어렵고 머리 아프게만 느껴졌던 정감체험훈련이 시간이 지날수록 수월해져 가는 것도 느꼈다.(사례 18) 계속하다 보니 과제에 집중하게 되고 점점 리포트를 쓰는 시간도 줄고…….(사례 20)

대부분의 선우들은 자신의 말과 행동을 성찰하여 마음현상을 분명히 진단하기 시작하면서부터 정감체험훈련이 일상생활에서 스트레스를 해결해 나아가거나 인간관계를 개선하는 데 도움이 되고 있다는 사실을 확인하게 되었다. 차츰 선우들은 덕성치유프로그램의 필요성과 중요성을 인식하게 되면서 그동안 하기 싫다고 생각한 것에 대해 스스로 미안해하기도 하고 부끄러워하기도 하였다. 선우들의 체험사례는 다음과 같다.

> 시작할 때 여러 가지 일로 교수님에게 실망스러운 모습을 보이고 하기 싫다고 생각했던 내 자신을 돌이켜 보니 너무 부끄러웠다.(사례 3) 나는 정감체험훈련을 왜 해야 하는지 조금씩 알아 갔다. 말로는 '힘들다', '하기 싫다' 했지만 내 마음속에선 이미 정감체험훈련의 중요성과 호연지기를 조금씩 깨닫고 있었다.(사례 4) 사실 처음엔 별로 많이 기대하지 않았었는데 일단 해 보고 나니까 스트레스를 많이 받는 우리 과 학생들에게도 많이 도움이

되겠다는 생각이 들었다. 1, 2주차에 왜 이런 걸 하나 생각했던 것이 스스로 미안해질 정도로 나에게 도움이 되었고 앞으로도 쭉 도움이 될 것 같다.(사례 15)

2. 도덕적 성찰

도덕적 성찰의 단계는 선우들이 자신의 삶을 뒤돌아보며 본성에 어긋난 말과 행동을 반성하고 자신의 내면을 깊이 들여다보는 단계이다. 이 단계는 선우가 적극적으로 자신의 말과 행동을 도덕적으로 성찰하여 마음현상을 보다 확실히 진단할 수 있게 되면서 사욕지기로 가려진 본성을 자각해 나아가기 시작하는 단계이다. 이 단계에서 선우들은 활발하게 자신을 뒤돌아보면서 사욕지기에 의해 가리어진 순수도덕정감을 자각하게 되었고 선우들끼리 서로의 말과 행동을 관찰하여 마음현상을 진단해 주면서 자연스럽게 일상생활에 적용해 나아가고 있었다. 『논어』에 "나는 날마다 세 가지로 내 몸을 살핀다. 남을 위하여 일을 꾀하면서 충실하지 아니하였는가? 벗과 사귀면서 신실되지 아니하였는가? 전수받은 것을 익히지 아니하였는가?"라는 말이 있다.[19] 이것은 날마다 꾸밈없이 충실된 마음(忠) 곧 본성(性)으로 남을 위하여 일을 꾀하고 벗을 사귀며 학문으로 나아가고 있는가에 대한 세 가지 반성을 의미한다. 진실된 마음으로 부모에게 대하면 친함(親), 임금에게 대하면 의로움(義), 배우자에게 대하면 분별(別), 윗사람에게 대하면 차서(序), 친구에게 대하면 신의(信)가 된다.[20] 또한 계문자季文子가 세 번 생각한 뒤에

---

19) 『論語』, 「學而」, "曾子曰, 吾日三省吾身. 爲人謀而不忠乎, 與朋友交而不信乎, 傳不習乎."

행한다는 것을 듣고 공자께서 말씀하시길 두 번이면 될 것[21]이라고 한 것은 순수하게 되려는 노력을 해야지 생각을 많이 해서 만사를 잘 처리하려고 하면 도리어 방해가 되는 수가 있다는 것을 말한 것이다. 생각을 많이 하게 되면 이해득실을 잘 따지는 타산적인 사람이 되기 쉽기 때문이다. 그러므로 행동하기에 앞서 자기의 행동이 진실된 것인지 거짓된 것인지를 따져보고 상대방의 입장이 되어서 그것이 어떻게 전해질 것인지를 생각해 보면 된다는 것을 의미한 것이다. 이것은 무슨 일을 꾀하기 전에 본래의 마음을 성찰해야 하는 것임을 설명한 것이다.

도덕적 성찰의 단계는 선우들이 덕성치유프로그램을 통해 '도덕적 반성'을 체험하는 주제 모음으로 구성되었다. '도덕적 반성'의 주제 모음은 '자신의 삶을 뒤돌아보며 본성에 어긋난 말과 행동을 반성'하는 것과 '자신의 내면을 깊이 들여다봄'의 주제로 구성되었다.

도덕적 성찰의 단계에서 선우들은 자신이 이미 행했던 말과 행동을 성찰하여 사욕지기에 의해 가려진 순수도덕정감을 자각하고 스스로 부끄러워하기도 하고 개탄하기도 하면서 진실된 본래의 '참자기'를 찾아가고 있었다. 선우들은 스트레스 상황이나 여러 가지 상황 등을 뒤돌아보면서 잘못된 자신의 말과 행동을 성찰하여 사욕의지로 인한 자신의 모습을 발견하게 되었고 그러한 자신에 대하여 한심스러워하기도 하였다. 선우들은 자신을 뒤돌아보는 시간을 스스로 가지면서 잘했던 일들은 더욱 발전시켜 나아가고 못했던 일들은 반성해 나아가고 있었다. 또한 선우들은 순간순간 스스로 본성을 자각하여 순수도덕정감에 의한 정직한 행동을 실천해 나아가면서

20) 李基東 譯解, 『論語講說』(성균관대학교 출판부, 1999), 51쪽.

21) 『論語』, 「公冶長」, "季文子, 三思而後行, 子聞之, 曰, 再斯可矣."

가치 있는 삶의 방법을 체험해 가고 있었다. 선우들은 자신의 삶을 뒤돌아보며 본성에 어긋난 말과 행동을 반성하고 자신의 내면을 깊이 들여다보면서 자기성찰을 충실히 해 나아가고 있었다. 선우들의 체험사례는 다음과 같다.

> 지금까지 내가 행해 온 잘못된 말과 행동들을 살펴볼 수 있는 시간들이었다. 스트레스 상황이나 여러 가지 일들을 돌이켜 보고 바른 행동이었는지 생각해 볼 수 있는 시간이 스스로 생기게 되었다.(사례 3) 내 자신을 돌아보면서 정말 뿌듯하고 자랑스러울 때도 있었었고 그와 다르게 정말 부끄럽고 한심스러웠던 때도 많았습니다. 하나하나 내 자신을 돌아보며 잘했던 일들은 더욱 발전시켜 나아갈 수 있는 계기가 되고 못했던 일들은 반성하고 다음에는 올바른 행동을 실천할 수 있도록 해 주었습니다. 하루하루 명상을 통한 정감체험훈련을 하면서 내 자신을 돌아볼 수 있는 계기가 되어 좋았습니다.(사례 16) 평소엔 그냥 지나갔던 그런 일들 하나하나가 스트레스였다는 것을 깨달았다. 부끄러웠던 일, 잘못된 행동, 양심에 어긋나는 행동, 심지어 누군가를 지나치게 불쌍히 여기는 마음까지도 스트레스였다는 것을 알게 되었다. 이 모든 것을 알게 되니 평소에도 문득문득 사욕의지라는 것을 깨닫고 옳게 행동할 것 같다.(사례 20)

선우들은 보다 차분하고 조용히 자신의 내면을 들여다보면서 자신의 본성이 가리어져 나타난 행동을 깊이 있게 탐색해 들어가기 시작하였다. 선우들의 체험사례는 다음과 같다.

> 나를 깊은 마음으로 들여다볼 수 있는 시간과 올바른 삶을 살아갈 수 있는 방법들을 알 수 있는 시간들이었다. 점차 하면 할수록 마음이 편안해지고

깊은 내면을 들여다볼 수 있게 되었다.(사례 7) 정감체험훈련을 하면서 내 맘을 다시 뒤돌아보는 경험이 된 것 같다.(사례 8)

3. 깨달음

깨달음의 단계는 선우들이 사욕에 가리어진 본성을 깨달아 순수도덕정감에 의한 정직한 행위를 사색해 나아가는 단계이다. 이 단계에서 선우들은 일상생활에서도 본성을 자각하고 순수도덕정감에 의한 정직한 행위를 궁리해 가기 시작하였다. 선우들은 일상생활에서 진심으로 상대방에게 다가가 본성에 의한 정직한 순수도덕정감의 행위를 함으로써 자신의 문제를 직접 해결해 보고 스스로 놀라기도 하였다. 철학상담치료사는 깨달음의 단계에서 적극적으로 상담에 개입해야 한다. 이 단계에서 선우들이 본성에 의한 정직한 순수도덕정감의 자각행위를 한다고 하면서 자칫 지금까지 살아왔던 잘못된 습관의 방식대로 말과 행동을 모색할 수 있기 때문이다. 만일 선우가 순수도덕정감의 행위를 지금까지 잘못 살아왔던 말과 행동의 형식으로 모색한 후 그것을 체질화시킨다면 오히려 병을 더 깊어지게 할 수도 있다. 예를 들어 선우가 '호연지기로 측은지심이 드러난 따뜻한 어짊의 행위'를 실천한다면서 무조건 이해하고 용서하고 수용하고 복종하고 희생하는 형태의 행위를 모색한다면 문제는 해결될 수도 없을 뿐만 아니라 자신과 주변을 동시에 해칠 수도 있다.

어짊은 전체적 상황에 따라 조화를 이루는 것이지 어느 한쪽으로 치우치는 것이 아니다. 보편적인 삶의 가치가 어짊이고 그 어짊을 이루는 구체적 실천방법이 의로움이다. 『논어』에 "군자는 세상의 여러 가지 상황에 처하면서 어느 한 가지만을 옳다고 고집하지도 않고 또 어느 것은 안 된다고 부정하지도 않는다. 오직 의로움만을 좇을 따름이다"라고 하였다.[22] 이것은 상황에 따라 보편적 삶의 가치에 따르는 의로움을 행하는 것이 곧 어짊임을 설명한 것이다. 그러므로 철학상담치료사는 선우가 자각행위라고 궁리해 낸 행위를 선우로 하여금 다시 평가하게 하여 치우친 행위는 아닌지 혹은 회피 행위는 아닌지를 점검할 수 있는 적극적 상담의 기회를 가져야 한다.

본성을 자각한다는 것은 잃어버린 마음을 다시 찾는다는 것을 의미한다. 맹자는 "어짊은 사람의 마음이요 의로움은 사람의 길이다. 그 길을 버리고 따라가지 않고 마음을 놓아버려 찾을 줄 모르니 슬프다. 사람들은 닭이나 개를 잃어버리면 찾을 줄 알면서도 마음을 잃어버리고는 찾을 줄 모른다. 학문하는 길은 다른 것이 아니다. 그 잃어버린 마음을 찾는 것일 뿐이다"라고 하였다.[23] 곧 사람의 본심인 어짊과 의로움을 잃어버리지 않도록 꼭 간직하는 것이 학문하는 것이다. 그러므로 철학상담치료사는 선우로 하여금 잃어버린 마음을 자각해 갈 수 있도록 도와야 한다.

깨달음의 단계는 선우들이 덕성치유프로그램을 통해 '본성과 올바른 행위 자각'을 체험하는 주제 모음으로 구성되었다. '본성과 올바른 행위 자각'의 주제 모음은 '본성에 대한 자각'과 '옳은 행동에 대한 사색'의 주제로 구성되었다.

---

22) 『論語』, 「里仁」, "子曰君子之於天下也, 無適也, 無莫也. 義之與比."
23) 『孟子』, 「告子章句上」, "孟子曰, 仁人心也, 義人路也. 舍其路而不由, 放其心而不知求, 哀哉. 人有鷄犬, 放則知求之, 有放心而不知求. 學問之道, 無他. 求其放心而已矣."

깨달음의 단계에서 선우들은 덕성치유프로그램을 통하여 스트레스 상황이 자신의 사욕지기에 의해 본성이 가리어짐으로써 나타난 결과임을 자연스럽게 깨달아 가면서 본성을 찾아가게 되었다. 또한 선우들은 본성을 자연스럽게 드러낸 순수도덕정감으로 인간관계를 가져야 한다는 것도 알게 되었다. 아울러 선우들은 행동 후의 자신을 스스로 뒤돌아보는 것뿐만 아니라 행동하기 전에도 자신의 본성에 대하여 자각해 가기 시작하였다. 선우들의 체험사례는 다음과 같다.

> 그냥 말뿐이 아니라 정말 진심으로 마음속에서 나오는 본성을 찾아가 그에게 다가가 그 마음이 전해질 수 있어야 한다는 것을 알았다.(사례 4) 매일매일 명상을 하며 스트레스를 바로 알고 나를 바로 알기 때문에 내 자신을 더욱 잘 알게 되었습니다. 측은·수오·사양·시비지심을 알게 되어 더욱더 깊은 도덕의지를 알게 되었다.(사례 7) 내가 받은 스트레스 상황을 그대로 생각해 보고 나의 어떤 사욕지기에 의해 행동이나 말을 했는지 자연스레 느끼게 되었습니다.(사례 11) 정감체험훈련을 시작한 뒤로는 일상생활이나 실습을 하면서도 어떠한 상황이나 행동을 실행하기 전에 4가지 본성에 대해 생각해 보게 되었다.(사례 18)

선우들은 자신의 사욕의지로서가 아니라 도덕의지로서 본성에 의한 행동이 어떠한 것인지를 궁리해 나아가기 시작하였다. 선우들은 행동을 하기 전에 자신의 행동이 본성에 의한 바른 행동인가를 다시 한 번 더 생각해 보는 기회를 가지게 되었다. 또한 선우들은 순간순간 자신도 모르게 반사적으로 본성에 의한 옳은 행동이 어떤 것인지를 궁리하게 되는 자신의 모습을 발견하면서 스스로 놀라기도 하였다. 선우들은 행동 하나하나마다 '참자기'

의 어짊 · 의로움 · 예의로움 · 지혜로움의 행위에 대해 생각해 보기도 하였다. 선우들은 자신의 행위에 대해서 마음현상을 진단하면서 잘못된 행동을 수정해 나아가기 위한 목표를 세웠다. 선우들의 체험사례는 다음과 같다.

> 자신의 사사로운 판단에 의해 세워진 것이 아닌 누구나 가지고 있는 성품에 의한 도덕의지로 행동하는 것이 나 자신을 위해서도 좋은 일이고 타인과 그 주변 자연을 위해서까지도 아름답게 만들 수 있다는 것을 알았다.(사례 1) 정말 진정으로 스트레스 상황에서의 나의 옳은 말과 행동이 어떤 것인지를 알았다.(사례 4) 내가 사욕의지에 의해 행동을 하든 도덕의지에 의해 행동을 하든 '나의 행동이 정말 옳은 것인가?' 하는 생각을 하게 되었습니다. 모든 과정을 똑같이 하진 않았지만 적어도 내가 행동하고 생각하는 것이 정말 옳은 일인가를 생각하게 되었습니다.(사례 6) 그야말로 나도 모르게 반사적으로 그 상황에서 어떤 행동이 옳은 일인가를 생각해 보고 스스로도 놀란 적이 있었다.(사례 15) 정감체험훈련을 하고 난 후 모든 행동을 할 때마다 다시 한 번 더 생각하게 되었습니다. 어떻게 행동하는 것이 올바른 행동인 것인지 도덕의지에 맞는 행동이 어느 것인지 생각하면서 행동을 하게 되었습니다.(사례 16) 정감체험훈련을 연습하면서 변한 점은 무슨 일을 하기 전에 4가지 본성과 인의예지를 실천하려면 어떻게 해야 하는지 생각해 보게 되었다.(사례 18) 행동 하나하나를 할 때마다 한 번 더 생각해 보고 무엇이 옳은 행동이고 무엇이 그른 행동인지 모든 말과 행동을 통해 진단을 하게 되고 잘못된 행위에 대해서는 고치기 위해 목표를 세울 수 있게 되었습니다. 어떠한 행동을 하나하나 할 때마다 '이것은 사욕지기의 행동이구나!' '어? 이것은 도덕의지에 따른 행동이구나!'라는 것을 매번 생각하게 되었습니다.(사례 19) 내가 얼마나 사욕지기로 살고 있었는지 깨달았다. 이 모든 것을 알게 되니 평소에도 문득문득 사욕지기라는 것을 깨닫고 옳게 행동할 것 같다.(사례 20)

4. 수기치인

유가철학의 학문영역은 곧 수기치인修己治人이다. 맹자가 사람들이 항상 하는 말이 다들 천하국가라 하는데 천하의 근본은 국가에 있고 국가의 근본은 가정에 있고 가정의 근본은 자기 자신에 있다고 하였다.[24] 천하의 근본이 자신을 닦는 것에서부터 비롯된 것임을 설명하고 있는 것이다. 또한 자로子路가 군자君子에 대해 공자에게 질문하자, 공자는 "'자기를 닦기를 경敬으로써 한다.' '이와 같을 뿐입니까?' '자기를 닦음으로써 남을 편안하게 한다.' '이와 같을 뿐입니까?' '자기를 닦음으로써 백성을 편안하게 한다'"라고 대답하였다.[25] 여기서 군자란 자기를 닦는 학문을 통하여 타인을 편안하게 하는 사람을 말한다. 본래의 순수한 마음은 이기적인 욕심 때문에 상실되기 쉬우므로 이기적인 욕심이 생기지 않도록 마음을 경건하게 가짐으로써 되찾을 수 있다. 자기 본래의 마음을 되찾으면 본능적인 삶에서 벗어날 수 있기 때문에 모든 갈등과 집착에서 벗어나 화락하고 조화로운 삶을 살 수 있게 되고 동시에 다른 사람들도 갈등과 집착에서 벗어나게 할 수 있는 능력이 생긴다. 본래의 마음은 남을 나처럼 사랑하는 마음이므로 본래의 마음을 실천하는 군자는 모든 사람이 갈등과 집착에서 벗어날 수 있도록 노력할 것이다.[26] 그러므로 덕성치유프로그램을 통해 선우들이 본래의 마음을 되찾으면서 자기의 행동을 다스려 나아가고 있음을 체험하고 있다는 것은 곧

24) 『孟子』, 「離婁章句上」, "孟子曰, 人有恒言, 皆曰天下國家, 天下之本, 在國, 國之本, 在家, 家之本, 在身."

25) 『論語』, 「憲問」, "子路問君子. 子曰修己以敬. 曰如斯而已乎. 曰修己以安人. 曰如斯而已乎. 曰修己以安百姓."

26) 李基東 譯解, 『論語講說』(성균관대학교 출판부, 1999), 425~426쪽.

선우들이 수기치인함으로써 유가철학의 이상인 대동사회를 이룩해 나아가고 있다는 것이다.

수기치인의 단계는 선우들이 덕성치유프로그램을 통해 '마음 다스림과 바른 행동'을 체험하는 주제 모음으로 구성되었다. '마음 다스림과 바른 행동'의 주제 모음은 '이기적인 생각과 행동이 타인에 대한 배려로 바뀜'과 '일상생활에서 이기적인 마음을 다스려 바른 행동으로 스트레스를 조절'하는 주제로 구성되었다.

수기치인의 단계에서 선우들은 이기적인 생각이 바뀌면서 이기적인 마음을 다스려 바른 행동을 하게 되었고 타인을 배려하게 되어 스트레스를 조절할 수 있게 되었다. 선우들은 화나고 짜증 나고 우울했던 마음을 돌이켜 보면서 매일 짜증과 괴로움으로 살아왔던 자신의 모습이 달라지고 있음을 체험하였다. 또한 선우들은 자신을 돌아보면서 자신의 이기적인 마음을 파악하고 잘못된 생각과 행동을 고쳐 나아가고 있음을 체험하였다. 선우들은 변화된 자신의 모습에 대하여 하루 이틀 이러다 말겠지라는 생각도 하였으나 계속 실천해 가고 있는 자신의 모습을 발견하면서 호연지기를 체험하기 시작하였다. 또한 선우들은 예전의 이기적인 자신의 모습이 아닌 남을 먼저 생각해 주는 모습으로 바뀌어 가고 있다는 것을 체험하였다. 선우들의 체험사례는 다음과 같다.

> 잠시 눈을 감고 내 모습에 대해서 상상하는 것만으로 많은 변화가 있다는 것을 알았고 이 부분이 저에게는 많은 도움이 되었다.(사례 2) 화가 나고 짜증 나고 우울했던 마음을 돌이켜 보면서 매일 짜증으로 보내던 내가 조금씩 달라지는 것을 느끼게 되었고 어느새 마음이 편안해지고 생각이 바뀌는

나를 보니 무척 뿌듯하였다. 교수님과 함께한 정감체험훈련은 나의 이기적인 마음과 잘못된 행동을 바꿀 수 있는 좋은 시간이었기에 교수님께 무척이나 감사하다고 말씀 드리고 싶다.(사례 3) 그리고 무엇보다도 스트레스 상황을 쓸 때에 내가 그날그날 있었던 스트레스 상황을 생각하고 나의 마음을 알아가니 내 자신을 돌아보며 나의 행동을 고쳐 나가고 있었다.(사례 4) 하루 이틀이 지나면서 나의 마음과 정신이 바뀌는 모습이 보이기 시작하였습니다. '어! 내가 왜 이러지.' 예전에 내가 생각했던 그런 생각이 아니라…… 남을 먼저 생각하는 모습이 보이기 시작했습니다. '하루 이틀이니까 이러다가 말겠지'라고 생각을 했는데…… 그것이 아니었습니다! 내가 생각했던 반대로 시간이 지나면 지날수록 나의 마음 한구석에 호연지기가 있다는 것을 느끼기 시작했습니다. 이렇게 저를 변하게 해 주셔서…… 감사합니다.(사례 13)

또한 선우들은 일상생활의 잘못된 습관이나 행동을 바로잡아 가고 있음을 체험하였다. 선우들은 화나는 상황에서도 사욕지기로 행한 말과 행동을 성찰하여 자신을 조절해 나아가고 있음을 체험하였다. 선우들은 어떤 상황 앞에서도 한 번 더 자신을 성찰해 볼 수 있는 계기를 갖게 되었으며 흔들림 없이 자신을 다스려 나아갈 수 있는 방법을 습득하게 되었음을 체험하였다. 선우들은 잘못된 행동을 하게 될 상황에서도 덕성치유프로그램이 생각나서 올바른 행동을 하게 되었으며, 생활 속의 일들로 많은 스트레스를 받는 상황에서도 어느새 스스로 스트레스를 조절해 나아가고 있음을 체험하였다. 선우들은 스트레스를 받아들이는 정도와 스트레스의 강도가 감소되었음을 체험하였다. 선우들은 스트레스 상황에서 사욕의지가 아닌 도덕의지로 그 상황을 바라봄으로써 스트레스를 받지 않고 좋은 방향으로 발전하고 있는 자신의 모습을 발견하기도 하였다. 또한 선우들은 스트레스 상황에서 자신의 사욕지기의 마음현상을 진단하는 것만으로도 스트레스를 조절할 수 있게 되었음을 체험하였다. 선우들은 일상생활에서 자신이 화를 내거나 짜증을 내는 분노 상황에서도 자신도 모르게 덕성치유프로그램을 생각하면서 순수도덕정감을 자각해 나아가게 되었다. 선우들은 순간순간 순수도덕정감을 자각하여 스트레스를 어느 정도 조절해 나아가고 있는 것에 대하여 스스로 놀라기도 하였다. 선우들의 체험사례는 다음과 같다.

> 정감체험훈련 중 내가 스트레스 받았을 때 상상으로 문제를 해결해 보면서 본성을 실현시키기 위한 노력을 했던 것이 내 잘못된 행동을 바로잡게 하는 데 도움이 되었습니다. 아침에 일어나기 싫어도 새벽에 썼던 정감체험훈련이 생각나 일어나서 준비물을 저녁에 챙기는 습관이 생겼습니다.(사례 2) 마지막에 친구에게 시험시간을 알려 주지 않아 친구가 시험시간에 못 들어왔을 때의 나의 행동은 정감체험훈련 과정을 통해서 천천히 행해 나가지 않았더라면 친구는 아직도 나에게 그때의 섭섭함을 갖고 있었을 것이다.(사례 4) 정감체험훈련에 대한 스트레스를 정감체험훈련을 통해 해결을 하고 정감체험훈련을 하는 과정을 통해 나의 행동에 대한 생각을 다시 하게 되었습니다.(사례 6) 생활 속에서 정감훈련을 함으로써 내 마음을 더욱 편안하게 하고 몸과 마음에 호연지기가 흐르는 것을 느끼게 되었습니다.(사례 7) 생활 속의 일들로 많은 스트레스를 받았었는데 스스로 스트레스를 조절하는 데 많은 도움이 된 것 같다.(사례 8) 이렇게 해서 스트레스를 관리하는 것이 얼마나 달라질까 했는데 지금 와서 생각해 보니 내 마음을 다스릴 수 있는 능력이 늘었던 것 같다.(사례 9) 스트레스 상황에 측은지심·수오지심·사양지심·시비지심의 마음을 적용해 보고 사욕지기를 걷고 난 도덕의지로 바라보니 스트레스를 받지 않고 좋은 방향으로 발전된 나의 모습이 보였다.(사례 10) 어떤 상황에 대해 지금이 나의 어떤 잘못된 사욕지기로 인한 스트레스인가 생각을 하는 것만으로 많은 것을 배웠다고 생각합니다. 특히 그동안

내가 무조건 짜증 내고 화내던 행동들에 대해 그 전에 한 번 더 생각을 해 보게 된다는 것이 가장 큰 변화인 것 같습니다. 나 스스로를 힘들게 했던 마음들에 대해 어느 정도 조절을 할 수 있다는 점이 제겐 큰 도움이 되었습니다.(사례 11) 화를 내야 할 때 '아…… 이건 아니지…… 사욕지기 때문에 내가 이런 생각, 이런 행동, 이런 말을 하는구나……'라고 알게 되었다.(사례 12) 잠시 생각할 시간이 주어지면 흔들림 없이 나 자신을 다스려 나아갈 수 있는 방법을 습득하게 된 좋은 시간이 된 것 같습니다.(사례 14) 나 스스로가 가장 놀랐던 것은 일상생활에서 내가 화를 내거나 짜증을 내는 분노 상황이라든지 안 좋은 처지에 처한 사람을 보게 될 때면 나도 모르게 '어! 나 정감훈련했는데'라는 생각과 함께 마음속으로 그 상황을 순화시키려는 작용이 일어나면서 일상생활의 스트레스를 어느 정도 조절할 수 있는 힘을 얻게 된 것이다.(사례 15) 어긋난 행동을 하게 될 상황에도 정감체험훈련이 생각나서 올바른 행동을 하게 되는 일이 많아졌다는 점이다.(사례 18) 친구와 다툰 후 어떻게 해야 할지 몰랐는데 이번에 많은 생각을 하게 되어 다행히 친구와 화해도 하게 되었습니다.(사례 19)

5. 자유

자유의 단계는 선우가 마음의 크기가 커지고 성숙되어 가는 모습을 확인하면서 스스로를 자랑스럽고 당당하고 뿌듯하게 생각하며 즐거워하는 단계이다. 이 단계에서 선우들은 매일 측은지심 · 수오지심 · 사양지심 · 시비지심을 드러내어 어짊 · 의로움 · 예의로움 · 지혜로움 등의 행위를 실천함으로써 자신을 자랑스럽게 여기면서 뿌듯해하였다. 또한 선우들은 본래의 '참자기'를 깨달아 간다는 것에 대해 기뻐하고 있었다. 선우들은 매일매일 자신이 겪었던 스트레스 상황을 지혜롭게 해결해 가는 성숙된 모습과 점점 더 발전해 가는 자신의 모습을 발견하면서 즐거워하였다. 『논어』에서 "배우고 때때로 그것을 익히니 또한 기쁘지 아니한가! 벗이 먼 곳에서 찾아오니 또한 즐겁지 아니한가! 남이 알아주지 아니해도 화나지 아니하니 또한 군자답지 아니한가!"라고 하였다.[27] 이것은 배움의 기쁨과 나눔의 즐거움 그리고 남이 알아주고 알아주지 않은 것에 대해 구애받지 않은 도덕적인 홀로서기를 의미한 것이다. 학문은 자신의 괴로움을 극복하고 기쁨을 터득해 가는 주체적 성장의 과정이기 때문에 그 자체로 기쁜 것이다. 더더욱 학문하는 기쁨을 같이 나눌 수 있는 벗이 있으면 더욱 즐거운 것이다. 즐거움은 기쁨이 발전된 형태이다. 또한 내 안에 기쁨이 있으니 알아주는 사람이 없더라도 주체적 자존감 속에서 자기만족을 취할 수 있기 때문에 화가 나지 않는 것이다. 이것은 스스로 도道에 따르고 성性을 실천해 나감으로써 상대의 평가에서부터 벗어난 절대적 자유로움이 도덕적 주체성 안에서 향유되기 때문이다.

선우들이 자기를 깨달아 감에 대한 기쁨을 느끼고 당면 문제를 지혜롭게 풀어가는 성숙된 모습 속에서 즐거움을 느끼는 것은 바로 학문해 가는 기쁨과 즐거움을 경험하고 있는 것이라고 할 수 있다. 또한 선우들이 어짊 · 의로움 · 예의로움 · 지혜로움 등의 행위를 실천함으로써 스스로를 자랑스러워하고 뿌듯해하는 모습은 바로 성性을 인식하고 덕德을 밝혀 도道에 따르고 있는 당당한 모습인 것이다. 이와 같은 경험은 하늘을 우러러 한 점 부끄러움이 없고 스스로에게 떳떳함으로써 느낄 수 있는 만족한 감정의

27) 『論語』, 「學而」, "子曰學而時習之, 不亦說乎. 有朋自遠方來, 不亦樂乎. 人不知而不慍, 不亦君子乎."

표현이므로 유가철학에서 최상의 경지인 즐거움의 경지에 해당된다고 할 수 있다.

유가철학에서는 인간이란 결코 금수와 같을 수 없다는 스스로의 자존의식을 전제하고 있으며 자존의식의 중심에는 바로 하늘(天)이 자리하고 있다. 그러므로 유가철학에서 인간은 하늘을 떠나 있을 수 없으며 항상 하늘로부터 확인받고 감시 받아야 한다는 자아의식을 갖고 있다.[28] 따라서 유가철학에서는 하늘의 경계를 벗어나지 않고 천인합일의 경지에서 사는 것을 즐거움으로 간주한다고 볼 수 있다. 유가철학에서는 우러러 하늘에 부끄럽지 않고 굽어서 사람들에게 부끄럽지 않는 것을 즐거움으로 설명하고 있다.[29] 공자가 자기 스스로를 향하여 즐거워함으로써 걱정을 잊어 늙어 가는 것도 모르는 사람으로 자평하는 것[30]이나 안연의 어짊을 칭송하면서 견디기 어려운 누추한 곳에서도 그 즐김을 고치지 않았다[31]는 말 등은 바로 즐거움의 경지가 최상의 경지임을 설명하고 있는 것이다. 특히 공자의 아는 것은 좋아함만 못하고 좋아함은 즐기는 것만 못하다[32]고 말한 것도 즐김이 최상의 경지임을 더욱 분명하게 설명해 주고 있는 것이다.

자유의 단계는 선우들이 덕성치유프로그램을 통해 '기쁨과 즐거움'을 체험하는 주제 모음으로 구성되었다. '기쁨과 즐거움'의 주제 모음은 '마음

---

28) 조남욱, 「유교에서 지향하는 '즐김(樂)의 경지'에 관한 연구」, 『유교사상연구』 제28집, 217쪽.

29) 『孟子』, 「盡心上」, "孟子曰, 君子有三樂. 父母俱存, 兄弟無故一樂也. 仰不愧於天, 俯不怍於人, 二樂也. 得天下英才而敎育之三樂也."

30) 『論語』, 「述而」, "葉公問孔子於子路, 子路不對. 子曰, 女奚不曰, 其爲人也. 發憤忘食, 樂以忘憂, 不知老之將至云爾."

31) 『論語』, 「雍也」, "子曰, 賢哉, 回也. 一簞食, 一瓢飮, 在陋巷, 人不堪其憂, 回也, 不改其樂, 賢哉, 回也."

32) 『論語』, 「雍也」, "子曰, 知之者, 不如好之者, 好之者, 不如樂之者."

의 크기가 커져 호연지기를 느낌'과 '자랑스럽고 당당하고 뿌듯한 기쁨을 느낌' 그리고 '성숙되어 감에 대한 신기함과 즐거움을 느낌'의 주제로 구성되었다.

자유의 단계에서 선우들은 스스로 도道를 따름으로써 경험할 수 있는 기쁨과 즐거움을 체험하면서 누가 알아주지 않아도 화내지 않는 절대적 자유의 경지를 누릴 수 있는 것이다. 이 단계에서 선우들은 점점 마음의 그릇이 커져 가는 것을 느끼고 있었으며 자신도 모르는 사이에 호연지기를 기르고 있는 모습을 발견하게 되었다. 선우들의 체험사례는 다음과 같다.

> 스스로 점점 마음의 그릇이 커져 가는 것을 느끼며 올바른 행동을 할 수 있을 것 같은 생각이 들고 제 자신이 커다랗게 보입니다.(사례 1) 말로는 하기 싫다고 했지만 생활 속에서 나는 나도 모르게 호연지기를 기르는 연습을 하기 시작하였다. 정감체험훈련을 함으로써 나의 마음이 더욱더 너그러워 졌다.(사례 4) 마음에서는 호연지기가 흐르고 있다는 것을 알고 남을 먼저 생각해야겠다는 확신이 생겼습니다.(사례 13)

선우들은 매일매일 측은지심 · 수오지심 · 사양지심 · 시비지심에 의한 올바른 행위를 한 것에 대해 스스로를 대단스럽게 생각하고 뿌듯해하며 자랑스러워하였다. 또한 선우들은 측은지심 · 수오지심 · 사양지심 · 시비지심의 네 가지 마음으로써 일생을 가치 있고 당당하게 존경받을 수 있는 인간으로 살아갈 수 있을 것이라는 생각을 하게 되었다. 아울러 선우들은 이제 스트레스 받을 일들도 줄어들었고 잘못된 행동을 하는 일도 줄어들어 타인이나 자신에게도 상처나 후회되는 일들이 없어졌음을 알고 뿌듯해하였다. 선우들은 무엇보다 자기 스스로를 깨닫게 되는 기회를 갖게 된 것에 대해 기뻐하였다. 선우들의 체험사례는 다음과 같다.

처음엔 익숙지 않고 어렵고 서툴렀던 것이 이제는 완전히 내 것이 되어서 나의 장점을 살릴 수 있는 기회가 된 것 같기도 해서 기분이 좋다. 매일매일 측은지심 · 수오지심 · 사양지심 · 시비지심의 인의예지를 실천함으로 내 몸과 마음이 뭐랄까 대단해지는 것 같고 뿌듯하기까지 했다.(사례 5) 내 자신이 자랑스럽고 뿌듯합니다.(사례 8) 측은 · 수오 · 사양 · 시비 이 네 가지 마음의 본성은 제가 앞으로 직장에서나 또 일생을 살아가는 데 좀 더 가치 있고 당당하고 훌륭하고 존경받을 수 있는 인간으로 살 수 있도록 도와줄 것이라고 생각합니다.(사례 12) 평소 스트레스를 많이 받아서 두통을 자주 호소하는 저에게 있어서 정감체험훈련을 알게 된 것은 큰 행운인 것 같습니다. 그만큼 스트레스 받을 일들도 줄어들었고 잘못된 행동을 하는 일이 줄어들어 타인에게도 나 자신에게도 상처나 후회하는 일이 없어졌습니다.(사례 16) 하고 나니 뿌듯하고 내 스스로를 깨닫게 되는 기회가 된 것 같아 기쁘고 교수님께 감사하다.(사례 20)

선우들은 덕성치유프로그램을 일상생활에서도 적용을 할 수 있게 되었다. 선우들은 화를 내거나 미워하기 이전에 한 번 더 본성에 의한 행동을 생각함으로써 올바르고 지혜롭게 해결하는 자신의 성숙된 모습에 즐거움과 함께 신기함을 느끼고 있었다. 선우들의 체험사례는 다음과 같다.

매일매일 정감체험훈련을 통해 스트레스 관리를 하다 보니 과제를 하는 시간뿐만이 아니라 일상생활에서도 적용을 할 수 있게 되었고 화를 내거나 미워하기 이전에 한 번 더 생각을 하게 되고 그로 인해 점점 성숙해져 가는 내가 되어 감을 느낄 수 있었다.(사례 10) 하루하루 교수님과 만나서 정감체험훈련을 연습해 보고 집에 와서 자기 전에 오늘 겪었던 나의 스트레스들을 떠올려 보며 올바르고 지혜롭게 해결하는 연습을 함으로써 내 마음과 생각이 점점 성숙해지는 것 같았다. 정감체험훈련을 함으로써 내 자신을 돌아볼 수 있었고 마음을 성숙하게 발전시킬 수 있었던 것 같다.(사례 18) 1주차, 2주차, 3주차를 해 나가면서 점점 제 자신이 발전하고 있음을 발견할 수 있습니다. 그런 제 모습을 다시 한 번 떠올려 보며 '아! 이게 모두 정감체험훈련에서 얻은 인격수양이구나'라며 솔직히 조금씩 변화해 나가는 내 모습이 신기하고 즐거웠습니다. 이번 훈련은 모든 면에서 정말 나 자신을 발전시켜 주는 계기가 되었습니다.(사례 19)

6. 초월

삶을 가치 있게 살기 위해서는 참으로 가치 있는 삶이란 무엇이며 어떻게 살아가야 할 것인가에 대한 근본적인 물음에 답할 수 있어야 한다. 유가철학에서는 효과적인 방법으로 참다운 삶의 방법을 터득해 갈 수 있도록 하기 위해 먼저 성인聖人들의 삶에서 나타나는 행동양식을 예의로움으로써 가르치고 있다. 그러므로 공자가 말하는 학學의 대상은 우선 예의로움으로 나타난다. 하지만 이 예의로움은 인간의 자유를 속박하는 단순한 행위규범이 아니다. 가장 가치 있는 삶을 영위하면서 드러난 자연스러운 행동양식이며 어짊을 실천하는 객관적인 형식이다.

객관화된 인간의 행동규범이 예의로움이고 그 예의로움의 성립 근거가 되는 것은 도道이다. 도는 자연의 이치에 따라 사는 길이므로 도를 따르기 위해서는 만물의 각 개체에 내재되어 있는 천성(性)을 인식해야 하고 천성을 덕德으로 실천하면서 살아야 한다. 그러므로 학문의 목적은 결국 덕을 확충하는 것으로 귀착된다. 천명을 실천한다는 것은 사사로운 개인의 한계나 욕심으로부터 벗어나 전체 우주의 삶으로 초월되어 나아가는 것이다. 유가철학상담치료의 초월성은 바로 여기에 있다. 선우들이 본성을 자각하고 호연지기로 어짊 · 의로움 · 예의로움 · 지혜로움 등의 덕을 실천하고자 하는 모습은 도道를 따르는 것이므로 결국 천명을 실현하면서 살아가고자 하는 초월적 모습이라고 할 수 있다. 참존재로서의 자기의 삶은 궁극적으로 천명 그 자체를 실현하는 것이지만 그것은 또한 천성을 실천하는 것이기도 하며 구체적으로는 도道를 따라서 사는 것이기 때문이다. 초월의 단계는 선우들이 본성을 자각하여 호연지기로 덕행위를 실천함으로써 가치 있는 존재로 다시 태어나는 단계이다.

초월의 단계는 선우들이 덕성치유프로그램을 통해 '가치 있는 존재로 거듭남'을 체험하는 주제 모음으로 구성되었다. '가치 있는 존재로 거듭남'의 주제 모음은 '앞으로도 계속 본성을 자각하여 호연지기로써 올바른 행위를 실천'하겠다는 것과 '존재의 가치를 깨달아 다시 태어남'의 주제로 구성되었다.

초월의 단계에서 선우들은 덕성치유프로그램이 끝났지만 앞으로도 꾸준히 덕성치유프로그램을 적용하여 본성을 자각함으로써 호연지기로 순수도덕정감에 의한 정직한 행위를 실천하고자 하였다. 또한 선우들은 앞으로도 계속 이 방법을 사용한다면 더 좋은 성과가 있을 것이라고 확신하면서 사욕의지보다는 도덕의지로 호연지기를 길러 덕을 실천할 수 있는 사람이 되고자 하였다. 선우들은 덕성치유프로그램을 통해 스트레스를 풀어 나가면 자신과 세상을 사랑하고 아끼는 사람이 될 수 있을 것 같다는 생각을 하게 되었다. 또한 선우들은 앞으로도 스트레스를 받을 때나 살아가면서 힘든 일이 있을 때 혹은 마음이 너무 혼란스러워 마음을 잡을 수 없을 때에는 덕성치유프로그램을 통해 스트레스를 관리해 나아가고자 하였다. 선우들의 체험사례는 다음과 같다.

> 정감체험훈련은 끝이 났지만 앞으로도 꾸준히 정감체험훈련을 해 나가면서 나를 통찰할 수 있는 사람이 되어야겠다.(사례 3) 이젠 나도 호연지기를 기를 수 있을 것 같고 어려운 스트레스 상황이 있으면 그때마다 정감체험훈련을 통해 나의 본성을 찾도록 노력할 수 있을 것 같다.(사례 4) 이 훈련을 잠깐으로 끝내지 않고 나 나름대로 계속 실천해 나간다면 더 좋은 성과가 있을 거라고 생각되며 이 정감체험훈련을 잊지 않고 계속 실천해 나아갈 수 있도록 마음가짐을 가지고 해야겠다고 생각하였다. 이제는 호연지기의 마음을 잘 실천할 수 있게 된 것 같다.(사례 5) 이제부터 사욕지기보다는 도덕의지로 호연지기를 실천할 수 있는 사람이 될 수 있을 것 같습니다.(사례 7) 앞으로도 스트레스를 받을 때 이렇게 정감체험훈련을 통해 스트레스를 관리해 나아갈 수 있을 것 같다.(사례 10) 훈련이 끝났지만 앞으로도 습관을 들여 정감체험훈련을 행할 수 있도록 노력해야겠습니다.(사례 11) 살아가면서 가끔씩 정말 힘든 일이 생겼을 때나 마음이 너무 혼란스러워 마음을 잡을 수 없을 때 등등…… 그런 의지가 약해지는 상황이 내 앞에 생길 때 이번 정감과정을 통해 얻은 것을 바탕으로 명상을 해 나가면 큰 힘을 얻지 않을까 생각합니다. 앞으로 인생을 살아가면서 이번에 훈련 받은 정감을 다스리는 방법을 사용해야겠습니다.(사례 14) 앞으로 스트레스를 받는 일이 생기면 정감체험훈련을 통하여 스트레스를 풀어 나가도록 하여 내 자신과 세상을 사랑하고 아끼는 사람이 될 수 있을 것 같습니다.(사례 16) 나 스스로 맘속으로 하는 정감체험훈련은 계속 필요할 것 같다는 생각을 하였다. 정감체험훈련이 끝나고 스트레스는 계속되니 말이다.(사례 20)

선우들은 왜 자신이 살아가야 하고 이 세상에서 자신이 어떻게 쓰일 수 있는지에 대해서도 알게 되었다. 또한 자신은 쓸모없는 인간이 아니었다는 것에 대해 행복해하고 기뻐하기도 하였다. 일부 선우는 자신이 존재하는 이유와 존재함으로 인하여 할 일이 방대하다는 것 등을 발견하고 삶에 대한 과제를 풀어낸 것에 대해 기뻐하였다. 또한 일부 선우들은 덕성치유프로그램의 훈련을 통해 인생의 큰 전환점을 맞이하기도 하였다. 선우들의 체험사례는 다음과 같다.

왜 내가 인생을 살아가야 하고 이 지구에 내가 살아서 어떻게 쓰일 수 있는지도 알 수 있게 되었습니다. 또한 저는 쓸모없는 인간이 아니었다는 것에 대해 너무나도 행복하고 기뻤습니다. 교수님은 제가 존재하는 이유, 그리고 존재하기 때문에 이렇게도 할 수 있는 일이 방대하다는 것, 제가 살면서 가장 어려워했고 궁금해하던 숙제를 푸는 데 도움을 주셨습니다. 정감체험훈련을 하면서 저에게 나타난 변화는 제 인생의 turning point입니다. 정감체험훈련은 저에게 작다면 작고 크다면 어마어마하게 큰 변화를 가져다주었습니다.(사례 12) 처음에는 스트레스로 시작했던 정감체험훈련이 나에게 지금 정감체험훈련이 무엇이냐고 물어보면 나를 다시 태어나게 해 줄 수 있는 계기가 생기는 거라고 말해 주고 싶습니다.(사례 13) 훈련 과정이 끝나가면서부터는 많은 것이 바뀌게 되었습니다.(사례 14)

이상을 종합해 보면, 선우들은 덕성치유프로그램에 참여하는 동안 처음에는 생소하고 어렵고 막막하고 무의미하며 문제해결 가능성에 대한 의구심을 가지고 있었음을 알 수 있었다. 또한 선우들은 일일 과제에 대한 부담감을 가지고 있었으며, 일일 과제를 하기 위해 과거의 스트레스를 회상해야 하기 때문에 예전의 상처를 다시 받아야 하는 이중 스트레스를 경험하고 있었음을 알 수 있었다. 그러나 선우들은 1주가 지나면서 덕성치유프로그램의 방법을 터득하게 되면서 보다 수월하게 일상생활에 적용해 나아가기 시작하였음을 알 수 있었다. 선우들은 덕성치유프로그램에서 배웠던 방법을 일상생활에 적용해 나아가면서 자신에게 도움이 되고 있다는 사실을 확인하게 됨으로써 덕성치유프로그램의 필요성과 중요성을 인식하게 되었다. 선우들이 생소한 용어와 방법을 이해하고 필요성과 중요성을 인식하면서 마음현상을 확실하게 진단할 수 있게 되기까지 5회기 정도의 훈련이 필요함을 알 수 있었다.

마음현상을 보다 확실하게 진단할 수 있게 되면서부터 선우들은 적극적으로 자기의 과거를 뒤돌아보고 자신의 말과 행동을 성찰하기 시작하였다. 선우들은 사욕으로 가리어진 본성을 자각하고 과거에 잘못했던 행동 등을 하나하나 반성해 나아가기 시작하였다. 선우들은 지금까지 자신이 상처받았던 일들에 대한 원인을 다른 사람의 몫으로 돌렸거나 혹은 기억하고 싶지 않아서 회피해 버렸던 일들을 차근차근히 덕성치유프로그램의 순서에 맞추어 자각해 나아가기 시작하였다. 선우들은 상처의 원인이 사실은 자신의 사사로운 욕심에 의해 나타난 결과라는 것을 알고 오히려 상대방에 대한 미안함과 측은함 혹은 부끄러움 등을 나타내기 시작하였다. 차츰 자신의 깊은 내면을 들여다보기 시작하면서 선우들은 욕심에 의해 드러난 사욕정감의 내면에 미미하게 움직이고 있는 자신의 순수도덕정감을 발견하게 되어 자신의 순수지선한 본성을 자각해 나아가기 시작하였다. 본성을 자각한 선우는 그 본성의 순수도덕정감에 의한 정직한 말과 행동이 무엇인지를 궁리해 나아가기 시작하였으며 그 본성에 의한 행동을 연습해 나아가기 시작하였다. 이 과정을 거치면서 선우들은 부정적인 생각과 행동이 긍정적으로 바뀌게 되었고 일상생활에서 자신의 마음을 다스려 스트레스를 조절해 나아가기 시작하였다. 선우들은 마음이 너그러워지고 커지는 것을 느끼기 시작하였으며 자신에게도 호연지기가 흐르고 있음을 경험하였다. 선우들은 이제는 화내고 짜증 내는 예전의 자기가 아니라 자신의 본래의 마음을 깨달아 자신의 몸과 마음을 조절하면서 사회적 관계나 일상생활을 영위해 갈 수 있음을 발견하였다. 선우들은 이렇게 변한 자신의 모습에 대해 자랑스러움과 당당함 그리고 뿌듯함을 느끼게 되었고 자신의 성숙되어 가는 모습에 대하여 신기해하며 즐거워하였다. 선우들은 앞으로도 계속 덕성치유프로그램을 사용하여 호연지기로 스트레스를 관리해 나아가고자 하였다. 선우들은 존재의 이유와 가치 그리고 자신이 이 세상을 어떻게 살아가야 할 것인지를 깨달아 다시 태어난 것과 같은 인생의 큰 전환점을 맞이하였다.

이상을 종합해보면 선우들은 처음에는 생소함과 의구심으로 부담감을 갖고 정감체험을 학습하기 시작하여 차츰 자기를 도덕적으로 반성하고 성찰하게 되었다. 그리고 '참자기'의 마음에 의한 정직한 행위를 깨달아 사사로운 마음과 행동을 다스려 진실하게 타인과 소통함으로써 절대적 자유의 기쁨과 즐거움을 느끼게 되었다. 또한 선우들은 이기적인 자기를 초월하여 호연지기로 가치 있는 삶을 현세에서 실천하기 위한 노력을 계속해 나아가고 있었다. 그러므로 유가 덕철학 치유의 실천방법으로 개발된 정감체험의 덕성치유프로그램은 '학습 시작', '도덕적 성찰', '깨달음', '수기치인', '자유', '초월'의 과정을 거치면서 '참자기'를 실현해 나아갈 수 있는 구조를 갖추었다고 할 수 있다.〈그림 1〉

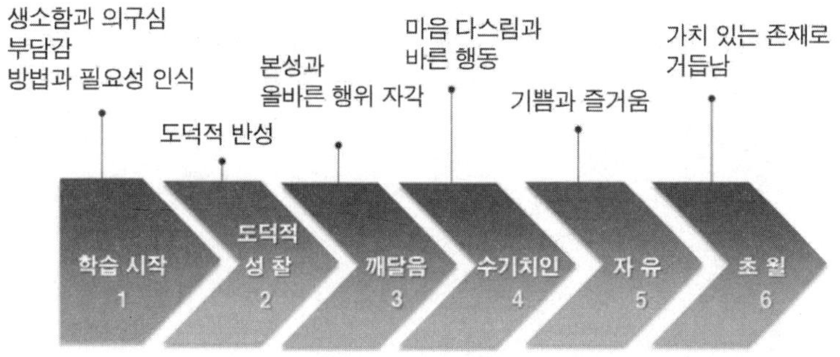

〈그림 1〉 정감체험의 덕성치유 구조

4장 덕성치유의 사회적 문제해결 구조

철학을 실천한다는 것은 철학으로 삶의 구체적인 문제들을 해결해 가는 것이다. 그러므로 철학을 실천하는 철학상담치료사는 선우에게 철학적 사려의 방법을 훈련시켜 그들 스스로 자신의 인생관과 세계관 그리고 가치관과 관련된 개인적 문제나 사회적 문제들을 철학적으로 풀어 나아갈 수 있는 능력을 길러 주어야 한다.

유가철학에서는 자신의 몸을 갈고 닦는 수신修身을 근본으로 삼아[1] 선우로 하여금 세계와 관계하게 한다. 격물格物 · 치지致知 · 성의誠意 · 정심正心은 수신에 포함되며, 수신은 수기修己의 다른 표현이다. 유가철학에서는 자기를 닦는 수기로부터 시작하여 자기의 덕행이 가정과 나라와 온 세상에 미치도록 한다. 수기는 사욕을 물리치고 공심公心을 회복하여 자기 자신을 극복한다는 것을 의미하며, 온 세상에 덕행이 미친다는 것은 주어진 상황에 가장 적절한 예의로움을 행하여 나와 너 그리고 세계와 소통한다는 것을 의미한다.

예의로움이란 다툼과 혼란을 방지하면서 자기를 충족시켜 만물을 기르기 위함이다. 예의로움의 근본정신은 경敬이며 예의로움의 본질은 어짊이고

1) 『大學』, "自天子以至於庶人, 壹是皆以脩身爲本."

어짊의 실천은 상황에 가장 적절한 의로움에 따른 충서의 실천이다. 『논어論語』에서 천승千乘의 나라를 다스리되 일을 경건하게 처리하고 미덥게 하며 쓰는 것을 절약하고 사람을 사랑하며 백성을 부리기를 알맞은 때로써 한다고 하였다.[2] 예의로움을 실천함에 있어서는 반드시 경敬과 어짊의 마음이 밑바탕에 깔려 있는 상태에서 때와 장소의 상황에 맞아야 함을 설명해 주고 있는 것이다. 이처럼 유가철학에서는 세계와 화이부동和而不同하며 살기 위한 방법으로 경으로써 개인의 사욕을 극복하고 어짊으로써 의로움에 따라 예의로움을 실천하는 극기복례克己復禮를 설명하고 있다. 극기복례에서의 극기는 충忠과 통하고 복례는 서恕와 통한다. 충서는 가까운 데 있는 자기로부터 먼 곳에 있는 타인을 사랑하는 데까지 이르는 어짊의 실천방법이다.[3] 따라서 유가철학에서는 사욕을 극복하고 예의로움으로 어짊을 실천하여 사회적 문제를 해결해 나아갈 것을 가르치고 있다.

사회적이라는 말은 사회적 환경에 국한되기보다는 사회학습과정과 사회적 기술에 의한 실생활의 문제해결에 더 많은 의미를 부여하고 있다. 사회적 문제해결의 영역은 일상생활에서의 개인적인 문제해결, 대인관계의 문제해결, 가족과 같은 집단생활의 문제해결, 그리고 사회적인 여러 가지의 문제해결까지를 포함한다.[4] 그러므로 사회적 문제해결이라는 개념은 대인적 문제해결[5] 또는 개인적 문제해결[6]이라는 용어로도 사용되기도 하며 행

2) 『論語』, 「學而」, "子曰, 道千乘之國, 敬事而信, 節用而愛人, 使民以時."
3) 『論語』, 「雍也」, "能近取譬, 可謂仁之方也已."
4) T. J. D'Zurilla, *Problem-Solving Therapy: A Social Competence Approach to Clinical Intervention*(New York: Springer Publishing company, 1986).
5) M. B. Shure, *Social Competence as a Problem-Solving Skill*(New York: Guidford, 1981).
6) P. P. Heppner and C. H. Peterson, "The Development and Implications of a Personal Problem-Solving Inventory", *Journal of Counseling Psychology* 29(1982), pp.66~75.

동 과정의 여러 가지 대안들을 확인하고 평가한 후 선택하고 수행하는 복잡한 과정이라는 점에서 대처방식 및 의사결정 유형과 비슷한 개념으로 인식되기도 한다.

유가철학에서는 '나와 너', '나와 사회'와의 관계에서 발생된 제반문제들을 해결하고자 하며 그 의사결정의 판단기준을 천명 · 성性 · 덕德 · 도道에 두고 있다. 곧 유가철학에서 문제해결의 판단기준은 인간의 본질인 선성에 두고 있으므로, 문제해결 방법은 인간의 가치를 실현시킬 수 있는 주체적인 도덕적 삶에서 찾는다. 인간의 존재성인 선성은 인간이면 누구나 다 가지고 있는 것이므로 유가철학에서는 누구나 다 본성을 드러내어 인간답게 문제를 해결할 수 있고 가치 있는 삶을 살 수 있는 가능성을 보여 주고 있다. 또한 인간은 배우지 않아도 선천적으로 이미 구비되어 있는 선성을 능히 알아(良知) 스스로 행할 수 있는 능력(良能)이 있으므로 자기 스스로 하고자 하는 도덕의지만 있다면 누구나 다 자신의 본성에 의한 주체적 삶을 살아낼 수 있는 것이다.

사회적 문제해결의 판단기준이 되는 덕성德性인 어짊 · 의로움 · 예의로움 · 지혜로움은 측은지심 · 수오지심 · 사양지심 · 시비지심의 사단을 통하여 드러나며, 사단은 우리가 외부의 대상과 접할 때 발생되는 정감과 구체적인 행위를 통하여 드러난다. 그러므로 사회적 문제해결 방법은 먼저 자신의 기질지성에서 드러난 말과 행동을 성찰하여 사욕지기로 가리어진 본성을 자각하는 것이 우선이다. 그러한 후에 본성을 회복하여 호연지기로 본성을 실현시켜 나아가는 것이 필요하다. 이것이 곧 수기하여 치인함으로써 사회적 문제를 해결해 나아갈 수 있는 하나의 방법이라 할 수 있다. 따라서 이 장에서는 이러한 유가 덕철학 치유의 실천방법으로 개발된 덕성치유프로그램을 선우에게 실시한 다음 선우로부터 사회적 문제해결과 관련된 체험의 자료를 수집하여 분석함으로써 덕성치유의 사회적 문제해결 구조를 밝혔다. 자료 분석 방법은 선우의 개인적인 속성보다는 전체 선우의 공통적인 속성을 도출해 내어 철학상담치료의 이론 개발에 도움이 될 수 있는 Colaizzi의 방법을 사용하였다.[7)]

덕성치유프로그램은 'COSMOS 덕성명상법'과 '성찰궁리법'으로 구성되어 있다. 덕성치유프로그램은 3주 동안 제공되었으며 철학상담치료사가 진행한 덕성치유프로그램의 진행 회기는 3주 동안 1주에 2회기, 총 6회기였다. 그리고 선우들 자체적으로 진행한 덕성치유프로그램의 진행 회기는 3주 동안 1주에 3회기, 총 9회기였다. 선우들은 자체적으로 진행한 내용물을 과제물로 제출하였으며 철학상담치료사는 선우들이 제출한 과제물의 내용을 선우들과 함께 수정 · 보완하는 시간을 가졌다. 진행시간은 'COMOS 덕성명상법' 30분, '성찰궁리법' 1시간으로, 1회기당 총 1시간 30분이었다. 자료 수집은 3주 동안 덕성치유프로그램에 참여하였던 대학생 24명의 선우(남학생 4명, 여학생 20명)에게 9개 문항의 질문지를 나누어 주어 자유롭고 진솔하게 기술하게 한 다음 그 자료를 수집하여 모은 것이다. 자료의 분석 방법은 앞에서 언급한 바 있는 Colaizzi[8)]의 6단계 방법을 이용하여 분석하였다.

철학상담치료사는 선우가 제출한 정감체험의 원자료(protocol)로부터 먼

7) P. F. Colaizzi, "Psychological Research as the Phenomenologist Views It", in R. Valle and M. King(Eds.), *Existential-Phenomenological Alternative for Psychology*(New York: Oxford University Press, 1978), pp.48~71.

8) P. F. Colaizzi, "Psychological Research as the Phenomenologist Views It", in R. Valle and M. King(Eds.), *Existential-Phenomenological Alternative for Psychology*(New York: Oxford University Press, 1978), pp.48~71.

저 208개의 의미 있는 진술을 도출하여 이로부터 54개의 구성된 의미(formulated meaning)를 도출하였다.(【표 1】)

【표 1】 구성된 의미

의미 있는 진술로부터 구성된 의미(formulated meaning)
1. 일상생활에서 빠르고 정확하게 마음현상을 진단하고 나의 잘못된 행위를 자각할 수 있었다.
2. 나의 잘못된 행위를 알고 그것을 고치기 위한 목표를 세워 바꾸어 나아갈 수 있는 능력이 생겼다.
3. 일상생활에서 나와 타인의 행위에 대해 마음현상을 진단하고 사욕지기로 가리어진 행위를 점검하여 어짊·의로움·예의로움·지혜로움 등을 실천하고자 하는 의지를 갖게 되었다.
4. 나의 행위에 대해 마음현상을 진단하고 순수도덕정감에 의한 정직한 말과 행동을 생각하게 되었다.
5. 문제에 다시 한 번 더 깊이 직면하여 신중하게 순수도덕정감에 의한 정직한 말과 행동을 생각해 보게 되었다.
6. 타인을 대하는 마음과 행동이 달라졌으며 한 번 더 생각하고 말과 행동을 하는 습관이 생겼다.
7. 다시 한 번 생각해 보고 옳은 행동을 실천하고자 노력하였으며 한 번 더 호연지기를 생각하는 모습으로 변하였다.
8. 문제해결에 앞서 어짊·의로움·예의로움·지혜로움 등을 생각하며 옳은 행위와 옳지 않은 행위를 판별하고 어떤 마음으로 어떤 과정을 통해 해결해야 하는지에 대해 좀 더 구체적으로 생각하게 되었다.
9. 본성에 의한 정직한 행동을 생각하며 호연지기로써 어짊·의로움·예의로움·지혜로움 등을 실천할 수 있는 변화를 갖게 되었다.
10. 본성을 실천하면서 나의 행동에 대해 확신을 갖게 되어 흔들림 없이 문제를 해결하는 나를 보았다.
11. 피하고 싶은 상황에서도 그 상황을 피하지 않은 채 흔들림 없이 순수도덕정감에 의한 정직한 말과 행동을 할 수 있었다.
12. 옳은 행위라는 확신을 가지면 상대방의 부정적인 반응 앞에서도 자신감과 용기를 가지고 흔들림 없이 말할 수 있게 되었다.
13. 설사 잘못된 말이나 행동을 했을지라도 다시 한 번 되돌아보고 반성할 수 있었다.
14. 나의 잘못된 행동을 고치기 위해 반성을 하고 실제 상황에서 올바르게 어짊·의로움·예의로움·지혜로움 등을 발휘할 수 있는 능력이 생겼다.

15. 욕심을 버릴 수 있는 방법을 알게 되어 욕심이 줄어들고 말이나 행동이 사욕지기로부터 벗어나게 되었다.
16. 사욕지기로 가득했던 말과 행동들이 이제는 호연지기로 어짊 · 의로움 · 예의로움 · 지혜로움 등을 실천하고 있었다.
17. 호연지기로 어짊 · 의로움 · 예의로움 · 지혜로움 등을 행할 수 있음을 알았다.
18. 마음에서 우러나온 어짊 · 의로움 · 예의로움 · 지혜로움 등을 실천하면서 타인도 함께 변화되는 모습을 경험하게 되어 어짊 · 의로움 · 예의로움 · 지혜로움 등을 더욱더 실천하게 되었다.
19. 어떤 문제에 부딪쳤을 때 내 말과 행동의 의미를 파악하여 문제를 해결할 수 있었고, 어짊 · 의로움 · 예의로움 · 지혜로움 등에 따라 행동할 수 있었다.
20. 어떤 상황이 주어져도 본성에 가까운 지혜로써 문제를 해결해 나아가고 있었다.
21. 혼자 고통 받고 힘들게만 느껴졌던 문제나 해결하지 못했던 문제들도 한 번 더 생각하여 해결할 능력이 생겼다.
22. 어떤 일이든지 자각행위에 따라 어짊 · 의로움 · 예의로움 · 지혜로움 등을 실천하면서 문제를 해결할 수 있다는 자신감이 생겼으며 내 자신에게 떳떳하게 되었다.
23. 마음의 여유가 생기고 가라앉아 모든 일에 긍정적인 사고를 갖게 되었다.
24. 어렵거나 싫은 일에 대해 피하려고만 했던 모습이 줄어들고 긍정적으로 시도해 보려는 모습이 나타났다.
25. 화내는 일과 짜증 내는 일 그리고 No가 줄어들었으며 Yes와 긍정적인 생각이 더 많아졌다.
26. 상대방의 상황을 먼저 생각하고 내 상황을 진단함으로써 더욱더 말과 행동이 조심스럽고 신중해졌다.
27. 말과 행동을 할 때 상대방의 입장에서 생각해 보고 상대방이 느낄 감정을 돌아보게 되어 스스로 한 번 더 생각하고 말과 행동을 하게 되었다.
28. 상대방에게 상처를 줄 말과 행동을 하는 횟수가 줄었으며 생각나는 대로 내뱉고 후회하는 일도 적어졌다.
29. 상대방의 마음을 헤아리고 배려하면서 나도 타인도 기분 상하지 않게 좋은 방향으로 해결할 수 있는 능력이 생겼다.
30. 어떤 상황에 처했을 때 싫다고 말하는 대신 좀 더 깊이 생각하고 상대방을 이해하려는 변화를 갖게 되었다.
31. 나와 상대방을 함께 이해하고 사랑하는 법을 배워 성급하지 않고 인내하며 타인을 배려하게 되었다.
32. 나만 생각하지 않고 상대방의 마음을 다시 생각하게 되었다.
33. 이야기를 할 때 시선을 피하거나 다른 곳에 고정하지 않고 상대방의 눈을 바라보며 말하게 되었고 상대방에게 집중하며 경청하는 태도를 갖게 되었다.

34. 문제가 생겼을 때 나의 주장만 내세우는 것이 아니라 상대방의 생각과 입장을 경청하면서 서로를 위한 말과 행동을 하게 되었다.
35. 상대방과 어떻게 대화해야 하는지에 대한 방법을 알아 일상생활에서 대화하는 방법이 달라졌다.
36. 순수도덕정감에 의한 정직한 말과 행동을 실천함으로써 내 자신에게 편안함을 느꼈다.
37. 스트레스 상황에서도 마음이 편안해져 대인관계나 일상생활에서 더 차분하고 부드럽게 대화할 수 있었다.
38. 말과 행동이 부드러워졌다.
39. 상대방에게 먼저 마음을 열고 다가가게 되었으며 대인관계에서 더 솔직해졌다.
40. 문제를 조금 더 부드럽고 쉽게 풀어 나갈 수 있었으며 상대방을 더 잘 이해하고 수긍하며 지낼 수 있었다.
41. 대인관계가 점차 좋아졌다.
42. 어떠한 문제에서도 갈등이 생기지 않게 문제를 해결하면서 더욱더 돈독한 관계로 발전하게 되었다.
43. 내 삶을 분석하고 파악할 수 있는 능력이 생겨 말과 행동에 변화가 일어나면서 의미 있고 보람찬 삶을 사는 변화가 일어났다.
44. 자연에게서부터 받은 것이 엄청 큰 것임을 알아 자연의 소중함을 알고 이러한 본성을 지니게 해 준 것에 대해서도 감사하는 마음을 가지게 되었다.
45. 훨씬 더 어른스럽고 진지하고 신중하게 말과 행동을 하게 되었다.
46. 말과 행동을 다시 한 번 생각하고 어떤 상황에 부딪쳤을 때 차분하게 차근차근 생각해서 그 상황을 해결하게 되었다.
47. 내 행동과 말 하나에 대해서도 마음현상을 진단하고 본성을 보존·확충함으로써 좀 더 성숙한 내가 되었다.
48. 문제를 잘 해결할 수 있는 자신감이 생겼으며 지혜롭고 성숙한 자세를 갖게 되었다.
49. 스트레스 상황에서 화나고 짜증 나는 감정을 억지로 누르거나 상대방에게 던지지 않고 나의 마음현상을 진단하여 순수도덕정감에 의한 정직한 행위를 함으로써 그 상황을 차분하고 지혜롭게 해결할 수 있었다.
50. 어떤 말싸움이나 짜증이 많이 줄었으며 예전에는 풀지 못했던 관계를 이제는 쉽게 해결할 수 있었다.
51. 내 마음을 먼저 들여다봄으로써 예전보다 문제를 해결하는 능력이 향상되었으며 스트레스가 감소되었고 결과가 훨씬 만족스럽다.

52. 나뿐 아니라 친구의 스트레스 상황까지 마음현상을 진단하여 친구 스스로 문제를 자각하고 해결할 수 있도록 도와줌으로써 더 가까워지고 편안한 친구관계가 되었다.
53. 일상생활 속에서 정감체험훈련을 실천하게 되었다.
54. 앞으로 풀리지 않는 상황이 오면 정감체험훈련의 방법을 적용하겠다.

54개의 구성된 의미는 18개의 주제(themes)로 구성되었으며, 18개의 주제는 9개의 주제 모음(theme clusters)으로 확정되었다. 마지막으로 9개의 주제 모음은 2개의 큰 범주(categories)로 확정되었다.(【표 2】)

【표 2】 덕성치유의 사회적 문제해결 구조

체험의 의미와 구조		
주제	주제 모음	범주
1. 마음현상을 진단하고 본성을 자각하여 도덕의지를 가짐	1. 도덕의지의 반성적 자각	문제해결 기술
2. 문제에 직면하여 순수도덕정감에 의한 말과 행동을 다시 한 번 더 생각함 3. 호연지기의 어짊·의로움·예의로움·지혜로움을 생각하며 다시 한 번 더 본성에 의한 정직한 행위를 생각함	2. 본성 회복의 덕행위 모색	
4. 옳다는 확신 앞에 순수도덕정감의 행위로 궁리해 낸 말과 행동을 흔들림 없이 행함 5. 설사 잘못된 말이나 행동을 했을지라도 다시 한 번 되돌아보고 반성하여 수정함 6. 사욕지기로부터 벗어나 호연지기로 어짊·의로움·예의로움·지혜로움을 실천함	3. 덕행위의 주체적 실천과 체질화	
7. 싫은 일을 피하거나 짜증 냄 없이 긍정적 사고로 접근함 8. 의미 있는 삶의 발견과 감사하는 마음	1. 긍정적 사고	문제해결 지향성
9. 편안한 마음으로 솔직하게 다가가 차분하고 부드럽게 대화함	2. 진실성과 개방성	

10. 진실성 있는 대화방법을 터득함 11. 대인관계가 돈독해짐	2. 진실성과 개방성	
12. 상대방의 입장에서 말과 행동을 함 13. 상대방을 이해하고 배려하며 사랑하게 됨	3. 배려와 사랑	
14. 신중하게 말과 행동을 함 15. 침착하고 차분하게 말과 행동을 함	4. 신중성과 침착성	문제해결 지향성
16. 마음을 다스리며 성숙된 모습으로 지혜롭게 문제를 해결함	5. 마음 다스림	
17. 자신의 문제해결 능력 향상을 확인함 18. 타인을 도울 수 있는 능력을 확인함	6. 자신감	

선우는 3주 동안 덕성치유프로그램 훈련을 받으면서 사회적 문제를 해결해 나아가는 데 9개의 주제 모음 즉 '도덕의지의 반성적 자각', '본성 회복의 덕행위 모색', '덕행위의 주체적 실천과 체질화', '긍정적 사고', '진실성과 개방성', '배려와 사랑', '신중성과 침착성', '마음 다스림', '자신감' 등을 체험하는 것으로 나타났다. 선우가 체험한 9개의 주제 모음은 사회적 문제해결을 위한 2개의 큰 범주 즉 '문제해결 기술'과 '문제해결 지향성'으로 확정되었다. 9개의 주제 모음 중 '도덕의지의 반성적 자각', '본성 회복의 덕행위 모색', '덕행위의 주체적 실천과 체질화' 등의 주제 모음은 '문제해결 기술'에 해당된다. 그리고 '긍정적 사고', '진실성과 개방성', '배려와 사랑', '신중성과 침착성', '마음 다스림', '자신감' 등의 주제 모음은 '문제해결 지향성'에 해당된다. 그러므로 덕성치유프로그램을 훈련 받은 선우는 '문제해결 기술'과 '문제해결 지향성'을 동시에 기르면서 사회적 문제를 더욱 효과적으로 해결해 나아가고 있었음을 확인할 수 있었다.

덕성치유의 '문제해결 기술'의 범주에 속하는 '도덕의지의 반성적 자각', '본성 회복의 덕행위 모색', '덕행위의 주체적 실천과 체질화' 등의 세 가지 주제 모음은 D'Zurilla 등[9]이 사회적 문제해결 모형으로 제시하고 있는 네 가지 '문제해결 기술' 즉 '문제규정과 구성화', '대안적 해결책의 산출', '의사결정', '실행과 확인' 등에 해당된다고 볼 수 있다. 또한 덕성치유의 '문제해결 지향성'의 범주에 속하는 '긍정적 사고', '진실성과 개방성', '배려와 사랑', '신중성과 침착성', '마음 다스림', '자신감' 등의 주제 모음은 D'Zurilla 등[10]이 제시하고 있는 '문제해결 지향성' 즉 '인지적', '정서적', '행동적' 반응 등에 해당된다고 볼 수 있다.

D'Zurilla를 주축으로 한 사회적 문제해결 과정의 구조는 실생활 문제의 특수성 곧 모호성 · 복잡성 · 역동성을 고려함은 물론, 부정적 귀인歸因과 자기 통제 곤란 및 우울과 관련한 인지적 · 행동적 이론까지 결합되어 있어, 일상생활에서 실제 문제해결의 가능성을 효율적으로 최대화하는 이상적인 사회적 문제해결 구조이다.[11] 그러므로 덕성치유프로그램의 사회적 문제해결 구조가 D'Zurilla 등이 제시한 문제해결 기술과 문제해결 지향성을 구비하고 있다는 것은 덕성치유프로그램이 사회적 문제를 효율적으로 해결해 나아갈 수 있도록 구성되어 있다는 것을 의미한다. 이것은 선우가 덕성치유

---

9) T. J. D'Zurilla and A. M. Nezu, "Development and preliminary evaluation of the Social Problem-Solving Inventory", *Psychological Assessment: A Journal of Consulting and Clinical Psychology* 82(1990), pp.156~163.
P. P. Heppner and C. J. Krauskopf, "An Information-Processing Approach to Personal Problem Solving", *The Counseling Psychologist* 15(3)(1987), pp.371~447.

10) T. J. D'Zurilla and M. R. Goldfried, "Problem-solving and behavior modification", *Journal of Abnormal Psychology* 78(1971), pp.107~126.
T. J. D'Zurilla and A. M. Nezu, "Development and preliminary evaluation of the Social Problem-Solving Inventory", *Psychological Assessment: A Journal of Consulting and Clinical Psychology* 82(1990), pp.156~163.

11) R. M. Nezu, C. M. Nezu, and M. G. Perri, *Problem-Solving Therapy for Depression: Theory, Research, and Clinical Guidelines*(New York: John Wiley & Sons, 1989).

프로그램을 통하여 철학적으로 사회적 문제를 효율적으로 해결해 나아갈 수 있는 능력을 갖춤으로써 선우 스스로 계속해서 성장·발전해 나아갈 수 있음을 의미한다. 이것은 곧 덕성치유프로그램이 유가 덕철학 치유의 효과적인 실천방법임을 의미한다.

1. 문제해결 기술

사회적 문제해결 기술은 전반적인 심리적 적응이나 정신건강의 핵심요소로서[12] 사회적 기능과 심리적 안녕감에 영향을 미친다. 사회적 문제해결 기술의 부족은 비행 청소년이나 다양한 형태의 부적응아들을 양산시킬 뿐만 아니라[13] 자살 위험에 중요한 예언변인으로 작용하며[14] 우울증이나 알코올중독 등 사회 부적응 현상 등을 일으킨다.[15] 그러므로 효과적인 사회적 문제해결 능력의 육성은 비효율적인 문제해결의 결과로 나타나는 심리적인

---

12) T. J. D'Zurilla and M. R. Goldfried, "Problem-solving and behavior modification", *Journal of Abnormal Psychology* 78(1971), pp.107~126.
T. J. D'Zurilla and A. M. Nezu, *Social Problem Solving in Adults*(New York: Academic Press, 1982).

13) T. J. Dishion, R. Loeber, M. Stouthamer-Loeber, and G. R. Patterson, "Skill deficits and male adolescent delinquency", *Journal of Abnormal Child Psychology* 12(1984), pp.37~54.

14) E. C. Chang, "Cultural Differences, Perfectionism, and Suicidal Risk in a College Population: Does Social Problem Solving Still Matter?", *Cognitive Therapy and Research* 22(3)(1998), pp.237~254.

15) T. J. D'Zurilla and A. M. Nezu, *Social Problem Solving in Adults*(New York: Academic Press, 1982).
T. J. D'Zurilla and A. M. Nezu, *Problem-Solving Therapy*(New York: Springer Publishing Company, LLC, 2007).

스트레스와 다양한 행동적 부적응 등을 해소시킬 수 있다. 일상생활을 효과적으로 기능해 나아갈 수 있도록 하는 심리적 적응은 문제해결의 숙달정도와 관련되어 있기 때문이다.[16)]

덕성치유프로그램을 훈련 받은 선우는 문제해결 기술로 '도덕의지의 반성적 자각'과 '본성 회복의 덕행위 모색' 그리고 '덕행위의 주체적 실천과 체질화'의 방법을 사용하고 있는 것으로 나타났다. 덕성치유의 문제해결 기술 3단계를 D'Zurilla 등이 제시한 문제해결 기술 4단계와 비교해 보면 '도덕의지의 반성적 자각'의 단계는 '문제규정과 구성화'의 단계이다. 그리고 '본성 회복의 덕행위 모색'의 단계는 '대안적 해결책의 산출'과 '의사결정'의 단계이다. 마지막으로 '덕행위의 주체적 실천과 체질화'의 단계는 '실행과 확인'의 단계이다.

이를 구체적으로 살펴보면 덕성치유의 첫 번째 문제해결 기술인 '도덕의지의 반성적 자각'의 단계는 자신의 마음현상을 진단하고 사욕지기에 의해 가리어진 본성을 자각하여 도덕주체인 선성善性을 자각하는 단계이다. 따라서 이 단계는 사욕으로 인한 비도덕적 정황을 선성에 의한 도덕적 정황으로 전환시켜 나아갈 수 있는 단계이다. 이 단계는 문제의 원인을 도덕적인 차원에서 규정하고 문제해결의 방향을 설정함으로써 문제해결의 대안을 도덕적으로 찾아가고자 하는 계기를 마련한다. 그러므로 이 단계는 D'Zurilla 등이 제시한 네 가지 문제해결 기술 중 첫 번째 '문제규정과 구성화'의 단계에 해당된다고 볼 수 있다. '문제규정과 구성화'의 단계는 문제의 독특한

16) T. J. D'Zurilla and M. R. Goldfried, "Problem-solving and behavior modification", *Journal of Abnormal Psychology* 78(1971), pp.107~126.
T. J. D'Zurilla and A. M. Nezu, *Social Problem Solving in Adults*(New York: Academic Press, 1982).

성질을 명확하게 이해하는 과정을 거쳐 애매모호하고 비구조화된 사회적 문제 상황 등을 구체적이고 조작적인 용어로 정의하여 주된 목적 및 하위 목표들을 구체화함으로써 문제들을 다루기 쉽도록 세분화하는 작업이다. 이 단계를 통하여 일단 문제가 구체화되고 현실적으로 달성 가능한 목표가 설정되면 문제해결의 방향이나 목적을 향해 효율적인 대안을 찾기 시작할 수 있다.

덕성치유의 두 번째 문제해결 기술인 '본성 회복의 덕행위 모색'의 단계는 본성의 순수도덕정감에 의한 정직한 말과 행동을 중화원칙에 맞게 구성하는 단계이다. 또한 이 단계는 모색해 놓은 말과 행동이 본성의 순수도덕정감에 의한 정직한 행위이며 중화원칙에도 맞다는 올곧은 확신을 갖는 단계이다. 그러므로 이 단계는 D'Zurilla 등이 제시한 네 가지 문제해결 기술 중 두 번째와 세 번째에 해당하는 '대안적 해결책의 산출'과 '의사결정'의 단계에 해당된다고 볼 수 있다. '대안적 해결책의 산출' 단계는 가장 좋은 해결책을 찾기 위하여 유용한 해결책들을 가능한 한 많이 만들어내는 과정이다. 이 단계는 판단을 보류하면서 가능한 한 많은 해결책을 구상하고 기존의 대안과 새로운 대안을 조합·개선하여 구체적이고 행동적인 용어로 구성하는 단계이다. 또한 '의사결정'의 단계는 여러 대안들을 비교 분석하여 소요되는 시간이나 노력 또는 문제해결 정도나 가족·친구·사회로부터의 평가 또는 개인 및 사회적 안녕 등을 준거 틀로 삼아 최상의 해결책을 선택하는 단계이다.

덕성치유의 세 번째 문제해결 기술인 '덕행위의 주체적 실천과 체질화'의 단계는 선우가 본성에 의한 정직한 행위를 흔들림 없이 주체적으로 실천할 수 있도록 행동을 강화하는 단계이다. 나아가 이 단계는 일상생활에서 비록 잘못된 말이나 행동을 했다 할지라도 다시 반성하여 수정하면서 호연지기로 어짊 · 의로움 · 예의로움 · 지혜로움을 실천해 나아가는 단계이다. 그러므로 이 단계는 선우 스스로 실행과 확인을 거듭하면서 일상생활에서 본성을 실천하는 행위를 강화시켜 나아가는 과정이다. 따라서 이 단계는 D'Zurilla 등이 제시한 네 가지 문제해결 기술 중 네 번째에 해당하는 '실행과 확인'의 단계를 수행한다고 볼 수 있다. '실행과 확인'의 단계는 실제로 선택한 방법을 수행하고 원하는 결과가 달성되었는지 확인하는 절차이다. 이 단계는 기대했던 결과와 실제적 결과가 일치하는가의 여부를 먼저 검토하고 일치하지 않을 경우에는 이를 바로잡기 위하여 문제해결 과정의 이전 단계로 되돌아간다. 이 과정에는 실행관찰평가 이외에도 자기강화의 요소를 지닌 행동평가와 자기통제과정이 포함된다.

유가 덕철학 치유를 위한 덕성치유프로그램은 문제해결의 판단기준을 덕德에 두고 있으면서 D'Zurilla 등이 사회적 문제해결 모형의 '문제해결 기술'로 제시하고 있는 4단계의 과정 즉 '문제규정과 구성화', '대안적 해결책의 산출', '의사결정', '실행과 확인' 등의 과정을 모두 거치고 있다.

덕성치유의 문제해결 기술의 첫 단계인 '도덕의지의 반성적 자각'의 단계는 선우가 사욕으로 가려진 본성을 자각하고 치유목표를 세우는 단계이다. 이 단계에서 선우는 비도덕적 정황을 도덕적 정황으로 전환시킬 수 있는 도덕적 계기를 마련하게 된다. 그러므로 이 단계에서 선우는 마음현상을 진단하고 본성을 자각하여 순수도덕정감을 실현하고자 하는 도덕의지를 갖게 된다. 어짊 · 의로움 · 예의로움 · 지혜로움은 외부로부터 나에게 녹아들어온 것이 아니라 나에게 본래부터 있는 것이다. 다만 그것을 반성적으로 사고해서 자각하지 않을 따름이다.[17] 인간에게 내재하는 선성은 바로 도덕의 근거이고 그것은 동시에 도덕주체이다. 그러므로 도덕적 가치를 성취하기 위하여서는 반드시 내재되어 있는 선성을 드러내야 한다. 그리고 그 과정은 결코 인식론적인 사고과정이 아니라 반성反省과 반사反思의 과정이어야 한다.[18] 또한 의지는 기氣의 통솔자이고 기는 몸 안에 충만해 있는 에너지이므로 의지가 이르는 곳에 기 또한 표출되어 나온다. 그래서 의지를 잘 보존하고 지킴으로써 몸 안의 충만한 기가 난폭하게 되거나 남용되지 않도록 해야 한다.[19] 이것은 선성을 드러내어 실천하기 위하여서는 무엇보다 먼저 도덕의지를 가져야 할 필요성이 있음을 의미한 것이다.

도덕의지의 반성적 사고는 자기로부터이다. 자기 자신을 바르게 하고 다른 사람에게서 구하지 않으므로 원망함이 없다. 위로는 하늘을 원망하지 않고 아래로는 다른 사람을 탓하지 않는다. 공자가 활을 쏘는 일은 군자와 닮은 데가 있으니 정곡을 맞추지 못하면 돌이켜(反) 그 자신에게서 원인을 찾는다(求)[20]고 하는 것은 생활 속에서 자신을 성찰하고 반성하면서 문제의 원인을 다른 사람에게서 찾아 남의 탓으로 돌리지 않고 자기에게서 찾는다는 것을 잘 보여 주고 있다. 그러므로 이 단계는 문제의 해결책을 자기에게서 찾되 그 준거 틀을 천天으로부터 부여받은 선성에 두고 본성을 자각해 나아가는 단계이다. 곧 이 단계에서는 마음이 외부사물과 만나 발동한 정황이 인심에 의한 것인지 도심에 의한 것인지 자세하게 성찰하여 본성을 자각함으로써 올바른 도심을 오롯이 지켜 낸다. 이것이 성의誠意공부이며 정일精

---

17) 『孟子』, 「告子上」, "仁義禮智, 非由外鑠我也, 我固有之也. 弗思耳矣."
18) 김기주, 「맹자의 공부론」, 『공부론』(예문서원, 2007), 86쪽.
19) 『孟子』, 「公孫丑上」, "夫志, 氣之帥也, 氣, 體之充也, 夫志至焉, 氣次焉. 故曰, 待其志, 無暴其氣."
20) 『中庸』, 14章, "在上位不陵下, 在下位不援上, 正己而不求於人則無怨. 上不怨天, 下不尤人. 故君子居易以俟命, 小人行險以徼幸. 子曰, 射有似乎君子, 失諸正鵠, 反求諸其身."

—공부이다.

'도덕의지의 반성적 자각'의 단계에서 선우는 자신의 정감 혹은 행위를 성찰하여 마음현상을 진단함으로써 사욕지기로 가리어진 본성을 자각하여 도덕적 계기를 마련한다. 또한 선우는 이 단계에서 본성을 드러낼 순수도덕정감의 행위를 치유목표로 설정함으로써 도덕의지를 갖는다. 선우는 자기의 선성에 대한 가치의 자각을 통하여 자기 주체를 긍정할 수 있게 되며 자신이 실천행위의 도덕적 주체자가 되어 자발적이고 자율적으로 치유목표를 설정하게 된다. 이 단계에서 마음현상을 진단하기 위한 마음의 성찰과정은 기氣→언言→심心의 순서를 거치며, 진단은 기氣→심心→언言의 순서로 한다.

인간에게는 모두 직각지인 양지가 있어 자기가 어짊·의로움·예의로움·지혜로움에 따라 정직하게 행하면 심기는 편안할 것이며 이를 무시하고 자기의 이로움에 따라 행하면 심기는 불편할 것이다. 그러므로 선우가 자기를 성찰하기 위해서는 먼저 자기의 심기를 살펴보는 것으로부터 시작하면 된다. 그리고 지언을 통하여 마음현상을 진단하면 된다. 맹자는 "사람의 말은 모두 그 마음에서 나온 것이니 그 마음이 바른 이치에 밝아 가리어지는 것이 없는 연후에야 그 말이 평정하고 통달해서 병이 없는 상태가 될 것이다. 그렇지 않으면 반드시 네 가지 병인 치우침과 방탕함과 간사함과 회피함이 있을 것이다. 그 말이 병들면 그 마음의 잃음을 알 것이다"라고 하였다.[21] 곧 맹자는 지언을 통하여 마음을 성찰함으로써 마음의 병을 진단할 수 있음을 설명하고 있다. 지언은 상대방의 언어현상을 통하여 눈에 보이지 않는 마음을 인식하는 것이다. 이것은 곧 자기의 마음현상을 파악하기

21) 『孟子集註』, 「公孫丑上」, "人之有言, 皆本於心, 其心明乎正理而無蔽然後, 其言平正通達而無病. 苟爲不然, 則必有是四者之病矣. 卽其言之病, 而知其心之失."

위하여서도 자기의 언어현상을 통하여서 알 수 있다는 것과도 통한다. 그러므로 이 단계에서 선우는 먼저 자기의 말과 행동을 자세히 관찰하여 자기의 마음현상을 진단하면 된다. 곧 선우는 '도덕의지의 반성적 자각'의 단계에서 이미 행한 자기의 말과 행동(혹은 행하기 전 외부사물을 만나면서 발동한 정감)을 성찰하여 마음현상(心)을 진단하면 된다. 이 과정은 선우가 사욕지기에 의해 가리어진 자기의 본성을 자각함으로써 호연지기로 본성을 회복하고자 하는 도덕적 계기를 맞이하는 중요한 순간이다.

도덕적 계기를 맞이한다는 것은 문제를 도덕적으로 해결하고자 하는 도덕적 동기와 도덕의지를 갖게 할 뿐만 아니라 인간성 회복을 위하여서도 중요한 출발점이 된다. 반성적 사고를 통한 자기긍정은 선성을 자각하여 보존하고 확충하기 위한 필수적인 요소이면서 그 공부의 시작과 끝을 관통하는 기본적인 요소이다.[22] 제선왕齊宣王은 죽을 곳으로 가는 소를 보고 자신도 모르는 사이에 우발적으로 측은지심을 느끼고 소를 대신하여 양을 쓰라고 명령하였다. 이때 측은지심이라는 감정은 매우 중요한 역할을 한다. 우연하게 소에 대한 연민의 감정을 느꼈다는 것은 도덕적인 의지가 노력과는 무관하게 자연적으로 우리에게 내재되어 있다는 것을 설명한 것이다. 또한 양을 쓰라고 명령한 것은 측은지심으로 말미암아 잘못된 의례에 대한 집착에서 해방되어 도덕적 계기를 마련할 수 있다는 것을 설명한 것이다. 그러나 우연한 도덕적 계기는 선성을 자각하여 분명히 발현시킨 것이 아니므로 한 순간의 행위에 불과하다. 이것은 곧 도덕의지에 의한 것이 아니므로 의로움을 쌓아 갈 수 있는 힘이 약하여 호연지기를 길러내지 못한다.

22) 김기주, 「맹자의 공부론」, 『공부론』(예문서원, 2007), 88쪽 참조.

그러므로 선우로 하여금 사욕지기에 의해 측은지심 · 수오지심 · 사양지심 · 시비지심이 가려져 나타난 행위를 분명하게 진단하게 하는 것은 도덕적 계기를 마련하게 하는 데 매우 중요하다. 이것은 비도덕적 행위와 관행 그리고 제도 등을 차단하게 하고 도덕적 행동을 끊임없이 실천할 수 있도록 하여 의로움을 쌓아(集義) 가게 하는 단초가 될 수 있다. 따라서 선우가 일상생활에서 끊임없이 자기 행위를 성찰하여 마음현상을 진단하고 치유목표를 세워 나아갈 수 있다는 것은 도덕적 행동을 집의해 갈 수 있다는 것을 의미한다. 이것은 유가철학이 '생활실천철학'으로 옮겨 가는 첫 출발점이다.

덕성치유의 문제해결 기술의 첫 단계인 '도덕의지의 반성적 자각'의 주제 모음은 선우들이 '마음현상을 진단하고 본성을 자각하여 도덕의지를 가짐'의 주제로 구성되었다.

'도덕의지의 반성적 자각'의 단계에서 선우들은 일상생활에서 자연스럽게 자기의 말과 행동을 성찰하여 마음현상을 진단하고 사욕지기로 가려진 자기의 본성을 자각하게 되었다. 선우들은 시간이 지날수록 자기의 마음현상을 신속하고 정확하게 진단할 수 있게 되었고 문제의 상황도 정확히 파악할 수 있게 되었다. 선우들은 차츰 일상생활 속에서 자기의 말과 행동은 물론 타인의 말과 행동을 통하여서도 마음현상을 진단할 수 있게 되었다. 또한 선우들은 스스로 자기의 말과 행동을 성찰하여 마음현상을 진단할 수 있게 됨으로써 자기의 행동 하나하나를 반성해 보는 습관을 가지게 되었다. 선우들은 자기의 잘못된 생각과 행위 등을 고치기 위하여 치유목표를 세우고 어짊 · 의로움 · 예의로움 · 지혜로움 등을 실천하고자 하는 도덕의지를 갖게 되었다. 선우들의 체험사례는 다음과 같다.[23)]

실제 상황에서도 마음현상을 진단하게 되었고 나의 행위를 자각할 수 있게 되었습니다. 말과 행동을 함부로 하지 않으며 말을 하는 데 있어 마음현상을 진단하여 혹시나 사욕지기로 행한 건 아닌지 생각하게 되었습니다.(사례 12) 실생활에서 이건 측은, 이건 수오, 이렇게 말할 수 있고 행동의 잘못됨을 알았다.(사례 1) 마음현상을 진단하여 나의 행동을 반성할 수 있게 되었습니다.(사례 17) 예전보다 빠르고 정확하게 문제 상황에 대해 파악하며 그것을 해결하기 위하여서 진단을 내리기까지의 시간이 단축됨을 느꼈다.(사례 6) 일상생활에서조차 내 행위와 다른 사람들의 행위 하나하나에 진단을 내림으로써 내가 사욕지기로 가리어진 행위를 하지 않는지 확인하는 버릇이 생겼습니다. 그럼으로써 더욱더 인의예지를 실천해야지라는 생각이 들었습니다.(사례 2) 나의 잘못된 생각과 행위들을 고치기 위하여 목표를 세우고 무엇이 잘못되었는지 차근차근 바꾸어 나아갈 수 있는 능력이 길러지게 되었다.(사례 5) 무엇이 잘못됐는지를 알고 그것의 목표를 바로 세워 나를 바꿀 수 있는 능력이 생겼다.(사례 23)

덕성치유의 문제해결 기술의 두 번째 단계인 '본성 회복의 덕행위 모색'의 단계는 순수도덕정감에 의한 정직한 말과 행동을 중화원칙에 맞게 모색해 나아가는 단계이다. 이 단계는 어짊을 본질로 하여 의로움에 따라 예의로움으로 나아가는 모든 형식과 방법을 모색하는 단계이기도 하다. 이 단계는 사욕정감 이면에 인간적이고 양심적으로 미미하게 흐르고 있는 순수도덕정감을 자각하여 그 본성에 의한 순수도덕정감의 말과 행동을 구체적으로 모색하는 단계이다. 이 단계에서는 선우가 지금까지 문제해결에 임해왔던 개인적인 성격이나 습관을 뛰어넘어야 하는 단계이기도 하다. 이 단계

23) 체험사례는 24명의 선우에게서 수집된 의미 있는 원자료들이다. 사례 번호는 24명의 선우에게 임의로 순번을 부여한 것이다.

는 본성을 회복하여 순수도덕정감에 의한 정직한 말과 행동을 모색하는 단계이므로 선우는 지금까지 사용해 보지 않았던 형태의 대화법을 익히게 된다. 어짊의 행위를 묘사하기 위하여서는 참으로 상대방이 어짊을 느낄 수 있는 형태(禮)로 표현되어야 하기 때문이다. 이 단계에서 선우는 자기에게 솔직해지며 타인에게 자기를 진실하게 개방할 수 있게 되고 문제를 더 긍정적으로 바라보게 된다. 또한 선우는 타인을 이해하게 되고 배려하게 되며 타인을 나와 같이 존중하고 사랑할 수 있게 된다.

덕성치유의 문제해결 기술의 두 번째 단계인 '본성 회복의 덕행위 모색'의 주제 모음은 선우들이 '문제에 직면하여 순수도덕정감에 의한 말과 행동을 다시 한 번 더 생각함'의 주제와 '호연지기의 어짊 · 의로움 · 예의로움 · 지혜로움을 생각하며 다시 한 번 더 본성에 의한 정직한 행위를 생각함'의 주제로 구성되었다.

'본성 회복의 덕행위 모색'의 단계에서 선우들은 평상시에도 행동 하나 하나에 마음현상을 진단하고 그 상황에 맞는 자각행위의 말과 행동을 생각하게 되었다. 또한 선우들은 말과 행동을 하기 전에 문제에 다시 한 번 더 깊이 직면하여 생각해 보는 습관을 갖게 되었다. 선우들은 타인을 대하는 마음과 말 그리고 행동도 달라지게 되었다. 선우들의 체험사례는 다음과 같다.

평상시에도 어떠한 상황에 처하게 되면 진단을 내리고 거기에 따른 말과 행위를 생각할 수 있게 되었습니다.(사례 11) 어떤 행위에 대해서 마음현상을 진단할 수 있고 자각행위를 생각할 수 있게 되었습니다.(사례 17) 사소한 것 하나하나에 진단을 내리며 그 상황에 맞는 말과 행동을 생각하게 되었습니다.(사례 11) 나의 행동과 말을 다시 한 번 생각해 볼 수 있게 되었습니다. (사례 21) 머릿속으로 한 번 더 생각을 해 본다.(사례 1) 문제에 다시 한 번 깊이 직면하여 생각해 볼 수 있었다.(사례 9) 나의 행동과 말을 다시 한 번 더 생각해 보고 행하는 것에 변화를 갖게 되었습니다.(사례 19) 마음현상을 진단함으로써 다시 한 번 나의 말과 행동에 대해 생각해 보고 다음에는 그 행동을 하기 전에 한 번 더 생각해 보고 말과 행동을 하게 되었다.(사례 8) 더 생각해 보고 행하는 것이 되었습니다.(사례 19)

또한 '본성 회복의 덕행위 모색'의 단계에서 선우들은 일상생활을 하는 동안에도 호연지기라는 용어를 머리에 새겨 두고 말과 행동 하나하나를 신중히 생각하게 되며 옳은 것을 실천하고자 하는 의지를 갖게 되었다. 선우들은 문제를 빨리 해결하려고 서두르기보다는 호연지기로 어짊 · 의로움 · 예의로움 · 지혜로움 등에 의한 해결방법을 찾기 위하여 더 구체적으로 문제해결 과정을 생각하게 되었다. 선우들의 체험사례는 다음과 같다.

호연지기라는 단어를 평소에 생활하면서도 머리에 새겨 두고 말과 행동 하나하나 다 조심하게 되었습니다.(사례 20) 쉽게 하는 행동보다는 한 번 더 호연지기를 생각하는 모습으로 변한 것 같습니다.(사례 23) 해결에 앞서 인의예지를 생각해 어떤 것이 옳은지를 생각해 보는 내가 되었습니다.(사례 16) 이론상으로라도 이것이 옳은 행위인지 아닌 행위인지 판별할 수 있게 되었다.(사례 1) 예전에는 문제를 해결할 때 해결된다, 안 된다에 초점을 두었으나 지금은 그 문제를 해결할 때 어떻게 어떤 마음으로 어떤 과정을 통하여 해결하는지에 대해 좀 더 구체적으로 생각하게 되었다.(사례 15)

이 단계에서 선우가 모색해 놓은 순수도덕정감의 말과 행동을 다음 단계에서 강화시켜 나아가기 위해서는 먼저 선우가 자신이 생각해 낸 말과 행동이 순수도덕정감의 행위라는 확신을 가질 수 있어야 한다. 그러므로 이 단계에서는 선우로 하여금 순수도덕정감의 행위라고 모색해 놓은 말과 행동에 대해 스스로 의문을 가지고 옳다는 곧은 확신을 가질 수 있을 때까지 다시 한 번 확인해 보게 하는 과정이 중요하다. "부동심을 기르는 방법이 있는가"라는 질문에 맹자는 있다고 대답하고 부동심이란 용기와 밀접한 관련이 있으며 용기는 두려움이 없는 것이라고 말하였다. 그러나 부동심은 용기 또는 두려움이 없음에서 그치는 것이 아니라 두려움이 없는 단계를 넘어서야 하는 것인데 마음에 두려움이 없기 위하여서는 스스로 돌이켜 곧음이 있어야 한다. 여기에서의 곧은 확신이란 선우가 순수도덕정감의 행위라고 생각해 낸 말과 행동이 자기의 본성에 의한 진실된 표현이라는 확신 그리고 스스로에게도 떳떳하고 타자에게도 떳떳하며 세계에도 떳떳하다는 확신이다.

마지막으로 덕성치유의 문제해결 기술의 세 번째 단계인 '덕행위의 주체적 실천과 체질화'의 단계는 순수도덕정감에 의한 정직한 말과 행동을 강화시켜 나아가는 단계이다. 그러므로 이 단계에서는 선우에게 실제 상황을 떠올리게 하여 어떠한 부정적인 상황 앞에서도 두려움 없이 용기 있게 부동심으로써 순수도덕정감에 의한 정직한 말과 행동을 표현할 수 있도록 하는 행동 강화의 과정을 거치게 해야 한다. 선우가 순수도덕정감에 의한 정직한 행위에 대해 확신을 가지고 있다 할지라도 이를 일상생활에서 실천에 옮기기에는 어려움이 있기 때문이다. 본성을 표현하기 위하여서는 자기 자신에 대한 진실성 그리고 자기긍정과 타인을 향한 개방성 등이 필요한데, 일반적으로 우리는 이와 같은 삶의 방법에 익숙해 있지 않다. 그러므로 이 단계에서는 선우에게 실제 상황을 떠올리게 하여 어떠한 부정적인 상황 앞에서도 두려움 없이 용기 있게 부동심으로써 순수도덕정감을 표현하는 행동 강화의 과정을 거치게 하여 선우가 결국 일상생활에서도 도덕적 주체성을 실천할 수 있도록 해야 한다. 그리고 설사 선우가 일상생활에서 잘못된 말이나 행동을 다시 행했다 할지라도 다시 한 번 되돌아보고 반성하면서 호연지기로 어짊 · 의로움 · 예의로움 · 지혜로움 등을 끊임없이 실천하면서 체질화해 나아갈 수 있도록 해야 한다. 어짊의 실천은 죽은 뒤에야 끝나는 것이므로 군자는 강하고 굳세어야 하기 때문이다.

군자는 성인이 되고자 꿈꾸며 자신을 끊임없이 수양하는 현실적인 가능태로서의 이상적 인간이다.[24] 이것은 『주역周易』의 최후의 괘가 완성의 괘가 아닌 미완성의 괘인 미제未濟인 것을 보아도 잘 알 수 있다. 마지막 괘가 완성이 아닌 미완성의 괘로 배치된 것은 성인聖人을 향한 노력은 끝이 없음을 보여 준 것이라고 할 수 있다. 군자는 비록 완성에 이르지는 못하더라도 완성을 향해 끊임없이 노력하면서 항상 새롭게 시작하는 자이다. 또한 『성학십도聖學十圖』「심통성정도心統性情圖」에서도 "배우는 사람은 진실로 경敬을 갖도록 전념하여 이치와 욕망을 확실하게 분별하고 더욱 조심하여 본성이 발현하지 않았을 때 존양存養하는 공부를 충실히 할 것이며 본성이 이미 발현되었을 때는 반성하고 살펴보는 습관에 익숙해져야 할 것이다. 이러한 노력을 참되게 쌓아 올리고 오래도록 계속 노력하기를 거듭하게 되면 마음을 하나로 모으고 순수하게 하여 중용의 도리를 잡는 군주의 학문과 본체를 잘 보존하여 현실에 충분히 응용할 수 있는 심법心法이 모두 얻어지게 될

24) 김권환, 「유가의 이상적 인간상 연구」(한국교원대학교 교육대학원 석사학위논문, 2007), 27쪽.

것이다"라고 하였다. 그러므로 일상생활 속에서 끊임없이 자기의 말과 행동 그리고 정감을 세밀하게 관찰하고 반성하면서 순수도덕정감의 행위를 실천할 수 있도록 체질화해 가는 과정은 아주 중요하다.

덕성치유의 문제해결 기술의 세 번째 단계인 '덕행위의 주체적 실천과 체질화'의 주제 모음은 선우들이 '옳다는 확신 앞에 순수도덕정감의 행위로 궁리해 낸 말과 행동을 흔들림 없이 행함'의 주제와 '설사 잘못된 말이나 행동을 했을지라도 다시 한 번 되돌아보고 반성하여 수정함'의 주제 그리고 '사욕지기로부터 벗어나 호연지기로 어짊 · 의로움 · 예의로움 · 지혜로움을 실천함'의 주제로 구성되었다.

'덕행위의 주체적 실천과 체질화'의 단계에서 선우들은 순수도덕정감의 행위로 생각해 낸 말과 행동이 참으로 본성에 의한 행위라는 곧은 확신을 더욱 굳게 가지게 되면서 순수도덕정감의 행위를 강화시켜 나아가게 되었다. 선우들은 순수도덕정감에 의한 정직한 행위를 강화시켜 나아가면서 자기의 행위가 옳다는 확신을 더욱더 갖게 되어 갈등 없이 표현할 수 있는 변화를 가지게 되었다. 선우들은 비록 상대방으로부터 부정적인 반응이 나오더라도 용기 있고 흔들림 없이 말할 수 있게 되었다. 차츰 선우들은 본성에 의한 정직한 행위를 일상생활에서 실천할 수 있는 변화를 갖게 되었다. 선우들은 부정적인 상황이나 피하고 싶은 상황에서도 순수도덕정감에 의한 정직한 행위를 흔들림 없이 말함으로써 자신감을 갖게 되었다. 선우들의 체험사례는 다음과 같다.

본성을 실천하면서 마음이 성숙해지고 내가 실천하는 행동에 대한 확신이 조금씩 들기 시작했다.(사례 15) 내 마음에 확신이 생겼다.(사례 18) 내가 행하는 행동에 조금 더 확신을 가지고 내가 행했던 행동에 흔들림 없이 갈등을 만들지 않고 해결하는 나를 보았습니다.(사례 16) 조금 더 확신을 가지고 확신을 가진 일을 갈등 없이 표현할 수 있는 변화를 가지게 되었습니다.(사례 13) 보존하고 확충시켜 나감으로써 더욱더 내가 행한 자각행위에 자신감과 확신감을 가질 수 있어 말과 행동을 할 때 흔들림 없이 용기 있게 행하게 되었습니다.(사례 2) 말을 함에 있어 그것이 옳은 행위라는 확신이 있을 때 상대방으로부터 부정적인 반응이 나오더라도 용기 있고 흔들림 없이 말할 수 있게 되었다.(사례 6) 나의 행동이 변화되기 시작했습니다. 본성에 정직한 행동을 생각하여 행동으로 옮길 수 있는 변화를 갖게 되었습니다.(사례 17) 어떤 부정적인 일이 생겨도 정감체험훈련을 통하여 얻은 것을 바탕으로 갈등 없이 내 감정 표현도 하면서 일을 해결할 수 있는 능력이 생겼습니다.(사례 13) 전에는 피하고 싶으면 그냥 피하고 잘 흔들렸는데 지금은 그 상황을 피하지 않고 자각행위를 내렸던 것을 흔들리지 않고 행동할 수 있었습니다.(사례 11) 예전에는 우물쭈물 내가 혹시 틀리면 어쩌나 하고 걱정만 했는데 이제는 걱정 대신 행동으로 즉시 옮기게 되었다.(사례 3)

일상생활에서 선우들은 설사 잘못된 말이나 행동을 했을지라도 그것을 다시 한 번 되짚어 보면서 자기의 행동을 반성하고 본성에 의한 정직한 말과 행동을 생각하여 비슷한 상황이 오면 다시 적용해 보는 연습을 하게 되었다. 선우들은 하루를 마치기 전에 자기를 돌아보면서 호연지기로 본성을 실천하지 못한 것에 대하여 반성의 시간을 가지게 되었다. 선우들은 어느덧 실제 상황에서 비도덕적 모습을 보이기 전에 스스로 자제하는 능력을 갖게 되었다. 또한 선우들은 주위 환경과의 충돌을 피할 수 있게 되었고 일상생활에서 말과 행동을 올바르게 적용하는 능력을 갖게 되었다. 선우들의 체험 사례는 다음과 같다.

내가 설사 잘못된 말이나 행동을 했을지라도 그것을 다시 한 번 되짚어 봄으로써 나의 행동을 반성할 수 있었다.(사례 14) 스트레스 받는 상황이 있었다면 거기서 짜증을 내고 거기서 끝냈는데 지금은 다시 한 번 되돌아보고 반성하며 말과 행위를 생각해 보고 다음번에 비슷한 상황이 오면 실천하게 되었습니다.(사례 11) 자각행위와 말을 스스로 생각하며 나쁜 행동을 하게 되더라도 반성하게 되고 그런 모습을 보이기 전에 스스로 자제하는 능력이 많이 늘었습니다.(사례 20) 주위 환경과의 충돌을 피할 수 있게 되었고 나를 알며 나의 말과 행동을 반성할 수 있는 기회를 갖게 되었습니다. 한 번 더 생각하고 이해하여 말을 함으로써 나쁜 행동과 말도 점차 줄어들었습니다. 여유를 가질 수 있으면 하루를 마치기 전에 돌아볼 수 있는 시간을 가질 수 있었습니다.(사례 7) 주위 상황과 대립을 하지 않고 나의 말과 행동을 반성할 수 있었다.(사례 22) 혹여나 내가 지나치게 된 일상생활의 내 말과 행동을 통하여 정감체험훈련을 적용함으로써 자기 참회의 변화를 느낄 수 있었다.(사례 24) '할 수 있었는데 난 왜 그렇게 호연지기로 실천하지 못했나?' 하고 반성을 하기도 합니다.(사례 23) 나를 되돌아보면서 나를 알려고 많이 하는 것 같습니다.(사례 19) 나의 행위를 고치기 위하여 반성을 하고 어떤 상황에서든 인의예지를 발휘할 수 있는 능력이 길러지게 된 것 같다.(사례 22) 잘못된 행동에 대한 반성을 하고 그것을 실제 상황에서의 말과 행동에 올바르게 적용하는 능력이 생겼다.(사례 15) 예전에는 그냥 지나쳤던 것을 다시 한 번 생각해 보고 실천하려고 노력하려고 한다.(사례 8)

선우들은 일상생활에서 호연지기로 어짊 · 의로움 · 예의로움 · 지혜로움 등을 실천하기 위한 노력을 계속하게 되었다. 차츰 선우들은 욕심을 조절할 줄 알게 되었고 사욕지기로부터 벗어나 호연지기로 어짊 · 의로움 · 예의로움 · 지혜로움의 행위를 실천하게 되었다. 선우들은 인격을 완성해 나아가기 위하여 노력하게 되었고 어떤 상황과 문제에 직면하더라도 어짊 · 의로움 · 예의로움 · 지혜로움 등에 따라 행동할 수 있는 변화를 가지게 되었다. 선우들의 체험사례는 다음과 같다.

사욕지기가 드러날 것 같은 행동은 자제하려 노력했습니다.(사례 20) 예전에는 쓰레기를 아무 데나 버리고 그랬었는데 요새는 쓰레기를 버리면 사욕지기로 수오지심이 가리어진 치우친 행위를 하는 거니깐 버리면 안 되겠다고 생각을 해 꼭 쓰레기통에 버립니다. 그럼으로써 인의예지를 실천하고자 하는 의지가 생겨 인의예지를 더욱더 실천하게 되었습니다.(사례 2) 어떤 말이나 행동이 조금 더 사욕지기로부터 벗어나게 되었습니다.(사례 17) 욕심을 부리려는 마음이 줄고 그 욕심을 어떻게 하면 풀어 갈 수 있는지에 대한 방법을 알았다.(사례 15) 사욕지기보다는 호연지기로 인의예지를 할 수 있는 여유가 생기는 것 같습니다. 그냥 지나쳐만 갔던 인의예지를 알 수 있었습니다. 호연지기로 인의예지를 할 수 있음을 알았습니다.(사례 23) 그동안 몰랐던 호연지기로써 인의예지를 실천할 수 있는 방법을 알고 그대로 실천하려고 바뀌고 있습니다.(사례 10) 사욕지기로 가득한 일들이 호연지기로 인의예지를 수행하는 모습이 가장 큰 변화입니다. 내 행동과 말에 의미를 부여하고 생각할 수 있는 능력을 가지게 되어 어떤 상황에서든 인의예지를 발휘할 수 있는 능력을 갖게 되었습니다. 감정에 치우쳐 사욕지기로 행하던 일들이 점점 호연지기로 인의예지를 실천하고 있었습니다.(사례 13) 조금 더 행동하는 데 호연지기에 가깝게 행동하고 말하고 있습니다. 어떤 상황이 주어져도 본성에 가깝게 지혜롭게 문제를 해결해 나가고 있습니다.(사례 10) 인격을 완성해 가기 위하여 노력하고 마음에는 호연지기가 흐르고 있어 인의예지로 실천하고 있습니다.(사례 12) 사욕지기로 행했던 행동과 말들이 호연지기로 행함으로써 인의예지를 실천하는 내 자신에게 변화가 있었습니다. 내 행동과 말에 의미를 알게 되고 그 의미에 따라 행동하게 되어 어떤 상황과 문제에 도달하였을 때 그 해결 능력이 좀 더 생긴 것 같고 인의예지에 따라 행동할 수 있는 변화를 가지게 되었습니다.(사례 16) 먼저 마음에서 우러나오는 인의예지를 실천하는 나의 모습을 볼 수 있었다. 먼저 인의예지에 대해 생각하면서 일상생활에서 나의 말과 행동을 그에 맞게 실천하려는 굳은 마음을 가질 수 있었고 그로 인해 타인도 나의 말과 행동에 따라 변화되는 것을 볼 수 있었다.(사례 8) 지혜로운 행위를 하려는 시도를 많이 하고 있습니다.(사례 19) 항상 마음현상을 진단하고 확충 · 보존시키면서 옳은 일을 수행하는 사람이 되었습니다.(사례 13) 생활에 적용해 볼 수 있었다.(사례 14) 일상생활에서도 실천하게 되었습니다.(사례 20) 일상생활 속에서 정감체험훈련이 자리 잡고 배운 내용을 나도 모르게 응용하게 되었다.(사례 24) 앞으로 어떤 상황이 오면 이렇게 행동하면 되겠다고 생각했다.(사례 1) 친구들과 말을 하다가도 '뭔가 안 풀리는 일이 있으면 정감체험훈련대로 해결해 보자'라고 했다.(사례 3) 비슷한 경우가 생기더라도 예전의 기억이 생각날 것이고 대처할 수 있는 능력이 생겼습니다.(사례 7)

2. 문제해결 지향성

문제해결 지향성은 자기가 가지고 있는 문제해결 기술을 효과적으로 활용하여 문제를 해결할 수 있도록 돕는다. 일반적으로 문제해결 과정에는 문제에 직면했을 때 문제해결 초기에 즉각적으로 반응하는 인지적 · 정서적 · 행동적 요소의 문제해결 지향성이 포함된다. 인지적 요소는 문제에 대한 지적 경험 또는 정보적 측면이고, 정서적 요소는 문제를 해결하는 데서 나타나는 자신감 등을 포함한다. 행동적 요소는 문제해결을 위하여 직접 행동화하는 측면을 말한다. 이 요소들은 문제해결의 초기에 서로 상호작용하면서 문제해결을 촉진시키고 문제해결의 방향을 결정짓는다. 그러므로 이 요소들은 문제해결자의 주의를 과제 지향적 측면으로 향하도록 하고 부정적 정서 상태를 환기시키는 기능을 담당한다.[25)]

D'Zurilla[26)]는 문제해결 지향성을 문제해결에 직접적으로 요구되는 기술이나 능력은 아니지만 문제해결 수행 전반에 걸쳐 일반화 혹은 비구체적인 효과를 지니는 일련의 인지적 변인들로 한층 더 높은 수준의 상위 인지적 변인(meta cognitive variables)이라고 하였다. 이 변인들은 문제 상황이 어떠하냐에 관계없이 개인이 취하는 일반적인 태도로, 한 개인이 문제 상황에 처음 직면했을 때 보이게 되는 즉각적인 반응들이다. 문제에 대한 즉각적인 개인의 평가는 문제에 적극적으로 개입하도록 조장하거나 회피하도록 하는 등 행동의 방향을 결정한다. 그러므로 문제해결 지향성은 일상생활에서 즉각적으로 문제를 해결해 갈 수 있도록 방향을 잡고 문제를 적극적으로 해결해 가는 데 중요한 역할을 하게 된다.

유가 덕철학 치유를 위한 덕성치유프로그램 훈련을 통하여 입증된 문제해결 지향성의 요소는 '긍정적 사고', '진실성과 개방성', '배려와 사랑', '신중성과 침착성', '마음 다스림', '자신감' 등의 주제 모음으로 구성되었다.

덕성치유프로그램 훈련을 통하여 선수들은 어떠한 문제도 스스로에게 당당하고 떳떳하게 해결해 갈 수 있다는 것을 확인하면서 자신감을 갖게 되었다. 문제해결에 대한 자신감은 심리적 안녕의 주요소로 개인의 문제해결 능력과 문제에 대처하는 측면에 영향을 미치므로 문제해결 과정에 매우 중요하다.[27)] 맹자는 학문하기를 위하여 호연지기를 기르는 일과 지언의 중

---

25) D. Meichenbaum, *Cognitive-Behavior Modification: An Integrative Approach*(New York: Plenum, 1977).

26) T. J. D'Zurilla, *Problem-Solving Therapy: A Social Competence Approach to Clinical Intervention*(New York: Springer Publishing company, 1986).

요성을 제시하고 있다. 호연지기는 도덕심을 발휘하는 데서 오는 자신감이며[28] 지언은 말을 성찰하여 마음을 알아가는 것이다. 선우는 말과 행동을 성찰하여 자기의 마음현상을 진단하고 본성을 자각하여 문제를 해결함으로써 자신감을 갖고 호연지기를 기른다. 호연지기는 의로움을 쌓아 가는 것에 의해서 길러진다. 선우는 덕성치유프로그램을 통하여 일상생활의 당면 문제를 자기의 본성에 따라 충실하게 해결해 감으로써 자신감과 호연지기를 길러낸다. 선우의 이러한 자신감과 호연지기는 문제해결을 위한 긍정적 태도와 사랑 그리고 성숙과 삶의 의미를 낳게 한다.

덕성치유프로그램 훈련을 통하여 선우에게 길러진 '자신감'의 주제 모음은 '자신의 문제해결 능력 향상을 확인함'과 '타인을 도울 수 있는 능력을 확인함'을 체험하는 주제로 구성되었다.

덕성치유프로그램 훈련을 통하여 선우들은 무엇보다도 자기 자신에게 떳떳한 방법으로 문제를 해결할 수 있다는 자신감과 어떠한 문제도 덕성치유프로그램의 방법을 통하여 해결할 수 있다는 자신감을 가지게 되었다. 선우들의 체험사례는 다음과 같다.

> 어떤 일이든지 잘 해결할 수 있다는 자신감을 가지고 당당하게 행동하는 내 모습을 보았습니다.(사례 13) 나에게 있는 측은지심과 수오지심, 사양지심, 시비지심을 좀 더 발전시키고 나 자신에게 떳떳한 행동을 할 수 있게 되었습니다.(사례 19) 문제해결 능력이 향상되었고 자각행위에 따라 인의예

27) G. C. L. Davey, J. Hampton, J. Farrell, and S. Davidson, "Some Characteristics of Worrying: Evidence for Worrying and Anxiety as Separate Constructs", *Personality and Individual Differences* 13(1992), pp.133~147.

28) 정학섭, 「유가사상 공부론과 수양론 탐색」, 『동양사회사상』 제21집(2010), 234쪽.

지를 실천하면서 말과 행동에 자신감이 생겼습니다.(사례 16) 내가 맞는다고 생각한 것은 흔들리지 않고 점점 자신감 넘치는 내가 되었다.(사례 3) 어떤 문제에 도달했을 때나 스트레스 상황에서 잘 해결할 수 있는 자신감이 생겼다.(사례 16) 해결하지 못했던 문제도 한 번 더 생각할 수 있게 되었고 해결할 능력도 생겼습니다.(사례 7) 혼자 고통 받고 힘들게만 느껴졌던 문제들을 이제는 시간을 가지고 풀어 나아갈 수 있습니다.(사례 12) 문제가 있으면 어떻게 해서든 문제를 해결하고 더 좋은 관계로 발전하려고 합니다.(사례 4) 문제해결이 조금 더 수월해진 것 같다.(사례 1) 문제해결이 향상되었습니다.(사례 16) 문제해결 능력이 조금 좋아진 것 같다.(사례 18) 대처 능력이 향상되었음을 느꼈습니다.(사례 13) 자취를 하면서도 뭐가 옳은 건지 제대로 구분하지 못해 늘 허둥지둥 거렸는데 문제해결 능력이 이번 정감훈련을 계기로 많이 늘어났습니다.(사례 20) 정감체험훈련을 하기 전보다 문제를 해결하는 능력이 향상된 것 같다.(사례 22) 훈련을 통하여 내 마음을 먼저 들여다봄으로써 예전보다 문제를 해결하는 능력이 좋아진 것 같다.(사례 8) 아직 완벽하다고 할 수는 없지만 그 전보다 문제해결 능력이 많이 향상되었음을 느낀다.(사례 5) 문제해결이 더 수월해지고 결과가 훨씬 만족스러워진 것 같다.(사례 9)

선우들은 문제해결 능력이 향상되어 자기의 문제를 더 쉽게 해결할 수 있게 되었으며 그 결과에 만족스러워하였다. 선우들은 자기의 말과 행동뿐 아니라 상대방의 스트레스 상황까지 마음현상을 진단해 주며 친구 스스로 문제를 자각하여 해결할 수 있도록 도와주게 되었다. 선우들의 체험사례는 다음과 같다.

내 행동뿐 아니라 다른 사람의 행동에 진단을 내려가면서 자각행위를 하는 버릇이 생겼습니다.(사례 2) 예전보다 친구들과 이야기하기도 편해졌고 상대방의 이야기에 집중하고 경청하면서 그 친구가 현재 처한 스트레스 상황을 진단해 보고 스스로 본성을 자각해서 해결할 수 있도록 도와주었다. 나뿐 아니라 상대방의 스트레스 상황까지 진단을 내려 보아 친구 스스로 문제를 자각하고 해결할 수 있도록 도와주어 고민에 대해 스스럼없이 털어놓고 같이 문제를 해결하면서 좀 더 가까워지고 편안한 친구관계를 갖게 되었다.(사례 6)

덕성치유프로그램 훈련을 통하여 선우들은 문제 상황을 더욱 긍정적으로 바라보게 되었다. 문제 상황을 긍정적 사고로 바라보게 된다는 것은 문제 상황을 명확하게 정의하여 파악하고 다양한 대안을 도출하며 그중 최선안을 선택하여 실시한 후 결과를 평가하는 등 합리적으로 문제를 해결하기 위한 접근을 시도할 수 있음을 의미한다.[29] 그러나 능동적인 자세가 부족한 사람은 문제에 압도될 가능성이 높아 문제를 효율적으로 해결하지 못하고 충동적이거나 부적절한 방향으로 문제해결 방식을 이끈다. 또한 부정적인 마음가짐은 상황을 왜곡하여 파악하거나 경직된 사고 혹은 잘못된 귀인을 낳으며 목표 달성을 위하여 상황을 구체화하지 못한다.[30]

덕성치유프로그램은 문제의 해결책을 외부에서 찾는 것이 아니라 자기를 성찰하여 마음현상을 진단하는 것으로부터 찾기 시작한다. 그러므로 선우는 자기의 행위를 돌아보게 되고 자기의 행위가 인심에 의해 본성을 가린 것인지 도심에 의해 본성을 드러낸 것인지를 살피게 된다. 이러한 과정을

29) 박경환, 「조직 적응관점에서 사회적 문제해결이 직무소진 조직몰입 이직성향 그리고 직무성과에 미치는 영향」, 『한경영학회지』 제2권 제4호(2009).

30) J . C. Dixon, “The Distinction between Self and Not-Self in Children and Adolescents”, *The Journal of Genetic Psychology: Research and Theory on Human Development* 127(1975), pp.157~162.

통하여 선우는 자기의 행위가 사욕지기에 의해 본성을 가리어 나타난 사욕정감에 의한 것이라는 것을 깨닫게 되고 사욕정감 이면의 마음 깊은 곳에서 미미하게 흐르고 있는 순수도덕정감의 본성을 발견하게 된다. 이때 선우는 자기의 행위에 대해 스스로 부끄러워할 줄 알며 오히려 상대방에게 미안함을 갖게 되기도 한다. 이 순간이 곧 본성을 인식하여 덕을 밝히는 순간이다. 선우는 자기의 주체적 가치에 대한 자기긍정의 순간을 맞이하면서 동시에 타자에 대해서도 긍정하게 된다.

덕성치유프로그램 훈련을 통하여 선우에게 길러진 '긍정적 사고'의 주제 모음은 '싫은 일을 피하거나 짜증 냄 없이 긍정적 사고로 접근함'과 '의미 있는 삶의 발견과 감사하는 마음'을 체험하는 주제로 구성되었다.

덕성치유프로그램 훈련을 통하여 선우들은 어렵고 힘들게 느껴지거나 싫은 일 등을 피하려고만 하지 않고 보다 적극적으로 접근하기 시작하였다. 선우들은 긍정적 사고로 마음의 여유를 갖고 좀 더 침착하게 문제해결을 시도해 볼 수 있게 되었다. 선우들은 마음이 차분해져 화를 내거나 짜증내는 일들도 많이 줄어들었음을 경험하게 되었다. 선우들의 체험사례는 다음과 같다.

> 마음의 여유가 생기고 긍정적 사고로 생각할 수 있는 변화가 되었다.(사례 7) 긍정적 사고로 이해를 하는 모습이 더 많아졌다.(사례 22) 어렵거나 싫은 일은 피하려고만 했던 모습이 줄어들고 긍정적 사고로 접근하고 시도해 보려는 모습이 나타났다.(사례 15) 좋지 않던 사이에도 좀 더 긍정적 사고로 접근을 해 보려는 노력을 했다.(사례 15) 좀 더 침착해지고 부정적이고 쉽게 피하려던 성격이 긍정적 사고로 많이 바뀐 것 같습니다.(사례 11) 기피현상에서 적극적인 모습으로 변해 간다는 효과가 나타나는 것 같습니다.(사례

23) 모든 일에 긍정적 사고를 갖게 되었다. 부정적인 생각보다는 긍정적 사고로 생각하는 게 더 많아졌다. 화를 잘 내고 짜증도 많이 내고 Yes보다는 No가 더 많았던 난데 요즘은 Yes가 더 많아졌다.(사례 3) 어떤 말싸움이나 짜증이 많이 줄어들었습니다.(사례 17) 마음이 가라앉고 긍정적 사고로 생각이 많이 바뀐 것 같다. 긍정적 사고로 문제를 다시 한 번 생각해 볼 수 있게 되었다. 화내는 일이 훨씬 줄어들었고 긍정적 사고로 많이 생각을 하게 되었다.(사례 9)

선우들은 말과 행동에 변화가 일어나면서 의미 있고 보람찬 삶을 살고 있다고 생각하게 되었다. 선우들은 자기의 마음을 성찰할 수 있게 됨으로써 앞으로 더 의미 있는 삶을 살 수 있게 될 것이라고 생각하게 되었다. 선우들은 인간으로서 자기의 가치를 실현시키기 위하여 반드시 본성을 실천해야겠다는 생각을 하게 되었다. 선우들은 본성을 지니게 된 것에 대해 감사의 마음을 가지게 되었고 이미 구비되어 있는 본성에 충실하고자 하였다. 또한 선우들은 지금까지 아무렇지 않게 여겼던 자연과 우주자연으로부터 부여받은 인간의 생명성 그리고 자기 이외의 다른 생명체에 대해서도 감사함과 소중함을 느끼게 되었다. 선우들의 체험사례는 다음과 같다.

의미 있고 보람찬 삶을 사는 것 같은 변화가 있습니다. 말과 행동에 변화가 일어나면서 의미 있는 삶을 살고 있다고 느꼈습니다. 내 삶을 분석함으로써 의미 있는 삶을 살고 지금보다 더 의미 있게 행할 수 있도록 분석하고 파악할 수 있는 능력이 생겼습니다.(사례 10) 좀 더 나의 가치를 실현시키고 그것이 인간이 꼭 실천해야 하는 것임을 알게 되었다.(사례 5) 오랫동안 고통스러웠던 상황에서 벗어나고 내가 그동안 아무렇지 않게 여겼던 공기·바람·햇빛·나무 그들이 있기에 내가 살아가고 있다는 것에 감사하는 마음이 생겼습니다.(사례 12) 또 내가 지금 살아가면서 자연에게서 받고 있는 것이 엄청 컸음을 알아 자연의 소중함도 알았습니다.(사례 16) 살아가고 있는 모습에서 자연의 소중함을 다시금 생각할 수 있는 시간을 가져 마음가짐이 변했습니다.(사례 13) 나의 본성에 충실하려고 노력하며 이러한 본성을 지니게 된 것에 감사하는 마음을 가지게 되었습니다.(사례 20)

덕성치유프로그램 훈련을 통하여 선우들은 문제의 해결책을 자기의 본성 회복에서 찾음으로써 문제 상황을 긍정적 사고로 바라볼 수 있게 되었으며 자신과 타인을 이해하고 사랑하게 되었다. 순수도덕정감에 의한 정직한 행위를 가장 적절하게 표현하기 위하여서 선우는 먼저 어짊·의로움·예의로움·지혜로움의 본성을 충분히 체험해야 한다. 선우는 문제 상황에서 발현시켜야 할 어짊·의로움·예의로움·지혜로움의 단서端緖인 측은지심·수오지심·사양지심·시비지심에 대해 충분히 절기체험切己體驗해야 순수도덕정감의 행위를 모색해 나아갈 수 있기 때문이다. 이 과정은 자기의 성의誠意를 다하여 자기 내면에 속임이 없는 행위를 모색해 가는 과정이므로 곧 충직忠直이라고 할 수 있다. 선우는 먼저 자기 자신에게 거리낌 없이 정직하고 성실하게 한 후에 이것을 미루어 타인에게 확장시켜 나아가는 과정을 거친다. 따라서 이 과정은 어짊 그 자체를 실천하기 위한 충서의 표현방법을 모색하는 과정이라고 할 수 있다. 자기를 다하는 것을 충忠이라 하고 자기를 미루어 타인에게 나아가는 것을 서恕라 한다.[31] 자기 마음을 바로 세우는 것을 충忠이라 하고 자기의 마음과 같이 타인에게 대하는 것을 서恕라 한다. 충서는 가까운 데 있는 자기로부터 다른 사람을 이해하는 데까지 이

31) 『論語集註』, "盡己之謂忠, 推己之謂恕.……或曰, 中心爲忠, 如心爲恕, 於義亦通."

르는 어짊의 실천방법 그 자체이다.[32] 그러므로 선우는 덕성치유프로그램을 훈련 받는 동안 본성 회복의 덕행위 모색의 단계에서 자연스럽게 타인을 나와 같이 이해하고 배려하며 사랑하는 마음을 기르게 된다.

덕성치유프로그램 훈련을 통하여 선우에게 길러진 '배려와 사랑'의 주제 모음은 '상대방의 입장에서 말과 행동을 함'과 '상대방을 이해하고 배려하며 사랑하게 됨'을 체험하는 주제로 구성되었다.

덕성치유프로그램을 훈련 받는 동안 선우들은 말을 하기 전에 먼저 상대방을 생각하게 됨으로써 더욱더 신중하게 말과 행동을 하게 되었다. 선우들은 자기의 말에 의해 상대방이 상처를 입을 것이라는 생각에 한 번 더 생각하고 말하게 되었다. 선우들은 말과 행동을 함에 있어 자기 자신뿐 아니라 상대방의 입장에서 생각해 보고 상대방의 감정을 헤아리면서 스스로 한 번 더 생각하고 말과 행동을 하게 되었다. 선우들은 상대방의 마음을 헤아리고 배려하게 됨으로써 상대방에게 상처를 주는 횟수가 줄어들었으며 스스로 후회하는 일도 적어졌다. 선우들은 서로의 기분을 상하지 않게 하면서 문제를 해결할 수 있게 되었으며 서로 더 좋은 방향으로 발전해 나아갈 수 있게 되었다. 선우들의 체험사례는 다음과 같다.

> 말을 하기 전에 그 말을 들을 상대방을 생각하게 되었고 말과 행동이 예전보다 조심스러워졌다.(사례 15) 대인관계는 더 조심스럽게 더 친절하게 대하려는 점이 달라졌습니다.(사례 4) 상대방의 상황을 먼저 생각하고 내 상황을 진단함으로써 더욱더 말과 행동함에 있어 신중하게 행하게 되었습니다.(사례 2) 상대방의 입장을 이해하고 나의 잘못을 자각한다는 점입니다. 나의

32) 『論語』, 「雍也」, "能近取譬, 可謂仁之方也已."

말을 듣고 타인이 얼마나 상처를 입을 것이라는 것을 생각하고 한 번 더 생각하고 말을 한다는 점입니다. 일상 속에서 아무렇지 않게 넘어갔을 상황에 대해 다시 한 번 생각해 보게 되었다. 말과 행동을 함에 있어 내 자신뿐 아니라 상대방의 입장에서 생각해 보고 이런 말과 행동을 했을 때 상대방이 느낄 감정에 대해서 돌아보게 되어 스스로 한 번 더 생각하고 말과 행동을 하게 되었다.(사례 6) 일단 말과 행동을 하기 전에 타인의 입장에서 한 번 더 생각하게 되었다.(사례 5) 친구들이나 부모님과 대화 시 상대방의 입장을 생각하면서 말할 수 있었다.(사례 14) 다른 사람의 입장을 먼저 생각하고 내 말과 행동에 대해 생각하게 되었습니다.(사례 2) 상대방의 입장에서 생각하고 말하게 된 것 같다.(사례 18) 말과 행동을 할 때 생각나는 대로 그대로 내뱉고 후회하는 일이 적어졌다.(사례 6) 좀 더 상대방을 이해하게 되고 존중하게 되고 상처받을 말과 행동을 하는 횟수가 줄어들었습니다.(사례 11) 상황을 서로가 좋은 방향으로 해결해 갈 수 있도록 말과 행동을 할 수 있었다.(사례 22)

선우들은 사람을 대할 때 의심하고 미워하기보다 상대방을 이해하고 배려하는 마음과 신뢰하려는 마음을 갖게 되었다. 선우들은 말과 행동을 하기 전에 이기적으로 자기 자신만을 생각했던 마음에서 상대방의 상황을 먼저 생각하고 이해하게 되었으며 자기 자신뿐만 아니라 남도 생각할 줄 알게 되었다. 선우들은 인내하고 사랑하는 법을 터득하게 되어 말과 행동을 성급하게 하지 않게 되었고 자기 자신과 상대방을 함께 이해하고 사랑하게 되었다. 선우들의 체험사례는 다음과 같다.

상대방을 끝까지 설득하여 서로 이해하고 수용하려는 점입니다.(사례 4) 사람을 대할 때 의심하고 미워하기보다 그 사람을 이해하고 신뢰하려는 마음이 생겼다.(사례 15) 남에게 지시하고 하기 싫다고 하는 대신 어떤 일이 생기면 좀 더 깊이 생각하고 배려하게 되었다.(사례 3) 나의 가장 큰 문제점은 친한 친구에게 편하다고 해서 말을 아무렇지 않게 막 하는 것이었는데, 이제는 친구의 마음을 헤아리고 배려할 줄 알며 친구랑 대화를 많이 하여 풀어 감으로써 달라진 모습에 친구가 기뻐합니다.(사례 12) 상황에 처하였을 때 좀 더 생각하고 이해하려고 하는 변화를 갖게 된 것 같습니다.(사례 11) 타인을 생각한다는 점입니다. 상대방을 배려하고 이해하게 되었습니다. 상대방을 생각해 주게 되었습니다.(사례 4) 말과 행동을 하기 전에 상대방의 상황을 생각하고 이해하게 되었다. 배려심이 커진 것 같다.(사례 22) 가장 큰 특징은 이기적으로 나만을 생각했던 마음이 조금 줄어들고 남을 생각하고 남의 입장을 생각할 수 있는 마음이 생겼다.(사례 15) 나만 생각하지 않고 상대방의 마음을 다시 한 번 생각해 볼 수 있게 되었습니다. 나만 생각하는 이기주의가 아니라 나뿐만 아니라 남도 생각할 줄 알게 되었습니다.(사례 21) 자기 자신보다 타인을 이해하는 마음이 생겼습니다.(사례 7) 그냥 내가 무의식적으로 하게 되는 것이 아니라 '그럴 수도 있지, 상대방 입장은 그럴 수도 있을 거야'라고 생각하게 되어 이해하게 되었다.(사례 5) 남을 배려하는 모습이 예전보다 많이 생긴 것 같다.(사례 9) 인내하고 사랑하는 법을 배웠으며 말과 행동함에 있어 성급하지 않고 타인을 배려하는 마음이 생겼습니다.(사례 12) 상대방의 입장을 배려하고 인내하는 법을 배웠다. 나와 상대방을 함께 이해하고 사랑하게 되었다.(사례 6) 참을성이 생기고 이해심이 많아졌다. 제일 큰 변화는 상대방을 배려하는 마음이 깊어졌다.(사례 5) 타인을 사랑하고 배려하는 마음이 생겼습니다.(사례 12) 많이 부드러워졌고 좀 더 남을 배려하게 되었다.(사례 3) 이해와 배려가 오가는 관계 속에서 조금 더 서로를 신뢰하는 관계로 발전하게 되었다.(사례 5)

덕성치유프로그램 훈련을 통하여 선우들은 순수도덕정감에 의한 말과 행동을 어떻게 표현해야 할 것인가를 궁리함으로써 자기의 마음을 열어 진실하게 표현할 수 있는 대화의 방법을 터득하게 되었다. 인간에게 내재된 선성의 표현은 반드시 구체적인 현실세계에서 구체적인 행위로 표현되지 않으면 안 된다. 논리학적으로 행위란 인간의 지향성과 지식체계의 소산물이다. 지향성이 행위의 근본적 동기라고 한다면 지식체계란 지식과 신념의 다발로 그것은 지향성을 현실세계에 실현할 구체적인 방법의 선택 과정에서 작용한다.[33] 그러므로 선우가 참으로 본성을 회복하고자 한다면 본성의 행위를 구체적인 말과 행동으로 표현할 수 있을 때 비로소 가능한 것이다.

본성 회복의 덕행위 모색의 단계에서 선우는 그 상황에 맞는 측은지심·수오지심·사양지심·시비지심을 체험하면서 참으로 본성에 의한 정직한 말과 행동의 내용은 무엇인가, 그리고 그것을 참으로 본성에 의해 정직하게 표현하기 위하여서는 어떻게 해야 할 것인가에 대해 궁리하게 된다. 이때 선우는 배우지 않아도 능히 알아(良知) 행할 수 있는 능력(良能)이 있어 표현해야 할 내용과 방법을 찾아가게 된다. 하지만 평소의 습관과 성격으로 인하여 바른 길을 찾아가지 못하는 선우도 있다. 이때 철학상담치료사는 선우로 하여금 치우침이나 부족함 없이 호연지기로 그 상황에 가장 적합한 순수도덕정감을 진실되게 표현해 갈 수 있는 방법을 안내하게 된다. 이러한 과정을 통하여 선우는 마음에서부터 우러나온 본성의 표현 방법을 자연스럽게 익히게 된다. 선우는 본성을 진실 되게 표현하기 위하여 노력하면서 자연스럽게 적극적으로 경청하는 방법을 터득하게 되며 상대방의 눈을 바라보고 대화할 수 있게 된다. 또한 선우는 본성에 의한 정직한 말과 행동을 하기 위하여 노력하면서 자기에게 진실해지게 되어 스스로 편안함을 느끼

33) 김광수, 『논리와 비판적 사고』(철학과 현실사, 1977), 15~27쪽.

면서 상대방에게 자기를 개방할 수 있게 된다. 이러한 과정을 통하여 선우는 대인관계의 문제를 해결해 나가면서 인간관계를 더욱 발전시켜 나아가게 된다.

덕성치유프로그램 훈련을 통하여 선우에게 길러진 '진실성과 개방성'의 주제 모음은 '편안한 마음으로 솔직하게 다가가 차분하고 부드럽게 대화함'과 '진실성 있는 대화방법을 터득함' 그리고 '대인관계가 돈독해짐'을 체험하는 주제로 구성되었다.

덕성치유프로그램을 훈련 받는 동안 선우들은 순수도덕정감에 의한 말과 행동을 실천함으로써 자기 자신에게 편안해졌다. 선우들은 상대방에게 더 친절해지며 말과 행동도 부드러워지고 차분해졌다. 선우들은 상대방에게 더 솔직하게 자기를 개방할 수 있게 되었으며 자기 자신의 마음을 먼저 열고 상대방에게 다가가는 일이 많아지게 되었다. 선우들의 체험사례는 다음과 같다.

> 마음이 편안해졌습니다.(사례 21) 나 자신에 대한 편안함을 느꼈습니다. 대인관계에서는 솔직해짐이 더 해졌습니다.(사례 19) 피하려 했던 것들에 대해서 나의 감정을 솔직히 말하게 되고 말과 행동을 하기까지 많은 생각을 하게 되었습니다.(사례 11) 자각행위를 통한 나의 말과 행위를 실천함으로써 나 자신이 편안해짐을 느낄 수 있었다.(사례 8) 스트레스 상황에서 마음이 편안해졌습니다. (사례 12) 대인관계 시나 일생생활에 적용함으로써 좀 더 편안하게 대화할 수 있었다.(사례 14) 말과 행동이 조금 더 편안해지고 부드럽고 차분해졌다.(사례 8) 말과 행동이 한결 부드러워졌습니다.(사례 7) 말과 행동이 조금 더 부드러워진 것 같습니다.(사례 21) 내가 다른 사람들과 있을 때 좀 더 유해진 것 같다.(사례 18) 타인을 대하는 행동과 말이 달라졌습니

다.(사례 17) 사람을 사귐에 있어 내가 먼저 마음을 열고 다가가는 일이 많아졌다.(사례 6)

선우들은 상대방과 대화를 할 때 자기의 진실성을 전달하기 위하여 상대방의 눈을 바라보며 말을 하게 되었고 상대방의 말을 집중해서 경청하는 태도를 갖게 되었다. 선우들은 자기 자신의 주장만 내세우지 않고 상대방의 입장을 고려할 수 있게 되었다. 선우들은 자기 자신의 생각을 표현하는 방법을 터득하게 되었으며 상대방과 어떻게 대화해야 하는지에 대한 대화의 방법도 알게 되었다. 선우들은 평소에 생각해 볼 수 없었던 말이나 행동을 표현해 볼 수 있는 경험을 하게 되었고 일상생활에서 효과적으로 문제를 원만하게 해결해 가게 되었다. 선우들의 체험사례는 다음과 같다.

이야기를 할 때 시선을 피하거나 다른 곳에 고정하지 않고 상대방의 눈을 바라보며 말하게 되었고 상대방이 나에게 이야기를 할 때에도 그 사람에게 집중하며 경청하는 태도를 갖게 되었다.(사례 6) 상황 하나하나 나의 마음을 표현할 수 있는 변화를 가지게 되었습니다.(사례 7) 나의 주장만 내세우지 않게 되었습니다.(사례 21) 나의 주장만 피는 것이 아니라 문제가 생겼을 때 상대방의 생각을 경청할 수 있었다. 상대방의 입장을 고려할 수 있었고 또한 나의 생각을 주장하는 법을 배웠다. 나는 상대방과 대화를 하는 법을 배웠고 어떻게 말해야 하는지 알 수 있었다. 일상생활의 대화하는 방법이 변화하였다.(사례 14) 타인과 나를 생각하는 말과 행동을 하게 되었습니다.(사례 20) 평소에 나로서는 절대 생각할 수 없었던 말들이나 행동을 해 봄으로써 나쁘지 않다.(사례 18) 상대방과 의사소통하는 방법이 달라졌습니다.(사례 21) 먼저 옳고 그름을 판단할 수 있는 능력이 생기고 항상 회피하던 것을 회피하지 않으려고 하고 말과 행동이 다른 행동을 하기보다는 나의 생각을

효과적인 의사소통 방법을 이용하여 해결하려고 하는 것이 생겼다.(사례 8)

선우들은 타인과의 관계도 부드러워져 문제를 더욱 부드럽고 쉽게 풀어 나아갈 수 있게 되었다. 선우들은 자기와 타인을 더 잘 이해하고 수긍할 수 있게 되어 소원했던 대인관계도 점차 원만하고 돈독해졌다. 선우들의 체험사례는 다음과 같다.

상대방과의 문제 상황 시 조금 더 부드럽고 쉽게 풀어 나아갈 수 있게 되었습니다.(사례 21) 정감체험훈련을 통하여 타인과의 관계도 부드러워지고 타인과 생길 수 있는 문제도 잘 해결되므로 서로 더 잘 이해하고 수긍하며 지낼 수 있었다.(사례 8) 서먹서먹했던 대인관계도 점차 원만하게 지내게 되었습니다.(사례 7) 예전에는 풀지 못했던 관계를 이제는 쉽게 해결이 되어 가는 것 같습니다.(사례 23) 예전보다 더욱더 대인관계가 좋아졌습니다.(사례 2) 친구 가족들과 어떠한 문제에도 갈등이 생기지 않으며 해결하면서 더 돈독해졌습니다.(사례 16) 좋은 방향으로 변해 갔으며 더욱더 돈독해지는 변화를 가져왔습니다.(사례 13) 좋은 방향으로 변해 가며 서로가 더 돈독한 관계로 발전하게 되었다.(사례 22) 옛날에는 갈등을 만들지 않기 위하여 어쩔 수 없이 해 준 일들이 많았다면 지금은 나도 타인도 기분이 상하지 않고 해결할 수 있는 능력이 생겼습니다.(사례 16)

덕성치유프로그램 훈련을 통하여 선우들은 마음을 다스려 차분하게 자기를 표현하면서 성숙된 모습으로 문제를 해결해 나아갈 수 있게 되었다. 덕성치유프로그램 훈련을 받은 선우들은 스트레스 상황에서도 문제를 해결할 수 있다는 자신감을 획득한 후 차분하고 침착하게 상황에 대처할 수 있게 되었다. 선우들은 새로운 상황에 접할 때마다 자기의 마음에서 일어나는 사욕정감을 진단하게 되었고 순수도덕정감에 의한 정직한 말과 행동을 하기 위하여 신중하게 행동하는 모습을 보였다.

덕성치유프로그램의 훈련을 통하여 선우에게 길러진 '신중성과 침착성'의 주제 모음은 '신중하게 말과 행동을 함'과 '침착하고 차분하게 말과 행동을 함'을 체험하는 주제로 구성되었다.

덕성치유프로그램을 훈련 받는 동안 선우들은 말과 행동 하나하나를 신중하고 진지하게 생각하며 행동하게 되었다. 선우들은 보다 진지해진 자기의 모습에 만족해하며 성숙되어 가고 있는 자기의 모습을 대견스럽게 생각하게 되었다. 선우들의 체험사례는 다음과 같다.

> 말과 행동을 하기 전에 다시 한 번 신중히 생각해 보게 되었다.(사례 9) 문제해결 능력으로 전보다 진지하게 생각하려 하고 한 번 더 신중하게 생각하려는 내가 보였다.(사례 24) 말과 행동이 신중해졌습니다.(사례 20) 말과 행동 하나하나에 신경을 쓰게 되었습니다.(사례 2) 말과 행동을 하기 전에 먼저 생각을 한 번 더 하려는 내 모습이 보였다.(사례 24) 타인을 대하는 마음과 행동과 말이 달라졌으며 한 번 더 생각해 보는 습관이 생겼습니다.(사례 17)

선우들은 스트레스 상황에 직면했을 때 자기의 말과 행동 하나하나를 다시 한 번 생각해 보게 되었고 그 상황에 대한 자기의 마음을 진단해 보면서 차분하고 침착하게 문제 상황을 해결해 나아가게 되었다. 선우들의 체험사례는 다음과 같다.

> 어떤 스트레스 상황에 놓였을 때 예전에 비해 더욱더 차분하게 말과 행동을 하게 되었습니다. 내 말과 행동 하나하나를 다시 한 번 생각하고 어떤 상황

에 부딪쳤을 때 차분하게 차근차근 그 상황을 해결하게 되었습니다. 예전에 비해 더욱더 침착하게 해결하게 되었습니다. 나에게 스트레스를 주는 상황에 직면하게 되었을 때 그 상황을 이해하고 진단을 내려 자각행위를 함으로써 더욱더 자연스럽고 차분하게 말과 행동을 하게 되었습니다.(사례 2) 내 자신을 다시 한 번 생각하고 차분하게 생각하고 해결하게 되었다.(사례 22) 내 말과 행동을 다시 한 번 생각하고 상황에 부딪쳤을 때 차분하게 생각해서 해결하게 되었다.(사례 9) 차분하게 생각하고 말과 행동을 하게 되었다.(사례 5) 나에게 스트레스 상황이 주어지면 이를 화로 받아들이지 않고 자각행위로 마음이 차분해지고 행동과 말을 하고 있습니다. 스트레스 상황이나 황당한 상황에서 말과 행동에서 차분하고 정적으로 대할 수 있었습니다. 나에게 일어난 일을 진단을 내리고 자각행위를 함으로써 차분하고 정적으로 해결할 수 있었습니다.(사례 10) 조금은 더 여유를 가질 수 있을 것 같습니다.(사례 23) 침착하게 행동하며 차분하게 말할 수 있습니다.(사례 12)

훈련이 끝날 때쯤 덕성치유프로그램 훈련을 받은 선우들은 마음을 다스리는 능력이 생겨 자기의 감정을 다른 사람에게 투사하지 않고 여유 있고 차분하게 상황을 해결해 나아가게 되었다. 선우들은 성숙된 자기의 모습에 만족해하면서 자기를 극복하고 상황에 충실히 임하고자 노력하게 되었다. 공자가 "나는 15세에 학문에 뜻을 두었고 30세에는 뜻을 확고하게 세웠다. 40세에는 누가 뭐라 해도 마음이 흔들림이 없었고 50세에는 인생의 의미나 살아가는 이치를 알게 되었다. 60세에는 무슨 소리를 들어도 내 귀에 거슬림이 없었으며 70세에는 내 마음이 하고자 하는 대로 생각하고 행동해도 사회규범에 어긋남이 없었다"라고 하였다.[34] 이것은 공자의 인격이 성숙되

34) 『論語』, 「爲政」, "吾十有五而志于學, 三十而立. 四十而不惑, 五十而知天命. 六十而耳順, 七十而從心所欲, 不踰矩."

어 가는 과정을 보여 준 것이다. 유가철학에서는 인격의 성숙과 수양의 정도에 따라 인간을 다양하게 지칭하며[35] 이상적 인간상으로 성인聖人 · 인자仁者 · 현인賢人 · 지자知者 · 군자君子 · 선비(士) 등을 제시하고 있다. 선우가 덕성치유프로그램을 통하여 마음을 다스리면서 차분하고 진지하며 지혜롭게 문제를 해결해 나아갈 수 있다는 것은 훈련을 통하여 성숙된 모습으로 수기치인해 가고 있는 일면의 모습이라고 할 수 있다.

덕성치유프로그램 훈련을 통하여 선우에게 길러진 '마음 다스림'의 주제 모음은 '마음을 다스리며 성숙된 모습으로 지혜롭게 문제를 해결함'을 체험하는 주제로 구성되었다.

덕성치유프로그램 훈련을 통하여 선우들은 귀찮거나 짜증 나는 감정들이 일어났을 때에도 감정을 억지로 억누르거나 상대방에게 투사하지 않고 자기의 마음을 진단하면서 침착하고 지혜롭게 사회적 문제를 해결해 나아가게 되었다. 선우들은 마음을 다스릴 줄 알게 되면서 조급한 성격을 조절하여 문제를 차분하게 해결해 나아가게 되었다. 선우들은 마음과 행동을 조절하며 더 성숙된 모습으로 차분하고 진지하며 지혜롭게 문제를 풀어가게 되었다. 선우들의 체험사례는 다음과 같다.

> 귀찮고 짜증 나는 감정들이 생겨날 때 그것을 억지로 억누르거나 상대방에게 화풀이 하지 않고 그 감정을 바라보고 인정하여 침착하고 지혜롭게 스트레스 상황을 해결해 나가는 내가 되었다.(사례 6) 조급하고 욱하는 성격에서 스스로 마음을 다스릴 줄 알게 되었습니다.(사례 12) 급하고 빨리 처리하고

『論語集釋』, "曰志曰立曰不惑, 修境也, 曰知天命, 悟境也, 曰耳順曰從心, 證境也."

35) 聖人, 仁者, 君子, 賢人, 善人, 知者, 成人, 大人, 有恒者, 狂者, 野人, 小人, 鄙夫, 鄕原, 俗人, 俗儒, 雅儒, 大儒, 士 등.

기분에 따라 처리하던 것이 멈추어지고 차분히 기분을 다스리며 해결하게 되었습니다.(사례 11) 조금 더 진지해지고 신중해지고 정감체험훈련을 안 한 사람들보다 더 어른스러운 내 모습을 볼 수 있었다. 정감체험훈련을 하지 않은 사람들과 비교해 훨씬 더 어른스럽고 진지하고 신중하게 말과 행동을 하려는 내 모습을 보는 것이 가장 큰 변화였던 것 같다. 본성자각 확충을 하기 전보다 훨씬 더, 내가 어떤 상황에 대면했을 때 내 모습이 철없이 행동했던 전과는 다르다는 것을 느낄 수 있었다.(사례 24) 좀 더 지혜롭고 성숙한 자세를 가지게 되었습니다.(사례 19) 생각을 한 번 더 할 줄 알고 성숙해진 것 같다.(사례 22) 내 행동 말 하나에 마음현상을 진단하고 확충 · 보존시키면서 좀 더 성숙한 내가 되었습니다.(사례 16)

이상을 토대로 선우가 체험한 덕성치유프로그램의 본질적 의미를 종합해 보면 선우는 일상생활에서 자기의 말과 행동을 성찰하여 빠르고 정확하게 마음현상을 진단하고 자기의 잘못된 행위를 인식하여 사욕지기로 가려진 자기의 본성을 자각하게 되었다. 그리고 호연지기로 자기의 본성을 드러내기 위한 치유목표를 세움으로써 도덕적 계기를 맞이하게 되었다. 선우는 호연지기로 본성에 의한 순수도덕정감의 행위를 말과 행동으로 모색하기 위하여 순수도덕정감에 의한 말과 행동을 구체적으로 생각하는 습관을 갖게 되었다. 선우는 자신이 모색해 놓은 순수도덕정감에 의한 행위가 참으로 옳은 것인가를 확인하기 위하여 스스로에게 다시 한 번 질문한 후 옳다는 확신이 서게 되면 부동심으로 순수도덕정감에 의한 정직한 행위를 연습하게 되었다. 선우는 상대방의 부정적인 반응 앞에서도 용기를 가지고 흔들림 없이 순수도덕정감에 의한 정직한 행위를 할 수 있게 되었다. 선우는 일상생활에서 잘못된 행위를 되풀이했다 할지라도 다시 성찰하여 수정해 나아감으로써 실제 상황에서 올바르게 어짊 · 의로움 · 예의로움 · 지혜로움 등을 발휘할 수 있도록 노력하게 되었다. 선우는 사욕지기의 말과 행동으로부터 벗어나 호연지기로 어짊 · 의로움 · 예의로움 · 지혜로움 등을 실천하고 있는 자기의 모습을 보면서 자기도 어짊 · 의로움 · 예의로움 · 지혜로움 등을 실천할 수 있음을 알게 되었다. 선우는 마음에서 우러나온 어짊 · 의로움 · 예의로움 · 지혜로움 등을 실천한 결과 타인도 함께 변화되는 모습을 보고 어짊 · 의로움 · 예의로움 · 지혜로움 등을 더욱더 실천하고자 하는 도덕의지를 갖게 되었다. 선우는 앞으로도 풀리지 않는 상황이 오면 정감체험의 덕성치유프로그램의 방법을 적용하여 해결하겠다는 생각을 하게 되었다.

선우는 혼자 고통 받고 힘들게만 느껴졌던 문제나 해결하지 못했던 문제들도 본성을 회복하여 실천하면 문제를 해결할 수 있다는 자신감을 갖게 되었다. 선우는 자기의 본성을 확인하게 되면서 자기긍정과 동시에 타자에 대한 긍정적 사고를 갖게 되어 화내고 짜증 내는 일이 줄어들게 되었다. 선우는 자기의 마음을 진단할 수 있게 됨으로써 자기의 말과 행동에 성실성과 신중성을 갖게 되었다. 선우는 상대방의 입장에서 생각해 보고 상대방의 감정을 헤아려 봄으로써 상대방을 이해하려는 변화를 갖게 되었다. 선우는 상대방에게 상처를 줄 말과 행동을 하는 횟수가 줄었으며 스스로 후회하는 일도 적어졌다. 선우는 상대방의 마음을 헤아리고 배려하면서 자신이나 타인이 기분 상하지 않게 좋은 방향으로 해결할 수 있는 능력을 갖게 되었다. 선우는 자기 자신만 생각하지 않고 상대방의 마음을 다시 생각하게 됨으로써 자기와 상대방을 함께 이해하고 사랑하는 법을 배워 성급하지 않고 인내하며 타인을 배려하게 되었다. 선우는 스스로에게 떳떳하고 정직한 순수도덕정감에 의한 말과 행동을 할 수 있게 됨으로써 편안함을 느끼게 되었고 상대방에게 먼저 마음을 열고 더 진실하게 다가갈 수 있는 개방성을 갖게 되었다. 선우는 스트레스 상황에서도 마음이 편안해져 대인관계나 일상생활에서 더 차분하고 부드럽게 대화할 수 있게 됨으로써 문제를 더욱 부드럽고 쉽게 풀어 나아갈 수 있게 되었다. 선우는 상대방과 대화할 때 상대방의 눈을 바라보며 진실하게 말하게 되었고 상대방에게 집중하여 경청하는 태도를 갖게 되었다. 선우는 자기 자신의 입장만을 주장한 것이 아니라 상대방의 생각과 입장을 경청하고 배려하면서 말과 행동을 하게 되었다. 선우는 상대방과 진실하게 대화해야 하는 방법을 터득하게 되면서 대인관계 또한 더욱 돈독하게 되었다. 선우는 훨씬 더 성숙된 자세로 마음을 다스리면서 차분하고 지혜롭게 사회적 문제를 해결해 나아갈 수 있게 되었다. 선우는 자연의 소중함을 알게 되었으며 자신이 덕을 발휘할 수 있는 덕성을 지니고 있다는 것에 대해 감사의 마음을 가지게 되었다.

이상을 종합해 본 결과 덕성치유프로그램을 훈련 받은 선우는 사회적 문제해결에 필요한 '문제해결 기술'과 '문제해결 지향성'의 두 범주를 모두 구비할 수 있게 되었다는 것을 알 수 있었다. 즉 선우는 문제해결의 판단기준을 덕德에 두면서 '도덕의지의 반성적 자각'과 '본성 회복의 덕행위 모색' 그리고 '덕행위의 주체적 실천과 체질화'의 3단계인 '문제해결 기술'을 구비할 수 있게 되었다. 또한 선우는 문제해결의 초기에 효과적으로 문제를 해결할 수 있도록 돕는 요소인 '긍정적 사고', '진실성과 개방성', '배려와 사랑', '신중성과 침착성', '마음 다스림', '자신감' 등의 '문제해결 지향성'을 갖추게 되었다.〈그림 1〉 이것은 덕성치유프로그램이 '문제해결 기술'의 능력을 갖추게 함과 동시에 문제해결과 관련된 전반적인 동기요소인 '문제해결 지향성'을 기를 수 있게 한다는 것을 의미한다.

〈그림 1〉 덕성치유의 사회적 문제해결 구조

덕성치유프로그램 훈련을 통하여 선우에게 '문제해결 지향성'이 길러졌다는 것은 유가철학이 사회적 문제해결의 준거 틀을 선성에 두고 있기 때문이다. 선우는 덕성치유프로그램 훈련을 통하여 선성의 자각으로 인한 자기 주체의 긍정과 자신감 등을 체험하면서 어짊의 실천을 위한 행위를 하기 위해 자연스럽게 충서로 나아가게 된다. 또한 선우는 사욕지기로 본성을 가린 채 살아가고 있는 자기의 모습을 자각하고 호연지기로 본성이 드러난 순수도덕정감을 실천할 수 있게 됨으로써 의미 있고 보람된 삶을 살아가게 된다.

유가철학에서의 도덕성이란 인간의 본질에 대한 자각과 실천이다. 그리고 유가철학의 학문 목적은 가치 있는 삶을 살 수 있도록 하는 데 있다. 그러므로 유가 덕철학 치유를 위한 덕성치유프로그램은 일상생활 속에서 선우에게 내재되어 있는 도덕성을 자각하게 하여 그 존재가치를 지금 여기에서 구체적인 실천행위로 실현해 나아갈 수 있도록 하는 '생활실천철학'의 방법이라고 할 수 있다.

5장 덕성치유의 임상효과

선우는 자기의 문제해결을 용이하게 해 줄 수 있는 철학적 탐구와 자기탐구를 수행하는 데 필요한 능력과 도구 및 기술을 찾기 위해 철학상담사를 찾는다.[1] 그러므로 철학상담치료사는 선우에게 철학적 사유의 능력을 일깨워 선우로 하여금 건강하게 현재를 살고 미래에 일어날 문제를 예견하게 하여 사전에 잘 대처할 수 있도록 도와주어야 한다. 이것은 곧 철학상담치료사가 선우에게 철학적 사유의 능력을 가르쳐 미래에 사용될 인지적 기술과 합리적이고 도덕적인 능력을 배양시켜 줄 수 있어야 함을 의미한다.

유가 덕철학 치유의 실천방법으로 개발된 덕성치유프로그램은 일상생활 속에서 마음이 외부 대상과 만나 발동한 정감 혹은 이미 행동으로 옮긴 행위를 선성의 준거 틀로 성찰하게 하여 마음현상을 진단하게 함으로써 잘못된 사유와 행위를 교정해 나아가게 한다. 정감체험을 통한 덕성치유의 실천방법은 선한 본성을 회복하게 하여 순수도덕정감을 발휘하면서 주체적으로 의미 있는 삶을 살아갈 수 있도록 하는 것이다. 선우는 어떤 정감에 대한 자기의 마음현상을 깨달을 때 자기의 정감을 도덕적으로 통제할 수 있는 실질적인 힘을 갖게 된다. 그러므로 철학상담치료사가 유가 덕철학적

1) 김수배 역, 『철학상담의 이론과 실제』(시그마프레스, 2010), 276쪽.
Peter B. Rabbe, *Philosophical Counseling, Theory and Practice* 참조.

사유의 방법을 선우에게 훈련시켜 본성을 자각할 수 있도록 돕는다는 것은 선우로 하여금 일상생활에서 주체적으로 자기의 삶을 떳떳하고 가치 있게 살아갈 수 있도록 하는 정신적인 능력을 길러 주는 것이다. 이것은 곧 철학상담치료사가 선우에게 선성을 자각하게 하여 실천할 수 있는 철학적 사유의 방법을 훈련시킴으로써 도덕적으로 잘못된 사유에서 비롯된 삶의 무의미나 우울, 열등감 혹은 부정적 정서 등을 선우 스스로 치유해 나아갈 수 있도록 하는 것이다.

유가철학은 인간존재의 가치를 선한 본성에 두고 있다. 그러므로 유가철학은 깨달음의 기본을 선성의 자각에 두고 있으며, 문제해결 판단의 준거도 도덕적 가치에서 찾고 있다. 따라서 유가철학에서 철학적 사유의 방법을 통한 문제해결이란 곧 일상생활에서 도덕적인 반성을 통하여 삶의 생명적 가치를 드러내게 하는 것이다. 그러므로 선우는 유가 덕철학 치유의 실천방법으로 개발된 덕성치유프로그램을 통해 사회적 문제를 도덕적으로 해결해 나아가면서 자연스럽게 삶의 의미와 자아존중감 그리고 자기에 대한 긍정적 정서 등을 동시에 향상시켜 나아갈 수 있다. 이것은 삶의 무력감과 부정적 정서로 나타나는 자살이나 우울 혹은 분노 등을 예방할 수 있다는 의미이기도 하다. 따라서 이 장에서는 실험연구 중 양적 연구를 통해 유가 덕철학 치유의 실천방법으로 개발된 덕성치유프로그램이 '사회적 문제해결', '삶의 의미와 목적', '자존감', '자기 관련 정서', '우울' 등에 미치는 효과를 검증하였다.

양적 연구의 설계는 덕성치유프로그램을 훈련 받은 치유집단과 덕성치유프로그램을 훈련 받지 않은 비교집단을 서로 비교하여 그 효과를 평가하는 전후 비교집단 설계(pretest-posttest control group design)이다. 사전검사(pretest)는 덕성치유프로그램을 실시하기 전에 측정도구를 사용하여 치유집단과 비교집단에게서 '사회적 문제해결', '삶의 의미와 목적', '자존감', '자기 관련 정서', '우울' 등을 측정하는 것이다. 사후검사(posttest)는 치유집단에게만 덕성치유프로그램을 9회기 실시한 다음 사전검사에서 실시했던 똑같은 측정도구와 방법으로 치유집단과 비교집단에게서 '사회적 문제해결', '삶의 의미와 목적', '자존감', '자기 관련 정서', '우울' 등을 측정하는 것이다.

집단	사전검사	덕성치유프로그램	사후검사
치유집단(Experimental Group)	O1	X (9회기)	O2
비교집단(Control Group)	O3		O4
O1, O3 사전검사(사회적 문제해결, 삶의 의미와 목적, 자존감, 자기 관련 정서, 우울 측정) O2, O4 사후검사(사회적 문제해결, 삶의 의미와 목적, 자존감, 자기 관련 정서, 우울 측정) X 덕성치유프로그램			

양적 연구의 대상자 수를 결정하기 위해 G＊Power 3.0 프로그램을 활용하여 effect size (d)=0.8, 유의수준 (α)=.05, 검증력 (1-β)=.95로 분석한 결과, 한 집단에 필요한 최소 표본 수는 35명이었고 전체는 70명인 것으로 나타났다. 그러므로 이 장에서는 덕성치유프로그램에 참여하려는 90명의 선수들을 모집한 후 순차적으로 치유집단 45명, 비교집단 45명으로 배정하였다. 이 중 자료 수집이 불충분했던 선수를 제외한 결과, 치유집단은 44명, 비교집단은 43~45명으로 총 87~89명이었다. 덕성치유의 효과를 측정하기 위해 사용된 측정도구는 '사회적 문제해결 척도', '삶의 의미와 목적 척도', '자존감 척도', '자기 관련 정서 척도', '우울 척도' 등이었다.

'사회적 문제해결 척도'(Social Problem Solving Inventory, SPSI)[2]는 문제해결의 효율성과 이를 바탕으로 한 일상에서의 적응을 핵심으로 하여 사회적 문제해결에 대한 개인의 태도와 기대 그리고 자신들의 문제해결 양식에 대한 자기평가를 측정하는 도구이다. '사회적 문제해결 척도'는 '문제해결 기술'(Problem Solving Skill Scale, PSSS)을 측정하기 위한 4개의 하위 구성요소와 '문제해결 지향성'(Problem Orientation Scale, POS)을 측정하기 위한 3개의 하위 구성요소로서, 모두 7개의 하위 구성요소로 이루어져 있다. 각 하위 구성요소는 각각 10문항씩 배정되어 총 70문항의 자기보고형 질문지로 구성되어 있으며, 문항의 절반은 긍정적인 내용으로 절반은 부정적인 내용으로 되어 있다. 각 문항은 전혀 그렇지 않다(0점)에서 완전히 그렇다(4점)로 구성된 5점 척도이다.

'문제해결 기술 척도'(PSSS)는 효과적으로 문제를 해결하는 데 반드시 필요하다고 생각되는 '문제규정과 구성화 척도', '대안적 해결책의 산출 척도', '의사결정 척도', '실행과 확인 척도' 등의 4개의 하위 척도 요소로 구성되어 있다. 문제규정과 구성화 척도의 하위요소는 문제와 관련된 실제적인 정보를 얻어서 문제를 세분화시키고 상황을 재평가하며 해결목표를 명확하게 하는 것을 포함한다. 대안적 해결책의 산출 척도의 하위요소는 많은 대안적인 해결방안을 찾고 이를 구체화시키는 능력을 측정한다. 의사결정 척도의 하위요소는 여러 대안들을 비교 분석하여 최상의 해결책을 선택하는 것이

2) T. J. D'Zurilla and A. M. Nezu, "Development and preliminary evaluation of the Social Problem-Solving Inventory", *Psychological Assessment: A Journal of Consulting and Clinical Psychology* 82(1990), pp.156~163.
김영미 · 김중술, 「우울증 환자들의 사회적 문제해결 능력」, 『서울의대 정신의학』 17(2)(1992), 130~137쪽.

다. 실행과 확인 척도의 하위요소는 해결책을 실제로 수행한 뒤 그 결과를 나름대로 평가하는 과정을 측정한다.

'문제해결 지향성 척도'(POS)는 한 개인이 문제 상황에 직면했을 때 보이게 되는 즉각적인 '인지적'·'정서적'·'행동적' 척도 등의 하위 척도 요소로 구성되어 있어, 신념과 가정 및 문제 상황과 연합된 평가를 포함한 전반적인 동기요소를 측정한다. 인지적 척도의 하위요소는 문제가 발생했을 때 문제를 인식하려는 주의 깊은 자세와 일반적이고 안정된 귀인 평가 기대 등을 포함한다. 정서적 척도의 하위요소는 문제 상황에 대한 즉각적인 정서 상태를 측정하는 것으로 긍정적 상태(들뜬 기분이나 열망 혹은 희망 등)와 부정적 상태(불안이나 우울 등)를 포함한다. 행동적 척도의 하위요소는 문제 상황에 직면했을 때 신속하게 문제를 해결하려고 접근하려는 경향성이나 문제해결을 지연시키면서 회피하는 등의 경향성에 초점을 맞춘다.

사회적 문제해결 척도의 신뢰도는 Cronbach's α=.92이었고, 두 가지 주요 하위 척도 요소인 문제해결 기술과 문제해결 지향성은 모두 Cronbach's α=.94이었다.[3] 우리나라 사람들을 대상으로 한 사회적 문제해결 척도의 신뢰도는 Cronbach's α=.84이었다[4]. 선우들의 사회적 문제해결 척도의 신뢰도는 Cronbach's α=.91이었고, 두 가지 주요 하위 척도 요소 중 문제해결 기술의 신뢰도는 Cronbach's α=.86이었으며, 문제해결 지향성의 신뢰도는 Cronbach's α=.90이었다.

'삶의 의미와 목적 척도'(Purpose in Life, PIL)[5]는 개인이 체험하고 있는 삶의

---

3) T. J. D'Zurilla, "Problem-Solving Therapies", in K. S. Dobson(Ed.), *Handbook of Cognitive Behavioral Therapies*(1988), pp.88~135.

4) 김영미·김중술, 「우울증 환자들의 사회적 문제해결 능력」, 『서울의대 정신의학』 17(2)(1992), pp.130~137.

의미와 목적의 정도를 측정하는 도구이다. 이 도구는 좋은 내적 일치도 및 안녕감 측정치와의 수렴 타당도가 입증되어 왔다.[6] 이 도구는 7점 척도로서 총 20개의 문항으로 구성되었으며, 점수가 높을수록 삶의 의미와 목적이 분명함을 나타낸다. 선우들의 삶의 의미와 목적에 관한 척도의 신뢰도는 Cronbach's α=.869이었다.

'자존감 척도'(Self-Esteem Scale)[7]는 자기에 관한 긍정적 혹은 부정적 평가와 관련된 것으로 자아존중의 정도와 자기에 대한 가치평가 정도를 측정하는 도구이다. 자존감은 자기의 존재에 대한 감정적 측면으로 자기에 대한 가치성과 사랑 및 인정받고 싶어하는 심리적 상태를 의미한다.[8] 이 도구는 자아존중감과 자아승인 양상을 측정하기 위해 고안된 것으로 긍정적인 문항 5개와 부정적인 문항 5개로 구성되어 있으며, 자아존중감을 단일차원으로 개념화하여 피험자가 포괄적으로 자기 자신을 평가하도록 구성된 측정 도구이다. 자존감 척도는 5점 평정 척도로 총 10개의 문항으로 구성되었으며 총점이 높을수록 자아존중감이 높은 것을 의미한다. 선우들의 자존감 척도의 신뢰도는 Cronbach's α=.783이었다.

'자기 관련 정서 척도'(Emotion Scale)[9]는 자기 관련 정서를 확인하기 위해

---

5) J. C. Crumbaugh & L. T. Maholick, *Manual of Instructions for Purpose-in-Life Test*(Lafayette, IN: Psychometric Affiliates, 1964).

6) S. Zika & K. Chamberlain, "Relation of Hassles and Personality to Subjective Well-being", *Journal of Personality and Social Psychology* 53(1987), pp.155~162.

7) M. Rosenberg, *Society and the adolescent self-image*(Princeton, NJ: Princeton University Press, 1965).

8) M. Rosenberg, *Society and the adolescent self-image*(Princeton, NJ: Princeton University Press, 1965).

9) 강혜자, 「자기 차이 차이감소 기대 및 귀인이 정서에 미치는 영향」(성균관대학교 박사학위논문, 1998).

개발된 것으로 총 20문항으로 구성된 4점 척도의 자기보고형 검사이다. 하위 구성요소는 낙담 관련과 초조 관련 그리고 정적 정서의 세 요소로 구성되어 있다. 정서 정도는 점수가 높을수록 긍정적 정서임을 의미한다. 선우들의 정서 척도의 신뢰도는 Cronbach's α=.933이었다.

'우울 척도'(KDS-30)[10]는 총 30문항으로 구성된 5점 척도의 자기보고형 검사이다. 하위요소는 미래에 대한 부정적 생각, 자기에 대한 부정적 생각, 걱정과 초조, 우울 기분, 신체화 증상, 의욕상실 등의 6개 차원으로 구성되었다. 우울 정도는 점수가 높을수록 우울이 높음을 의미한다. 선우들의 우울 척도의 신뢰도는 Cronbach's α=.954이었다.

사전조사의 자료 수집은 덕성치유프로그램을 실시하고자 하는 첫날 치유집단과 비교집단 모두에게서 '사회적 문제해결 척도', '삶의 의미와 목적 척도', '자존감 척도', '자기 관련 정서 척도', '우울 척도' 등을 사용하여 자료를 수집하였다. 사후조사의 자료 수집은 치유집단에게만 3주 동안 덕성치유프로그램을 실시하고 난 다음 치유집단과 비교집단 모두에게서 사전조사와 동일한 척도와 방법으로 자료를 수집하였다. 덕성치유프로그램은 앞장에서 제시한 'COSMOS 덕성명상법'과 '성찰궁리법'으로 구성되어 있다. 'COSMOS 덕성명상법'은 자기와 더불어 모든 생명체가 우주자연의 생의에 따라 약동하고 있음을 명상하면서 우주자연의 이치가 바로 자기 안에 어짊·의로움·예의로움·지혜로움으로 내재되어 있음을 깨달아 자기의 초월성인 본성(性)을 인식하고 덕을 밝혀 이를 보존하고 함양시켜 나아가는 방법이다. '성찰궁리법'은 '도덕의지의 반성적 자각'과 '본성 회복의 덕행위 모

10) 이민수·이민규, 『한국 우울증 검사 요강』(학지사, 2005).

색' 그리고 '덕행위의 주체적 실천과 체질화'의 단계를 거치면서 덕행위를 실천해 나아갈 수 있도록 이끌어 나아가는 방법이다. '도덕의지의 반성적 자각'의 단계는 마음현상을 진단함으로써 도덕적 계기를 마련하고 치유목표를 세움으로써 도덕의지를 갖게 하는 단계이다. '본성 회복의 덕행위 모색'의 단계는 순수도덕정감을 자각하고 본성을 회복하여 순수도덕정감에 의한 정직한 말과 행동을 궁리하고 궁리해 낸 말과 행동에 대해 확신을 갖게 하는 단계이다. '덕행위의 주체적 실천과 체질화'의 단계는 부동심으로 일상생활에서도 순수도덕정감에 의한 정직한 말과 행동을 실천할 수 있도록 덕행위를 강화시켜 나아가는 단계이다.

덕성치유프로그램은 1회기당 약 90분 정도 진행되었으며 훈련을 받은 각 팀의 구성원은 약 10~12명 정도씩이었다. 덕성치유프로그램 진행은 1주에 3회, 3주 동안 총 9회기에 걸쳐 실시되었으며, 훈련이 없는 날 즉 1주에 2회기 총 6회기는 치유집단 자체적으로 선우들끼리 덕성치유프로그램을 실시하였다. 선우들은 매일 일상생활에서의 스트레스 상황을 덕성치유프로그램의 방법으로 해결하고 이를 과제물로 제출하였다. 철학상담치료사는 선우들이 제출한 과제물의 내용을 선우들과 함께 수정·보완하는 시간을 가졌다.

9회기		
1회기	▪ 정좌명상	▪ COSMOS 덕성명상
2회기	▪ 정좌명상 ▪ 덕성자각모형과 덕성치유에 대한 이해	▪ COSMOS 덕성명상 ▪ 선우의 성선 발견 ▪ 본성과 순수도덕정감 ▪ 부덕행위와 덕행위 ▪ 덕성자각모형과 덕성치유

3회기	■ 정좌명상 ■ 도덕의지의 반성적 자각	■ COSMOS 덕성명상 ■ 마음현상 진단 방법
4회기		■ COSMOS 덕성명상 ■ 마음현상 진단
5회기	■ 정좌명상 ■ 본성 회복의 덕행위 모색	■ COSMOS 덕성명상 ■ 순수도덕정감의 덕행위 모색 방법
6회기		■ COSMOS 덕성명상 ■ 순수도덕정감의 덕행위 모색
7회기	■ 정좌명상 ■ 덕행위의 주체적 실천과 체질화	■ COSMOS 덕성명상 ■ 순수도덕정감의 덕행위 체질화 방법
8회기		■ COSMOS 덕성명상 ■ 순수도덕정감의 덕행위 체질화
9회기		■ COSMOS 덕성명상 ■ 순수도덕정감의 덕행위 체질화

수집된 자료는 SPSS PC+12.0 프로그램을 이용하여 통계 · 처리되었다.

1. 치유집단과 비교집단 간의 동질성 검증

선우의 일반적 특성은 실수와 백분율로 산출하였고 일반적 특성에 대한 치유집단과 비교집단 간의 동질성 검증은 x^2 test 또는 Fisher's exact test로 분석하였다. 치유집단과 비교집단 간의 일반적 특성에 대한 동질성 검증을 실시한 결과 성별(p=1.000), 연령(x^2=.07 p=.798), 종교(x^2=3.31 p=.069) 등의 모든 변수에서 통계적으로 유의한 차이가 나타나지 않았다. 그러므로 일반적 특성에 있어서 치유집단과 비교집단은 서로 동질집단임이 확인되었다.(【Table 1】, 〈그림 1〉)

【Table 1】 Homogenesity of General Characteristics between Experimental & Control Group (N=87)

Characteristics	Categories	Experimental (n=44)	Control (n=43)	x^2	p
		n(%)	n(%)		
Gender	Female	40(46.0)	40(46.0)	-	1.000
	Male	4(4.6)	3(3.4)		
Age(year)	≤25	37(42.5)	37(42.5)	0.07	.798
	≥26	7(8.0)	6(6.9)		
Religion	Have	17(19.5)	25(28.7)	3.31	.069
	Haven't	27(31.0)	18(20.7)		

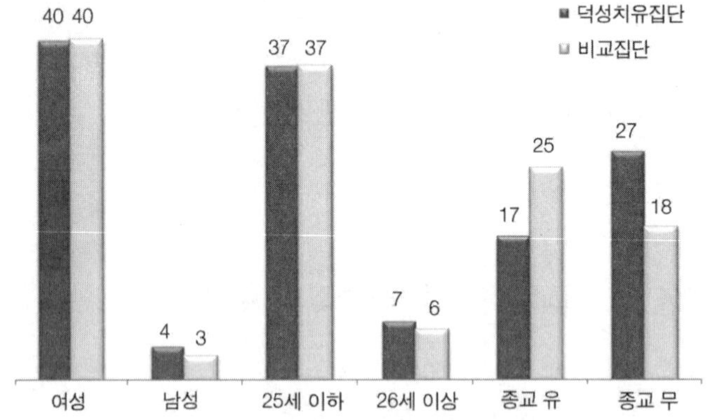

〈그림 1〉 실험 전, 덕성치유집단과 비교집단 간의 일반적 특성에 대한 동질성 검증

덕성치유프로그램을 실시하기 전에 치유집단과 비교집단 간의 '사회적 문제해결', '삶의 의미와 목적', '자존감', '자기 관련 정서', '우울' 정도 등에 대한 동질성 검증을 위해 t-test를 실시하였다. 그 결과 집단 간 '문제해결 기술'(t=-1.23 p=.222)과 '문제해결 지향성'(t=-1.27 p=.208)의 두 가지 주요 요소가 차이가 없는 것으로 밝혀졌다. 그러므로 '사회적 문제해결' 정도에 있어서

치유집단과 비교집단은 서로 동질집단인 것으로 확인되었다. 또한 치유집단과 비교집단 간 '삶의 의미와 목적'(t=-0.04 p=.971), '자존감'(t=0.32 p=.753), '자기 관련 정서'(t=0.37 p=.715), '우울'(t=0.03 p=.980) 정도 등도 차이가 없는 것으로 나타나 모두 동질집단인 것으로 확인되었다.(【Table 2】, 〈그림 2〉)

【Table 2】 Homogenesity for Dependant Variables between Experimental & Control Group(N=87)

Variables	Experimental(n=44)	Control(n=43)	t	p
	M±SD	M±SD		
SPSI				
PSSS	88.4±18.09	83.9±15.54	-1.23	.222
POS	73.4±16.64	69.1±15.05	-1.27	.208
Purpose in Life	96.7±16.99	96.6±16.14	-0.04	.971
Self-Esteem	37.1±6.39	37.5±4.67	0.32	.753
Emotion	75.3±11.48	76.1±8.84	0.37	.715
Depression	55.3±21.22	55.4±18.72	0.03	.980

SPSI(Social Problem Solving Inventory): 사회적 문제해결
PSSS(Problem Solving Skill Scale): 문제해결 기술
POS(Problem Orientation Scale): 문제해결 지향성

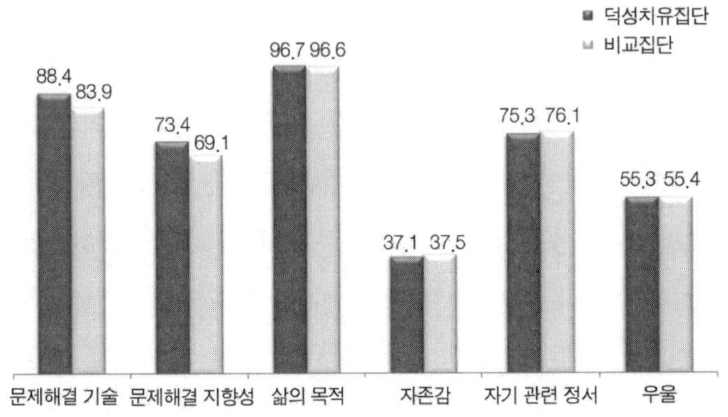

〈그림 2〉 실험 전, 덕성치유집단과 비교집단 간의 종족변수에 대한 동질성 검증

2. 가설검증

유가 덕철학 치유의 실천방법인 덕성치유프로그램을 치유집단에게만 3주 동안 실시한 후 그 효과를 검증하기 위하여 치유집단과 비교집단 간의 '사회적 문제해결', '삶의 의미와 목적', '자존감', '자기 관련 정서', '우울' 정도 등에 대한 차이를 분석하였다. 치유집단과 비교집단 간의 차이 검증을 위해 치유집단의 전후 차이점수와 비교집단의 전후 차이점수 간의 차를 t-test로 분석하였다. 치유집단의 전후 차이점수는 실험 후 치유집단의 점수 정도에서 실험 전 치유집단의 점수 정도를 뺀 차의 값이다. 비교집단의 전후 차이점수는 실험 후 비교집단의 점수 정도에서 실험 전 비교집단의 점수 정도를 뺀 차의 값이다.

가설 1. 덕성치유프로그램 훈련을 받은 치유집단은 덕성치유프로그램 훈련을 받지 않은 비교집단보다 '사회적 문제해결' 능력이 더 높을 것이다.

유가 덕철학 치유의 실천방법인 덕성치유프로그램이 사회적 문제해결 능력을 높였는지에 대한 가설을 검증하기 위해 치유집단과 비교집단 간 사회적 문제해결 능력의 차이를 t-test로 검증한 결과, 가설 1은 지지되었다. (t=12.33 p〈.001)(【Table 3】, 〈그림 3〉) 이는 유가 덕철학 치유의 실천방법인 덕성치유프로그램 훈련이 선우의 사회적 문제해결 능력을 높였음을 통계적으로 입증한 것이다.

【Table 3】 Comparison of Social Problem Solving between the Experimental & Control group (N=87)

Variables	Groups	Before	After	Difference	t	*p*
		M±SD	M±SD	M±SD		
SPSI	Exp. (n=44)	23.1±1.54	25.8±1.13	2.7±0.47	12.33	〈.001※※※
	Cont. (n=43)	21.9±1.32	21.6±1.35	-0.3±0.45		

※※※ 〈.001

Exp.=experimental group
Cont.=control group
SPSI(Social Problem Solving Inventory): 사회적 문제해결

일반적으로 사회적 문제해결 능력은 문제해결 기술과 문제해결 지향성의 정도로 평가한다. 그러므로 덕철학 치유를 위한 덕성치유프로그램 훈련이 사회적 문제해결 능력을 높였다는 것은 선우의 도덕적인 문제해결 기술 능력뿐만 아니라 문제를 긍정적으로 바라보고 적극적으로 해결해 나아갈 수 있는 문제해결 지향성까지를 향상시켰다는 것을 의미한다. 이것은 덕철학 치유의 실천방법이 문제해결의 준거를 선한 본성의 자각에 두고 있기 때문에 가능한 일이다. 선우는 덕철학 치유의 실천방법을 익혀서 스스로를 치유해 나아갈 수 있는 실질적인 힘을 갖게 됨으로써 당면 문제의 해결은 물론 미래에 일어날 문제를 사전에 예방하고 미래의 문제에 더 잘 대처해 나아갈 수 있다.

가설 2. 덕성치유프로그램 훈련을 받은 치유집단은 덕성치유프로그램 훈련을 받지 않은 비교집단보다 '문제해결 기술'이 더 높을 것이다.

유가 덕철학 치유의 실천방법인 덕성치유프로그램이 문제해결 기술을 높였는지에 대한 가설을 검증하기 위해 치유집단과 비교집단 간 문제해결 기술의 차이를 t-test로 검증한 결과, 가설 2는 지지되었다.(t=-3.75 p〈.001) (【Table 4】, 〈그림 4〉) 이는 유가 덕철학 치유의 실천방법인 덕성치유프로그램이 선우의 문제해결 기술을 높였음을 통계적으로 입증한 것이다.

【Table 4】 Comparison of Problem Solving Skill Scale between the Experimental & Control group (N=87)

Variables	Groups	Before	After	Difference	t	*p*
		M±SD	M±SD	M±SD		
PSSS	Exp. (n=44)	88.4±18.09	100.3±24.53	11.9±19.11	-3.75	〈.001※※※
	Cont. (n=43)	83.9±15.54	82.6±12.86	-1.3±12.94		
PDFS	Exp. (n=44)	21.7±6.11	25.0±7.08	3.3±6.95	-2.84	〈.006※※
	Cont. (n=43)	20.0±4.93	19.7±4.82	-0.3±4.80		
GASS	Exp. (n=44)	22.3±4.75	25.0±6.26	2.8±4.86	-3.50	〈.001※※※
	Cont. (n=43)	20.5±3.91	20.0±3.94	-0.5±3.90		
DMS	Exp. (n=44)	23.5±5.03	26.1±6.33	2.6±5.22	-2.36	〈.021※
	Cont. (n=43)	22.0±5.11	22.1±3.39	0.1±4.63		
SIVS	Exp. (n=44)	21.0±5.37	24.2±6.76	3.2±5.18	-3.44	〈.001※※※
	Cont. (n=43)	21.5±5.55	21.0±3.24	-0.6±4.91		

※ 〈.05 ※※ 〈.01 ※※※ 〈.001
Exp.=experimental group
Cont.=control group
PSSS (Problem Solving Skill Scale): 문제해결 기술
PDFS (Problem Definition & Formation Subscale): 문제규정과 구성화
GASS (Generation of Alternative Solutions Subscale): 대안적 해결책의 산출
DMS (Decision-Making Subscale): 의사결정
SIVS (Solution Implementation & Verification Subscale): 해결책 실행과 확인

가설 3. 덕성치유프로그램 훈련을 받은 치유집단은 덕성치유프로그램을 훈련 받지 않은 비교집단보다 '문제해결 지향성'이 더 높을 것이다.

유가 덕철학 치유의 실천방법인 덕성치유프로그램이 문제해결 지향성을 높였는지에 대한 가설을 검증하기 위해 치유집단과 비교집단 간 문제해결 지향성의 차이를 t-test로 검증한 결과, 가설 3은 지지되었다.(t=-2.75 p〈.01) (【Table 5】, 〈그림 5〉) 이는 유가 덕철학 치유의 실천방법인 덕성치유프로그램이 선우의 문제해결 지향성을 향상시켰음을 통계적으로 입증한 것이다.

【Table 5】 Comparison of Problem Orientation Scale between the Experimental & Control group (N=87)

Variables	Groups	Before	After	Difference	t	*p*
		M±SD	M±SD	M±SD		
POS	Exp. (n=44)	73.4±16.64	80.5±18.86	7.1±15.67	-2.75	〈.007※※
	Cont. (n=43)	69.1±15.05	68.2±12.0	-0.9±10.95		
CS	Exp. (n=44)	23.6±5.20	26.5±6.55	2.9±5.36	-3.40	〈.001※※※
	Cont. (n=43)	23.0±5.17	22.3±3.44	-0.7±4.20		

ES	Exp. (n=44)	24.5±6.55	26.8±6.68	2.3±5.73	-1.63	〉.106
	Cont. (n=43)	22.4±5.24	22.9±5.07	0.5±4.19		
BS	Exp. (n=44)	25.3±6.20	27.3±6.88	2.0±7.10	-2.02	〈.047※
	Cont. (n=43)	23.7±5.91	23.0±4.96	-0.7±5.2		

※ 〈.05　※※ 〈.01　※※※ 〈.001

Exp.=experimental group
Cont.=control group
POS (Problem Orientation Scale): 문제해결 지향성
CS (Cognition Subscale): 인지
ES (Emotional Subscale): 정서
BS (Behavior Subscale): 행동

가설 4. 덕성치유프로그램을 훈련 받은 치유집단은 덕성치유프로그램을 훈련 받지 않은 비교집단보다 '삶의 의미와 목적'이 더 높을 것이다.

유가 덕철학 치유의 실천방법인 덕성치유프로그램이 삶의 의미와 목적 정도를 더 높였는지에 대한 가설을 검증하기 위해 치유집단과 비교집단 간 삶의 의미와 목적 정도의 차이를 t-test로 검증한 결과, 가설 4는 지지되었다.(t=-2.61 p〈.01)(【Table 6】, 〈그림 6〉) 이는 유가 덕철학 치유의 실천방법인 덕성치유프로그램이 선우의 삶의 의미와 목적을 높였음을 통계적으로 입증한 것이다.

가설 5. 덕성치유프로그램을 훈련 받은 치유집단은 덕성치유프로그램을 훈련 받지 않은 비교집단보다 '자존감'이 더 높을 것이다.

유가 덕철학 치유의 실천방법인 덕성치유프로그램이 자존감을 더 높였

는지에 대한 가설을 검증하기 위해 치유집단과 비교집단 간 자존감 정도의 차이를 t-test로 검증한 결과, 가설 5는 지지되었다.(t=-4.52 $p<.001$)(【Table 6】, 〈그림 6〉) 이는 유가 덕철학 치유의 실천방법인 덕성치유프로그램이 선우의 자존감을 높였음을 통계적으로 입증한 것이다.

가설 6. 덕성치유프로그램을 훈련 받은 치유집단은 덕성치유프로그램을 훈련 받지 않은 비교집단보다 '자기 관련 정서'가 더 긍정적일 것이다.

유가 덕철학 치유의 실천방법인 덕성치유프로그램이 자기 관련 정서를 더 긍정적으로 향상시켰는지에 대한 가설을 검증하기 위해 치유집단과 비교집단 간 자기 관련 정서 정도의 차이를 t-test로 검증한 결과, 가설 6은 지지되었다.(t=-3.43 $p<.001$)(【Table 6】, 〈그림 6〉) 이는 유가 덕철학 치유의 실천방법인 덕성치유프로그램이 선우의 정서를 긍정적으로 향상시켰음을 통계적으로 입증한 것이다.

가설 7. 덕성치유프로그램을 훈련 받은 치유집단은 덕성치유프로그램을 훈련 받지 않은 비교집단보다 '우울' 정도가 더 낮을 것이다.

유가 덕철학 치유의 실천방법인 덕성치유프로그램이 우울을 감소시켰는지에 대한 가설을 검증하기 위해 치유집단과 비교집단 간 우울 정도의 차이를 t-test로 검증한 결과, 가설 7은 지지되었다.(t=2.27 $p<.05$)(【Table 6】, 〈그림 6〉) 이는 유가 덕철학 치유의 실천방법인 덕성치유프로그램이 선우의 우울을 감소시켰음을 통계적으로 입증한 것이다.

【Table 6】 Comparison of Purpose of Life & Self-Esteem, Depression between the Experimental & Control group (N=89)

Variables	Groups	Before	After	Difference	t	p
		M±SD	M±SD	M±SD		
Purpose in life	Exp. (n=44)	96.7±16.99	102.8±19.08	6.1±10.53	-2.61	〈.010※※
	Cont. (n=45)	96.6±16.14	96.1±14.62	-0.5±12.95		
Self-Esteem	Exp. (n=44)	37.1±6.39	40.7±5.96	3.6±4.54	-4.52	〈.001※※※
	Cont. (n=45)	37.5±4.67	36.9±4.88	-0.6±4.11		
Emotion	Exp. (n=44)	75.3±11.48	82.0±8.95	6.7±9.81	-3.43	〈.001※※※
	Cont. (n=45)	76.1±8.84	76.2±8.97	0.1±8.25		
Depression	Exp. (n=44)	55.3±21.21	49.4±17.18	-5.8±13.24	2.27	〈.026※
	Cont. (n=45)	55.4±18.72	56.2±19.04	0.9±14.55		

※ 〈.05　※※ 〈.01　※※※ 〈.001

Exp.=experimental group
Cont.=control group

이상을 종합하여 보면 덕성치유프로그램을 훈련 받은 치유집단은 훈련을 받지 않은 비교집단보다 '문제해결 기술'과 '문제해결 지향성'이 모두 향상되어 결국 '사회적 문제해결' 능력이 높아졌으며,(〈그림 3〉) '삶의 의미와 목적', '자존감', '자기 관련 정서', '우울' 정도 등도 모두 향상되었음을 통계적으로 확인할 수 있었다.(〈그림 6〉)

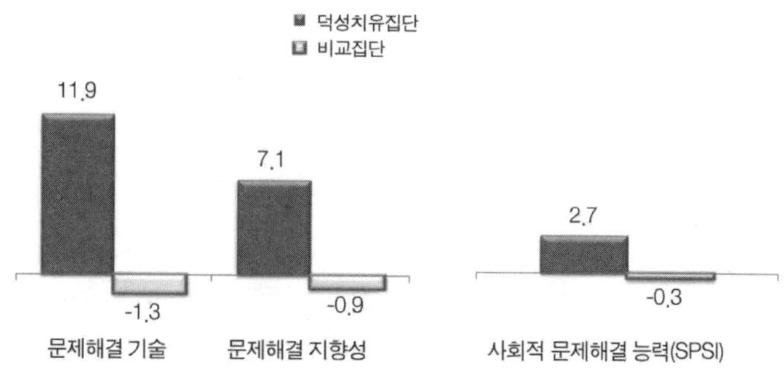

〈그림 3〉 실험 후, 덕성치유집단과 비교집단 간의 사회적 문제해결 능력 효과 검증

이를 구체적으로 살펴보면 먼저 덕성치유프로그램을 훈련 받은 치유집단은 덕성치유프로그램을 훈련 받지 않은 비교집단보다 '문제해결 기술'(PSSS)이 통계적으로 의미 있게 향상되었음을 검증할 수 있었다.(t=-3.75 p〈.001) 사회적 문제해결 능력에 영향을 미치는 '문제해결 기술'의 3단계인 '도덕의지의 반성적 자각', '본성 회복의 덕행위 모색', '덕행위의 주체적 실천과 체질화'의 단계는 D'Zurilla 등이 제시하고 있는 '문제해결 기술'의 4단계인 '문제규정과 구성화', '대안적 해결책의 산출', '의사결정', '실행과 확인' 등의 단계를 모두 거친다.

'도덕의지의 반성적 자각'의 단계는 '문제규정과 구성화'의 단계에 해당되고, '본성 회복의 덕행위 모색'의 단계는 '대안적 해결책의 산출'과 '의사결정'의 단계에 해당되며, '덕행위의 주체적 실천과 체질화'의 단계는 '실행과 확인' 등의 단계에 해당된다. 그러므로 덕성치유프로그램을 훈련 받은 선우는 D'Zurilla 등이 제시하고 있는 문제해결 기술의 4단계를 모두 향상시킬 수 있는 것이다.(【Table 4】, 〈그림 4〉)

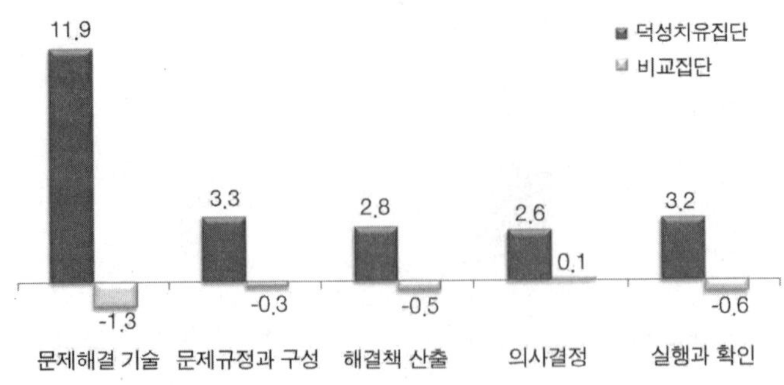

〈그림 4〉 실험 후, 덕성치유집단과 비교집단 간의 문제해결 기술 효과 검증

이를 구체적으로 살펴보면 첫째, 덕성치유프로그램을 훈련 받은 치유집단은 덕성치유프로그램을 훈련 받지 않은 비교집단보다 '문제규정과 구성화'(PDFS)의 능력이 통계적으로 의미 있게 향상되었다.(t=-2.84 p〈.01) 이는 유가 덕철학 치유의 문제해결 기술인 '도덕의지의 반성적 자각'의 단계에서 선우가 자신이 행한 말과 행동 혹은 외부 대상과 만나면서 발한 자기의 정감을 도덕의지로 반성해 보면서 사욕지기로 가리어진 자기의 마음현상을 진단하여 본성을 자각하고 치유목표를 설정함으로써 '문제규정과 구성화'의 능력을 향상시켰기 때문이다. 둘째, 덕성치유프로그램을 훈련 받은 치유집단은 덕성치유프로그램을 훈련 받지 않은 비교집단보다 '대안적 해결책의 산출'(GASS)의 능력이 통계적으로 의미 있게 향상되었다.(t=-3.50 p〈.001) 이는 유가 덕철학 치유의 문제해결 기술인 '본성 회복의 덕행위 모색'의 단계에서 선우가 본성을 발현시킬 말과 행동을 구체적으로 모색함으로써 '대안적 해결책을 산출'하는 효과가 있었기 때문이다. 셋째, 덕성치유프로그램을 훈련 받은 치유집단은 덕성치유프로그램을 훈련 받지 않은 비교집단보다 '의사

결정'(DMS)의 능력이 통계적으로 의미 있게 향상되었다.($t=-2.36$ $p<.05$) 이는 유가 덕철학 치유의 문제해결 기술인 '본성 회복의 덕행위 모색'의 심화단계에서 선우가 모색해 놓은 순수도덕정감의 말과 행동을 확신이 설 때까지 점검하는 과정에서 '의사결정'의 효과가 있었기 때문이다. 넷째, 덕성치유프로그램을 훈련 받은 치유집단은 덕성치유프로그램을 훈련 받지 않은 비교집단보다 '실행 및 확인'(SIVS)의 능력이 통계적으로 의미 있게 향상되었다.($t=-3.44$ $p<.001$) 이는 유가 덕철학 치유의 문제해결 기술인 '덕행위의 주체적 실천과 체질화'의 단계에서 선우가 순수도덕정감의 말과 행동을 두려움 없이 용기 있게 부동심으로 실천하면서 '실행 및 확인'의 효과가 있었기 때문이다.

이와 같은 결과는 유가 덕철학 치유의 '문제해결 기술'인 '도덕의지의 반성적 자각', '본성 회복의 덕행위 모색', '덕행위의 주체적 실천과 체질화'의 3단계가 D'Zurilla 등이 '문제해결 기술'로 제시하고 있는 '문제규정과 구성화', '대안적 해결책의 산출', '의사결정', '실행과 확인' 등의 4단계를 모두 거치면서 사회적 문제를 효과적으로 해결해 나아가고 있다는 것을 통계적으로 입증한 것이다. 특히 D'Zurilla 등이 제시하고 있는 '문제해결 기술'의 4단계 중 '대안적 해결책의 산출'과 '실행 및 확인'의 효과가 더욱 높게 나타난 것은($p<.001$) 유가 덕철학 치유의 방법이 사회적 문제를 도덕적으로 해결해 나아갈 수 있는 대안책과 '참자기'를 실천할 수 있는 가능성을 더욱 많이 제공할 수 있다는 것을 의미한다. 이는 유가 덕철학 치유의 방법이 '생활실천철학'으로 활용될 수 있는 가치가 높음을 의미한다.

다음으로 덕성치유프로그램을 훈련 받은 치유집단은 덕성치유프로그램을 훈련 받지 않은 비교집단보다 '문제해결 지향성'(POS)이 통계적으로 의미 있게 향상되었음을 검증할 수 있었다.(t=-2.75 p<.01) 문제해결 지향성은 한 개인이 문제 상황에 처음 직면했을 때 문제 상황과 상관없이 즉각적으로 반응하게 되는 인지적 · 정서적 · 행동적 태도이다. 그러므로 문제해결 지향성은 문제해결의 초기에 문제해결 기술과 상관없이 문제를 효율적으로 해결해 나아갈 수 있도록 하는 데 중요한 역할을 한다. 문제가 발생했을 때 부정적인 태도는 자기 자신을 무능하다거나 바보 같다고 생각하여 해결책이 있을지를 의심하는 경향성이 있다. 반대로 긍정적인 태도는 문제에는 분명히 해결책이 있을 것이라고 믿고 문제를 바라보기 때문에 포기하지 않고 계속 해결해 나아간다면 결국에는 잘 해결할 수 있을 것이라고 생각하는 경향이 있다. 그러므로 인지적 차원에 있어서 부정적인 입장과 긍정적인 입장은 문제해결 능력에서 서로 큰 차이를 보인다. 또 문제가 발생했을 때 불안한 상태에서는 신경이 예민해져 다급해하거나 두려워함으로써 문제를 해결하는 데 자신감을 잃어버리는 경향이 있다. 반대로 안정된 상태에서는 차분하게 자기의 감정을 다스리며 문제를 해결해 나아가는 경향이 있다. 그러므로 정서적 차원에 있어서 불안한 상태와 안정된 상태는 문제해결 능력에서 큰 차이를 보인다. 또한 문제가 발생했을 때 회피적 행동은 문제를 애써 피하려고 하거나 문제해결의 노력을 너무 늦추는 등의 경향을 갖는다. 하지만 적극적 행동은 문제를 피하지 않고 정면으로 부딪혀 어떻게든 해결하려고 노력하는 경향을 갖는다. 그러므로 행동적 차원에 있어서 회피적 행동과 적극적 행동은 문제해결 능력에서 서로 큰 차이를 보인다.

유가 덕철학 치유의 '문제해결 지향성'의 효과를 구체적으로 살펴보면 (【Table 5】, 〈그림 5〉) 덕성치유프로그램을 훈련 받은 치유집단은 덕성치유프로그램을 훈련 받지 않은 비교집단보다 '인지적 반응'(t=-3.40 p<.001)과 '행동

적 반응'(t=-2.02 p<.05)이 통계적으로 의미 있는 효과가 있는 것으로 나타났다.

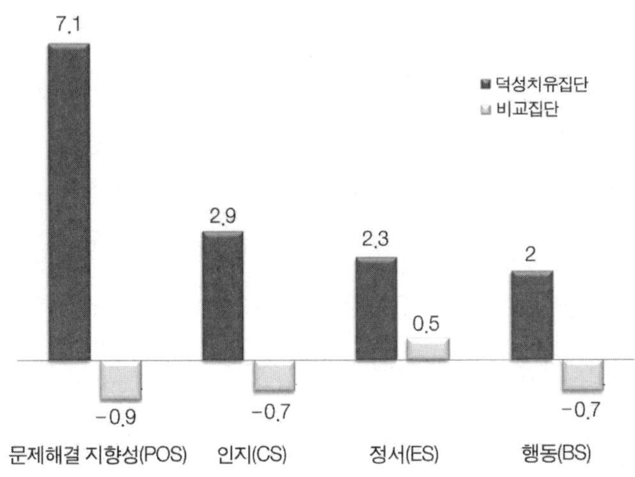

〈그림 5〉 실험 후, 덕성치유집단과 비교집단 간의 문제해결 지향성 효과 검증

이것은 덕성치유프로그램의 훈련 결과, 치유집단은 비교집단에 비해 '인지적 반응' 즉 문제를 해결할 수 있다고 믿으면서 문제 상황을 긍정적인 도전의 기회로 인식하고 있다는 것을 통계적으로 확인한 것이다. 또한 '행동적 측면' 즉 문제 상황을 회피하지 않고 적극적으로 해결해 가고 있다는 것을 통계적으로 확인한 것이다. 그러나 '정서적 반응'(t=-1.63 p>.05)은 덕성치유프로그램을 훈련 받은 치유집단이 덕성치유프로그램을 훈련 받지 않은 비교집단보다 평균이 더 높아 정서적 효과가 있음을 확인할 수는 있었으나 통계적으로까지는 증명되지 않았다. 이것은 '정서적 측면' 즉 문제 상황에서 즉각적으로 경험하게 되는 당혹감이나 불안감 혹은 두려움의 완화에 대한 효과는 치유집단이 비교집단보다 더 완화되기는 하였으나 통계적으로까

지는 증명되지 않음을 확인한 것이다.

이와 같은 결과는 덕성치유프로그램을 훈련 받은 치유집단이 덕성치유프로그램을 훈련 받지 않은 비교집단에 비해 먼저 '인지적 반응'이 긍정적으로 바뀌면서 문제를 해결해 가는 '행동적 반응'이 나타나며, 마지막으로 불안이나 두려움을 극복할 수 있는 '정서적 반응'이 나타난다는 것을 설명해 주고 있는 것이다. 여기에서 '정서적 반응'이 통계적으로까지 유의하지 못했던 것은, 당면 문제에 직면했을 때 나타나는 즉각적인 불안이나 두려움 등의 정서를 제거하기에 3주의 덕성치유프로그램 훈련 기간이 너무 짧았다는 것을 나타낸다. 그러므로 유가 덕철학 치유의 실천방법인 덕성치유프로그램을 지속적으로 훈련시켜야 할 필요성이 있다고 본다.

정서조절차원은 자동적인 정서조절과 통제된 정서조절로 나누어진다.[11] 자동적인 정서조절은 의식되지 않은 경우이며, 통제된 정서조절은 의식적인 경우이다. 그러나 정서조절은 다양한 정서경험에 대한 개인의 의식적인 인지반응에 의해 이루어지므로 주로 정서조절을 의식적이고 인지적인 개념으로 한정하여 사용하고 있다.[12] 인지나 인지과정은 정서 혹은 느낌을 조절하고 다룰 수 있도록 하며 거기에 압도되지 않고 지속적으로 통제할 수 있도록 돕기 때문이다. 그러므로 덕성치유프로그램의 훈련 결과 인지적 반응과 행동적 반응이 통계적으로 의미 있게 향상되었다는 것은 차츰 시간이 지날수록 정서적 반응을 효과적으로 안정시킬 수 있다는 것을 내포하고

---

11) Parkinson, Totterdell, Briner & Reynolds, *Changing Moods: The Psychology of Mood and Mood Regulation*(Harlow, United Kingdom: Longman, 1996).

12) N. Garnefski, V. Kraaij, & P. Spinhoven, "Negative life events, cognitive emotion regulation and emotional problems", *Personality and Individual Differences* 30(2001), pp.1311~1327.

있다. 인지적 재평가 전략은 정서 발생의 초기에 일어나 정서 반응 경향성이 완전히 발생하기 전에 전체 정서적 경과를 수정하는 것이 가능하기 때문이다.[13] 곧 순수도덕정감으로 문제를 해결할 수 있다는 믿음으로(인지) 순수도덕정감의 덕행위를 실천하여(행동) 긍정적인 결과를 확인함으로써 차츰 선우들은 문제 상황에 대한 불안이나 두려움(정서) 등을 제거할 수 있을 것이기 때문이다. 덕성치유프로그램을 훈련 받은 선우들은 자신감을 가지고 문제를 긍정적으로 바라보면서 타인을 배려하게 된다. 그리고 자기의 마음을 진실하게 열어 보이면서 문제를 침착하게 해결해 나아가게 됨으로써 자기의 정서를 조절해 나아가게 된다. 이는 유가 덕철학 치유의 사회적 문제해결 구조를 제시하기 위해 실시했던 체험적 연구에서 보고된 사례 등에서도 인지, 행동의 변화에 이어 정서적 안정을 찾을 수 있는 반응들이 나타나고 있다는 것을 확인할 수 있었다. 선우들의 체험사례는 다음과 같다.

> 귀찮고 짜증 나는 감정들이 생겨날 때 그것을 억지로 억누르거나 상대방에게 화풀이하지 않고 그 감정을 바라보고 인정하여 침착하고 지혜롭게 스트레스 상황을 해결해 나가는 내가 되었다.(사례 6) 조급하고 욱하는 성격에서 스스로 마음을 다스릴 줄 알게 되었습니다.(사례 12) 급하고 빨리 처리하고 기분에 따라 처리하던 것이 멈추어지고 차분히 기분을 다스리며 해결하게 되었습니다.(사례 11)

유가 덕철학 치유의 실천방법인 덕성치유프로그램을 통해 선우의 '문제해결 기술'과 '문제해결 지향성'의 능력이 향상되면 선우는 결국 '사회적 문

13) J. J. Gross, "The Emerging Field of Emotion regulation: A Integrative Review", *Review of General Psychology* 2(1998), pp.271~299.

제해결 능력'을 갖게 되어 일상생활의 문제를 만족스럽게 해결해 나아갈 수 있게 된다. 그러므로 선우는 '삶의 의미와 목적'(p〈.01)을 발견하게 되고 '자존감'(p〈.001)이 향상되며 '자기 관련 정서'(p〈.001)가 긍정적으로 바꾸어지게 됨으로써 '우울'(p〈.05) 또한 감소시켜 나아갈 수 있게 된다.(【Table 6】, 〈그림 6〉)

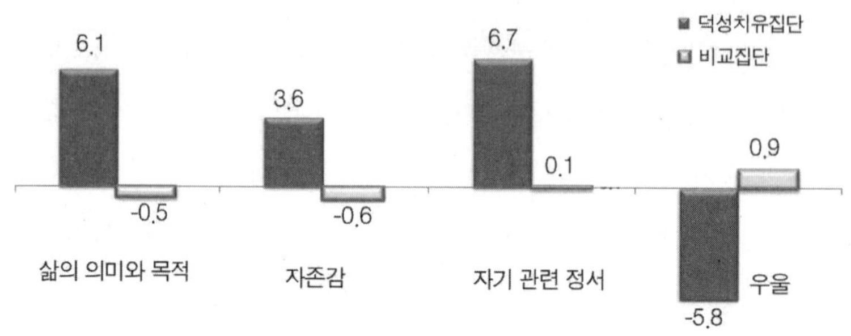

〈그림 6〉 덕성치유집단과 비교집단 간의 삶의 목적, 자존감, 정서, 우울의 효과 검증

이는 유가 덕철학 치유의 실천방법인 덕성치유프로그램이 사회적 문제를 도덕적으로 해결할 수 있는 능력을 기르게 함으로써 삶의 의미를 발견하게 함과 동시에 자기를 긍정하고 존중할 수 있도록 하여 우울을 감소시킨다는 것을 의미한다.

이와 같은 결과는 『논어論語』 서두에 제시되어 있는 공자의 말을 다시 한 번 음미해 보게 한다. 배우고 때때로 익히니 이 어찌 기쁘지 아니한가? 벗이 있어 멀리에서 찾아오니 이 또한 즐겁지 아니한가? 남이 자기를 알아주지 않아도 원망함이 없으니 참으로 군자(건강한 인간상)가 아니겠는가?[14] 배우고 익히는 학습의 일은 자기의 본성을 깨달아 인생의 정도正道를 사회에 실천할 수 있는 인격을 연마하는 수기의 일이다. 이것은 『대학大學』에서 말한 명명덕明明德 즉 밝은 덕을 밝히는 일에 해당된다. 이러한 학습을 통해 자기의 존재가치(德)를 재확인하고 긍지를 새롭게 할 수 있으니 이것이야 말로 본질적인 기쁨이 아닐 수 없다. 그리고 벗이 있어 멀리에서 찾아온다는 것은 뜻을 같이하는 덕 있는 사람들과의 사회적인 만남을 말한 것이다. 이것이야 말로 진정한 사회적 소통이라고 할 수 있으니 참으로 즐거움이 아닐 수 없다.

사람들이 철학상담치료사를 찾는 이유 중의 하나는 자신들의 삶 속에 결여되어 있다고 느끼는 더 고차원적인 어떤 의미를 발견하여 특정 문제들을 의미 있게 해결하고자 할 뿐만 아니라 자신의 삶을 보다 깊이 있고 풍요롭게 만들어 가기 위해서이다.[15] 그러므로 철학상담치료사는 일상의 삶 가운데 직면하고 있는 한 인간의 문제들에 대해 좀 더 관심을 기울여[16] 그들로 하여금 자신의 숨겨진 본래의 모습을 찾아내어 그들의 문제를 질적·양적으로 의미 있게 해결해 나아갈 수 있도록 도와야 한다. 철학상담치료사는 문제를 검토하는 데 필요한 철학적 사유의 방법이나 성찰적 분석 방법 등을 통해 특정한 문제 즉 사별을 경험한 사람들의 문제, 종교 및 영성 문제, 학업 관련 문제, 자기정체성 문제, 이성 문제, 삶의 발달단계 문제, 대인관계

---

14) 『論語』, 「學而」, "子曰, 學而時習之, 不亦悅乎. 有朋自遠方來, 不亦樂乎. 人不知而不慍, 不亦君子乎."

15) Ran Lahav, "What is Philosophical in Philosophical Counseling?", *Journal of Applied Philosophy* Vol. 13, No. 3(1996), p.276 참조.

16) Richard J. Bernstein, "Does Philosophy Matter?", *Thinking* Vol. 9, No. 4(1991), pp.2~4 참조.

문제, 가족 문제, 세대차이 문제, 낮은 자존감의 문제 등을 해결할 수 있도록 도울 수 있기 때문이다. 아울러 철학상담치료사는 이러한 문제들과 관련된 죄책감과 우울감 그리고 수치감과 분노감 등을 해결할 수 있도록 도울 수 있기 때문이다.

인간의 삶 전체는 도덕과 연관되어 있다. 유가철학은 문제해결의 판단기준을 덕성德性에 두고 있으므로 인생의 의미와 가치에 관한 물음이나 윤리적 문제 혹은 주어진 상황 속에서의 올바른 선택이나 결정 등에 관계된 물음 등에 대하여 도덕적으로 답할 수 있다. 그러므로 유가철학은 가치 있고 만족한 삶을 위해서 어떻게 살아가야 할 것인가 혹은 당면의 문제들을 어떻게 풀어가야 할 것인가 등의 물음에 대하여 확실하게 답할 수 있는 삶의 기술을 가르칠 수 있다. 유가철학은 선우로 하여금 인간이라면 누구에게나 다 선천적으로 구비되어 있는 본성을 자각하게 하여 선우 스스로 만족하면서도 가치 있는 삶을 살아갈 수 있도록 가르칠 수 있는 '생활실천철학'이기 때문이다.

덕성치유프로그램은 외부로 드러난 자신의 말과 행동을 성찰하여 자기의 마음현상을 진단하고 본성에서 싹터 나온 측은지심 · 수오지심 · 사양지심 · 시비지심의 순수도덕정감을 자각하여 스스로 치유목표를 설정할 수 있도록 구성되어 있다. 나아가 덕성치유프로그램은 순수도덕정감에 의한 정직한 말과 행동을 모색하여 이를 실천할 수 있도록 구성되어 있다. 그러므로 덕성치유프로그램은 자기의 정감에 대한 민감성을 높이고 성찰적 자기분석능력을 길러 본래적인 '참자기'를 일상생활 속에서 실현시켜 나아가게 하는 '생활실천철학적 방법'이라고 할 수 있다.

현대적인 형태의 철학상담은 철학이론을 제공한다기보다는 철학적 사유의 도구를 제시하여 선우로 하여금 그들의 문제에 대해 스스로 질문하게 하고 숙고하게 해야 한다. 그리고 철학적 사유의 방법을 사용하여 선우 스스로 자기와 세계와의 관계를 탐구해 갈 수 있도록 함으로써 그들의 삶을 철학적으로 이해해 갈 수 있도록 성장시켜 나아가야 한다. 그러기 위해서 철학상담치료사는 다양한 철학적 사유의 도구를 개발하여 선우에게 직접적 혹은 간접적으로 실천철학의 방법을 가르쳐야 한다. 더더욱 일반 사람들이 자신들의 문제를 보다 깊이 있고 가치 있게 해결하기 위해 철학상담치료사를 찾는다는 것을 고려할 때 효과가 검증된 실천철학의 방법을 제공하여 그들의 다양한 문제를 자율적으로 해결해 갈 수 있도록 돕는다는 것은 그들의 삶을 더욱 확장시켜 나아갈 수 있도록 돕는 것이라고 할 수 있다.

유가철학은 건강한 인격과 평화로운 사회를 꾸려가기 위한 학문이다. 그러므로 재물보다 덕이 학문의 핵심 문제로 부각되며 아는 것보다 사는 것을 더욱 중요시한다. 주희가 먼저 충분하게 알고 행할 것(先知後行)을 주장하였지만 아는 것이 행하는 것보다 더 중요하다고는 말하지 않았다. 오히려 확실하게 행하는 것을 강조하기 위하여 투철하게 알아야 한다는 것을 말하였을 뿐이다. 왕수인은 아는 것과 행하는 것이 합일할 것(知行合一)을 주장하였지만 아는 것이 행하는 것보다 덜 중요하다고는 말하지 않았다. 오히려 아는 것을 행하는 것과 일치시켜 행하는 것의 절실함과 긴요함을 강조한 것으로 이해할 수 있다.

이러한 두 가지의 견해는 덕철학의 입장에서 보면 그토록 심각한 충돌로 보이지는 않는다. 어차피 덕은 행위이고 실천이며 삶이어야 하기 때문이다. 인생은 건강한 인간과 평화로운 사회의 완성으로 가는 여정이다. 그러므로 인생의 여정은 불완전 속에서 겪게 되는 불안과 고통 등의 병을 치유하는 불가피한 과정일 수밖에 없다. 그렇기 때문에 덕과 건강 그리고 치유에 관한 문제는 우리 모두가 열심히 탐구하고 실천해야 할 인간의 중요한 문제가 아닐 수 없다.

■■ 찾아보기

예문서원의 책들

원전총서

박세당의 노자 (新註道德經) 박세당 지음, 김학목 옮김, 312쪽, 13,000원
율곡 이이의 노자 (醇言) 이이 지음, 김학목 옮김, 152쪽, 8,000원
홍석주의 노자 (訂老) 홍석주 지음, 김학목 옮김, 320쪽, 14,000원
북계자의 (北溪字義) 陳淳 지음, 김충열 감수, 김영민 옮김, 295쪽, 12,000원
주자가례 (朱子家禮) 朱熹 지음, 임민혁 옮김, 496쪽, 20,000원
서경잡기 (西京雜記) 劉歆 지음, 葛洪 엮음, 김장환 옮김, 416쪽, 18,000원
고사전 (高士傳) 皇甫謐 지음, 김장환 옮김, 368쪽, 16,000원
열선전 (列仙傳) 劉向 지음, 김장환 옮김, 392쪽, 15,000원
열녀전 (列女傳) 劉向 지음, 이숙인 옮김, 447쪽, 16,000원
선가귀감 (禪家龜鑑) 청허휴정 지음, 박재양・배규범 옮김, 584쪽, 23,000원
공자성적도 (孔子聖蹟圖) 김기주・황지원・이기훈 역주, 254쪽, 10,000원
공자세가・중니제자열전 (孔子世家・仲尼弟子列傳) 司馬遷 지음, 김기주・황지원・이기훈 역주, 224쪽, 12,000원
천지서상지 (天地瑞祥志) 김용천・최현화 역주, 384쪽, 20,000원
도덕지귀 (道德指歸) 徐命庸 지음, 조민환・장원목・김경수 역주, 544쪽, 27,000원
참동고 (參同攷) 徐命庸 지음, 이봉호 역주, 384쪽, 23,000원
박세당의 장자, 남화경주해산보 내편 (南華經註解刪補 內篇) 박세당 지음, 전현미 역주, 560쪽, 39,000원
초원담노 (椒園談老) 이충익 지음, 김윤경 옮김, 248쪽, 20,000원
여암 신경준의 장자 (文章準則 莊子選) 申景濬 지음, 김남형 역주, 232쪽, 20,000원

퇴계원전총서

고경중마방古鏡重磨方 — 퇴계 선생의 마음공부 이황 편저, 박상주 역해, 204쪽, 12,000원
활인심방活人心方 — 퇴계 선생의 마음으로 하는 몸공부 이황 편저, 이윤희 역해, 308쪽, 16,000원
이자수어李子粹語 퇴계 이황 지음, 성호 이익・순암 안정복 엮음, 이광호 옮김, 512쪽, 30,000원

연구총서

논쟁으로 보는 중국철학 중국철학연구회 지음, 352쪽, 8,000원
논쟁으로 보는 한국철학 한국철학사상연구회 지음, 326쪽, 10,000원
중국철학과 인식의 문제 (中國古代哲學問題發展史) 方立天 지음, 이기훈 옮김, 208쪽, 6,000원
중국철학과 인성의 문제 (中國古代哲學問題發展史) 方立天 지음, 박경환 옮김, 191쪽, 6,800원
현대의 위기 동양 철학의 모색 중국철학회 지음, 340쪽, 10,000원
역사 속의 중국철학 중국철학회 지음, 448쪽, 15,000원
중국철학의 이단자들 중국철학회 지음, 240쪽, 8,200원
공자의 철학 (孔孟荀哲學) 蔡仁厚 지음, 천병돈 옮김, 240쪽, 8,500원
맹자의 철학 (孔孟荀哲學) 蔡仁厚 지음, 천병돈 옮김, 224쪽, 8,000원
순자의 철학 (孔孟荀哲學) 蔡仁厚 지음, 천병돈 옮김, 272쪽, 10,000원
유학은 어떻게 현실과 만났는가 — 선진 유학과 한대 경학 박원재 지음, 218쪽, 7,500원
유교와 현대의 대화 황의동 지음, 236쪽, 7,500원
역사 속에 살아있는 중국 사상 (中國歷史に生きる思想) 시게자와 도시로 지음, 이혜경 옮김, 272쪽, 10,000원
덕치, 인치, 법치 — 노자, 공자, 한비자의 정치 사상 신동준 지음, 488쪽, 20,000원
리의 철학 (中國哲學範疇精髓叢書 — 理) 張立文 주편, 안유경 옮김, 524쪽, 25,000원
기의 철학 (中國哲學範疇精髓叢書 — 氣) 張立文 주편, 김교빈 외 옮김, 572쪽, 27,000원
동양 천문사상, 하늘의 역사 김일권 지음, 480쪽, 24,000원
동양 천문사상, 인간의 역사 김일권 지음, 544쪽, 27,000원
공부론 임수무 외 지음, 544쪽, 27,000원
유학사상과 생태학 (Confucianism and Ecology) Mary Evelyn Tucker・John Berthrong 엮음, 오정선 옮김, 448쪽, 27,000원
공자曰, 공자는 이렇게 말했다 안재호 지음, 232쪽, 12,000원
중국중세철학사 (Geschichte der Mittelalterischen Chinesischen Philosophie) Alfred Forke 지음, 최해숙 옮김, 568쪽, 40,000원
북송 초기의 삼교회통론 김경수 지음, 352쪽, 26,000원
죽간・목간・백서, 중국 고대 간백자료의 세계1 이승률 지음, 576쪽, 40,000원
중국근대철학사(Geschichte der Neueren Chinesischen Philosophie) Alfred Forke 지음, 최해숙 옮김, 936쪽, 65,000원
리학 심학 논쟁, 연원과 전개 그리고 득실을 논하다 황갑연 지음, 416쪽, 32,000원

역학총서

주역철학사(周易硏究史) 廖名春·康學偉·梁韋弦 지음, 심경호 옮김, 944쪽, 30,000원
송재국 교수의 주역 풀이 송재국 지음, 380쪽, 10,000원
송재국 교수의 역학담론 — 하늘의 빛 正易, 땅의 소리 周易 송재국 지음, 536쪽, 32,000원
소강절의 선천역학 高懷民 지음, 곽신환 옮김, 368쪽, 23,000원
다산 정약용의 『주역사전』, 기호학으로 읽다 방인 지음, 704쪽, 50,000원

한국철학총서

조선 유학의 학파들 한국사상사연구회 편저, 688쪽, 24,000원
실학의 철학 한국사상사연구회 편저, 576쪽, 17,000원
퇴계의 생애와 학문 이상은 지음, 248쪽, 7,800원
조선유학의 개념들 한국사상사연구회 지음, 648쪽, 26,000원
유교개혁사상과 이병헌 금장태 지음, 336쪽, 17,000원
남명학파와 영남우도의 사림 박병련 외 지음, 464쪽, 23,000원
쉽게 읽는 퇴계의 성학십도 최재목 지음, 152쪽, 7,000원
홍대용의 실학과 18세기 북학사상 김문용 지음, 288쪽, 12,000원
남명 조식의 학문과 선비정신 김충열 지음, 512쪽, 26,000원
명재 윤증의 학문연원과 가학 충남대학교 유학연구소 편, 320쪽, 17,000원
조선유학의 주역사상 금장태 지음, 320쪽, 16,000원
율곡학과 한국유학 충남대학교 유학연구소 편, 464쪽, 23,000원
한국유학의 악론 금장태 지음, 240쪽, 13,000원
심경부주와 조선유학 홍원식 외 지음, 328쪽, 20,000원
퇴계가 우리에게 이윤희 지음, 368쪽, 18,000원
조선의 유학자들, 켄타우로스를 상상하며 理와 氣를 논하다 이향준 지음, 400쪽, 25,000원
퇴계 이황의 철학 윤사순 지음, 320쪽, 24,000원
조선유학과 소강절 철학 곽신환 지음, 416쪽, 32,000원

성리총서

송명성리학(宋明理學) 陳來 지음, 안재호 옮김, 590쪽, 17,000원
주희의 철학(朱熹哲學硏究) 陳來 지음, 이종란 외 옮김, 544쪽, 22,000원
양명 철학(有無之境—王陽明哲學的精神) 陳來 지음, 전병욱 옮김, 752쪽, 30,000원
정명도의 철학(程明道思想硏究) 張德麟 지음, 박상리·이경남·정성희 옮김, 272쪽, 15,000원
주희의 자연철학 김영식 지음, 576쪽, 29,000원
송명유학사상사(宋明時代儒學思想の硏究) 구스모토 마사쓰구(楠本正繼) 지음, 김병화·이혜경 옮김, 602쪽, 30,000원
북송도학사(道學の形成) 쓰치다 겐지로(土田健次郎) 지음, 성현창 옮김, 640쪽, 3,2000원
성리학의 개념들(理學範疇系統) 蒙培元 지음, 홍원식·황지원·이기훈·이상호 옮김, 880쪽, 45,000원
역사 속의 성리학(Neo-Confucianism in History) Peter K. Bol 지음, 김영민 옮김, 488쪽, 28,000원
주자어류선집(朱子語類抄) 미우라 구니오(三浦國雄) 지음, 이승연 옮김, 504쪽, 30,000원

불교(카르마)총서

학파로 보는 인도 사상 S. C. Chatterjee·D. M. Datta 지음, 김형준 옮김, 424쪽, 13,000원
불교와 유교 — 성리학, 유교의 옷을 입은 불교 아라키 겐고 지음, 심경호 옮김, 526쪽, 18,000원
유식무경, 유식 불교에서의 인식과 존재 한자경 지음, 208쪽, 7,000원
박성배 교수의 불교철학강의: 깨침과 깨달음 박성배 지음, 윤원철 옮김, 313쪽, 9,800원
불교 철학의 전개, 인도에서 한국까지 한자경 지음, 252쪽, 9,000원
인물로 보는 한국의 불교사상 한국불교원전연구회 지음, 388쪽, 20,000원
은정희 교수의 대승기신론 강의 은정희 지음, 184쪽, 10,000원
비구니와 한국 문학 이향순 지음, 320쪽, 16,000원
불교철학과 현대윤리의 만남 한자경 지음, 304쪽, 18,000원
유식삼심송과 유식불교 김명우 지음, 280쪽, 17,000원
유식불교, 『유식이십론』을 읽다 효도 가즈오 지음, 김명우·이상우 옮김, 288쪽, 18,000원
불교인식론 S. R. Bhatt & Anu Mehrotra 지음, 권서용·원철·유리 옮김, 288쪽, 22,000원

노장총서

유학자들이 보는 노장 철학 조민환 지음, 407쪽, 12,000원
노자에서 데리다까지 — 도가 철학과 서양 철학의 만남 한국도가철학회 엮음, 440쪽, 15,000원
不二 사상으로 읽는 노자 — 서양철학자의 노자 읽기 이찬훈 지음, 304쪽, 12,000원
김항배 교수의 노자철학 이해 김항배 지음, 280쪽, 15,000원
서양, 도교를 만나다 J. J. Clarke 지음, 조현숙 옮김, 472쪽, 36,000원

강의총서

김충열 교수의 노자강의 김충열 지음, 434쪽, 20,000원
김충열 교수의 중용대학강의 김충열 지음, 448쪽, 23,000원
모종삼 교수의 중국철학강의 牟宗三 지음, 김병채 외 옮김, 320쪽, 19,000원

동양문화산책

주역산책 (易學漫步) 朱伯崑 외 지음, 김학권 옮김, 260쪽, 7,800원
동양을 위하여, 동양을 넘어서 홍원식 외 지음, 264쪽, 8,000원
서원, 한국사상의 숨결을 찾아서 안동대학교 안동문화연구소 지음, 344쪽, 10,000원
안동 금계마을 — 천년불패의 땅 안동대학교 안동문화연구소 지음, 272쪽, 8,500원
안동 풍수 기행, 와혈의 땅과 인물 이완규 지음, 256쪽, 7,500원
안동 풍수 기행, 돌혈의 땅과 인물 이완규 지음, 328쪽, 9,500원
영양 주실마을 안동대학교 안동문화연구소 지음, 332쪽, 9,800원
예천 금당실·맛질 마을 — 정감록이 꼽은 길지 안동대학교 안동문화연구소 지음, 284쪽, 10,000원
터를 안고 仁을 펴다 — 퇴계가 굽어보는 하계마을 안동대학교 안동문화연구소 지음, 360쪽, 13,000원
안동 가일 마을 — 풍산들가에 의연히 서다 안동대학교 안동문화연구소 지음, 344쪽, 13,000원
중국 속에 일떠서는 한민족 — 한겨레신문 차한필 기자의 중국 동포사회 리포트 차한필 지음, 336쪽, 15,000원
신간도견문록 박진관 글·사진, 504쪽, 20,000원
안동 무실 마을 — 문헌의 향기로 남다 안동대학교 안동문화연구소 지음, 464쪽, 18,000원
선양과 세습 사라 알란 지음, 오만종 옮김, 318쪽, 17,000원
문경 산북의 마을들 — 서중리, 대상리, 대하리, 김룡리 안동대학교 안동문화연구소 지음, 376쪽, 18,000원
안동 원촌마을 — 선비들의 이상향 안동대학교 안동문화연구소 지음, 288쪽, 16,000원
안동 부포마을 — 물 위로 되살려 낸 천년의 영화 안동대학교 안동문화연구소 지음, 440쪽, 23,000원
독립운동의 큰 울림, 안동 전통마을 김희곤 지음, 384쪽, 26,000원

일본사상총서

도쿠가와 시대의 철학사상 (德川思想小史) 미나모토 료엔 지음, 박규태·이용수 옮김, 260쪽, 8,500원
일본인은 왜 종교가 없다고 말하는가 (日本人はなぜ 無宗教のか) 아마 도시마로 지음, 정형 옮김, 208쪽, 6,500원
일본사상이야기 40 (日本がわかる思想入門) 나가오 다케시 지음, 박규태 옮김, 312쪽, 9,500원
일본도덕사상사 (日本道德思想史) 이에나가 사부로 지음, 세키네 히데유키·윤종갑 옮김, 328쪽, 13,000원
천황의 나라 일본 — 일본의 역사와 천황제 (天皇制と民衆) 고토 야스시 지음, 이남희 옮김, 312쪽, 13,000원
주자학과 근세일본사회 (近世日本社會と宋學) 와타나베 히로시 지음, 박홍규 옮김, 304쪽, 16,000원

한의학총서

한의학, 보약을 말하다 — 이론과 활용의 비밀 김광중·하근호 지음, 280쪽, 15,000원

남명학연구총서

남명사상의 재조명 남명학연구원 엮음, 384쪽, 22,000원
남명학파 연구의 신지평 남명학연구원 엮음, 448쪽, 26,000원
덕계 오건과 수우당 최영경 남명학연구원 엮음, 400쪽, 24,000원
내암 정인홍 남명학연구원 엮음, 448쪽, 27,000원
한강 정구 남명학연구원 엮음, 560쪽, 32,000원
동강 김우옹 남명학연구원 엮음, 360쪽, 26,000원
망우당 곽재우 남명학연구원 엮음, 440쪽, 33,000원

예문동양사상연구원총서

한국의 사상가 10人 — 원효 예문동양사상연구원/고영섭 편저, 572쪽, 23,000원
한국의 사상가 10人 — 의천 예문동양사상연구원/이병욱 편저, 464쪽, 20,000원
한국의 사상가 10人 — 지눌 예문동양사상연구원/이덕진 편저, 644쪽, 26,000원
한국의 사상가 10人 — 퇴계 이황 예문동양사상연구원/윤사순 편저, 464쪽, 20,000원
한국의 사상가 10人 — 남명 조식 예문동양사상연구원/오이환 편저, 576쪽, 23,000원
한국의 사상가 10人 — 율곡 이이 예문동양사상연구원/황의동 편저, 600쪽, 25,000원
한국의 사상가 10人 — 하곡 정제두 예문동양사상연구원/김교빈 편저, 432쪽, 22,000원
한국의 사상가 10人 — 다산 정약용 예문동양사상연구원/박홍식 편저, 572쪽, 29,000원
한국의 사상가 10人 — 혜강 최한기 예문동양사상연구원/김용헌 편저, 520쪽, 26,000원
한국의 사상가 10人 — 수운 최제우 예문동양사상연구원/오문환 편저, 464쪽, 23,000원

민연총서 — 한국사상

자료와 해설, 한국의 철학사상 고려대 민족문화연구원 한국사상연구소 편, 880쪽, 34,000원
여헌 장현광의 학문 세계, 우주와 인간 고려대 민족문화연구원 한국사상연구소 편, 424쪽, 20,000원
퇴옹 성철의 깨달음과 수행 — 성철의 선사상과 불교사적 위치 조성택 편, 432쪽, 23,000원
여헌 장현광의 학문 세계 2, 자연과 인간 고려대 민족문화연구원 한국사상연구소 편, 432쪽, 25,000원
여헌 장현광의 학문 세계 3, 태극론의 전개 고려대 민족문화연구원 한국사상연구소 편, 400쪽, 24,000원
역주와 해설 성학십도 고려대 민족문화연구원 한국사상연구소 편, 328쪽, 20,000원
여헌 장현광의 학문 세계 4, 여헌학의 전망과 계승 고려대학교 민족문화연구원 편, 384쪽, 30,000원

인물사상총서

한주 이진상의 생애와 사상 홍원식 지음, 288쪽, 15,000원
범부 김정설의 국민윤리론 우기정 지음, 280쪽, 20,000원

동양사회사상총서

주역사회학 김재범 지음, 296쪽, 10,000원
유교사회학 이영찬 지음, 488쪽, 17,000원
깨달음의 사회학 홍승표 지음, 240쪽, 8,500원
동양사상과 탈현대 홍승표 지음, 272쪽, 11,000원
노인혁명 홍승표 지음, 240쪽, 10,000원
유교사회학의 패러다임과 사회이론 이영찬 지음, 440쪽, 20,000원

경북의 종가문화

사당을 세운 뜻은, 고령 점필재 김종직 종가 정경주 지음, 203쪽, 15,000원
지금도 「어부가」가 귓전에 들려오는 듯, 안동 농암 이현보 종가 김서령 지음, 225쪽, 17,000원
종가의 멋과 맛이 넘쳐 나는 곳, 봉화 충재 권벌 종가 한필원 지음, 193쪽, 15,000원
한 점 부끄럼 없는 삶을 살다, 경주 회재 이언적 종가 이수환 지음, 178쪽, 14,000원
영남의 큰집, 안동 퇴계 이황 종가 정우락 지음, 227쪽, 17,000원
마르지 않는 효제의 샘물, 상주 소재 노수신 종가 이종호 지음, 303쪽, 22,000원
의리와 충절의 400년, 안동 학봉 김성일 종가 이해영 지음, 199쪽, 15,000원
충효당 높은 마루, 안동 서애 류성룡 종가 이세동 지음, 210쪽, 16,000원
낙중 지역 강안학을 열다, 성주 한강 정구 종가 김학수 지음, 180쪽, 14,000원
모원당 회화나무, 구미 여헌 장현광 종가 이종문 지음, 195쪽, 15,000원
보물은 오직 청백뿐, 안동 보백당 김계행 종가 최은주 지음, 160쪽, 15,000원
은둔과 화순의 선비들, 영주 송설헌 장말손 종가 정순우 지음, 176쪽, 16,000원
처마 끝 소나무에 갈무리한 세월, 경주 송재 손소 종가 황위주 지음, 256쪽, 23,000원
양대 문형과 직신의 가문, 문경 허백정 홍귀달 종가 홍원식 지음, 184쪽, 17,000원
어질고도 청빈한 마음이 이어진 집, 예천 약포 정탁 종가 김낙진 지음, 208쪽, 19,000원
임란의병의 힘, 영천 호수 정세아 종가 우인수 지음, 192쪽, 17,000원
영남을 넘어, 상주 우복 정경세 종가 정우락 지음, 264쪽, 23,000원
선비의 삶, 영덕 갈암 이현일 종가 장윤수 지음, 224쪽, 20,000원
청빈과 지조로 지켜 온 300년 세월, 안동 대산 이상정 종가 김순석 지음, 192쪽, 18,000원
독서종자 높은 뜻, 성주 응와 이원조 종가 이세동 지음, 216쪽, 20,000원
오천칠군자의 향기 서린, 안동 후조당 김부필 종가 김용만 지음, 256쪽, 24,000원
마음이 머무는 자리, 성주 동강 김우옹 종가 정병호 지음, 184쪽, 18,000원
문무의 길, 영덕 청신재 박의장 종가 우인수 지음, 216쪽, 20,000원
형제애의 본보기, 상주 창석 이준 종가 서정화 지음, 176쪽, 17,000원
경주 남쪽의 대종가, 경주 잠와 최진립 종가 손숙경 지음, 208쪽, 20,000원
변화하는 시대정신의 구현, 의성 자암 이민환 종가 이시활 지음, 248쪽, 23,000원
무로 빚고 문으로 다듬은 충효와 예학의 명가, 김천 정양공 이숙기 종가 김학수, 184쪽, 18,000원
청백정신과 팔련오계로 빛나는, 안동 허백당 김양진 종가 배영동, 272쪽, 27,000원
학문과 충절이 어우러진, 영천 지산 조호익 종가 박학래, 216쪽, 21,000원
영남 남인의 정치 중심 돌밭, 칠곡 귀암 이원정 종가 박인호, 208쪽, 21,000원
거문고에 새긴 외금내고, 청도 탁영 김일손 종가 강정화, 240쪽, 24,000원
대를 이은 문장과 절의, 울진 해월 황여일 종가 오용원, 200쪽, 20,000원
처사의 삶, 안동 경당 장흥효 종가 장윤수, 240쪽, 24,000원
대의와 지족의 표상, 영양 옥천 조덕린 종가 백순철, 152쪽, 15,000원

기타

다산 정약용의 편지글 이용형 지음, 312쪽, 20,000원
유교와 칸트 李明輝 지음, 김기주·이기훈 옮김, 288쪽, 20,000원
유가 전통과 과학 김영식 지음, 320쪽, 24,000원